항균잉크란?

코로나19 바이러스
"친환경 99.9% 항균잉크 인쇄"
전격 도입

언제 끝날지 모를 코로나19 바이러스
99.9% 항균잉크(V-CLEAN99)를 도입하여 「**안심도서**」로
독자분들의 건강과 안전을 위해 노력하겠습니다.

SD에듀
㈜시대고시기획

Clean Zone

본 도서는 항균잉크로 인쇄하였습니다.
항균 + 99.9%
안심도서

항균잉크(V-CLEAN99)의 특징

- 바이러스, 박테리아, 곰팡이 등에 항균효과가 있는 산화아연을 적용

- 산화아연은 한국의 식약처와 미국의 FDA에서 식품첨가물로 인증받아 **강력한 항균력**을 구현하는 소재

- 황색포도상구균과 대장균에 대한 테스트를 완료하여 **99.9%의 강력한 항균효과** 확인

- 잉크 내 중금속, 잔류성 오염물질 등 **유해 물질 저감**

TEST REPORT

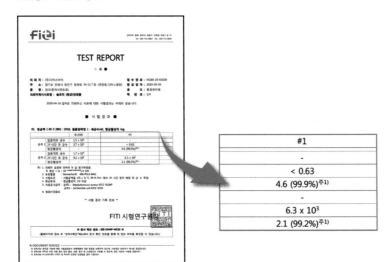

#1
-
< 0.63
4.6 (99.9%)주1)
-
6.3 x 10³
2.1 (99.2%)주1)

Clean Zone

SD에듀
(주)시대고시기획

수산일반 · 경영

한권으로 끝내기

(주)시대고시기획

수산일반·수산경영은 해양수산직(일반수산)을 응시하기 위해 반드시 준비해야 하는 과목임에도 수산일반과 수산경영을 준비하기 위한 마땅한 수험서가 없었습니다.

그로 인해 수험생들은 수험 준비에 많은 불편을 겪었고 이를 해소하고자 하는 마음으로 「수산일반·경영 한권으로 끝내기」를 출간하게 되었습니다. 출간한 지 9년을 맞이하게 된 본서는 해양수산직(일반수산) 수험시장에서 선구자 역할을 하는 수험서로써, 무엇보다 수험생들의 의견에 귀를 기울이고자 많은 노력을 하였습니다. 출간 서적에 대한 수험생들의 의견을 반영하여 오류를 수정하고 참고서적과 수산 관련 시험을 정밀히 분석함으로써 완성도를 높이고 합격으로 발돋움할 수 있도록 보강해 왔습니다.

본서는 수산일반과 수산경영을 통합시켜서 두 과목 수험서를 따로 구매하여 준비해야 하는 수험생들의 불편함을 해소하고자 하였습니다. 또한 출제 확률이 높은 이론을 중심으로 간결한 설명을 통해 최적의 시간을 들여 시험준비를 할 수 있게 구성하였습니다. 아울러 실제 시험에 응시한 수험생들의 의견을 반영해 시험 빈출 분야에 대한 학습방법을 제시하고 출제 경향을 파악할 수 있도록 하였습니다.

본서를 통해 해양수산직을 목표로 하는 수험생 여러분이 합격에 다다르기를 기원하겠습니다.

2022년 해양수산직 9급 시험 안내

※ 다음 내용은 2021년도 지방공무원 시험 공고를 기준으로 작성되었습니다. 2022년 시험에 응시하시는 분들은 시행처의 2022년도 지방공무원 시험 계획 공고를 반드시 확인하시기 바랍니다.

자격조건 (지역제한)

① 2022년 1월 1일 이전부터 최종 시험일(면접시험)까지 계속하여 해당 지역에 본인의 주민등록상 주소지 또는 국내거소신고(재외국민에 한함)를 갖고 있는 자로서 동 기간 중 주민등록의 말소 및 거주 불명으로 등록된 사실이 없어야 합니다.

② 2022년 1월 1일 이전까지, 해당 지역의 본인 주민등록상 주소지 또는 국내거소신고(재외국민에 한함)를 두고 있었던 기간을 모두 합산하여 총 3년 이상이어야 합니다.

시험방법 및 합격기준

1. 시험방법

① 제1·2차 시험(병합실시) : 선택형 필기시험 – 매과목 100점 만점, 4지 택일형 20문항

② 제3차 시험 : 서류전형 및 면접시험

- 일부임용기관의 경우 면접시험 전에 인·적성 검사를 실시할 수 있습니다.
- 제1·2차 시험 합격자만 제3차 시험에 응시할 수 있습니다.
- 서류전형은 필기시험 합격자에 한해 응시자격, 가산점 등을 서면으로 심사합니다.

2. 합격기준

① 필기시험에서 과락(만점의 40% 미만) 과목이 있을 시 불합격 처리되며, 그 밖의 시험에 관한 구체적인 내용은 지방공무원 임용령 및 관계 법령을 참고하시기 바랍니다.

② 필기시험 합격자 결정은 공개경쟁임용시험의 경우 과목별 40% 이상 득점하고 총득점의 60% 이상 득점한 사람 중에서 제3차 시험 응시자 수 등을 고려하여 고득점자순으로 결정됩니다.

2021년 지방공무원 해양수산직 9급 시험 총평

지방공무원 해양수산직 시험은 공통과목(국어, 영어, 한국사)과 전공과목(수산일반, 수산경영)을 응시해야 합니다. 공통과목은 지방직 공통과목과 같은 문제로 시행되지만, 전공과목은 선발하는 지역마다 각기 다른 문제로 시험을 진행하고 무엇보다 비공개시험으로 진행(시험이 끝나면 전공과목 문제책은 회수)되기 때문에 문제의 난도나 전체적인 경향을 파악하기 어렵다는 것이 특징입니다. 2021년의 경우 수산일반과 수산경영에서 기본적인 지식을 묻는 문제가 많았지만 교과서에서 잘 다루지 않는 분야의 문제도 일부 출제되는 경향을 보였습니다. 문제의 형태는 추론형 문제와 암기형 문제가 6:4 정도의 비율로 출제되어 평이한 수준의 시험이 되었으리라 생각됩니다.

주요 출제 키워드 및 분포 정리

수산
일반

주제	출제빈도	주요 출제 키워드
수산업의 개요	5%	「수산업법」상 수산업의 분류, 수산업의 특징, 수산업 발달사, 주요 3대 어장
수산자원의 개요	16%	수산 생물의 종류, 수산자원 생물의 조성, 수산자원 관리, 수산자원 생물의 조사
어업	19%	어구 및 어법, 어군 탐지 장치, 어장의 환경 요인, 어로 과정, 어장 형성 요인, 낚시 어구, 구획어업
어선운용	9%	개항의 항계 안에서의 항행, 내연기관, 어선의 구조, 선박도료, 선속
수산 양식	20%	주요 양식 방법, 사료계수의 정의, 사료의 주요성분, 대상별 양식 기법, 양식장 주요 환경 요인, 질병
수산 가공 및 식품 위생	18%	수산 식품 원료, 어패류의 사후 변화, 수산 가공품, 수산 식품 위생
수산물 유통	4%	수산물 시장의 구성원, 수산물 도매시장의 각 구성원
수산업 관련제도	9%	TAC 관리제도, EEZ, 국제어업관리, 수산업관리제도, 수산물이력제

수산 경영

주제	출제빈도	주요 출제 키워드
수산업과 수산경영	5%	수산업의 특수성, 수산업의 중요성, 「수산업법」상 수산업의 구분
수산경영 요소와 경영방식	11%	경영형태에 따른 분류, 수산경영 요소
경영 관리	26%	자가경영진단, 경영분석지표, 짓가림제, 수산경영활동, 수산업의 인사관리, 외부자금 조달, 고정자산과 유동자산, 어업작업계획, 어선조직의 구분
수산업 회계	18%	원가계산, 비용기장
수산물 마케팅	15%	수산물 마케팅의 특징, 마케팅 활동 절차, 수산물 시장의 종류
수산업협동조합	11%	「수산업협동조합법 시행령」, 수산업협동조합 운영원칙, 협동조합 특징, 협동조합 역할, 수협의 5대 사업
보험과 공제	6%	위험대처방법, 수산업협동조합 공제제도의 특징, 공제상품
어촌의 개발	8%	어촌개발방향 및 운영, 어촌종합개발의 목적, 어촌의 역할, 어촌의 특징 및 복지 문제

구성과 특징

1 빈출기출문제

출제 경향을 파악할 수 있도록 빈출
기출문제를 상세한 해설과 함께 수
록하였습니다.

---

01 다음 중 어구에 대한 설명으로 옳은 것은?

① 어획 능률을 높이는 데 사용하는 것을 부어구라 한다.
② 보조어구 · 부어구는 좁은 의미의 어구에 포함된다.
③ 일반적으로 좁은 의미의 어구라 함은 주어구를 의미한다.
④ 부어구에 분류되는 것은 어군탐지기 및 집어등이 있다.

해설
어구의 분류

구성재료에 따라	• 낚시어구(뜸 · 발돌 · 낚시대 · 낚시줄 등) • 그물어구 • 잡어구
이동성에 따라	• 운용어구 • 고정어구(정치어구)
	• 주어구(그물 · 낚시)

---

2 Key Point

출제 경향에 맞춘 Key Point를
수록하였습니다. 본격적인 학습에
앞서 참고해보세요.

KEY POINT
- 「수산업법」상 수산업의 분류, 수산업의 특징, 주요 3대 어장
- 양식업의 발달사와 수산가공업의 발달사
- 배타적 경제 수역(EEZ)

01 수산업과 우리의 생활

POINT 001 수산업의 정의

- 수산업이란 수산물을 생산 · 처리 · 가공 과정을 산업화한 것으로 종합적인 응용산업 있다.
- 「수산업법」에서는 수산업을 '어업 · 양식업 · 어획물 운반업 및 수산물 가공업'으로 으며, 수산물 유통업은 「수산업법」상에 포함되지 않는다.

---

3 빈출이론 표시

기출문제를 분석해 빈출된 이론에
대해 ★ 표시를 하였습니다. 이를
바탕으로 효율적인 학습계획을
세워보세요.

POINT 003 「수산업법」상 수산업의 분류 ★

구분	「수산업법」	비고
1차 산업	어업	어업, 양식업
2차 산업	수산물 가공업	수산물 가공업, 어구 제조업, 냉동 · 냉장업, 조선업 등
3차 산업	어획물 운반업	어획물 운반업, 어획물 판매업

※ 「수산업법」에는 수산물 유통업과 판매업이 포함되지 않지만, 수산물 유통과 판매업도 수산경영의
3차 산업에 해당한다.

POINT 004 수산업의 중요성 ★

- 수산업은 국가적 기간산업으로 국민의 기본적인 생활에 필요한 식량을 공급함으로써
주요 영양원 역할을 담당하고 있다.

4 마무리 문제

학습 내용을 점검할 수 있도록 마무리 문제를 수록하였습니다.

마무리 문제 | 수산업의 개요

01 ( ) 안에 들어갈 말을 바르게 짝지은 것은?

「수산업법」에서는 수산업을 어업·어획물 운반업 및 (㉠)으로 정의하고 있다. 여기에 은 어업과 양식업을 포함하고 있으며, 이러한 어업은 (㉡)산업에 속하고 수산물 유통 경영의 일부분으로서 (㉢)산업에 해당한다.

	㉠	㉡	㉢
①	수산물 판매업	1차	3차
②	수산물 유통업	2차	2차

5 실력다지기 400제

시험에 출제 가능성이 높은 핵심 예상문제를 과목별로 200문제씩 수록하였습니다. 다양한 문제를 통해 실전 감각을 향상시켜 보세요.

6 부록

「수산업법」은 최신개정법령을 원문 그대로 수록하였고 「수산업법 시행령」은 핵심 조항만을 정리하여 수록하였습니다. 학습 시 참고해 보세요.

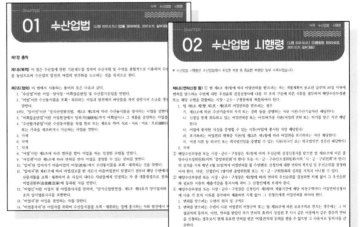

목차

빈출기출문제

01 다음 중 어구에 대한 설명으로 옳은 것은?

① 어획 능률을 높이는 데 사용하는 것을 부어구라 한다.
② 보조어구·부어구는 좁은 의미의 어구에 포함된다.
③ 일반적으로 좁은 의미의 어구라 함은 주어구를 의미한다.
④ 부어구에 분류되는 것은 어군탐지기 및 집어등이 있다.

해설
어구의 분류

구성재료에 따라	• 낚시어구(뜸·발돌·낚시대·낚시줄 등) • 그물어구 • 잡어구
이동성에 따라	• 운용어구 • 고정어구(정치어구)
기능에 따라	• 주어구(그물·낚시) • 보조어구(어군탐지기·집어등) • 부어구(동력 장치)

• 보통은 좁은 의미로 주어구만을 어구라 하고, 보조어구·부어구는 어로장비 또는 어업기기라고 한다.
• 보조어구 : 어획 능률을 높이는 데 사용 / 부어구 : 어구의 조작 효율을 높이는 데 사용

02 다음과 같은 양식 방법의 특징으로 옳지 <u>않은</u> 것은?

> 부착성을 가진 무척추 동물의 양식을 위해서 이들 생물이 부착한 기질을 뗏목이나 밧줄 등에 매달아 물속에 넣어 기르는 방법이다.

① 바다를 입체적으로 이용하여 생산성이 높다.
② 바지락·전복 등의 저서 동물 양식에 활용된다.
③ 다른 양식 방법보다 생장이 좋다.
④ 해적 생물로 인한 피해 방지가 용이하다.

해설
지문은 수하식 양식에 대한 설명으로, 수하식 양식은 양식 대상 생물을 수중에 매달아 기르는 것을 의미한다. 바닥식 양식 혹은 다른 양식 방법으로 양식하는 것보다 생장이 좋고, 바다를 입체적으로 활용하기 때문에 생산성이 높다는 장점이 있으며, 해적 생물로 인한 피해를 예방하기에도 좋다. 수하식 양식으로 양성하는 것은 굴, 진주조개, 진주담치, 가리비, 피조개, 멍게, 미역, 다시마 등이 있으며, 바지락, 전복 등은 바닥식 양식으로 양성한다.

03 다음 중 법적 관리 제도에 따른 어업을 분류한 것으로 옳은 것만을 〈보기〉에서 고른 것은 무엇인가?

> **보기**
>
> ㄱ. 채패어업　　　　　　　　　ㄴ. 허가어업
> ㄷ. 내수면어업　　　　　　　　ㄹ. 면허어업
> ㅁ. 단독어업

① ㄱ, ㄴ　　　　　　　　　　② ㄴ, ㄹ
③ ㄷ, ㄹ　　　　　　　　　　④ ㄷ, ㅁ

해설

법적 관리 제도에 따라 어업을 분류했을 때 들어가는 것은 면허어업, 허가어업, 신고어업이 있다.

04 다음 중 어류 양식에서 발병하는 기생충성 질병으로 옳은 것은?

① 에드워드병
② 림포시스티스병
③ 비브리오병
④ 트리코디나병

해설

바이러스성 질병	이리도바이러스병, 랍도바이러스병, 버나바이러스병, 림포시스티스병, 바이러스성 신경괴사증
세균성 질병	비브리오병, 에드워드병, 연쇄구균병, 활주세균병
기생충성 질병	트리코디나병, 스쿠티카병, 아가미흡충병, 백점병

05 선박에서 선수 흘수가 5m이고 선미 흘수가 2m일 대의 트림으로 옳은 것은?

① 선미 트림 3m

② 선수 트림 3m

③ 등흘수 0m

④ 선수 트림 4m

해설

흘수	선체가 물에 잠긴 깊이로 용골 아랫부분에서 수면까지의 수직 거리
트림	선박이 길이 방향으로 일정 각도 기울어진 정도를 의미하며 선수 흘수와 선미 흘수의 차이로 계산
선수 트림	선수 흘수가 선미 흘수보다 더 큰 상태로, 선수가 선미보다 물속으로 더 기울어진 상태를 의미
선미 트림	선미 흘수가 선수 흘수보다 더 큰 상태로, 선미가 선수보다 물속으로 더 기울어진 상태를 의미
등흘수	선수 흘수와 선미 흘수가 같은 상태를 의미한 것으로 선박이 수평을 유지한 상태를 의미

06 다음 수산물의 대표적인 건조 식품을 바르게 나열한 것은?

	과메기	연어	전갱이
①	동건품	훈건품	자배건품
②	동건품	훈건품	염건품
③	염건품	동건품	훈건품
④	훈건품	자건품	동건품

해설

건제품 종류	• 소건품 : 원료를 그대로 또는 간단히 처리한 후에 건조시킨 것 예 오징어, 한치, 김, 미역, 다시마 • 훈건품 : 목재를 불완전 연소시키면서 건조시킨 것 예 조미 오징어, 연어, 굴 • 자건품 : 원료를 삶은 후 건조시킨 것 예 멸치, 해삼, 전복, 새우 • 염건품 : 원료를 소금에 절인 후에 건조시킨 것 예 굴비, 꽁치, 대구, 옥돔, 정어리, 고등어, 전갱이 • 동건품 : 천일 또는 동결 장치로 원료를 동결시킨 후 융해시키는 작업을 몇 번 반복하여 건조시킨 것 예 한천, 황태, 과메기 • 자배건품 : 원료를 자숙·배건·일건시킨 제품으로 제조 공정에 곰팡이가 이용되므로 발효 식품이라고도 함 예 고등어, 정어리, 가다랑어

07 다음에서 설명하는 기기의 명칭이 바르게 짝지어진 것은?

> (가) 트롤 어구에 입망 되는 어군의 동태 파악
> (나) 트롤 어구 전개판 사이의 간격 측정
> (다) 선망 어선의 그물이 가라앉는 상태 감시

	(가)	(나)	(다)
①	네트 리코더	전개판 감시 장치	네트 존데
②	네트 리코더	네트 존데 전개판	감시 장치
③	전개판 감시	장치 네트 리코더	네트 존데
④	전개판 감시	장치 네트 존데	네트 리코더

해설

네트 리코더는 트롤 어구의 입망되는 어군의 동태를 파악하고, 전개판 감시 장치는 트롤 어구 전개판의 상대적 위치를 파악하며, 네트 존데는 선망 어구의 침강 상태를 파악한다.

08 다음 중 면허어업에 대한 설명으로 옳지 않은 것은?

① 정치망어업과 마을어업을 하려는 자는 시장, 군수, 구청장에게 면허를 받아야 한다.
② 일정한 수면을 구획하여 대통령령으로 정하는 어구(漁具)를 일정한 장소에 설치하여 수산 동물을 포획하는 어업을 정치망어업이라고 한다.
③ 10헥타르 이상의 구획된 수면에 낙망류, 승망류, 죽방렴, 그 밖에 해양수산부장관이 정하여 고시하는 정치성(定置性) 어구를 설치하여 수산 동물을 포획하는 어업을 중형정치망어업이라고 한다.
④ 마을어업 어장의 수심 한계는 1년 중 해수면이 가장 낮은 때의 평균수심 5미터 이내(강원도, 경상북도 및 제주특별자치도의 경우에는 7미터 이내)로 한다.

해설

10헥타르 이상의 구획된 수면에 낙망류, 승망류, 죽방렴, 그 밖에 해양수산부장관이 정하여 고시하는 정치성(定置性) 어구를 설치하여 수산 동물을 포획하는 어업을 대형정치망어업이라고 한다.

정치망어업 및 어구의 종류(「수산업법 시행령」 제7조)

대형정치망어업	10헥타르 이상의 구획된 수면에 낙망류, 승망류, 죽방렴, 그 밖에 해양수산부장관이 정하여 고시하는 정치성(定置性) 어구를 설치하여 수산동물을 포획하는 어업
중형정치망어업	5헥타르 이상 10헥타르 미만의 구획된 수면에 정치성 어구를 설치하여 수산동물을 포획하는 어업
소형정치망어업	5헥타르 미만의 구획된 수면에 정치성 어구를 설치하여 수산동물을 포획하는 어업

09 다음 염장방법 중 어류에 소금을 직접 뿌려서 하는 것은?

① 마른간법　　　　　　　　　　　　② 물간법
③ 개량 물간법　　　　　　　　　　　④ 압착 염장법

해설

① 마른간법 : 수산물에 직접 소금을 뿌려서 염장하는 방법이다.
② 물간법 : 일정한 농도의 소금물에 수산물을 담궈서 염장하는 방법이다.
③ 개량 물간법 : 어체를 마른 간하여 쌓아 올린 다음에 누름돌을 얹어 적당히 가압하여 두는 방법이다.
④ 압착 염장법 : 물간법을 할 때 진한 식염수에 어체를 넣으면 어체가 떠오르기 때문에 누름돌을 얹어서 가압하며
　염장하는 방법이다. 물간 또는 마른간을 하는 경우 압력을 걸어 압착 상태로 염장하게 되면, 함유 수분의 함수율이
　높아지고, 식염의 삼투량이 감소하여 수분이 적고, 저장성이 좋은 제품을 만들 수 있다는 장점이 있다.

10 다음 수산물 유통에 관한 설명으로 옳지 않은 것은?

① 수산물 유통은 유통 경로가 다양하며 대부분 산지 유통으로 이루어지고 있다.
② 저온유통체계는 품질을 보존하고, 가격을 안정시키며, 계획적인 생산과 소비를 할 수 있게
　한다.
③ 중요한 저온유통설비는 냉동차와 쇼케이스이다.
④ T.T.T 계산 결과로 유통기간과 식품의 가치를 알 수 있다.

해설

T.T.T(Time, Temperature, Tolerance) 계산 결과를 통해 식품의 실용 저장 기간을 예측할 수 있다.
품질유지를 위한 시간-온도 허용한도(Time-Temperature Tolerance, T.T.T)
• 동결식품의 상품가치를 위해 허용(Tolerance)되는 경과시간(Time)과 그동안 유지되는 품온(Temperature)의 관계
　를 숫자적으로 처리하는 방법이다.
• 품질 저하율(%/일) = 100/실용 저장 기간(일수)
• T.T.T 값의 계산치가 1.0 이하이면 동결식품의 품질이 양호하며, 그 값이 1.0 이상일수록 품질의 저하가 크다.

11 통조림 가공의 4대 공정의 순서로 바르게 연결한 것은?

① 밀봉 – 탈기 – 냉각 – 살균

② 탈기 – 밀봉 – 살균 – 냉각

③ 탈기 – 살균 – 밀봉 – 냉각

④ 밀봉 – 살균 – 탈기 – 냉각

해설

탈기, 밀봉, 가열 살균, 냉각을 통조림 가공의 4대 공정이라 한다.

12 수산물 안정성 검사 중 관능검사 항목이 아닌 것은?

① 형태

② 선도

③ 냄새

④ 중금속

해설

중금속은 정밀검사 항목에 속한다.

※관능검사 : 수산물의 형태, 선도, 냄새, 색깔 등 외형적으로 이상이 있는지를 검사하는 방법

13 미역의 생활사를 순서대로 바르게 나열한 것은 무엇인가?

① 포자체 – 아포체 – 유주자 – 유주자낭 – 배우체 – 포자체

② 포자체 – 배우체 – 유주자낭 – 아포체 – 유주자 – 포자체

③ 포자체 – 유주자 – 아포체 – 유주자낭 – 배우체 – 포자체

④ 포자체 – 유주자낭 – 유주자 – 배우체 – 아포체 – 포자체

해설

미역

• 우리나라 전 해역에 분포하며 1년생이다.
  – 수온 15℃ 이하의 늦가을~이른 봄까지 성장하고 여름까지 성장한 뒤 유주자를 방출하고 모체는 녹아버린다.
  – 배우체는 23℃까지 생장하지만 수온이 그 이상이면 휴면상태에 들어갔다가, 20℃ 이하의 가을철에 성숙이 진행되어 아포체로 성장한다.
• 암수 배우체에서 알과 정자가 나와 수정하여 아포체(어린 엽체)가 된 후 겨울철 엽상체로 급속히 자라면 수확한다.
• 15℃ 이하의 기간이 짧은 곳에서는 한 번에 수확하고, 15℃ 이하의 기간이 긴 곳에서는 개체 간 생장 차이가 있으므로 먼저 자란 순으로 수확하도록 한다.
• 포자체 – 유주자낭 – 유주자 – 암배우체+수배우체 – 아포체(어린엽체) – 포자체

14 다음과 같은 특징을 가진 어구는?

> • 함정 어구이다.
> • 길그물과 통그물로 구성되어 있다.
> • 어군의 통로를 차단, 유도하여 어획한다.

①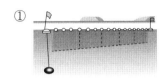

②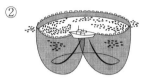

③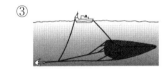

④

해설

건망은 함정 어구 중 유도 함정 어구의 대표적 어구로 어군의 회유로를 차단하고 통그물 쪽으로 유도하는 길그물과 유도된 어군을 모으는 통그물로 구성된다.
① 자망
② 선망
③ 안강망

15 다음은 형태 측정법 중 하나로, 머리부터 가슴까지의 길이를 측정하는 방법은 무엇인가?

① 동장 측정 ② 피린 체정 측정법
③ 두흉 갑폭 측정법 ④ 두흉 갑장 측정법

해설

형태 측정법

형태 측정법	어획물의 체장 조성을 이용하여 자원생물의 동태와 계군의 특성을 파악하는 방법이다.	
	전장 측정법	입 끝부터 꼬리 끝까지 측정하는 방식 예 어류, 문어, 새우
	표준 체장 측정법	입 끝부터 몸통 끝까지 측정하는 방식 예 어류
	피린 체장 측정법	입 끝부터 비늘이 덮여 있는 말단까지 측정하는 방식 예 멸치
	두흉 갑장 측정법	머리부터 가슴까지의 길이를 측정 예 게류, 새우
	두흉 갑폭 측정법	머리와 가슴의 좌우 길이를 측정 예 게류
	동장 측정	몸통 길이만 측정 예 오징어

16 다음은 유영동물의 양식 방법이다. (가)와 (나)에 해당하는 것을 옳게 짝지은 것은?

> (가) 수량이 충분한 계곡이나 하천 지형을 이용하여 만든 사육지에 물을 연속적으로 흘려보내
>   양식하는 방법이다.
> (나) 수심이 깊은 내만이나 면적이 넓은 호수 등에서 그물로 만든 도피 방지 시설을 수면에
>   뜨게하거나 수중에 매달아 양식하는 방법이다.

	(가)	(나)
①	가두리	유수식
②	정수식	유수식
③	정수식	가두리
④	유수식	가두리

해설

유영동물의 양식 방법에는 정수식, 유수식, 가두리, 순환여과식 등이 있다. (가)는 유수식, (나)는 가두리에 대한 설명이다.

17 다음 중 「항행법」에 관한 설명으로 옳지 <u>않은</u> 것은?

① 항로에서 다른 선박과 마주칠 우려가 있는 경우에는 왼쪽으로 항행해야 한다.
② 추월하려는 선박을 눈으로 볼 수 있고 안전하게 추월할 수 있다고 판단되는 경우 항로에서
   다른 선박을 추월할 수 있다.
③ 돛을 사용하여 추진하는 선박은 항로에서 지그재그(zigzag)로 항행하지 않아야 한다.
④ 항로에서 다른 선박과 나란히 항행하지 않아야 한다.

해설

항로에서 다른 선박과 마주칠 우려가 있는 경우에는 오른쪽으로 항행해야 한다(「선박의 입항 및 출항 등에 관한 법률」 제12조 제1항 제3호).

18 다음 중 대륙붕에 대한 설명으로 옳지 <u>않은</u> 것은?

① 해안선에서 수심 200m까지 완만한 경사의 해저 지형을 말한다.

② 전체 해양 면적의 12%를 차지한다.

③ 세계 주요 어장의 90% 이상이 대륙붕에 형성되어 있다.

④ 산업과 관련된 생산 활동 및 인간 생활과 밀접하게 연관되어 있는 곳이다.

해설
전체 해양 면적의 12%를 차지하고 있는 해저 지형은 대륙사면이다. 대륙붕은 전체 해양 면적의 7.6%를 차지한다.

19 겨울철의 냉기를 이용하여 원료를 동결시킨 후 융해시키는 작업을 반복하여 탈수, 건조시킨 수산 가공품은?

① 황태, 한천

② 굴비, 훈제 연어

③ 마른 멸치, 마른 해삼

④ 마른 패주, 가스오부시

해설
동건법은 겨울철의 자연 저온을 이용하여 밤에 식품 중의 수분을 빙결정으로 동결시킨 다음, 낮에 녹이는 작업을 반복하여 수분을 승화시켜 제거하는 건조법이다. 명태를 원료로 한 황태(북어), 꽁치를 원료로 한 과메기, 우뭇가사리를 원료로 한 한천이 대표적인 동건품이다.

20 그림은 어구의 종류를 나타낸 것이다. (가), (나)의 공통점을 〈보기〉에서 모두 고른 것은?

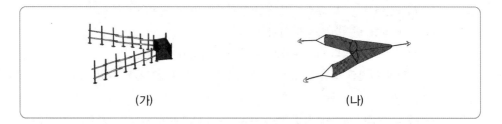

(가)　　　　　　　(나)

보기

ⓒ 두 어구 모두 강제 함정 어구에 속한다.
ⓛ 주로 남·서해안 일대의 협수로에 설치하여 사용하는 어구이다.
ⓒ 물의 흐름이 느린 곳에 설치할 때 효과가 높은 어구이다.
ⓔ 멸치나 갈치 등을 잡는 데 사용한다.

① ㉠, ㉡
② ㉠, ㉢
③ ㉡, ㉢
④ ㉠, ㉡, ㉣

해설

(가)는 죽방렴, (나)는 낭장망에 해당한다. 죽방렴은 물살이 드나드는 협수로에 대나무발 그물을 세워 물고기를 잡는 전통적인 어구를 말하며, 낭장망은 저인망 그물과 같은 긴 자루 형태의 그물 날개 쪽과 자루 끝쪽을 멍이나 닻으로 고정한 뒤 조류에 의하여 들어간 고기를 어획하는 정치 어구를 말한다.
㉠ 죽방렴과 낭장망 모두 강제 함정 어구에 속한다.
㉡·㉣ 죽방렴과 낭장망은 주로 남·서해안 일대의 협수로에 설치하여 사용하며, 멸치나 갈치 등을 잡는 데 사용한다.
㉢ 죽방렴이나 낭장망은 물의 흐름이 빠른 곳에 설치하여야 효과가 높은 어구이다.

01 수산경영을 집약경영과 조방경영으로 구분하는 기준으로 가장 적절한 것은 무엇인가?

① 생산물의 종류
② 수산경영 요소의 이용도
③ 종사하는 업종의 수
④ 채취하는 방식

해설

1. 어업경영과 양식경영
구분 기준 : 자연상태에서 채취하느냐, 인위적으로 육성하여 채포하느냐에 따라 구분한다.

어업경영	자연에서 채취하는 경영 방식이다.
양식경영	인위적으로 부화·발생·육성하여 생산하는 방식이다.

2. 집약경영과 조방경영
구분 기준 : 수산경영 요소의 이용도에 따라 구분한다.

집약경영	• 수산경영 요소(노동·자본)의 이용도가 높은 경영 방식이다. 　– 생산성을 높이기 위해 어장의 단위 면적당 노동 또는 자본의 비율을 높이면 집약적 　　경영이 된다. • 대도시 근교에서 적합한 방식이다.
조방경영	• 수산경영 요소(노동·자본)의 이용도가 낮은 경영 방식이다. • 외지에 적합한 방식이다.

3. 단일경영과 복합경영
구분 기준 : 생산물 종류 또는 종사하는 업종의 수에 따라 구분한다.

단일경영	단일 업종 또는 단일 품목만을 경영하는 전문 경영 방식이다.
복합경영	• 둘 이상의 업종을 수행하는 경영 방식이다. • 경영 위험을 분산시킬 수 있고, 인력과 시설을 공동이용함으로써 고정비를 절감하고 　부산물을 효율적으로 활용할 수 있다. • 단위 면적당 생산량을 증가시킬 수 있다.

02   다음 중 「수산업협동조합법」에 명시된 업종별 수산업협동조합의 사업이 <u>아닌</u> 것은 무엇인가?

① 수산종자의 생산 및 보급
② 수산물 유통 조절 및 비축사업
③ 운송사업
④ 신제품의 개발·보급 및 기술 확산

해설

신제품의 개발·보급 및 기술 확산은 수산물가공 수산업협동조합의 교육·지원사업에 해당한다.
업종별 수산업협동조합의 사업(「수산업협동조합법」 제107조)
1. 교육·지원 사업
   가. 수산종자의 생산 및 보급
   나. 어장 개발 및 어장환경의 보전·개선
   다. 어업질서 유지
   라. 어업권·양식업권과 어업피해 대책 및 보상 업무 추진
   마. 어촌지도자 및 후계어업경영인 발굴·육성과 수산기술자 양성
   바. 어업 생산의 증진과 경영 능력의 향상을 위한 상담 및 교육훈련
   사. 생활환경 개선과 문화 향상을 위한 교육 및 지원과 시설의 설치·운영
   아. 어업 및 어촌생활 관련 정보의 수집 및 제공
   자. 조합원의 노동력 또는 어촌의 부존자원을 활용한 관광사업 등 어가 소득증대사업
   차. 외국의 협동조합 및 도시와의 교류 촉진을 위한 사업
   카. 어업에 관한 조사·연구
   타. 각종 사업과 관련한 교육 및 홍보
   파. 그 밖에 정관으로 정하는 사업
2. 경제사업
   가. 구매사업
   나. 보관·판매 및 검사 사업
   다. 이용·제조 및 가공(수산물의 처리를 포함한다) 사업
   라. 수산물 유통 조절 및 비축사업
   마. 조합원의 사업 또는 생활에 필요한 공동시설의 운영 및 기자재의 임대사업
3. 공제사업
4. 후생복지사업
   가. 사회·문화 복지시설의 설치·운영 및 관리
   나. 의료지원사업
5. 운송사업
6. 국가, 공공단체, 중앙회, 수협은행 또는 다른 조합이 위탁하거나 보조하는 사업
7. 다른 경제단체·사회단체 및 문화단체와의 교류·협력
8. 다른 조합·중앙회 또는 다른 법률에 따른 협동조합과의 공동사업 및 업무의 대리
9. 다른 법령에서 업종별수협의 사업으로 정하는 사업
10. 제1호부터 제9호까지의 사업에 관련된 대외무역
11. 차관사업
12. 제1호부터 제11호까지의 사업에 부대하는 사업
13. 그 밖에 업종별수협의 목적

03 다음 〈보기〉의 A, B를 차례대로 나열한 것은?

> A : 소규모 생산자 또는 소비자가 자신들의 이익 보호를 목적으로 설립한 상호부조적 성격의 인적공동기업이다.
> B : 본사는 모국에 두고 여러 나라에 방계 회사를 가진다.

	(A)	(B)
①	합명회사	주식회사
②	주식회사	합작회사
③	협동조합	합작회사
④	협동조합	다국적기업

해설

합명회사	가족 · 친지 등 신뢰할 수 있는 사람들끼리 사업을 하려는 경우 등 개인기업에 가까운 형태이며, 대규모 경영보다는 소규모 연안어업 · 양식업과 같은 개인기업에 적합하다.
주식회사	증권화를 통해 대규모 자본 조달이 용이하여 대규모 회사에 적합하며, 출자와 경영이 분리되어 있다.
합작회사	2개국 이상의 기업이 공동 출자(투자)하고 공동으로 경영하는 해외기업의 한 형태이다.

04 수산업은 생산량 예측이 어려워 투기성이 많은 산업이라고 한다. 이는 수산경영의 특수성 중 무엇에 관한 설명인가?

① 이동성
② 중단성
③ 불확실성
④ 불규칙성

해설

① 이동성 : 수산경영은 공업이나 농업과 달리 자원이 있는 곳으로 이동하며 생산 활동을 한다.
② 중단성 : 수산자원에 따라 어기가 다르므로 비어기 또는 어한기가 존재한다.
④ 불규칙성 : 어획물의 양이 일정하지 않아 수산 노동 시간이 일정하지 않고 불규칙적이다.

05 다음 중 우리나라의 수산업의 발달 및 활동에 대한 설명으로 옳지 <u>않은</u> 것은?

① 수산 가공업에서 수입산 원료 의존도가 높아지고 있다.
② 수산자원은 타율 갱신적 자원에 해당하므로 남획할 경우 자원이 쉽게 고갈된다.
③ 수산업의 생산은 어업 시간 및 투망 횟수에 비례하지 않는다.
④ 근대 이후 동력 어선과 어업 기술이 과학화 되면서 수산 기업이 발달하기 시작하였다.

해설
수산자원은 자율 갱신적 자원으로, 자율 갱신 속도보다 빠르게 사용할 경우 고갈의 위험이 있다.

06 다음 중 수산업의 재무관리에 관한 사항으로 옳지 <u>않은</u> 것은?

① 경영에 필요한 자본 조달 및 운용에 관한 의사결정과정을 재무관리라 한다.
② 크게 투자결정, 자본조달, 배당정책이 이루어진다.
③ 수산금융은 금융자금보다 이자율이 높아 장기적인 정부의 재정자금에의 의존도가 더 크다.
④ 재정자금은 수산업협동조합이 관리한다.

해설
수산금융은 금융자금보다 이자율이 낮고 장기적인 정부의 재정자금에의 의존도가 더 크다.

07 다음 중 수산경영을 운영함에 따른 위험으로 투기적 위험으로 옳은 것은?

① 제품 안전사고 위험
② 선박 침몰 위험
③ 새로운 어구 및 어법 도입으로 인한 위험
④ 교통 사고 위험

해설

투기적 위험	• 새로운 위험 요소 발생에 따른 투자 위험도를 의미한다. • 현재의 경제적 손실에 미래의 불확실한 상황에 따른 이익 발생 가능성까지 포함한다. 예) 새 어장으로의 출어 위험, 새로운 어구 및 어법 도입으로 인한 위험 등	
순수 위험	경제적 손실을 입을 위험 또는 미래에 이익이 따를 가능성이 없는 불확실한 상황을 의미한다. 예) 선박 침몰 위험, 제품 안전사고 위험 등	
	인적 위험	사망·질병·실업 등으로 인해 소득 창출이 불확실한 위험
	재산 위험	경제적 가치 저하와 재산의 사용에 따른 효익 상실 위험
	배상 책임 위험	피해 보상에 대한 배상 책임으로 인한 위험

08 다음 중 어업 자본을 운용함에 있어 원칙으로 보기 <u>어려운</u> 것은?

① 적정 소요량 계획 원칙 : 어구나 선구를 모두 사용 전에 구비 · 정비해 두어야 한다.
② 절약 원칙 : 어장에 관계없이 적용할 수 있는 작업 기준 또는 작업 표준을 설정하여 자재를 절약하고 개선한다.
③ 적기 출어 원칙 : 생산성 향상을 위해 적기에 출어하여 어획량 증가를 도모하여야 한다.
④ 미끼의 적정 구입 원칙 : 미끼의 연간 필요양, 시기, 장소, 품질, 가격 등을 계획하여야 한다.

> **해설**
> 어장에 따라 그 요건(투망 시간, 양망 시간, 미끼 등)이 차이가 있으므로 그에 알맞은 작업 기준 또는 작업 표준을 설정하여야 한다.

09 고등어를 어획하는 대형선망어업과 같이 망선, 등선, 어탐선, 운반선 등이 일체를 이루어 어획활동을 하는 생산조직은?

① 선단조직
② 선대조직
③ 단선복합조직
④ 단독조직

> **해설**
> 선단조직은 기선저인망 · 선망 등 대규모 조업 시 계획적인 조업과 정보교환, 수송, 보급 등을 위해 공선(모선)을 중심으로 운반선 · 집어선 · 어로탐지선 등으로 구성된 형태를 말한다. 선단조직은 어획 기능, 어군탐지 기능, 어획물 가공 기능, 집어 기능, 운반 기능을 모두 할 수 있다.

10 수산물 원가는 발생 형태에 따라 재료비, 노무비, 경비로 구분할 수 있는데, 이 중 경비에 해당하지 <u>않는</u> 것은?

① 수수료
② 통신비
③ 감가상각비
④ 상여금

> **해설**
> • 재료비 : 치어 구입비 등
> • 노무비 : 임금, 상여금, 퇴직금 등
> • 경비 : 수수료, 소모품비, 수리비, 통신비, 감가상각비, 운반비, 포장비 등

11 다음 중 수산업협동조합에 대한 설명으로 옳지 <u>않은</u> 것은?

① 수산업협동조합은 경제적 약자를 보호하며 상부상조, 자주자조의 단체이다.
② 수산업협동조합의 조합원은 독립된 개개인이면서 서로 협동하는 인적 결합체이다.
③ 수산업협동조합은 비영리 단체이면서 경제단체이므로 영리를 목적으로 하는 업무도 수행할 수 있다.
④ 수산업협동조합에는 수협 중앙회, 지구별 수협, 업종별 수협, 수산물 가공 수협이 있다.

해설
수산업협동조합은 비영리 단체이면서 경제단체이며, 영리 또는 투기를 목적으로 하는 업무를 수행할 수 없다.

12 다음 수산업의 경영분석지표 중 생산·판매 활동을 위하여 자산을 얼마나 효과적으로 활용하였는지는 나타내는 지표는 무엇인가?

① 수익성   ② 안정성
③ 성장성   ④ 활동성

해설
• 수익성 : 경영성과를 측정·평가한 비율
• 안정성 : 부채 대 총자본의 비율
• 성장성 : 매출액 증가율, 총자산 증가율, 순이익 증가율로 표현된다.
• 활동성 : 생산·판매 활동을 위하여 자산을 얼마나 효과적으로 활용하였는지를 나타낸 것

13 다음 중 수산업을 경영함에 있어 자금 조달 방법으로 옳은 것은?

① 창고 증권 담보 등 담보에 의한 조달은 장기차입금에 해당한다.
② 단기차입금으로는 전도금, 금융 단기 대출이 대표적이다.
③ 고정 자산을 구입함에 있어 자금을 장기차입금에 의존할 경우 현금 유입과 유출의 발생 시점 차이로 인해 파산 위험성이 증가한다.
④ 고정 자산 구입에 필요한 자금을 단기차입금으로 조달할 경우 높은 투자 수익률을 얻을 수 있어 효과적이다.

해설
① 창고 증권 담보는 단기차입금에 해당한다.
③ 고정 자산을 구입함에 있어 자금을 단기차입금에 의존할 경우 현금 유입과 유출의 발생 시점 차이로 인해 파산 위험성이 높다.
④ 고정 자산에 투입된 자금은 회수에 시일이 소요되므로 고정 자산 구입에 필요한 자금을 단기차입금으로 조달할 경우 효과적인 투자를 할 수 없다.

14 다음 중 짓가림제의 특징으로 보기 어려운 것은?

① 경영 성과가 있어야 분배할 수 있다.

② 어획 노동력을 기준으로 하여 지급된다.

③ 선불 방식의 임금 제도이다.

④ 결부제도에서 유래한 제도이다.

해설

짓가림제의 특징

• 고려시대부터 시작된 결부제도에서 유래한 제도이다.

• 경영 성과가 있어야 분배할 수 있다.

• 위험 분산 형태이다.

• 단체 임금제이다.

• 해상 노무 관리의 자동화를 꾀할 수 있다.

• 어획 노동력을 기준으로 하여 지급된다.

• 후불 방식의 임금 제도이다.

15 다음 중 동해안 오징어 어업 및 명태 연승에서 많이 사용하는 임금 제도는?

① 실물분배제

② 어기급제

③ 항차급제

④ 짓가림제

해설

실물분배제는 어획해 온 어획물로 임금이 지불되는 방식으로 동해안 오징어 어업 또는 명태 연승에서 많이 사용된다.

② · ③ 어획 성과와 관계없이 일정액을 지급받는 고정급제에 해당한다.

④ 경영 성과를 노사 간에 분배하는 형태로, 대표적인 임금 지급 방식이다.

16 수산업의 원가에 대한 설명으로 옳은 것은?

① 어선어업의 3대 원가요소는 감가상각비, 노무비, 출어비이다.
② 출어비란 출항 시부터 귀항 시까지 당해 어선에서 직접 발생한 원가이다.
③ 양식업의 원가요소와 어선어업의 원가요소는 동일하게 분류된다.
④ 생산량 변화에 따른 원가의 분류는 간접비와 직접비로 나눌 수 있다.

해설
① 어선어업의 3대 원가요소는 출어비, 노무비, 경비이다.
③ 어선어업은 양식업과 달리 재료비가 없어 원가요소가 출어비, 노무비, 경비로 구성되고, 양식업은 재료비, 노무비, 경비로 구성된다.
④ 추적 가능성에 따라 직접비와 간접비로 나눌 수 있다.

17 다음 중 수산물 마케팅에 대한 설명으로 옳지 <u>않은</u> 것은?

① 수산물을 효율적으로 판매하기 위한 계획·시장조사·촉진·판매·통제활동에 생산까지도 관여하는 적극적인 활동을 의미한다.
② 수산물의 생산량 감소, 소비자 욕구의 일원화로 수산물 마케팅의 중요성은 점점 더 높아지고 있다.
③ 상표화·포장화·등급화·규격화 등의 마케팅은 소비자의 구매 결정을 높여 판매율을 높일 수 있다.
④ 수산물 생산자는 자신의 생산물에 대하여 판매 장소와 가격 조건 등을 결정할 수 있다.

해설
수산물의 생산량이 감소됨에 따라 생산자 간의 경쟁은 심화되고 있으며, 소비자의 욕구는 다양화되어 수산물 마케팅의 중요성은 점점 더 높아지고 있다.

18 계통 판매경로 및 유통경로에 대한 설명으로 알맞은 것은?

① 수집상이 생산자에게서 직접 어획물을 수집하여 소비지 도매시장에 출하하는 방식에서 가격은 수집상이 결정하며 소비지 중도매인은 가격결정에 참여하지 않는다.

② 일반적인 수산물 유통경로로 수협을 거치는 경우 판매비용 및 마케팅 비용이 많이 들지 않지만 판매대금을 신속하게 지불받기는 어렵다.

③ 수협 직판장을 개설하는 경우 유통경로가 적어 유통비용을 절감할 수 있으나 선도 유지는 어렵다.

④ 생산자가 객주에게 어획물을 담보로 자금을 대출받아 어획 후 객주에게 어획물의 판매권을 저렴하게 넘기는 방식은 차입금에 대한 높은 이자와 판매수수료, 낮은 매매 가격으로 인해 생산자가 손해를 보는 경우가 많다.

해설

① 가격은 소비지 중도매인이 결정하며 수집상은 가격결정에 참여하지 않는다.

② 판매비용 및 마케팅 비용이 많이 들지 않으며 판매대금 역시 신속하게 지불받을 수 있다.

③ 유통비용 절감뿐만 아니라 선도 유지도 용이하다.

계통 판매경로 및 유통경로 결정(일반적인 수산물 유통 경로로 수협을 거치는 경우)

• 판매에 대한 위험성이 낮다.

• 판매대금을 신속하게 지불받을 수 있다.

• 판매비용 및 마케팅 비용이 많이 들지 않는다.

• 판매의 책임이 수협에 있다.

• 판매 및 마케팅을 수협에 위탁하므로 생산자는 가격결정에 참여할 수 없다.

19 다음에서 설명하는 수산물 시장의 종류는?

> • 특별시 · 광역시 · 특별자치시 또는 특별자치도가 개설한 농수산물도매시장 중 해당 관할구역 및 그 인접지역에서 도매의 중심이 되는 농수산물도매시장으로서 농림축산식품부령 또는 해양수산부령으로 정하는 시장을 말한다.
> • 업무규정은 농림축산식품부장관 또는 해양수산부장관의 승인을 받아야 한다.
> • 개설자가 업무규정을 변경하는 때에는 농림축산식품부장관 또는 해양수산부장관의 승인을 받아야 한다.

① 중앙도매시장

② 소매시장

③ 산지위판장

④ 지방도매시장

해설

중앙도매시장이란 특별시·광역시·특별자치시 또는 특별자치도가 개설한 농수산물도매시장 중 해당 관할구역 및 그 인접지역에서 도매의 중심이 되는 농수산물도매시장으로서 농림축산식품부령 또는 해양수산부령으로 정하는 것을 말한다(「농수산물 유통 및 가격안정에 관한 법률」 제2조 제3호). 특별시·광역시·특별자치시 또는 특별자치도가 도매시장을 개설하려면 미리 업무규정과 운영관리계획서를 작성하여야 하며, 중앙도매시장의 업무규정은 농림축산식품부장관 또는 해양수산부장관의 승인을 받아야 한다(동법 제17조 제4항). 중앙도매시장의 개설자가 업무규정을 변경하는 때에는 농림축산식품부장관 또는 해양수산부장관의 승인을 받아야 하며, 지방도매시장의 개설자(시가 개설자인 경우만 해당한다)가 업무규정을 변경하는 때에는 도지사의 승인을 받아야 한다(동법 제17조 제5항).

20 수산경영의 요소 중 '어장'에 대한 설명으로 옳지 <u>않은</u> 것은?

① 어장의 자연적 구비 조건으로는 육지에서의 거리, 바다의 깊이, 고기의 밀도 등을 들 수 있다.
② 북해 어장, 뉴펀들랜드 어장, 북태평양 어장을 3대 어장이라 한다.
③ 3대 어장은 모두 지구의 북반구에 위치해 있다.
④ 어업을 어장에 따라 크게 내수면 어업(담수어업, 하천어업, 호소어업)과 해면 어업(연안어업, 근해어업, 원양어업)으로 나눌 수 있다.

해설

육지에서의 거리, 바다의 깊이, 고기의 밀도 등은 어장의 인적 구비 조건에 해당한다. 어장의 인적 구비 조건은 일정하지 않아 수요·공급의 변화, 어업 기술의 발달, 기후조건의 변화에 따라 나쁜 어장이 좋은 어장으로, 좋은 어장이 나쁜 어장으로 변할 수 있다.

PART
01

수산일반

단원별 핵심 Point

이렇게 출제된다

- 세계 주요 어장 중 북해어장(북동 대서양 어장)에 대한 설명으로 옳지 <u>않은</u> 것은?
- 다음 중 해상 교통 규칙에 대한 내용으로 옳지 <u>않은</u> 것은?
- 다음 중 통조림 살균 후 급속냉각을 통해 얻을 수 있는 효과로 가장 적절하지 <u>않은</u> 것은?
- 다음 중 4행정 사이클 기관에 대한 설명으로 가장 옳지 <u>않은</u> 것은?
- 다음 중 해수의 염분을 나타내는 단위의 표시로 옳은 것으로 묶인 것은?
- 다음 중 (가), (나)의 근육 조직을 가지는 어류로 옳게 짝지어진 것은?
- 수산 가공품 중 다음의 제조 공정과 특성을 가지는 가공품은 무엇인가?

01 수산업의 개요

KEY POINT
- 「수산업법」상 수산업의 분류, 수산업의 특징, 주요 3대 어장
- 양식업의 발달사와 수산가공업의 발달사
- 배타적 경제 수역(EEZ)

01 수산업과 우리의 생활

POINT 001 수산업의 정의

- 수산업이란 수산물을 생산·처리·가공 과정을 산업화한 것으로 종합적인 응용산업이라 할 수 있다.
- 「수산업법」에서는 수산업을 '어업·양식업·어획물 운반업 및 수산물 가공업'으로 정의하고 있으며, 수산물 유통업은 「수산업법」상에 포함되지 않는다.
- 어업·양식업·수산물 가공업이 각각의 산업적 특성에 따라 단계적 생산이 독립적으로 이루어졌으나 최근에는 관련 산업과 연계화가 진행되면서 업종간의 구분이 되지 않는 경우가 많아졌다. 이에 수산업은 복합 경영을 도입함으로써 생산 경비를 줄이고 관련 산업의 경쟁력과 국제 경쟁력을 높이고 있다.
- 수산업은 수산토목·수산전산·해양환경·해양레포츠 등의 분야도 포함되는 종합적 산업이다.

POINT 002 어업과 양식업, 수산물 가공업과 수산물 유통업

어업	자연에 있는 수산 동식물을 포획·채취하는 생산 활동
양식업	• 수산 동식물을 농업·축산업처럼 인공적인 방법으로 길러서 수확하는 생산 활동 • 이를 목적으로 어선·어구를 사용하거나 시설물을 설치하는 행위도 양식업에 포함
수산물 가공업	• 수산물을 원료 또는 재료로 활용하여 식료·사료·비료·호료(糊料) 유지 또는 가죽을 제조하거나 가공하는 산업 • 수산물을 장기간 보존함과 동시에 상품의 가치를 높이고 사람의 기호에 맞도록 가공하는 산업
수산물 유통업	수산물을 수확한 생산지에서 최종 소비지까지의 유통 전 과정

「수산업법」상 수산업의 분류 ★

구분	「수산업법」	비고
1차 산업	어업	어업, 양식업
2차 산업	수산물 가공업	수산물 가공업, 어구 제조업, 냉동·냉장업, 조선업 등
3차 산업	어획물 운반업	어획물 운반업, 어획물 판매업

※「수산업법」에는 수산물 유통업과 판매업이 포함되지 않지만, 수산물 유통업과 판매업도 수산경영의 일부분으로서 3차 산업에 해당한다.

수산업의 중요성 ★

• 수산업은 국가적 기간산업으로 국민의 기본적인 생활에 필요한 식량을 공급함으로써 국민건강의 주요 영양원 역할을 담당하고 있다.
• 동물성 단백질 공급에 기여하고 있다.
※ **국제 식량 농업 기구(FAO) 한국 협회의 1일 단백질 섭취 권장량**
  성인 1인당 1일 단백질 권장 섭취량은 75~90g으로, 이 중 1/3(약 30g)은 동물성 단백질 섭취를 권장하고 있다. 우리나라는 수산물에서 단백질 공급을 많이 받고 있다.
• 미래 산업으로서 수산업의 역할이 새롭게 인식되고 있다(미개발 수산물 개발 등을 통해 인구 증가에 따른 식량 문제의 해결).

수산업의 특성 ★

• 수산 생물자원은 육상의 광물 자원과 달리 관리만 잘하면 지속적으로 생산이 가능한 재생성 자원(renewable resource)이다.
• 이동성이 강해 주인이 명확하지 않고 자원관리가 어렵다.
• 서식환경·기상조건 등에 영향을 많이 받아 생산시기·생산량 등이 일정하지 않다. 즉, 계획적인 생산이 어렵다. 그래서 수산업은 위험성, 투기성, 불연속성의 경향을 보인다.
• 생산물의 부패와 변질이 쉽게 발생한다. 이에 대한 대안으로 선상에서 가공·판매하는 시스템 및 활어운송 기술(콜드체인)을 활용하고 있다.
• 생산품을 일정한 규격의 제품으로 만들기 어렵다.
• 업체 수로는 연안어업이 가장 많고 원양어업이 가장 적어 피라미드 형태를 띠지만, 생산력 면에서는 역피라미드 형태를 취하고 있다.
• 출어경비와 어획량은 비례관계가 작기 때문에 고정비 성격을 띠고 있다. 따라서 수산업의 손익분기점은 타 산업에 비해 높다.
※ 우리나라의 수산업구조는 소규모 채취업이나 연안어업에서 대규모 원양어업까지 다양한 계층구조를 보이고 있다.

02 수산업의 발달

006 우리나라 수산업의 현황

1950년대	1953년 「수산업법」이 제정되었다.
	• 1954년 『한국어보(정문기)』에서 한국산 어류에 대하여 최초로 분류하였다. 　– 어류 833종의 형태 · 상태 · 방언 등을 기록하였다. • 1957년 인도양에서 원양어업 시험조업을 실시하였다.
1960년대	• 제1차 경제 개발 계획에 따라 원양어업이 본격적으로 시작되었다. • 제5차 경제 개발 계획과 함께 우리나라의 경제 규모가 확대되고 경제 구조가 고도화되면서 수산업도 수산 진흥을 위한 장기 종합 개발 계획이 수립되었다. • 어업 구조의 개선과 함께 원양어업이 시작되었다. • 1962년 남태평양 다랑어 어장에 다섯 척의 어선이 진출하면서 원양어업이 본격화되었다. • 1965년 한일어업협정이 체결되어 발효되었다. • 1966년 수산청이 발족됨으로서 수산 행정이 처음으로 일원화되었다. • 1966년 대서양 트롤어업이 시작되었다.
1970년대	• 양식업과 근해 어장의 개발 및 원양어업의 약진으로 수산업이 도약하였다. • 1971년 수산물 수출 1억 달러를 돌파하였다.
1980년대	석유 파동 및 연안국의 어업 규제로 수산업의 성장이 둔화되기 시작하였다.
1990년대	• 신 해양 질서 개편으로 연안어업국 간의 협정 및 국제 수산 기구가 창설되어 어업을 규제하는 사항들이 늘어남에 따라 수산업은 국제적 영향을 많이 받았다(국제적 영향의 고려 시기). • 1996년 정부 조직 개편에 따라 수산청이 해양수산부에 통합되었다. • 1996년 배타적 경제 수역이 선포되었다. • 1997년 외국 수산물 수입이 전면 개방되었다. • 1999년 한일어업협정이 발효되었다.
2000년대	• 수산업 전반에 걸쳐 신 해양 질서에 맞도록 새로운 재편과 수정이 빠르게 이루어지고 있다. • 2001년 한중어업협정이 발효되었다. • 2008년 정부 조직 개편에 의해 수산 행정 업무는 농림수산식품부에 속하게 되었다. • 2013년 정부 조직 개편에 의해 해양수산부가 신설되면서 업무가 이관되었다.

※ **우리나라가 가입한 수산기구** : FAO 수산위원회(1965, COFI), 대서양 참치보존위원회(1970, ICCAT), 북태평양 해양 과학기구(1995, PICES), OECD 수산위원회(1996), 북태평양 수산위원회(NPFC, 2015) 등

동해	• 넓이가 약 100만 8천km²이고, 연안에서 대략 10해리만 나가면 수심이 200m 이상으로 깊어지며, 해저가 급경사로 되어 있다. • 깊은 곳은 약 4,000m, 평균 수심은 약 1,700m이다. • 동해의 하층에는 수온이 0.1~0.3℃, 염분은 34.0~34.01‰(천분율, permill)의 동해 고유수(저염, 저온)가 있고, 그 위로 따뜻한 해류인 동한 난류가 흐른다.
서해	• 넓이가 약 40만 4천km²이고, 평균 수심이 약 44m이며, 가장 깊은 곳은 약 103m이다. • 조석·간만의 차가 심하고, 강한 조류로 인하여 수심이 얕은 연안에서는 상·하층수의 혼합이 왕성하여, 연안수와 외양수 사이에 조석 전선이 형성되기도 한다. • 우리나라 서해안에는 광활한 간석지가 발달되어 있다. • 염분은 33.0‰ 이하로 낮고, 계절에 따라 수온과 염분의 차가 심하다. • 겨울에는 수온이 표면과 해저가 거의 같이 낮아지나, 여름에는 표층 수온이 24~25℃로 높아지고, 해저는 겨울철에 형성된 6~7℃의 냉수괴가 그대로 남아 냉수성 어류의 분포에 영향을 끼친다.
남해	• 넓이가 약 7만 5천km²로, 동해와 서해의 중간적인 해양 특성을 가지고 있다. • 조석 및 조류는 서해보다 약하고, 동해보다 강하다. • 여름철 난류 세력이 강해지면 표면 수온이 30℃까지 높아지고, 겨울에는 연안을 제외하고는 10℃ 이하로 내려가는 일이 거의 없다. • 난류성 어족의 월동장이면서, 봄·여름에는 산란장이 되며, 겨울에는 한류성 어족인 대구의 산란장이 된다. • 남해는 수산 생물의 종류가 다양하고 자원이 풍부하여 좋은 어장이 형성된다.

• 쓰시마 난류 + 리만 한류 + 북한 한류
  – 난류성과 한류성의 수산 생물자원 종류가 다양하고 풍부하다.

※ 우리나라의 주변 해역은 세계 주요 어장의 하나인 태평양 북부 어장에 포함된다. 우리나라 인근 해역에는 수산자원이 풍부하고 종류가 다양하여 해수 어류와 담수 어류가 약 900종, 연체동물은 약 100종, 갑각류는 약 300종, 해조류는 약 400종이 서식하고 있다.

※ 쿠로시오 해류 : 우리나라 주변 해양에 가장 많은 영향을 끼치는 해류로써 필리핀의 민다나오섬 부근에서 대만 동쪽을 따라 동중국해 및 토카라 해협을 통해 태평양 쪽으로 나와서 일본 남방 해역으로 흐른다. 그리고 오키나와섬 북서방 해역에서 상층수의 일부는 분리되어 쓰시마 난류가 된다.

※ 쓰시마 난류(대마 난류) : 대마 난류는 쿠루시오로부터 분리된 후, 일본 남서제도의 아마미오시마 북서방의 대륙붕 사면을 따라서 제주도 남방 해역을 지나 대한 해협을 통과하여 동해로 유입하는 해류이다. 유속은 0.5~1.5노트 정도로[노트(knot) : 선속의 단위, 1노트 = 1해리(1,852m)/1시간], 겨울에는 약하고 여름에는 강한 경향이 있다.

※ 리만 해류 : 쓰가루 해류와 분리된 쓰시마 난류는 홋카이도 서쪽 연안을 따라 북상하여 사할린 섬 서쪽 연안을 따라 북상하여 타타르 해에 도달한다. 여기서 흑룡강(아므르강)의 담수와 혼합하여 대륙 동쪽인 연해주 연안을 남하하는 해류를 리만 해류라고 한다.

※ 동해 고유수 : 우리나라 동해의 중층 이상의 깊이에서 흐르고 있으며, 수온 1~2℃ 이하, 염분 34.5‰의 저온·저염수이다.

조석전선

- 조류가 강한 서해와 같은 곳에서는 여름철 강한 태양 복사열로 인하여 바다 표면의 수온이 상승하게 되고, 하층은 냉수가 그대로 존재하게 된다.
- 연안역에 강한 조류로 인한 저층 난류가 발생하고 상층수와 하층수가 혼합됨으로써 연안역은 외해보다 수온이 낮아져 외해가 연안보다 오히려 수온이 높아지게 된다. 즉, 조류에 의해서 연안수와 외해수 사이에 뚜렷한 수온 차가 생기게 되어 전선을 형성하게 되는데, 이런 현상을 조석전선이라 한다.

우리나라 어업 생산량

어업	연안어업	생산량은 가장 많으나, 어업 인구 · 어선 세력을 감안하면 생산규모는 작은 편이다.
	근해어업	비교적 생산 규모가 크고 양산체제로 되어 있어 생산량이 매년 증가하고 있다.
	원양어업	• 1957년 인도양 시험 조업 이래 '다랑어 주낙어업'이 시작되었고, 1966년 '대서양 트롤어업'이 시작되었다. • 최근에는 각 연안 수산국의 200해리 경제수역 설정과 연안국 간의 어업협정 등의 영향으로 생산량이 줄어들고 있다. • 원양어업의 생산량은 감소하고 있으나, 생산 금액은 증가하고 있다.
양식업		'김' 양식이 최초 → '굴 · 미역 · 다시마' 등으로 다양화 → 내수면과 천해에서 '어류 · 조개류' 양식 발전
수산물 가공업		건제품 · 염장품 · 젓갈 등 보존식품 형식의 가공업에서 통조림 · 조미 가공품 · 연제품 등 부가가치가 높은 가공품으로 전환되고 있는 추세이다.

- 연근해의 해면어업은 어선의 크기와 경영 규모가 비교적 작지만 생산량은 증가하고 있는 추세이다.
- 세계 어장에서 가장 많이 어획하고 있는 어종은 청어 · 멸치류이다.
- 우리나라 주요 어업 생산(연근해어업 기준) : 어류 > 해조류 > 패류 > 연체동물 > 갑각류

POINT 010 우리나라 수산물 수출과 수입(2020)

■ 수산물 수출·입 동향

[단위 : 백만 달러, 천 톤]

구분	2013	2014	2015	2016	2017	2018	2019	2020
수입금액	3,895	4,506	4,556	4,791	5,268	6,125	5,794	5,621
수입중량	5,387	5,231	5,504	5,373	5,492	6,419	5,606	5,518
수출금액	2,151	2,067	1,924	2,128	2,329	2,377	2,505	2,306
수출중량	687	702	651	612	540	632	688	614

▶ 수출
- 2020년 수산물 수출액은 23.1억 달러로 전년(25.1억 달러) 대비 8.0% 감소, 코로나19의 영향으로 참치 등 외식용 수산식품 수출이 감소
- 국가별로는 미국을 제외한 일본·중국·태국·베트남 등 주요 수출국에서 전반적으로 감소
- 품목별로는 코로나19의 영향에도 불구하고 김은 단일 품목 역대 최고치인 6억 달러 달성, 김·어류가공품·어묵 등 가공품(가정용)은 증가였으나, 참치·굴·전복 등 원물 수산물(외식소비용) 수출은 감소
- 코로나19 이후 유통·소비 트렌드 변화가 새로운 기회로 작용하여 온라인을 중심으로 수출이 확대될 것으로 예상되나, 물류여건 악화, 비관세장벽 강화 등은 수출 확대 위협 요인

▶ 수입
- 2020년 수산물 수입액은 56.2억 달러로 전년(57.9억 달러) 대비 3.0% 감소
- 전년 대비 주요 수입국 중 노르웨이, 칠레, 인도로부터의 수입은 증가, 중국, 베트남은 감소
- 전년 대비 주요 수산물 수입은 실장어(80.6%), 갈치(24.1%), 오징어(9.9%), 주꾸미(9.8%) 증가, 조기(△28.5%), 문어(△27.0%), 바다가재(△26.3%), 꽃게(△19.3%)는 감소
- 코로나19 등 위기 대응 능력을 강화하여 수산식품 수출 회복 추진 중. 영세·중소 업체에서 감소, 수산식품 기업으로 체질 개선
- 수출 품목 : 원물에서 가공품 중심으로 수출 상품 혁신

POINT 011 주요 세계 어장 ★★

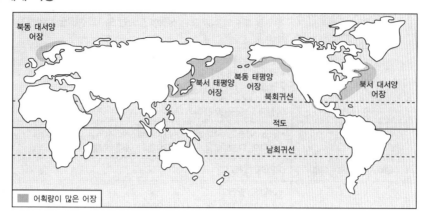

북동 대서양 어장 (북해 어장)	• 북해의 대륙붕을 중심으로 한 대서양 북동부 해역으로, 조경수역이 발달하여 어족 자원 　이 풍부하다. • 일찍부터 연안국에 의해 고도로 개발되었다. • 수산물 소비지인 유럽 여러 나라가 위치해 있기 때문에 어장으로서 매우 유리한 조건을 　갖고 있다. • 주요 어획물은 대구·청어·전갱이·볼락류 등이다. • 점차 어획량이 감소하는 경향이 있다.
대서양 북서부 어장 (뉴펀들랜드 어장)	• 해안선의 굴곡이 심하고, 퇴(bank)와 여울(shoal)이 많으며, 멕시코 만류의 북상 난류 　와 래브라도 한류가 만나 좋은 어장이 형성된다. • 주요 어획물은 대구류·청어류가 주 대상 어종이고, 가자미류·고등어류·적어류·오 　징어류·새우류·굴·가리비 등이다. • 트롤 어장으로 적합하기 때문에 많은 원양어업국들이 출어하여 조업하고 있다. • 최근에는 남획에 의한 자원 고갈을 막기 위하여 수산자원관리가 엄격해지고 있다.
태평양 북부 어장	• 세계 최대의 어장이다. • 다른 어장보다 늦게 개발되었으나, 어획량이 급격히 증가하고 있다. • 북동 태평양 어장은 소비 시장이 멀기 때문에 수산 가공업이 발달하였다. • 북서 태평양 어장은 쿠릴 해류와 쿠로시오 해류가 만나 조경수역이 형성되고 대륙붕의 　발달에 따라 좋은 어장 조건을 갖추고 있기 때문에 어획량이 가장 많다. • 북서 태평양 어장은 특히 명태·대구류·청어·정어리류·적어류·전갱이류·연어류· 　참치류·넙치·가자미류 등의 어류와 새우·게 등의 갑각류 및 굴·대합 등의 조개류, 　해조류의 생산이 많다. • 최근에는 인접 연안국에서 생물자원을 관리함에 따라 북태평양의 명태를 대상으로 하 　고 있는 트롤어업은 어선수와 생산량이 감소하고 있다. 최근에는 입어료를 내고 명태를 　어획할 수 있는 쿼터량을 할당 받아 조업하고 있다(어획 쿼터제 실시).

POINT 012 어업의 발달 ★

원시시대	가족 및 부족의 식량 또는 생활에 필요한 도구의 재료를 마련하기 위하여 수산 생물을 이용
삼국시대	• 우리나라에서 처음으로 산업적 의미의 어업이 시작 • 신라 : 정치망의 일종인 어량(魚梁)이 발달 • 고구려 : 포경업이 출현
중세시대	어선과 그물을 이용하기 시작
조선시대	• 김을 이용한 자료들이 경상도지리지에 기록으로 남아 있음 • 어량의 규모 발달 → 총 320개의 어량 존재
1940년대(광복 이후)	어업의 개척시대
1950~1970년대	• 어업의 발전기 • 수산업법 제정 등 수산자원의 보호와 관리가 시작됨 • 연안 해역에 인공어초 투여 : 산란장 · 성육장 조성 • 동해 · 서해 · 남해에 종묘 배양장 설치(어업의 발전기)
최근	• 자원관리형 어업시대 : 자원량을 유지할 수 있도록 보호 · 관리

※ **자원관리형 어업**

- 수산자원이 고갈되어 생산량을 지속시킬 수 없게 되었을 때, 해역의 자연 조건과 대상 생물의 생태를 파악하고 합리적인 자원 이용과 어장 관리를 통하여 지속적인 생산과 수산 생물의 자연 생산력이 최대로 유지되도록 여러 가지 방법을 도입함으로써 자원량 유지 및 어민 수익 유지를 도모하는 어업 형태이다.
- 인공 종묘를 생산하여 방류, 바다에 인공 어초를 투입하여 수산 생물의 성육장 또는 산란장을 조성, 마을 공동체 또는 어민 스스로가 자원을 관리하는 자세 확립 등이 있으며, 인접 연안국 사이에 상호 협력 체제를 구성하여 공동으로 수산자원을 관리함으로써 그 효과를 극대화할 수 있다.

 POINT 013 양식업의 발달 ★

고대 이집트	기원전 1800년경 22종의 어류 양식
고대 로마	• 어류 양식 및 판매 • 수하식 양식 방법으로 굴 양식
중국	기원전 500년경 못을 만들어 잉어 양식
프랑스	15세기 송어를 인공 부화하는 데 성공
오스트리아	1757년 송어의 인공 수정란 부화에 성공
19세기 후반 이후	활발한 양식 활동
1970년대 이후	수산자원의 고갈이 심화되고 수산자원 관리의 필요성이 인식되면서 양식업이 더욱 활발해짐

🔖 지식 IN	우리나라의 양식 역사
고구려	28년(대무신왕 11년) 못에서 잉어 양식(관상용)
조선	약 300년 전 전남 광양만에서 김 양식 시작
1960년대 이후	수하식 굴 양식이 시작되면서 양식업이 발전하기 시작

POINT 014 수산물 가공업(염장품 · 훈제품 · 젓갈 등)의 발달 ★

원시시대	건제품을 만드는 방법을 알게 되면서 수산물 가공업이 시작되었다.
1804년	프랑스의 아페르가 통조림을 개발하였다.
1810년	영국의 피터 듀란드가 통조림 제조에 관한 특허를 제출하였다.
1873년	암모니아 냉동기 개발로 수산물의 장기 저장이 가능해짐으로써 수산물 가공 기술이 획기적으로 발전하게 되었다.
1970년대	국민 소득이 늘어나고 식생활 수준이 높아지면서 수산 가공품에 대한 수요가 증가하였다.
최근	• 수산물 가공의 산업화(가내 공업적 소규모 생산 → 기계공장제 대량생산)가 이루어졌다. • 가공 기술의 발달로 농축 단백질, 인스턴트 식품 등 다양한 상품의 개발 및 제품의 품질이 향상되었다.

POINT 015 배타적 경제 수역(EEZ) ★

- 경제 수역 내에서는 연안국이 생물자원 및 광물자원에 대해서 주권적 권리를 행사한다. 그리고 인공섬 또는 시설물을 설치하고 이용하거나, 해양 과학 조사 및 해양 환경 보전에 대해서는 관할권을 행사한다. 단, 외국 선박의 항해의 자유는 보장된다.
- 배타적 경제 수역 선포는 국제 어업이 관리 통제로 전환되는 계기가 되었다.
- 1982년 UN해양법협약에 규정되고 1994년 발효되었다.
  - 우리나라는 1996년에 제정·선포하였다.
- 영해기선으로부터 200해리까지 배타적 경제 수역(EEZ)를 설정할 수 있다.
  - 연안국의 배타적 지배권이 인정되지만 국가 영역을 의미하는 것은 아니다.
- EEZ 내에서 외국인이 어업을 하고자 하는 경우 어선마다 해양수산부장관에게 어업 허가를 받아야 하며, 입어료를 납부하여야 한다.
- 명태·돔·오징어 등 경계왕래어족의 경우 EEZ와 관련하여 국제적으로 문제가 되는 수산자원이다.
- EEZ 내에서 관련 법규를 위반한 외국 어선 및 선원은 국내법 적용을 받는다(연안국주의).
  - EEZ 밖의 공해상에서는 선적국주의가 적용된다.
- 외국 선박의 무해 통항권은 인정된다.

POINT 016 정부의 수산업 진흥 정책

- 인공 어초 투입 및 인공 종묘 방류 등에 의한 자원 조성
- 어선 대형화와 어항 시설의 확충
- 영어 자금 지원 확대
- 양식 기술 개발
- 원양어업의 지속적 육성 및 원양 어획물의 가공·공급의 확대
- 해외어업 협력 강화 및 수출 시장의 다변화
- 새로운 어장 개척
- 어업 경영의 합리화 및 어업인 후계자 육성 대책 마련
- 수산물의 안정적 공급
- 수산 가공품의 품질 고급화

POINT 017 해역별 출어 선박과 업종별 생산 현황(2020년 기준)

해역별 출어 선박	태평양(71%) > 대서양(22%) > 인도양(4.6%) > 남빙양(1.4%)
업종별 생산 현황	참치연승(52.4%) > 참치선망(13%) > 오징어 채낚기(9.8%) >꽁치봉수망(9.8%) > 북양 트롤(1.4%) > 해외트롤(6.6%) > 통발+저연승(4.2%) > 저연승(1.8%)

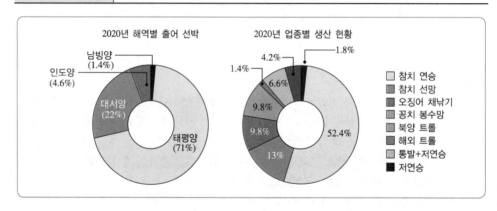

03 수산업 정보와 관리

POINT 018 수산업 정보 분류 및 활용

- 수산 정보는 정보 내용의 특성에 따라 크게 통계 정보, 관측 정보, 시장 정보로 분류할 수 있다.
- 수산업 현장에서 이용하고 있는 수산 정보의 종류는 수산물 생산 정보, 수산물 가공 정보, 수산물 유통 정보 등이 있다.

수산물 생산 정보	• 어획물과 관련된 생산현장에 관한 환경 정보
	  – 해양조건 · 해양기상 등
	• 조업 활동에 관한 정보
	• 수산물 생산량에 관한 정보
	  – 어종 · 어획량 · 어장조건 · 조업조건 · 어획물 조성 등

수산물 가공 정보	• 수산물 원료에 대한 시장 동향 • 기술개발에 대한 기술 정보 • 수산 가공 자동화 정보 • 코덱스(CODEX) 정보 • 식품 위해 요소 중점 관리 기준(HACCP)
수산물 유통 정보	• 수산물 생산지 거래 정보 • 산지 도매시장 거래 정보 • 소비지 도매시장 거래 정보 • 소매시장 거래 정보

※ **코덱스(CODEX)** : 국제 식량 농업 기구(FAO)와 세계 보건 기구(WHO)가 공동으로 운영하는 국제 식품 규격 위원회(Codex Alimentarius Commission, CAC)에서 식품의 국제 교역 촉진과 소비자의 건강 보호를 목적으로 제정되는 농수산 가공식품 분야의 국제 통용 식품 규격을 의미한다.

01 ( ) 안에 들어갈 말을 바르게 짝지은 것은?

[2010년 기출]

> 「수산업법」에서는 수산업을 어업·어획물 운반업 및 (㉠)으로 정의하고 있다. 여기에서 어업은 어업과 양식업을 포함하고 있으며, 이러한 어업은 (㉡)산업에 속하고 수산물 유통은 수산경영의 일부분으로서 (㉢)산업에 해당한다.

	㉠	㉡	㉢
①	수산물 판매업	1차	3차
②	수산물 유통업	2차	2차
③	수산물 가공업	1차	3차
④	수산물 판매업	2차	2차

해설

「수산업법」상 수산업의 분류

구분	「수산업법」	비고
1차 산업	어업	어업, 양식업
2차 산업	수산물 가공업	수산물 가공업, 어구 제조업, 냉동·냉장업, 조선업 등
3차 산업	어획물 운반업	어획물 운반업, 어획물 판매업

※ 「수산업법」에는 수산물 유통업과 판매업이 포함되지 않지만, 수산물 유통업과 판매업도 수산경영의 일부분으로서 3차 산업에 해당한다.

정답 ③

02 「수산업법」상 수산업의 범위에 속하지 <u>않는</u> 것은?

[2009년 기출]

① 수산물 판매업
② 어획물 운반업
③ 고등어 통조림 가공업
④ 김 양식업

해설

수산물 판매업은 수산경영의 일부분으로 3차 산업에 해당하지만 「수산업법」에는 포함되지 않는다.
② 어획물 운반업은 수산경영으로는 3차 산업으로 분류되며 「수산업법」에 포함된다.
③ 고등어 통조림 가공업은 수산경영으로는 2차 산업으로 분류되며 수산물 가공업에 포함된다.
④ 김 양식업은 수산경영으로는 1차 산업으로 분류되며 「수산업법」에 포함된다.

정답 ①

CHAPTER

02 수산자원의 개요

KEY POINT
- 해저 지형의 특징
- 해양오염
- 수산자원의 종류, 수산자원 생물의 조사, 총 허용 어획량(TAC)

01 해양과 자원

POINT 019 해저 지형의 구조

- 해양의 해저 지형은 경사·수심·거리·면적 등에 따라 대륙붕, 대륙사면, 대양저, 해구 등으로 구분된다.
- 해저는 육지보다 기복이 적고 경사가 완만하다.
- 육지로부터의 거리 : 대륙붕 < 대륙사면 < 대양저 < 해구
- 해저 지형의 면적 : 해구 < 대륙붕 < 대륙사면 < 대양저

대륙붕	• 해안선에서 수심 200m까지 완만한 경사(평균 0.1°)의 해저 지형을 말한다. • 전체 해양 면적의 7.6%를 차지한다. • 세계 주요 어장의 90% 이상이 대륙붕에 형성되어 있다. • 산업과 관련된 생산 활동 및 인간 생활과 밀접하게 연관되어 있다.
대륙사면	• 대륙붕과 대양의 경계로 평균 4°의 비교적 급한 경사 지형이다. • 전체 해양 면적의 12%를 차지한다.
대양저	• 대륙붕과 대륙사면을 제외한 해저 지형의 모든 부분을 말한다. • 대양저는 심해저평원, 대양저산맥, 해구 등으로 구성되어 있다.
해구	• 대양저 중에서 가장 깊은 부분으로 수심이 6,000m 이상이다. • 좁고 깊은 V자 형태를 띤다. • 전체 해양 면적의 1%를 차지하며 해구에서 가장 깊은 곳을 해연이라 한다.

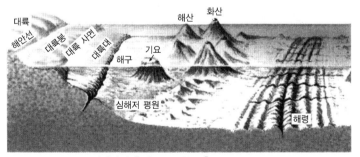

〈이미지 출처 : 고등학교 『수산일반』 교과서(교육과학기술부)〉

> 📖 **지식 IN**
>
> 지구 표면에 있는 전체 해양의 표면적은 약 3억 6,000만km²이다. 이 중에서 남반구에 있는 해양의 표면적은 전체 해양 면적의 약 57%이며, 우리가 살고 있는 북반구에 있는 해양의 표면적은 전체 해양면적의 약 43%가 된다. 그리고 해양은 대양과 부속해로 구분할 수 있는데 대양은 우리나라가 접해있는 태평양과 인도양, 대서양이 있으며, 각 대양에서의 부속해는 두 대륙 또는 세 대륙에 둘러싸여 좁은 해협을 통해 대양으로 연결되어 내해라 할 수 있는 지중해가 있다. 또한 반도, 섬 등에 의해 둘러싸인 연해가 있다. 그러므로 해양은 3대양과 지중해, 연해로 구분할 수 있다.
>
> 해양은 육지와 같이 해저의 지형이 높거나 낮게 형성되어 있기 때문에 기본 수준면에서 해저까지 그 깊이를 재어 수심이라 한다. 해양의 평균 수심은 약 3,800m이고 육지의 평균 높이는 840m인데 둘을 비교하면 해양의 높낮이 차가 훨씬 큼을 알 수 있다. 해양에서 가장 깊은 곳은 남태평양에 위치한 마리아나 해구의 비티아즈 해연으로 그 수심이 11,034m이고, 육지에서 가장 높은 에베레스트 산은 높이가 8,848m이다. 그러므로 2,000m 이상 차이가 난다.
>
> 〈출처 : 고등학교 『수산일반』 교과서(교육과학기술부)〉

POINT 020 해수의 성질

해수의 성분	• 96.5%의 물과 3.5%의 염류로 구성되어 있다. • 이 중 식염의 비율이 가장 크며, 이 외에 마그네슘, 칼륨, 황, 질산염, 인산염 등으로 구성되어 있다.
해수의 염분	• 해수 1,000g 속에 약 35g의 염류가 녹아있다. ← 35‰ • 염분의 단위 : psu(practical salinity unit), 천분율, ‰, 퍼밀(permill)
해수의 온도	• 평균 표면 수온은 약 17.5℃이다. 　- 북반구가 약 19℃, 남반구가 약 16℃로 북반구의 표면 수온이 더 높다. • 해수의 온도는 태양 에너지의 영향을 가장 많이 받기에 적도에서 고위도로 감에 따라 낮아지며 30℃(적도해수)에서 −2℃(북극해) 사이의 온도 범위를 가진다. • 육지의 온도 범위는 해양보다 약 3배 정도 더 크다.
해수의 색깔	가시광선 중 가장 깊은 곳까지 투과할 수 있는 파란색 빛의 산란으로 인해 바다(해수)가 푸르게 보인다.

※ 해양은 약 $1.35 \times 10^9 km^3$의 해수를 담고 있다.

> 📖 **지식 IN** 해수 운동의 원인
>
> • 내부 원인 : 해수의 압력, 마찰력
> • 외부 원인 : 바람에 의한 마찰력, 달과 태양 등에 의한 기조력, 바닷물의 압력 차이

021 해양 에너지

- 해양 에너지의 생성원인으로는 조석, 파력, 해류, 조류 등이 대표적이다.
- 해양 에너지는 운전경비가 적게 들어 경제적이다.

조석 에너지	• 조석 간만의 차를 이용하여 에너지를 생산한다. • 2011년 완공된 시화 조력발전소는 세계 최대 규모의 조력발전소이다.
파력 에너지	• 파도의 힘으로 터빈을 돌려 에너지를 생산한다. • 우리나라는 동해에서 가능하다.
해류와 조류 에너지	흐름이 빠른 해류가 터빈을 지나면서 회전력으로 에너지를 생성하는 방식이다.
해수의 온도차에 의한 에너지	바다 표층과 심층과의 수온 차를 이용하여 에너지를 생성하는 방식이다.
해수의 밀도차에 의한 에너지	• 해수의 밀도를 변화시키는 요인은 수온, 염분, 수압이다. 해수 밀도는 수온이 낮을수록, 염분과 수압이 높을수록 커진다. • 수온약층에서는 수심이 깊어질수록 수온이 낮아지기 때문에 밀도가 급격히 증가하고 심해층에서는 거의 균일한 분포를 나타낸다. 〈깊이에 따른 밀도분포〉　〈위도에 따른 밀도분포〉

022 해양 오염

- 해양에 다량의 유기 물질이 유입되어 영양염이 지나치게 많아지면 부영양화 상태가 되고, 수산생물이 폐사하게 된다.
- 해양 오염은 연안 갯벌의 황폐화로 시작하여 점차 연안과 근해로 확산되어 나간다.
- 우리나라는 해역의 수질 환경을 Ⅰ등급, Ⅱ등급, Ⅲ등급으로 나누고 있으며, pH(수소이온농도), COD(화학적 산소요구량, mg/L), DO(용존 산소량, mg/L), SS(부유 물질, mg/L), 대장균수, 유분, 총질소 등의 요소로 구분하여 각각 기준치를 정해 두고 있다.
- 적조현상이 대표적인 해양 오염이다.
- 강화유리섬유(FRP) 선박은 해양환경오염에 많은 영향을 끼치기 때문에 폐기 처리를 철저히 하여야 한다. 그러나 FRP 선박을 폐선시키는 데 드는 비용은 선박을 새로 건조하는 데 드는 비용보다 더 많이 드는 애로사항이 있다.

📖 지식 IN 등급별 수질 환경 기준

구분	주요 항목별 기준			
	수소이온농도	화학적 산소요구량 (mg/L)	용존산소량 (mg/L)	총 대장균 수 (npm/mg)
Ⅰ등급	7.8 ~ 8.3	1 이하	7.5 이상	1,000 이하
Ⅱ등급	6.5 ~ 8.5	2 이하	5 이상	1,000 이하
Ⅲ등급	6.5 ~ 8.5	4 이하	2 이상	-

〈출처 : 고등학교 『수산일반』 교과서(교육과학기술부)〉

📖 지식 IN 적조현상

해양이나 내수면에서 식물 플랑크톤이 대량 번식하여 물의 색이 **적색 또는 연한 황색**을 띠는 현상을 말한다. 적조에 의한 피해를 줄이기 위해 조기 발견을 위한 시스템을 구축하고 황토를 살포하는 등 대책을 마련하고 있다. 특히 1995년 남해안에 적조가 크게 발생하여 많은 피해를 주었다. 이때의 원인종은 '**쌍편모조류인 코클로디니움**'인 것으로 밝혀졌다.

02 수산자원의 종류

POINT 023 해양 생태계 ★

생태계	생물적 요소	생산자	무기물에서 유기물을 생산 예 식물플랑크톤
		소비자	생산자가 생산한 유기물을 소비 예 동물플랑크톤, 어류
		분해자	유기물을 분해하여 다시 무기물로 환원 예 박테리아
	무생물적 요소	물, 공기, 토양, 암석 등	

📖 지식 IN 바다의 생산력

식물성 플랑크톤이 영양염류인 '질산염·인산염·규산염' 등을 흡수한 후 광합성을 통해 유기물을 생성한다. 이때 일정 시간 내에 생산하는 유기물의 총량을 '**기초 생산량**'이라 하고, 단위 시간 내의 생산량을 '**생산력**'이라 한다.

POINT 024 해양 생태계와 육지 생태계의 차이점

구분	해양 생태계	육지 생태계
매체와 특성	물이며, 균일함	공기이며, 다양함
온도 및 염분	변화 폭이 -3~5℃로 좁음 34~35 psu	변화 폭이 -40~40℃로 넓음
산소량	6~7mg/L	대기의 20%, 200mg/L
태양광	표층에 일부 존재하고, 거의 들어가지 않음	거의 모든 곳에 빛이 들어감
중력	무중력 상태이며, 부력 작용	중력 작용
체물질의 조성	단백질	탄수화물
분포	넓음	좁음
종 다양성	종의 수는 적고, 개체 수는 많음	종의 수는 많고, 개체 수는 적음
적으로부터 방어 및 행동	거의 노출되고, 느림	숨을 곳이 많고, 빠름
난의 크기	작음	큼
유생기	유생시기가 있으며 긺	유생시기가 없음
생식 전략	다산다사(부유동물 생활사 진화)	소산소사(포유동물 진화)
먹이 연쇄	긺	짧음

〈출처 : 고등학교 『수산일반』 교과서(교육과학기술부)〉

POINT 025 수산 생물의 생활 특성

• 해양의 안정된 환경으로 인해 종족 보존에 유리하다.
• 심한 온도 변화가 없어 몸통 전체가 연한 형태의 생물이 많다. 예 해파리
• 수산 식물은 연하고 물에 잘 뜰 수 있는 대형구조로 되어 있다.
• 잎·줄기·뿌리 등 전체 표면에서 영양분 또는 빛을 흡수하여 생육하는 해조류가 많다.
• 스스로 발광하는 동물이 많다.

※ 해양 생물자원은 어류가 약 25,000종, 두족류가 약 1,000종, 갑각류가 약 870,000종, 포유류 약 4,000종 등으로 구분된다. 우리나라 주변 해역에서는 어류가 900여 종, 연체동물이 100여 종, 갑각류가 400여 종 이상이 서식하고 있다.

POINT 026 자원 생물의 7단계 분류

> 종 → 속 → 과 → 목 → 강 → 문 → 계

※ **종(species)** : 생물분류의 기본 단위로서 일정한 형질을 갖추고 자연계에서 같은 종류끼리만 번식하는 것을 말하며, 오늘날 140만여 종이 학명으로 보고되었다.

POINT 027 학명 표기법

- 종명은 린네(C. Linne)의 이명식 명명법[속명 + 종명 + (명명자의 성)]이 표준방식이나, 종 이하의 변종은 삼명법을 사용하고 있다.
  1. 학명은 라틴어로 표기하되, 속명과 종명은 이탤릭체로 표기한다.
  2. 속명은 고유명사, 종명은 보통명사 또는 형용사 등을 쓴다.
  3. 속명의 첫 글자는 대문자로 하고, 종명은 소문자로 한다.
  4. 명명자의 성 표기는 선택사항이다. 단, 표기시 첫 글자는 대문자로 한다.

  ※ 학명 표기의 예

속명	종명	명명자의 성	학명
Salix	*multinervis*	Franch. & Sav.	*Salix multinervis* Franch. & Sav.

POINT 028 수산 생물의 종류 ★

부유 생물	극미세 부유 생물	• $5\mu m$ 이하 • 일반적인 채집망에 의한 채집은 불가능 • 거름종이 이용법, 가라앉힘법, 원심분리법 등을 이용하여 채집
	미세 부유 생물	• 0.005~0.5mm 정도의 크기 • 대부분 식물 부유 생물
	미소 부유 생물	• 0.5~1mm 정도의 크기 • 대부분 동물 부유 생물 예 해양 무척추동물 및 어류들의 알·치어·유생
	대형 부유 생물	• 1~10mm 정도의 크기로 육안으로 식별할 수 있음 • 대부분의 동물 부유 생물과 소수의 대형 식물 부유 생물

저서 생물	저서 식물 (해조류)	녹조류	주로 민물에서 서식 예 청각 · 파래 · 우산말 · 유글레나 · 매생이
		갈조류	대부분 바다에서 서식하며, 몸체가 큼 예 미역 · 다시마 · 모자반 · 감태 · 톳 · 곰피 · 뜸부기
		홍조류	해조류의 대부분을 차지 예 김 · 우뭇가사리 · 진두발 · 풀가사리 · 꼬시래기
	저서 동물	해면동물	조간대 바위 표면에 껍질 모양으로 붙어 있으며, 표면에 무수히 많은 작은 구멍이 있음
		따개비류	바다에서 공생 혹은 기생 생활을 하며, 여섯 쌍의 섭식용 부속지를 가지고 어릴 때는 자유 유영을 하지만 곧 기질에 부착하여 석회질 껍데기를 형성하며 그 속에서 서식
		고둥류	• 깊은 곳에서 상부 조간대까지 널리 분포 • 잘 발달한 머리와 기어 다니기에 알맞은 넓고 편평한 발로 되어 있으며, 껍데기는 한 장인데 보통 나사모양으로 꼬여 있으나 삿갓모양인 것도 있음 예 소라 · 전복 · 고둥
		조개류	바위 조간대 아래에 서식하며 2장의 조가비를 가지고 있음 예 담치류 · 바지락 · 고막 · 조개류 · 굴류
유영 동물	물고기류		• 바다 척추동물 중 가장 많은 종류 · 개체수를 가지고 있음 • 아가미(호흡 유지) · 지느러미(평형 유지, 유영) · 뼈(몸체 유지) · 비늘이 있음 • 피부에 점액질이 있어 질병으로부터 봄을 보호
		경골어류	뼈가 단단하고, 주로 부레와 비늘이 있음 예 고등어 · 꽁치 · 전갱이(방추형), 전어 · 돔(측편형), 복어(구형), 뱀장어(장어형)
		연골어류	뼈가 물렁물렁하고, 주로 부레와 비늘이 없음 예 홍어 · 가오리(편평형), 상어
	두족류		• 몸속의 뼈가 거의 퇴화하고 없음 • 상처 부위의 혈액을 응고시키는 혈소판이 없음
		팔완류	예 문어 · 낙지 · 주꾸미
		십완류	예 오징어 · 꼴뚜기
	포유류	고래류	• 주로 태생(胎生)임 • 허파로 호흡을 함
		물개류	
	갑각류		• 수산 생물 중 가장 많은 종이 알려져 있음 • 일반적으로 노플리우스, 조에아 유생기를 거침 예 새우 · 게 · 가재

※ 식물 부유 생물

• 식물 부유 생물은 스스로의 운동능력이 없지만, 먹이사슬에서 가장 기본이 되며 해양 생물의 중요한 에너지 공급원이다.
• 식물 부유 생물은 광합성을 통하여 필요한 에너지를 자체 생산하며 바다의 기초 생산자라 불린다.
 − 광합성을 하기 때문에 식물 부유 생물이 살 수 있는 깊이는 한정되어 있다.
• 식물 부유 생물에 의해 생산된 에너지의 양을 기초생산량이라 한다.

※ 저서 식물(해조류)의 일반적인 특징

• 엽록소로 광합성을 하는 해양 환경의 1차 생산자이다.
• 몸의 표면을 통하여 바닷물 속의 영양분을 직접 흡수하기 때문에, 육지식물과 달리 특정한 몸의 체제가 필요 없도록 진화되었다.

• 뿌리 · 줄기 · 잎 · 열매 · 씨 · 통로조직이 없다.
• 포자로 번식하는 엽상 식물이다.
• 해수의 부영양염을 제거하고 해양 동물의 서식처 및 산란장을 제공해 준다.

※ 회유성 어류

| 강하성 어류(뱀장어) | 강에서 살다가 산란기가 되면 바다에 가서 산란을 하는 어류 |
| 소하성 어류(연어) | 해양에서 생활을 하다가 산란기가 되면 강을 거슬러 올라가 산란을 하는 어류 |

📖 지식 IN

수서 동물은 환형동물(갯지렁이류), 연체동물(전복 · 조개 · 굴 · 오징어 등 약 50,000종 이상이며, 그중 99% 이상이 고동류와 조개류이다), 갑각류(게 · 새우와 같은 종류이며, 약 870,000종 이상이다), 극피동물(성게, 불가사리와 같은 종류이며, 세계적으로 약 6,000종 이상 알려져 있다), 피낭류(멍게, 미더덕) 등 기타 무리별로 구분한다.

〈출처 : 고등학교 『수산일반』 교과서(교육과학기술부)〉

📖 지식 IN 난생과 태생

| 난생 | 잉어, 연어, 송어, 미꾸라지, 틸라피아, 감성돔, 넙치, 자주복, 대구, 명태, 새우 |
| 태생 | 볼락, 망상어, 가오리, 상어 |

03 수산자원 생물의 조사

POINT 029 자원생물 조사 방법 ★★

• 자원생물 조사를 위해서는 어기별, 어장별, 어업 종류별, 어종별로 어획량 및 어획 노력량을 조사하여야 하여야 한다. → 어획노동량은 해당되지 않음에 유의할 것

1. 통계조사법

| 통계
조사법 | 전수조사 | • 대상이 되는 모든 어선에 대해 어기별 · 어장별 · 어업종류별 · 어종별 어획량 등을 집계하는 방법이다.
• 시간과 비용이 많이 소모되어 자주 활용되지는 않는다. |
| | 표본조사 | • 조사대상 어선 중 일부를 임의적 또는 객관적으로 추출하여 추정하는 방법이다.
• 적은 비용으로 전체의 특성을 파악할 수 있어 자주 사용된다. |

2. 형태측정법

형태 측정법	어획물의 체장 조성을 이용하여 자원생물의 동태와 계군의 특성을 파악하는 방법이다.	
	전장 측정법	입 끝부터 꼬리 끝까지 측정하는 방법이다. 예 어류, 문어, 새우
	표준 체장 측정법	입 끝부터 몸통 끝까지 측정하는 방법이다. 예 어류
	피린 체장 측정법	입 끝부터 비늘이 덮여 있는 말단까지 측정하는 방법이다. 예 멸치
	두흉 갑장 측정법	머리부터 가슴까지의 길이를 측정하는 방법이다. 예 게류, 새우
	두흉 갑폭 측정법	머리와 가슴의 좌우 길이를 측정하는 방법이다. 예 게류
	동장 측정	몸통 길이만 측정하는 방법이다. 예 오징어

📖 지식 IN **형태측정법**

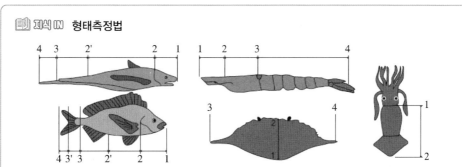

① 어류 – 1~2 : 두장(머리 길이), 1~3 : 표준 체장, 1~3′ : 피린 체장,
　　　　 2~2′ : 동장(몸통 길이), 1~4 : 전장, 3~3′ : 꼬리자루
② 새우류 – 1~2 : 이마뿔 길이, 2~3 : 두흉 갑장, 1~4 : 전장, 2~4 : 체장
③ 게류 – 1~2 : 두흉 갑장, 3~4 : 두흉 갑폭
④ 오징어류 – 1~2 : 동장

〈이미지 출처 : 고등학교 『수산일반』 교과서(교육과학기술부)〉

3. 계군분석법

계군 분석법	• 같은 종 중에서도 각기 다른 환경에서 서식하는 계군들 간에는 개체의 형태 차이 또는 생태적 차이뿐만 아니라 유전적으로도 차이가 있기 때문에 계군 분석을 한다. • 계군 분석은 한 가지 방법보다 여러 방법을 종합하여 결론을 내리는 것이 바람직하다.	
	형태학적 방법	계군의 특정 형질에 관하여 통계적으로 비교·분석하는 생물 측정학적 방법과 비늘 위치·가시 형태 등을 비교·분석하는 해부학적 방법이 이용된다.
	생태학적 방법	각 계군의 생활사, 산란기 및 산란장, 체장조성, 비늘 형태, 포란 수, 분포 및 회유 상태, 기생충의 종류 등의 차이를 비교·분석한다.
	표지방류법	• 일부 개체에 표지를 붙여 방류했다가 다시 회수하여 그 자원의 동태를 연구하는 방법이다. • 계군의 이동 상태를 직접 파악할 수 있기 때문에 가장 좋은 식별법 중 하나이다. • 회유 경로 추적뿐만 아니라 이동속도, 분포 범위, 귀소성, 연령 및 성장률, 사망률 등을 추정할 수 있다. • 표지 방법에는 절단법, 염색법, 부착법이 있다.
	어황분석법	어획통계자료를 통해 어황의 공통성·주기성·변동성 등을 비교, 검토하여 어군의 이동이나 회유로를 추정하는 방법이다.

4. 연령사정법

연령 사정법	연령형질법	• 가장 널리 사용되는 방법이다. • 어류의 비늘·이석·등뼈·지느러미·연조·패각·고래의 수염 및 이빨 등을 이용한다. 　– 이석을 통한 연령사정은 넙치(광어)·고등어·대구·가자미에 효과적이다. 단, 연골어류인 홍어·가오리·상어는 이석을 통한 연령사정에 적합하지 않다. 　– 연안 정착성 어종인 노래미·쥐노래미는 비늘이나 이석이 아닌 등뼈(척추골)를 이용하여 연령사정을 한다. • 비늘은 뒤쪽보다 앞쪽 가장자리의 성장이 더 빠르다.
	체장빈도법 (피터센법)	• 연령 형질이 없는 갑각류나 연령 형질이 뚜렷하지 않은 어린 개체들의 연령사정에 좋다. • 연간 1회의 짧은 산란기를 가지며, 개체의 성장률이 비슷한 생물의 연령사정에 효과적이다.

04 수산자원 생물의 조성

POINT 030 자원량 추정법 ★

• 개체 수를 정확하게 추정할 수 없으므로, 표본과 통계를 이용하여 간접적으로 추정하는 방법을 사용한다.

총량 추정법	• 직접적인 방법 　– 전수조사법 　– 표본채취에 의한 부분조사법 • 간접적인 방법 　– 표지 방류 채포 결과를 사용하는 방법 　– 총 산란량을 측정하여 친어 자원량을 추정하는 방법 　– 어군탐지기를 이용하는 방법
상대지수표시법	자원 총량의 추정이 어려울 때 실시

031 자원량 변동에 영향을 주는 요소

가입	성장	자연 사망	어획 사망
자원 증가 요소		자원 감소 요소	
자연 요인에 의해 좌우		인위적으로 조절 가능	

※ 가입에는 성어만 대상으로 하고, 유어 · 치어는 가입에 포함하지 않는다.

※ 자원 변동이 없는 평형상태(가입량 + 개체 성장에 따른 체중 증가량 = 자연 사망량 + 어획 사망량)가 가장 이상적이다.

📖 **자원량 변동 공식(Russel의 방정식)**

$$P2 = P1 + R + G - D - Y$$

- P1(연초자원량), P2(연말자원량), R(가입량), G(성장량), D(자연사망량), Y(어획량)
- (R + G − D)는 자연의 요인에 의해 정해지는 증가량이므로 Y와 같은 양으로 유지되면 자원량은 감소하지 않고 P1 = P2가 되어 자원량이 균형을 이룬다.

---

 032 남획의 징후 ★

- 총 어획량이 줄어든다.
- 단위 노력당 어획량이 감소한다.
- 어린 개체가 차지하는 비율이 점점 높아진다(대형어의 비율이 감소한다).
- 어획물의 평균 연령이 점차 낮아진다.
- 성 성숙 연령이 점차 낮아진다.
- 평균 체장 및 평균 체중이 증가한다.
- 어획물 곡선의 우측의 경사가 해마다 증가한다.

※ 넙치 · 연어 · 송어 등 산란장이 한 장소에 국한되어 있거나 군집성이 강한 자원은 남획되기 쉽다.

※ 멸치 · 새우 등 수명이 1~2년으로 짧고 자연 사망률이 높은 자원은 어획량의 영향을 많이 받지 않아 남획 상태에 쉽게 빠지지 않는다.

POINT 033 수산자원 관리 ★

가입	• 인공 수정란 방류 • 인공 부화자치어 방류 • 인공 산란장 설치 • 산란친어(어미 고기)를 보호하기 위한 금어기와 금어구 설정 • 고기의 길 설치 • 산란용 어미 방류
자연사망 관리	• 천적·경쟁 종 제거 • 적조현상(자연사망의 대표적인 원인) 예방
환경 관리	• 석회 살포·산소 주입 등 수질 개선 • 바다 숲·인공어초 조성·전석 및 투석·콘크리트 바르기 등 성육 장소 조성 • 해적생물·병해생물 제거
어획 관리	• 어구 수 제한 및 어획량 할당(TAC, 총 허용 어획량) 등 법적 규제 • 그물코 크기 제한 및 체장 제한으로 미성어 보호 • 산란용 어미고기 적정 유지

※ 문어·불가사리·피뿔고둥·두드럭고둥은 조개류의 해적으로 조개양식에 막대한 피해를 끼친다.

📖 지식 IN

• 대량 사망이 일어나는 시기는 유어기까지이며, 미성어기 이후에는 사망률이 안정된다.
• 인공 부화 방류 시 수정란 방류보다 생존율이 높다. 예 전복·보리새우·넙치·연어

📖 지식 IN **어업 규제의 질적규제와 양적규제**

질적규제	양적규제
• 어구 사용 금지 • 그물코 크기 제한 • 체장 제한	• 어선 수·어구 수 제한 • 어획 노력량 규제 • 총 허용 어획량(TAC) 할당

POINT 034 총 허용 어획량(Total Allowable Catch, TAC) ★

- 총 허용 어획량 제도란 개별어종에 대해 연간 잡을 수 있는 어획량을 정해서 그 한도 내에서만 물고기를 잡도록 하는 수산자원관리제도이다.
- 우리나라는 1999년부터 고등어, 전갱이, 정어리, 붉은 대게 등 4개 어종에 대하여 TAC 제도를 처음 도입하였고, 2021년 현재 12개 어종(시범도입 : 삼치, 갈치, 참조기), 14개 업종에 대해 TAC 제도를 실시하고 있다.

TAC 대상어종 (12종+시범도입 3종)	고등어, 전갱이, 도루묵, 오징어, 붉은 대게, 대게, 꽃게, 키조개, 개조개, 참홍어, 제주소라, 바지락(이상 12종) + 삼치(시범), 갈치(시범), 참조기(시범)
TAC 대상업종 (14종+시범도입 3종)	잠수기, 근해연승, 연안복합, 연안자망, 근해자망, 연안통발, 대형선망, 마을어업, 동해구외끌이중형저인망, 동해구중형트롤, 근해통발, 근해채낚기, 대형트롤, 쌍끌이대형저인망 + 서남해구쌍끌이중형저인망(시범), 근해안강망(시범), 외끌이대형저인망(시범)

📖 제식 IN 2020년~2021년 TAC 주요어종별 금어기, 자율휴어기

어종	금어기
제주소라	금어기 : 6.1~8.31(추자도 : 7.1~9.30 / 울릉도 · 독도 : 6.1~9.30)
오징어	금어기 : 4.1~5.31
참홍어	금어기 : 6.1~7.15
붉은 대게	금어기 : 7.10~8.25
고등어	금어기 : 21.4.26~5.26
바지락	자율휴어기 : 거제 6.1~6.30
개조개	자율 휴어기 : 7.1~8.31
키조개	금어기 : 7.1~8.31
도루묵	자율휴어기 : 5.1~5.31
대게	금어기 : 6.1~10.31
전갱이	대상수역 : 근해, 금어기 없음
꽃게	일반 : 6.21~8.20
삼치	시범도입(금어기 : 5.1~5.30)
갈치	시범도입(금어기 : 7.1~7.31)
참조기	시범도입(금어기 : 7.1~7.31)

01 수산자원 생물의 연령 측정 시 연령형질을 이용하는 방법에 대한 설명으로 옳지 <u>않은</u> 것은?

[2009 기출]

① 일반적으로 비늘은 뒤쪽보다 앞쪽 가장자리의 성장이 더 빠르다.
② 연령 사정에 활용되는 이석의 가치는 어종에 따라 다른데 상어, 가오리류는 매우 유용하게 활용된다.
③ 어류의 비늘, 이석 등 생활상태에 따라 주기적으로 자라나는 형질을 이용한다.
④ 비늘은 어체 부위에 따라 발생시기가 다르므로 연령 사정을 위한 비늘 채취부위는 신중하게 고려해야 한다.

해설

이석을 통한 연령 사정은 넙치(광어)·고등어·대구·가자미에 효과적이다. 그러나 연골어류인 홍어·가오리·상어는 이석을 통한 연령 사정에 적합하지 않다.

정답 ②

02 부유생물은 몸의 크기, 살고 있는 깊이에 따라 구분할 수 있다. 부유생물 중 극미세 부유생물은 크기가 5㎛ 이하로서 일반적인 채집망에 의한 채집이 불가능하다. 극미세 부유생물의 채집방법에 포함되지 <u>않는</u> 것은?

[2009 기출]

① 거름종이 이용법 ② 부착법
③ 가라앉힘법 ④ 원심분리법

해설

5㎛ 이하의 극미세 부유생물은 일반적인 채집망에 의한 채집은 불가능하고, 거름종이 이용법, 가라앉힘법, 원심분리법 등을 이용하여 채집한다.

정답 ②

03 다음 중 어획량을 늘려도 남획 상태에 빠질 가능성이 가장 적은 종은?

[2010 기출]

① 대게 ② 멸치
③ 닭새우 ④ 대구

해설

• 넙치, 연어, 송어 등 산란장이 한 장소에 국한되어 있거나 군집성이 강한 자원은 남획되기 쉽다.
• 오징어, 멸치, 새우 등 수명이 1~2년으로 짧고 자연 사망률이 높은 자원은 어획량의 영향을 많이 받지 않아 남획 상태에 쉽게 빠지지 않는다. 그러나 닭새우와 같이 그 개체의 수 자체가 많지 않은 것은 남획되기 쉽다.

정답 ②

CHAPTER

03 어업

KEY POINT
- 어장의 환경 요인(물리적 요인, 영양염류), 어장 형성 요인(용승어장)
- 낚시 어구, 어구 관측 장치
- 미래어업

01 어업과 어장

POINT 035 어장의 환경 요인 ★

1. 물리적 요인 ★

수온	• 물리적 요인 중 해양 생물의 생활(성장 및 성숙도)과 가장 밀접한 관계가 있다. • 측정이 비교적 쉬워 어장 탐색에 널리 활용된다.		
광선	• 해양 식물의 광합성과 생산력 증가에 영향을 주며, 해양 생물의 성적 성숙 및 연직운동에 영향을 미친다. • 해양생물의 연직운동 – 낮에는 깊은 층으로 내려갔다가 밤에 상승하여 수심이 얕은 층에 머문다. 즉, 해양생물의 연직운동은 태양의 고도와 반비례한다. • 가시광선의 파장은 보라색에서 빨간색으로 갈수록 파장이 길어지며, 파장이 길수록 표층에서 흡수된다. 즉, 파장이 짧은 파란색은 심층까지 투과한다.		
지형	대륙붕 지역이 광합성과 해류 및 조류의 작용으로 인하여 영양염이 풍부하여 생산력이 가장 높다.		
바닷물의 유동	수평 운동	해류	회유성 어류의 회유 및 유영력이 없는 어류의 알・자어・치어를 수송함으로써 해양생물의 재생산과 산란 회유에 영향을 미친다.
		조류	상・하층수 혼합을 촉진함으로써 생산력에 영향을 미친다.
	수직 운동	용승류	연직운동을 통해 영양염이 풍부한 하층수가 표면으로 올라오게 되어 생산력이 증가된다.
		침강류	
투명도	• 지름이 **30cm**인 흰색 원판을 바닷물에 투입하여 원판이 보이지 않을 때까지의 깊이를 미터(m) 단위로 나타낸 것이다. • 정어리・방어(물이 흐릴 때 잘 잡힘) / 고등어・다랑어류(물이 투명할 때 잘 잡힘)		
염분	염분의 농도는 생물의 삼투압 조절에 영향을 미친다. – 삼투압은 농도가 낮은 곳에서 높은 곳으로 이동한다.		

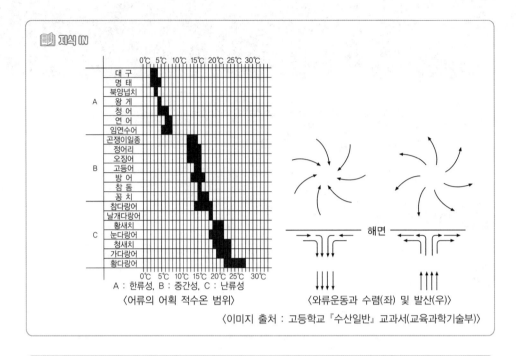

〈이미지 출처 : 고등학교 『수산일반』 교과서(교육과학기술부)〉

📖 지식 IN 어류의 삼투압 조절

해산어	• 해수 이온 농도에 비하여 체액 이온 농도가 낮다. • 아가미에서 염류를 배출한다. • 소량의 진한 오줌을 배출한다.
담수어	• 담수 이온 농도에 비하여 체액 이온 농도가 높다. • 아가미에서 염류를 흡수한다. • 다량의 묽은 오줌을 배출한다.

2. 화학적 요인

용존산소	• 용존산소는 호흡과 대사 작용에 필수요소이며, 표층수일수록 많고 하층수일수록 적다. • 용존산소량 증가 요인 　– 수온이 낮을수록　　　　　　　　　– 염분이 낮을수록 　– 기압이 높을수록 • 용존산소량 감소 요인 : 유기물이 많을수록
영양염류 ★	• 질산염(NO_3), 인산염(PO_4), 규산염(SiO_2) 등 영양염류는 광합성에 필수요소이다. • 영양염류 분포 　– 열대 < 온대·한대　　　　　　　– 외양 < 연안 　– 여름 < 겨울　　　　　　　　　– 표층 < 심층

※ 광합성 : 열대 > 온대 > 한대

3. 생물학적 요인
   - 먹이 생물
   - 경쟁 생물
   - 해적 생물

 난류와 한류에 따른 환경 요인 비교

구분	난류	한류
이동 방향	저위도 → 고위도	고위도 → 저위도
염분	높다	낮다
수온	높다	낮다
용존산소량(DO)	낮다	높다
영양염류	적다	많다

POINT 036 어장 형성 요인 ★

조경 어장 (해양전선어장)	• 특성이 서로 다른 2개의 해수덩어리 또는 해류가 서로 접하고 있는 경계를 조경이라 한다.
	• 두 해류가 불연속선을 이룸으로써 소용돌이가 생겨 상·하층수의 수렴과 발산 현상이 나타나 먹이 생물이 많아진다.
	• 먹이 생물이 많아져 어족이 풍부하게 되어 생기는 어장을 조경 어장이라 한다.
	  예 ① 북태평양 어장　　　　　② 뉴펀들랜드 어장
	      ③ 북해 어장　　　　　　　④ 남극양 어장

용승 어장 ★	바람·암초·조경·조목 등에 의해 용승이 일어나 하층수의 풍부한 영양염류가 유광층까지 올라와 식물 플랑크톤을 성장시킴으로써 광합성이 촉진되어 어장이 형성된다.
	  예 ① 캘리포니아 근해 어장　　　② 페루 근해 어장
	      ③ 대서양 알제리 연해 어장　④ 카나리아 해류 수역 어장
	      ⑤ 벵겔라 해류 수역 어장　　⑥ 소말리아 연근해 어장

와류 어장	조경역에서 물 흐름의 소용돌이로 인한 속도 차 또는 해저나 해안 지형 등의 마찰로 인한 저층 유속의 감소 등으로 일어나는 와류에 의해 어장이 형성된다.
대륙붕 어장	하천수의 유입에 따른 육지 영양염류의 공급과 파랑·조석·대류 등에 의한 상·하층수의 혼합으로 영양염류가 풍부하여 좋은 어장이 형성된다.

📖 지식IN **우리나라의 양식 역사**

〈우리나라 근해의 조경 어장〉

A

B

C

D

E

A : 조경 어장   B : 용승 어장
C : 와류 어장   D : 대륙붕 어장
E : 형성된 어장

〈어장 형성 요인〉
〈이미지 출처 : 고등학교 『수산일반』 교과서(교육과학기술부)〉

POINT 037 엘니뇨(El Nino)와 라니냐(La Nina)

엘니뇨	• 열대 태평양의 광범위한 구역에서 해수면 온도가 평년에 비해 0.5℃ 이상 높은 상태로 일정한 기간 동안 지속되는 현상을 말한다. • 무역풍이 약해지고, 서쪽으로 흐르는 해류가 약해진다. • 약해진 해류는 용승을 약화시키고 그로 인해 중태평양과 동태평양의 수온이 상승하게 된다. • 대기와 해양의 상호작용에 의해 열대 동태평양에서 중태평양에 걸쳐(예 남미의 페루 · 에콰도르 연안) 광범위한 구역에 해수면 온도 상승이 일어나게 되는 반면 서태평양에서는 온도가 하강한다.
라니냐	엘니뇨와 상대적인 현상으로, 무역풍의 강화로 인하여 서태평양의 온도가 상승하게 되고, 동태평양이 평년보다 더 차가운 표층 수온을 형성하게 된다.

📖 지식IN 에크만 수송, 랭뮤어 순환, 코리올리 효과

에크만 수송	랭뮤어 순환	코리올리 효과
지구의 자전에 의해 표면류의 흐름이 풍향에 45° 오른쪽으로 편향되어 흐르는 현상	바람과 작은 파도들로 인해 표층 안에 소용돌이가 형성되어 표층수 혼합에 기여하는 현상	지구의 자전으로 인해 북반구에서는 오른쪽으로 남반구에서는 왼쪽으로 휘는 현상으로 전향력이라 하며, 위도가 증가할수록 강해짐

POINT 038 어업의 분류

분류 기준	종류	
어획물의 종류	• 해수어업 • 채조어업	• 채패어업
어장	• 내수면어업	• 해양어업(연안어업 · 근해어업 · 원양어업)
어업 근거지	• 국내 기지어업	• 해외 기지어업
어획물에 따른 어획 방법	• 고등어 선망어업 • 장어 통발어업 • 문어 단지어업 • 멸치 권현망어업 • 꽁치 봉수망어업 • 참치 연승어업	• 오징어 채낚기어업 • 게 통발어업 • 멸치 자망어업 • 명태 트롤어업 • 참치 선망어업 • 전갱이 선망어업 등
경영 형태	• 자본가적 어업(조합어업 · 회사어업 · 합작어업) • 비자본가적 어업(단독어업 · 동족어업 · 협동적어업)	
법적 관리 제도	• 면허어업 • 허가어업 • 신고어업	

※ 원양어업은 해외 기지어업의 대표적인 것이지만, 북태평양 명태 트롤어업이나 꽁치 봉수망어업은 원양어업에 속하면서도 어업 근거지가 국내에 있으므로 국내 기지어업에 해당한다.

※ **합작어업** : 국내자본 + 해외자본이 결합된 형태의 어업

어로 과정

어군 탐색	어장 찾기	• 간접적 · 1차적 어군 탐색 방법이다. • 어로가 가능한 바다를 찾는 과정이다. • 과거의 어업 실적, 다른 어선의 정보 · 어황 예보 · 어업용 해도 · 위성 정보 등을 종합적으로 판단한다.
	어군 찾기	• 직접적 · 2차적 어군 탐색 방법이다. • 실제 어군의 존재를 확인하는 과정이다. • 수면의 색깔 변화 · 물거품 · 물살 등을 통해 판단한다. • 육안 · 어군탐지기 · 헬리콥터 등을 이용한다.

집어	유집 ★	• 어군에 자극을 주어 자극원 쪽으로 모이게 하는 방법이다.
		• 야간에 불빛으로 모이는 습성(주광성)을 이용한다.
		  – 야간에만 가능하고, 달빛이 밝을 때는 효과가 떨어진다.
		   예 고등어 선망어업 · 전갱이 선망어업 · 멸치 들망어업 · 꽁치 봉수망어업
		     · 오징어 채낚기어업 등

	구집	• 어군에 자극을 주어 자극원으로부터 멀어지게 하여 모이게 하는 방법이다. • 큰 소리 · 줄 후리기 · 전류 등을 이용한다. – 어류는 보통 음극(−)에서 양극(+)으로 이동한다.
	차단 유도	회유 통로를 인위적으로 막아 한 곳으로 모이게 하는 방법이다. 예 정치망의 길그물
어획		목표했던 어류를 잡는 과정이다.

02 어구 및 어법

어구의 분류

구성재료에 따라	• 낚시어구(뜸 · 발돌 · 낚싯대 · 낚싯줄 등) • 그물어구 • 잡어구
이동성에 따라	• 운용어구 • 고정어구(정치어구)
기능에 따라	• 주어구(그물 · 낚시) • 보조어구(어군탐지기 · 집어등) • 부어구(동력 장치)

※ 보통은 좁은 의미로 주어구만을 어구라 하고, 보조어구 · 부어구는 어로장비 또는 어업기기라고 한다.

※ **보조어구** : 어획 능률을 높이는 데 사용

※ **부어구** : 어구의 조작 효율을 높이는 데 사용

POINT 041 낚시 어구

외줄낚기	• 대낚시 • 보채낚시 • 손줄낚시
끌낚기	끌낚시(수평방향으로 끌어서 활동성이 강한 어류를 낚는 어법)
주낙(연승)	• 뜬주낙(수평방향) : 참치 등 표 · 중층의 어류 • 땅주낙 : 갈치 · 명태 · 돔 등 해저 깊은 곳의 어류 • 선주낙(수직방향) : 오징어 등 유영층이 두꺼운 어류

※ **주낙(연승)** : 한 가닥의 긴 줄(모릿줄)에 여러 개의 짧은 줄(아릿줄)을 단 형태

POINT 042 그물 어구

함정 어구	유인 함정어법	• 문어단지(문어 · 주꾸미) • 통발류(장어 · 게 · 새우)		
	유도 함정어법	• 어군의 통로를 차단하고 어획이 쉬운 곳으로 유도해서 잡는 어법 • 정치망(길그물, 통그물로 구성)이 대표적인 어구		
	강제 함정어법 ★	물의 흐름이 빠른 곳에 어구를 고정하여 설치해 두고 조류에 밀려 강제적으로 그물에 들어가게 하는 어법 죽방렴　　　　낭장망　　　　안강망		
		고정 어구	• 죽방렴, 낭장망 : 남해안 일대 빠른 조류를 이용 / 멸치 또는 갈치 획득 • 주목망 : 서해안 얕은 수심에서 조업하는 것이 특징, 안강망으로 발전	
		이동 어구 (안강망)	• 서해안의 강한 조류를 이용해서 조업 • 갈치나 조기잡이에 이용함 • 이동이 가능하다는 것이 특징	
걸그물 어구 (자망)		어군의 유영 통로에 수직방향으로 펼쳐두고 지나가는 어류가 그물코에 걸리게 하여 어획하는 방법 (그물코의 크기 = 아가미 둘레)		
	깊이에 따라	• 표층 걸그물 • 중층 걸그물 • 저층 걸그물		
	운용 방법에 따라	• 고정 걸그물 • 흘림 걸그물(유자망) • 두릿 걸그물(선자망)		

들그물 어구 (들망·부망)	수면 아래에 그물을 펼쳐두고 유인하여 그물을 들어올려 어획하는 방법 • 봉수망 : 현재 산업적으로 활용되는 대표적인 어구(꽁치) • 들망 : 연안의 소규모 어업에 이용(멸치·숭어·돔)
끌그물 어구 (예망)	한 척 또는 두 척의 어선으로 어구를 끌어 어획하는 어법 • 기선권현망(연안 표층 부근의 멸치) ★ • 기선저인망(쌍끌이·외끌이) • 트롤 : 그물 어구의 입구를 수평방향으로 벌리게 하는 전개판을 사용하여 한 척의 선박으로 조업하며, 가장 발달된 끌그물 어법 기선권현망　　　쌍끌이 기선저인망　　　트롤
두릿그물 어구 (선망)	• 긴 그물로 표층·중층 어군을 둘러싸서 가둔 다음, 죔줄로 좁혀가며 어획하는 어법 • 전갱이, 다랑어, 고등어 등 군집성이 큰 어군을 대량으로 어획하는 데 효과적 선망 어구의 구성　　　외두리 선망 조업도
후릿그물 어구 (인기망)	• 자루의 양 쪽에 긴 날개가 있고, 끝에 끌줄이 달린 그물을 멀리 투망해 놓고 육지나 배에서 끌줄을 오므리면서 끌어 당겨 어획하는 어법 • 소규모 재래식 어법에 해당 　– 후리 : 표층·중층 어족 대상 ← 배후리 어법은 기선권현망으로 발전 　– 방 : 저층 어족 대상 ← 손방 어법은 기선저인망으로 발전 갓후리　　　배후리　　　손방

〈이미지 출처 : 고등학교 『수산일반』 교과서(교육과학기술부)〉

끌그물 어법의 발전 단계

범선저인망 → 기선저인망 → 빔트롤 → 오터트롤

POINT 043 낚시 어구 ★★

낚시	• 굵은 것 : 무게(g) • 보통 : 길이(mm) 또는 호(1/3mm)
낚싯줄	길이 40m의 무게가 몇 그램인지에 따라 호수로 표시
낚싯대	• 밑동에서부터 끝까지 고르게 가늘어지고 고르게 휘어지는 것이 좋음 • 탄력성이 우수
미끼	• 장기간 저장이 가능하며, 쉽게 구할 수 있고 대상물이 잘 먹는 것이 좋음 • 오징어(오징어살), 장어(멸치), 참치(꽁치), 상어(꽁치) 등
뜸	낚시를 일정한 깊이에 드리워지도록 하는 기능을 함
발돌	낚시를 빨리 물속에 가라앉게 하고 원하는 깊이에 머무르게 하는 기능을 함

POINT 044 그물 어구

그물실 (합성섬유)	• 최근에는 합성섬유(나일론 · 비닐론 · 폴리에틸렌 등)가 보편적이다. 그러나 햇볕에 노출되면 약해지는 단점이 있다. • 섬유의 굵기 · 길이 · 단면의 모양 등을 인공적으로 조절할 수 있는 장점이 있다.

그물코	• 4개의 발과 4개의 매듭으로 구성되어 있다.
	• 크기 측정
	  – 뻗친 길이로 측정 시 그물코의 양 끝 매듭의 중심사이를 잰 길이를 mm 단위로 나타낸다.
	  – 그물코의 규격이란 그물코를 잡아당겨서 잰 안쪽 지름의 길이를 말한다.
	  – 매듭 수로 측정 시 5치(15.15cm) 안의 매듭의 수(절)로 표시하며 가장 보편적인 방법이다.
	  – 씨줄 수로 측정 시 50cm 폭 안의 씨줄 수(경)로 표시한다.
	
	뻗친 길이 절수로 표현하는 방식 여자 그물감의 경수법
	15.15cm 50cm
	〈이미지 출처 : 고등학교 『수산일반』 교과서(교육과학기술부)〉

그물감	• 마름모꼴의 그물코가 연속되어 구성된 것 • 그물코의 크기에 관계없이 가로 100코 · 세로 100장대(151.5m)를 1단위(필)로 한다.
줄	그물 어구의 뼈대 형성 및 힘이 많이 미치는 곳에 쓰인다.
뜸	형상 또는 위치를 일정하게 유지하기 위한 목적으로 사용되며, 위쪽에 달아 물에 뜨게 하는 장치이다.
발돌(추)	형상 또는 위치를 일정하게 유지하기 위한 목적으로 사용되며, 아래쪽에 달아 물에 가라앉게 하는 장치이다.
마함	그물감을 절단하였을 때, 절단된 가장자리의 풀어지기 쉬운 코에 덮코를 붙인 것을 말한다.
보호망	원살 그물이 줄에 감기거나 찢어지지 않게 가장자리에 원살의 그물실보다 굵은 실로 몇 코 더 떠서 붙이는 것을 말한다.

POINT 045 그물감의 종류

매듭이 있는 그물감 (결절 그물감)	그물코를 형성하는 4개의 꼭짓점마다 매듭을 맺어 짠 그물감이다.	
	참매듭	• 수공 편망이 쉬워 흔히 쓰였으나, 편망 과정에서 힘이 고루 미치지 않으면 잘 미끄러지기 때문에 최근에는 잘 쓰이지 않는다. • 정치망의 길그물과 같이 수공 편망을 하여야 하는 경우에 사용되고 있다.
	막매듭	• 기계 편망이 쉽고 잘 미끄러지지 않아 많이 사용된다. • 매듭의 크기로 인하여 물의 저항이 크다.
매듭이 없는 그물감 (무결절 그물감)	• 편망 재료가 적게 들고 물의 저항이 작은 장점이 있다. • 그러나 한 개의 발이 끊어졌을 때 다른 매듭들이 잘 풀리고 수선이 어렵다. 엮는 그물감　여자 그물감　관통형 그물감　라셀 그물감 〈이미지 출처 : 고등학교 『수산일반』 교과서(교육과학기술부)〉	
	엮는 그물감	씨줄과 날줄을 교차하며 제작한다.
	여자 그물감	씨줄과 날줄의 2가닥으로 꼬아가며 제작한다.
	관통형 그물감	실을 꼬아가며 일정 간격으로 맞물리게 제작한다.
	라셀 그물감	일정한 굵기의 실로 뜨개질하듯 제작한다.

POINT 046 그물감 붙이기

기워붙이기	그물감을 분리시킬 필요가 없을 때, 접합부에 완전한 그물코가 형성되도록 하여 붙이는 방법
항처붙이기	그물을 분리할 필요가 있을 때를 대비하여 떼어 내기 쉽도록 붙이는 방법

POINT 047 그물실의 종류와 특징

나일론	• 태우면 약간 타지만 불꽃을 제거하면 금방 꺼진다. • 타면서 악취가 나고 단단한 검은 덩어리가 생긴다.
비닐론	• 태우면 오므라들며 조금 타지만, 불꽃을 제거하면 잘 타지 않는다. • 흑갈색의 덩어리가 생기는데, 나일론보다는 다소 무르다.
아크릴	태우면 오므라들며 약간 타고, 흑갈색의 덩어리가 생기고, 단단하다.
폴리에틸렌	• 불꽃 속에서 잘 타지도 오므라들지도 않는다. • 타고 남은 재는 원색의 덩어리로서 단단하다.
폴리에스테르	• 쉽게 타지는 않으나 녹아서 둥글어지고 향기 있는 냄새가 난다. • 무른 흑갈색의 덩어리가 생긴다.

POINT 048 어군 탐지 장치 ★

어군탐지기	• 초음파의 직진성 · 등속성 · 반사성을 이용하여 해저의 형태 · 수심 · 어군에 관한 정보를 알아 내는 수직 어군 탐지 장치를 말한다. 　– 어군탐지기에 사용되는 음파는 28kHz~200kHz의 주파수의 범위를 가진다. • 발진기 → 송파기 → 수파기 → 증폭기 → 지시기 • 자갈 등 단단한 저질은 펄에서보다 음파가 강하게 반사되어 선명하게 기록되며, 펄은 단단한 저질보다 해저 기폭의 폭이 두껍게 기록된다.
소나	어군탐지기와 마찬가지로 초음파를 이용하나, 소나는 수평방향의 어군을 탐지하는 데 용이하다.

POINT 049 어구 관측 장치(전개 상태 감시 장치) ★

네트 리코더	트롤 어구 입구의 전개 상태, 해저와 어구와의 상대적 위치, 어군의 양 등을 알 수 있다.
전개판 감시 장치	전개판 사이의 간격을 측정하는 장치이다.
네트 존데 ★	선망(두릿그물)어선에서 그물이 가라앉는(침강) 상태를 감시하는 장치이다.

POINT 050 어구 조작용 기계 장치

양승기	주낙(연승) 어구의 모릿줄을 감아올리기 위한 장치이다.
양망기	그물 어구를 감아올리기 위한 장치이다.
사이드 드럼	• 여러 종류의 줄을 감아올리기 위한 장치로, 기선저인망 어선의 끌줄이나 후릿줄을 감아올리는 데 필수 장치이다. • 기관실 벽 좌우에 한 개씩 장치되어 있다. • 소형 연근해 어선에 널리 사용된다.
트롤 윈치	• 트롤 어구의 끌줄을 감아올리기 위한 장치이다. • 좌우 현에 두 개의 주 드럼(줄 감기) + 주 드럼 앞쪽에 위치한 와이어 리더(로프 감기)로 구성 되어 있다.
데릭 장치	선박에 화물을 적재하거나 양륙하는 작업에 쓰이는 하역 장치이다.

> 📖 지식 IN **공선식 트롤선**
> 어장이 멀어짐에 따라 채산성을 높이기 위해, 어장에 장기간 머물면서 어획물을 선내에서 완전히
> 처리 · 가공할 수 있는 설비가 갖추어진 어선이다. 공선식 트롤선은 급속냉동 · 통조림 · 필릿 · 어분
> 등의 제조 및 가공 시설을 선내에 갖추고 있다.

03 우리나라 해역별 주요 어업

POINT 051 동해의 특징 및 주요 어업

- 해저 지형이 가파르고 수심이 깊다.
- 계절에 따라 한류와 난류가 교차하여 조경이 형성된다.
- 영양염류의 수직 순환이 왕성하여 플랑크톤이 풍부하고 어장 형성에 유리하다.
- 한류 세력이 우세 : 대구 · 명태의 남하회유
  난류 세력이 우세 : 오징어 · 꽁치 · 방어 · 멸치의 북상회유

오징어 채낚기	• 겨울 동중국해와 남해안 사이에서 산란하며, 성장함에 따라 동해와 서해로 북상하면서 먹이를 찾는 색이회유를 하다가, 가을부터 겨울 사이에 다시 남하하여 산란한 후 죽는 1년생 연체동물이다. • 주 어기 : 8~10월 / 어획 적수온 : 10~18℃ • 낮에는 수심 깊은 곳에 위치 / 밤에는 수면 가까이 상승 • 집어등을 이용하여 어군을 유집한다.
꽁치 자망 (걸그물)	• 봄에 산란하고 난류가 강해지면 남하한다. • 주 어기 : 봄 / 어획 적수온 : 10~20℃
명태 주낙 · 자망	• 대표적인 한류성 어족이다. • 주 어기 : 겨울철이나 연중 어획 가능 / 어획 적수온 : 4~6℃ • 난류층 바로 아래의 수온 약층 부근에서 어군의 밀도가 높다.
게 통발	수심 800~2,000m 해저에서 주로 서식한다. ※ 수심 1,000m 이하의 수역은 수온이 매우 낮고 수심이 깊어, 표층에 영향을 많이 주는 해류가 거의 영향을 미치지 못하여 흐름이 매우 느리다.
방어 정치망	• 연안 근처에서 서식하는 회유성 어종으로 계절에 따라 광범위하게 남북으로 회유 이동한다. 　– 봄~여름 : 북상 회유 / 가을~겨울 : 남하 회유 • 주 어기 : 가을~이른 겨울 / 어획 적수온 : 14~16℃

서해의 특징 및 주요 어업

- 한류가 없고, 수심이 100m 이내로 얕으며, 해안선 굴곡이 많아 산란장으로 뛰어난 지형을 가지고 있다. → 해안선의 굴곡은 심하나, 해저는 평탄한 편이라 저서어족이 풍부하다.
- 조석 · 간만의 차가 심하고, 강한 조류로 인하여 수심이 얕은 연안에서는 상 · 하층수의 혼합이 왕성하여, 연안수와 외양수 사이에는 조석 전선이 형성되기도 한다.
- 조기 · 민어 · 고등어 · 전갱이 · 삼치 · 갈치 · 넙치 · 가오리 · 새우 등 어종이 다양하다.

안강망	• 연안 인접지역에서 강한 조류를 이용하는 어법이다. • 우리나라에서 발달한 고유의 어법으로 점차 대형화되어 가고 있다. 예 조기 · 멸치 · 민어 · 갈치
쌍끌이 기선저인망 ★	저서 어족이 풍부하여 해저에서 서식하는 어류를 어획하는 기선저인망이 발달하였다.
트롤	저서 어족이 풍부하여 해저에서 서식하는 어류를 어획하는 트롤어업이 발달하였다.
꽃게 자망 (걸그물)	• 주 어기 : 여름철 수심이 얕은 연안에서 산란 후 가을철 수심이 깊은 곳에서 월동하기 위해 이동하는 때에 걸그물을 사용하여 어획한다. • 자원보호를 위해 포획금지 체장과 포획금지 기간 등이 설정되어 있다.

 남해의 특징 및 주요 어업

- 동해안과 서해안의 중간에 위치하여 여러 어업이 연중 지속적으로 이루어진다.
- 멸치 · 갈치 · 고등어 · 전갱이 · 삼치 · 조기 · 돔류 · 장어류 · 방어 · 가자미 · 말쥐치 · 꼼치 · 대구 등 어종이 매우 다양하다.

멸치 기선권현망	• 멸치는 연안성 · 난류성 어종으로 표층과 중층 사이에서 무리를 짓는다. • 주 어기 : 연중 어획 / 어획 적수온 : 13~23℃ / 주 산란기 : 봄
고등어 · 전갱이 근해선망 (두릿그물)	• 고등어 · 전갱이는 표층과 중층에서 군집하여 회유하는 난류성 · 연안성 · 야간성 · 주광성 어종이다(집어등 사용). • 주 어장 : 동중국해 · 남해안 / 어획 적수온 : 14~22℃ • 선망어법은 어법이 매우 정교하고 조업 방법이 복잡하여 각종 계측 장비를 활용하고 있다.
장어 통발	• 렙토세팔루스 형태로 남해안 연안에 내유하여 성장한다. • 어획 적수온 : 11~28℃
정치망	• 멸치 · 삼치 · 갈치 등 난류성 회유 어종에 많이 사용된다. • 주 어기 : 난류의 영향이 강한 늦은 봄~초가을 / 어획 적수온 : 멸치(13~23℃), 삼치(13~17℃)

POINT 054 원양어업

• 명태 트롤 · 꽁치 봉수망 · 참치 연승 · 참치 선망 · 오징어 채낚기 등이 대표적이다.

참치 연승	• 참치는 열대성 · 대양성 어종으로 바다의 닭고기라 할 정도로 고가의 어종이다. • 우리나라는 1960년대 초 해외 어장 중 최초로 참치 원양어업에 진출하여 현재는 세계적인 참치어업국이다. • 모릿줄(수평방향) + 아릿줄(수직방향)을 이용하는 어법이다. • 원양어업의 특성상 글레이징(동결) 처리를 한 후 냉동 저장한다.
참치 선망	• 1980년대부터 참치 원양어업이 연승어법에서 선망어법으로 전환되어, 현재 원양어업 중 가장 활발하다. • 어군 발견을 위해 헬리콥터를 동원하는 등 가장 기술 집약적인 어법이다.
트롤	• 저서 어족을 한 번에 대량으로 어획할 수 있는 가장 효율적 · 적극적인 어법이다. • 트롤어선은 어선 중 가장 대형선에 해당하고, 단독으로 조업하면서 냉동보관 · 가공할 수 있는 설비를 갖추고 있다.

※ 글레이징 : 동결된 생선을 1~2℃의 민물이나 0~1℃의 바닷물에 담갔다가, 수 초 후 꺼내어 얼음막(빙의)이 형성되도록 하는 방법이다.

※ 고급 어종은 선도를 유지하기 위해 즉살하고 내장을 제거한 뒤 보관하여야 한다.

📖 지식 IN

• **오징어 채낚기 어법**
어구에는 20~30개의 낚시를 길이 방향으로 연결하고 맨 아래 끝에 추를 단 롤러 낚시가 있으며, 최근에는 낚시를 자동으로 내리고 감아올리는 자동 조획기가 많이 보급되어 있다. 근해 어선은 대개 30~40톤 정도이나, 연중 먼 바다에서 어업이 행해지므로 100~200톤급의 대형 어선도 있으며, 어업 기기는 집어등, 물돛, 어군 탐지기 등이 있다.

• **안강망 어법**
조류가 빠른 곳에서 어구를 고정하여 설치해 두고, 강한 조류에 의하여 강제로 어구 속으로 들어가도록 하는 강제 함정 어법으로, 연안 어선의 크기는 8톤 미만이고, 근해 어선은 8톤 이상 90톤 미만이다. 펄이 깊은 어장에서 큰 파주력을 가진 닻과 유체 저항이 큰 어구를 투 · 양망해야 하므로, 선체가 견고하고 복원력이 커야 한다.

• **기선권현망 어법**
한 개 선단은 망선(끌배) 2척, 어탐선 1척, 가공 및 운반선 2척으로 구성된다. 망선은 어탐선에 승선한 어로장의 지시에 따라 어구를 투 · 예망하여 어획을 완료하는 주된 어선으로서, 크기는 40톤 미만으로 제한된다. 가공선은 어획된 멸치를 삶아서 가공하는 설비를 갖추고 있다.

• **근해선망 어법**
한 개 선단은 망선(본선) 1척과 집어선(불배) 2척, 2~3척의 운반선으로 구성된다. 망선은 어구를 싣고 직접 어로 작업을 하는 어선으로서, 선체는 대체로 길이에 비해 폭이 넓고 깊이는 얕으며, 어창이 없는 50톤 이상 140톤 미만의 크기이다. 집어선은 어군을 탐색하고, 집어등을 사용하여 어군을 집어하며, 망선의 어로 작업을 돕기도 한다.

〈출처 : 고등학교 『수산일반』 교과서(교육과학기술부)〉

04 수미래 어업

POINT 055 합리적인 수산자원의 관리

- 어선이나 어구의 수와 규모를 제한한다.
- 어장 및 어기를 제한한다.
- 어획물의 크기 또는 그물코 크기를 제한한다.
- 어획량을 제한한다.

직접적 방법	어초 투입 등 자원 번식 조장 시설 설치
간접적 방법	어업 행위 법적 금지

POINT 056 NOAA

- 어업에 이용하기에 가장 적합한 위성으로, 해면의 수온을 원격 탐사하여 자동 화상 전송방식으로 전송하고 있는 기법이다.
- 해류 · 조경 · 와류 등의 위치와 크기 및 변화 상태 등을 함께 추적할 수 있다.

 지식 IN **우리나라 연근해의 어황 예보 대상 어업**

동해	오징어 외줄낚시어업, 꽁치 유자망어업, 명태 연승 및 자망어업
남해	멸치 유자망어업, 기선 권현망어업, 기선 선망어업
서해	안강망어업, 기선 유자망어업, 삼치 유자망어업
동남서 전역	기선 저인망어업, 트롤어업

01 함정 어법에 대한 설명으로 옳지 <u>않은</u> 것은? [2011 기출]

① 유도 함정 어법의 대표적 어구는 문어단지와 통발류이다.

② 강제 함정 어법의 어구에는 죽방렴, 주목망, 낭장망, 안강망이 있다.

③ 유도 함정 어법은 어군의 통로를 차단하고, 어획이 쉬운 곳으로 어군을 유도하여 잡아 올리는 방법이다.

④ 강제 함정 어법은 물의 흐름이 빠른 곳에 어구를 고정하여 설치해 두고, 어군이 강한 조류에 밀려 강제적으로 자루 그물에 들어가게 하여 어획하는 방법이다.

해설

문어단지와 통발류는 유인 함정 어법에 해당하고, 유도 함정 어법으로는 정치망이 대표적이다.

정답 ①

02 선망어업에 있어서 그물을 투망한 후부터 그물 자락의 침강상태를 파악하는 장치는?

[2010 기출]

① 소나(Sonar) ② 텔레사운더(Telesounder)
③ 네트 존데(Net Sonde) ④ 네트 레코더(Net Recorder)

해설

① 어구 탐지 장치로 어군탐지기와 마찬가지로 초음파를 이용하나, 소나는 수평방향의 어군을 탐지하는 데 용이하다.
② 초음파 기록 전송자치로 원격 어군탐지기를 의미한다.
④ 어구 관측 장치로 트롤 어구 입구의 전개 상태, 해저와 어구와의 상대적 위치, 어군의 양 등을 알 수 있다.

정답 ③

03 고등어 선망어업에서 사용하는 불배의 집어등은 어떠한 방법에 의한 집어인가? [2010 기출]

① 구집 ② 유집
③ 차단 유도 ④ 회유 유도

해설

집어등은 고등어, 전갱이, 오징어 등을 야간성 · 주광성을 이용해 유집하여 어획하는 방법이다.

정답 ②

CHAPTER

04 어선 운용

- 어선의 구조
- 선박도료의 종류
- 해상 교통 안전, 항행법

01 어선의 종류 및 구조

POINT 057 어선의 종류

제작 재료에 따른 분류	• 목선 • 강선 • 경금속선 • 합성수지(FRP)선
어획 대상물과 어법에 따른 분류	• 유자망 어선(꽁치 · 멸치 · 삼치 · 상어 유자망) • 예망 어선(기선저인망 · 트롤 · 기선권현망 · 범선저인망) • 선망 어선(근해 선망 · 참치 선망) • 연승 어선(상어 · 참치 연승) • 채낚기 어선(오징어 · 가다랭이 채낚기) • 통발 어선(장어 · 게 통발) • 안강망 어선
어획물 운반 형태에 따른 분류	• 선어 운반선 • 활어 운반선 • 냉동어 운반선
어장에 따른 분류	• 연안 어선 • 근해 어선 • 원양 어선

※ 합성수지(FRP)선
- 강화유리섬유로 건조한 선박으로 무게가 가볍고 부식에 강하지만, 충격에 약하고 폐기 시 비용이 많이 드는 단점이 있다.
- 중 · 소형 어선 및 구명정 · 레저용 어선에 주로 사용된다.

POINT 058 어선의 구조 ★★★

1. 선체의 형상과 명칭

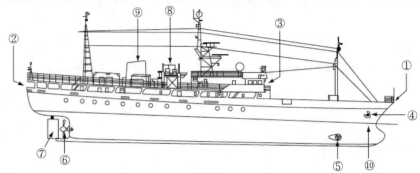

① 선수
② 선미
③ 조타실
④ 닻
⑤ 선수 스러스터(bow thruster)
⑥ 추진기(propeller)
⑦ 타(rudder)
⑧ 구명정
⑨ 연돌
⑩ 만재 흘수선

〈이미지 출처 : 고등학교 『수산일반』 교과서(교육과학기술부)〉

선체	굴뚝・마스트・키 등을 제외한 어선의 주된 부분
선수(이물・어헤드)	배의 앞쪽 끝 부분
선미(고물・어스턴)	배의 뒤쪽 끝 부분
좌현과 우현	선미에서 선수 쪽으로 보아 왼쪽이 좌현・오른쪽이 우현
조타실(선교)	• 선박을 조종하는 곳으로, 주위 감시를 위해 높은 곳에 위치 • 각종 항해 계기와 어업 기기가 설치되어 있음
기관실	• 어선의 추진 기관이 설치된 장소 • 수밀 격벽으로 구획하여 침수를 방지
어창	어획물 또는 얼음 저장 공간으로, 소형어선은 얼음을 저장할 정도의 공간을 말하며 대형 어선은 내부 전체를 단열재로 구성하고 냉동설비를 갖춰 저온의 저장능력을 갖춘 공간

2. 선체의 구조와 명칭

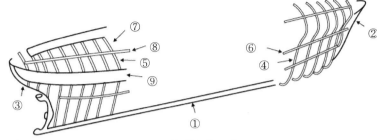

① 용골(keel)
③ 선미재(stem frame)
⑤ 보(beam)
⑦ 갑판(deck)
⑨ 외판(shell plating)

② 선수재(stem)
④ 늑골(frame)
⑥ 선측 종통재(side stringer)
⑧ 갑판하형판(deck girder)

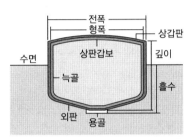

〈이미지 출처 : 고등학교 『수산일반』 교과서(교육과학기술부)〉

용골	• 배의 제일 아래 쪽 선수에서 선미까지의 중심을 지나는 골격으로 선체를 구성하는 세로 방향의 기본 골격이다. • 사람의 등뼈에 해당한다.
늑골	• 선체의 좌우 현측을 구성하는 골격으로 선박의 바깥 모양을 이루는 뼈대이다. • 용골과 직각으로 배치되어 있다.
보	• 늑골의 상단과 중간을 가로로 연결하는 뼈대이다. • 가로 방향의 수압과 갑판의 무게를 지탱한다.
선수재	• 용골의 앞 끝과 양현의 외판이 모여 선수를 구성한다. • 충돌 시 선체를 보호하는 역할을 한다.
선미재	• 용골의 뒤 끝과 양현의 외판이 모여 선미를 구성한다. • 키와 추진기(프로펠러)를 보호하는 역할을 한다.
외판	선체의 외곽을 형성하며, 배가 물에 뜨게 하는 역할을 한다.
선저 구조	연료 탱크, 밸러스트 탱크 등으로 이용되며, 침수를 방지하는 역할을 한다.
선루	• 선수루 : 파도를 이겨내기 위한 목적으로 모든 선박에 설치하는 것이 원칙이다. • 선교루 : 기관실을 보호하고 선실을 제공하여 예비부력을 가지게 할 목적으로 설치한다. • 선미루 : 파도를 이겨내고 조타 장치를 보호하기 위한 목적으로 설치한다.

3. 어선의 주요 치수 ★

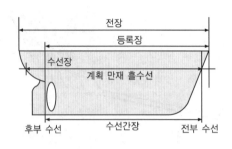

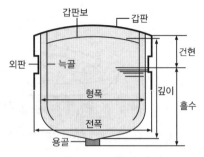

전장	선수에서 선미까지의 거리
폭	• 전폭 : 선체의 가장 넓은 부분에서, 선체 한쪽 외판의 가장 바깥쪽 면으로부터 반대쪽 외판의 가장 바깥쪽까지의 수평거리 • 형폭 : 선체 한쪽 외판의 내면으로부터 반대쪽 외판의 내면까지의 수평거리
깊이	용골의 윗부분에서 갑판보까지의 수직거리
흘수	선체가 물에 잠긴 깊이로 용골 아랫부분에서 수면까지의 수직거리
건현 ★	• 물에 잠기지 않은 부분으로 수면에서부터 상갑판 상단까지의 거리 • 안전 운항을 위해 건현의 높이를 적절히 조절해야 함
트림	• 선박이 길이 방향으로 일정 각도 기울어진 정도를 의미하며 선수 흘수와 선미 흘수의 차이로 계산 • 선박 조종에 큰 영향을 미침
배의 톤수 ★	• 용적 톤수(부피) • 중량 톤수(무게)

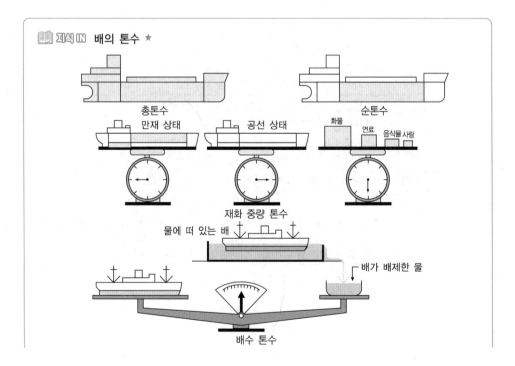

용적 톤수	총톤수	선박의 선수와 선미에 있는 환기 장치 · 조명 장치 · 항해 장치 등의 용적을 제외한 나머지 선박용적률로 나누어 나온 숫자를 총톤수라 한다. 선박을 등록할 때 이 톤을 사용하기 때문에 일명 '등록 톤수'라고도 한다.
	순톤수	화물이나 여객을 수용하는 장소의 용적으로 총톤수에서 선원 · 항해 · 추진에 관련된 공간을 제외한 용적이다. 실제 여객이나 화물을 운송하는 공간의 크기를 나타낸다.
중량 톤수	재화 중량 톤수	선박에 실을 수 있는 화물의 무게를 말하며 선박이 만재 흘수선에 이르기까지 적재할 수 있는 화물의 중량을 톤수로 나타낸 것이다(만재상태의 배의 무게 − 공선 상태의 배의 무게).
	배수 톤수	물 위에 떠 있는 선박의 수면 아래 배수된 물의 부피와 동일한 물의 중량 톤수를 말한다. 주로 군함의 크기를 나타내는 톤수로 쓰인다.

02 어선의 설비

POINT 059 어선의 설비

항해설비	• 컴퍼스(방위측정 · 침로유지) • 측심기(수심측정) • 육분의(천체측정 및 협각측정)	• 선속계(속력측정) • 풍향풍속계(바람 세기와 방향 측정)
통신설비	• GPS • 로란 • Inmarsat−C ※ 선박 간 또는 선박과 육상 간에는 초단파를 사용하고, 조난 등 긴급상황에서는 중단파를 사용한다.	• 레이더 • 중파 무선통신기
기관설비	• 내연기관(디젤기관) • 발전기	• 외연기관(증기기관) • 냉동 장치
하역설비	데릭 장치(데릭 포스트 · 데릭 붐 · 로프 · 원치 등)	
정박설비	• 닻(스톡 앵커 · 스톡리스 앵커) • 양묘기(닻줄을 감아들이는 장치) • 체인로커(닻줄 보관) • 계선줄(안벽이나 부표에 배를 매어두는 줄) • 캡스턴(계선줄을 감아들이는 장치) • 볼라드 • 비트	
조타설비	• 키 • 자이로컴퍼스	• 조타 장치
구명 설비	• 구명정 • 구명 부환 • 조난 신호 장비	• 구명 뗏목 • 구명 동의

📖 지식IN 주기관의 운전에 관한 명령

명령	의미	명령	의미
스탠드 바이 엔진 (Stand by engine)	기관 사용 준비	스톱 엔진 (Stop engine)	기관 정지
데드 슬로 어헤드 (Dead slow ahead)	극미속 전진	데드 슬로 어스턴 (Dead slow astern)	극미속 후진
슬로 어헤드(Slow ahead)	미속 전진	슬로 어스턴(Slow astern)	미속 후진
하프 어헤드(Half ahead)	반속 전진	하프 어스턴(Half astern)	반속 후진
풀 어헤드(Full ahead)	전속 전진	풀 어스턴(Full astern)	전속 후진

〈출처 : 고등학교 『수산일반』 교과서(교육과학기술부)〉

POINT 060 디젤기관

- 고온・고압을 이용하여 피스톤을 상하 운동시켜 에너지를 얻는 방식이다.
- 가솔린기관에 비해 열효율이 높아 경제적이다.
- 출력 단위
  - 마력
  - PS
  - hp
  - kW

2행정 사이클 기관	• 크랭크 1회전・피스톤 1회 왕복하는 동안 흡입・압축・폭발・배기의 1사이클이 이루어져 동력을 발생한다. • 중・대형의 저속기관에 적합하다.
4행정 사이클 기관 (대부분의 어선)	• 크랭크 2회전・피스톤 2회 왕복하는 동안 흡입・압축・폭발・배기의 1사이클이 이루어져 동력을 발생한다. • 중・소형의 고속기관에 적합하다. 흡기　　압축　　폭발　　배기 〈이미지 출처 : 고등학교 『수산일반』 교과서(교육과학기술부)〉

선외기

- 소형보트 및 소형어선의 추진 장치로 많이 사용되는 내연기관이다.
- 선미에 탈부착이 가능하다.
- 프로펠러는 보트가 턴을 도는 반대 방향으로 움직인다.

> **사이드 스러스터(Thruster)**
> - 선수 또는 선미의 수면 밑에 잠긴 선체의 가로방향에 있는 터널 안에 장비한 스크루 프로펠러를 회전시켜 추진력을 발생시킨다.
> - 다른 선박 또는 안벽과의 접촉 위험을 줄일 수 있는 이점이 있다.

POINT
062 로프

- 길이 : 굵기와 상관없이 1사리(coil) = 200m이다.
- 굵기 : 지름(mm), 둘레(inch)로 표현한다. → 둘레 = 지름/8

섬유로프	섬유를 꼬아 한 가닥으로 만들고, 이것을 수 개 내지 수십 개씩 묶어 꼬아 한 가닥으로 만든 다음, 그 위에 3~4가닥을 꼬아서 만든다.
와이어로프	스트랜드 여섯 가닥을 꼬아서 만든다.

※ **스트랜드** : 여러 가닥의 와이어를 꼬은 것

POINT
063 선박 도료 ★

- 선박 도료를 칠하는 이유는 부식방지, 해양 생물 부착 방지, 청결, 미관장식 등을 위해서이다.

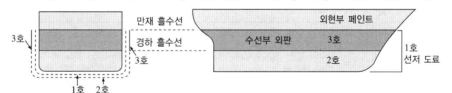

1호(A/C 페인트), 2호(A/F 페인트), 3호(B/T 페인트)

〈이미지 출처 : 고등학교 『수산일반』 교과서(교육과학기술부)〉

광명단 도료	내수성과 피복성이 강하여 가장 널리 사용되는 녹 방지용 도료이다.
제1호 선저 도료(A/C)	부식 방지를 위해 외판 부분에 칠하며, 광명단 도료를 칠한 그 위에 칠한다.
제2호 선저 도료(A/F)	해양 생물 부착을 방지하기 위하여 외판 중 항상 물에 잠겨 있는 부분에 칠한다.
제3호 선저 도료(B/T)	부식 및 마멸 방지를 위해 만재 흘수선과 경하 흘수선 사이의 외판에 칠한다.

POINT 064 선박 조종 원리

키(타)	• 선박의 진행방향을 조종한다. • 선회성 : 키를 오른쪽으로 돌리면 오른쪽으로 선회, 왼쪽으로 돌리면 왼쪽으로 선회한다. • 보침성 : 타각을 '0' 상태로 두면 직진한다.
타력	원래의 상태를 유지하려는 타력으로 인해 전진 중인 선박이 기관을 정지시켜도 바로 멈추지 않고, 키를 중앙으로 해도 선회 운동을 멈추는 데 시간이 걸린다.
복원력	• 외력에 의해 선박이 어느 한쪽으로 기울어졌을 때 원래의 위치로 돌아가려는 성질 • 복원력이 너무 클 경우 선체 · 기관의 손상이 생길 우려가 크고, 너무 작을 경우 선박이 전복될 우려가 크다.

POINT 065 선속(노트, knot) ★

- 프로펠러의 회전으로 인해 선박이 앞으로 항해하는 추진력이 생기고 선속(속력)이 달라진다.
- 선속(노트, knot)
  - 1시간에 1해리(1,852m) 전진하는 속도를 1노트라 한다.
  - 10해리를 1시간에 주파했다면 선속은 10노트가 된다.

POINT 066 정박

안벽 계류	부두 또는 안벽에 계선줄을 이용하여 정박하는 방법이다.
묘박	• 해저에 박힌 닻의 저항력(파주력)을 이용하여 정박하는 방법이다. • 저질이 모래보다 펄인 경우 파주력이 커지고, 닻줄이 길수록 커진다.

 지식 IN 닻의 종류

스톡 앵커	닻채가 있는 앵커로 파주력이 높으며 소형선에서 주로 사용되는 앵커이다.
스톡리스 앵커	닻채가 없는 앵커로 스톡 앵커에 비해 파주력은 떨어지지만 투묘 및 양묘 시에 취급이 쉽고, 앵커가 해저에 있을 때 앵커 체인과 엉키는 경우가 적어 대형선에서 널리 쓰이고 있다.

03 해상 교통 안전

항행 규칙, 신호 규칙, 등화 규칙

1. 항행 규칙

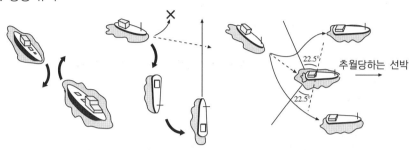

마주하는 경우	• 주간 : 침로를 우현으로 하여 마주 오는 선박의 좌현 쪽으로 통항한다. • 야간 : 마주 오는 선박의 홍등을 보며 오른쪽으로 통항한다.
횡단하는 경우	• 주간 : 상대 선박을 우측에서 보는 선박이 상대 선박의 진로를 피해 통항한다. • 야간 : 상대 선박의 홍등을 보는 선박이 진로를 피해 통항한다.
추월하는 경우	주간 · 야간 : 상대 선박을 완전히 추월하여 충분한 거리가 생길때까지 상대 선박의 진로를 피하여 추월하고, 추월당하는 선박은 최대한 속력과 침로를 유지한다.

2. 신호 규칙

침로 변경 신호	• 우현으로 변경 시 : 단음 1회 • 좌현으로 변경 시 : 단음 2회 • 뒤로 후진 시 : 단음 3회
추월 신호	• 우현으로 추월 시 : 장음 2회 + 단음 1회 • 좌현으로 추월 시 : 장음 2회 + 단음 2회 • 추월 동의 신호 : 장음 1회 + 단음 1회 + 장음 1회 + 단음 1회

3. 야간 등화 규칙

항행 중인 선박	우현(녹색등), 좌현(홍색등), 마스트 끝(백색등), 선미(백색등)
트롤 어선	녹색등과 백색등을 상하로
기타 어선	홍색등과 백색등을 상하로

POINT 068 개항의 항계 안에서의 항행 ★

- 항로로 들어오거나 나가는 선박은 항로를 항행하는 선박의 진로를 피하여 항행해야 한다.
- 항로 안에서 나란히 항행(병렬 항행)하여서는 안 된다.
- 항로 안에서는 추월이 금지된다.
- 항로 안에서 서로 마주칠 경우 오른쪽으로 항행하여야 한다.

※ 개항질서법이 국제규칙보다 우선 적용된다.

> 📖 지식IN **선박이 서로 시계 안에 있는 때의 항법(「해사안전법」제2절)**
>
> **제69조(적용)**
> 이 절은 선박에서 다른 선박을 눈으로 볼 수 있는 상태에 있는 선박에 적용한다.
>
> **제71조(앞지르기)**
> ① 앞지르기 하는 배는 제1절과 이 절의 다른 규정에도 불구하고 앞지르기당하고 있는 선박을 완전히 앞지르기하거나 그 선박에서 충분히 멀어질 때까지 그 선박의 진로를 피하여야 한다.
> ② 다른 선박의 양쪽 현의 정횡(正橫)으로부터 22.5도를 넘는 뒤쪽[밤에는 다른 선박의 선미등(船尾燈)만을 볼 수 있고 어느 쪽의 현등(舷燈)도 볼 수 없는 위치를 말한다]에서 그 선박을 앞지르는 선박은 앞지르기 하는 배로 보고 필요한 조치를 취하여야 한다.
> ③ 선박은 스스로 다른 선박을 앞지르기 하고 있는지 분명하지 아니한 경우에는 앞지르기 하는 배로 보고 필요한 조치를 취하여야 한다.
> ④ 앞지르기 하는 경우 2척의 선박 사이의 방위가 어떻게 변경되더라도 앞지르기 하는 선박은 앞지르기가 완전히 끝날 때까지 앞지르기당하는 선박의 진로를 피하여야 한다.

POINT 069 「선박안전 조업규칙」

선박에 대한 어업 및 항해의 제한이나 그 밖에 필요한 규제에 관한 사항을 정함으로써 어업과 항해가 안전하게 이루어질 수 있도록 함을 목적으로 한다.

적용 대상	총톤수 100톤 미만의 선박
적용 제외 대상	• 「어선법」 제2조 제1호에 따른 어선 • 정부·공공단체 소유 선박 • 여객선 및 국외에 취항하는 선박

 지식IN **출·입항 준비** ★

출항 대비	• 기관, 양묘기, 조타 장치, 항해 계기 등 시운전 • 어구나 어상자와 같이 이동하기 쉬운 물품을 묶는 작업 • 연료와 식량 및 식수의 점검 • 선원의 승선 확인 • 구명 설비의 점검 등 안전한 항해 준비

입항 대비	• 계전 설비, 기적 등을 시운전 • 기관의 조종 상태 확인 • 입항 후의 작업과 선용품 보급 등의 업무 준비 • 입항에 필요한 제반 서류를 점검

04 어선의 냉동설비

POINT 070 어선의 냉동설비

- 냉각(cooling) : 사물로부터 열을 흡수하여 온도를 낮추는 것
- 냉장(cooling storage) : 동결시키지는 않으면서 3~5℃의 저온상태로 일정시간 유지시키는 것
- 냉동(freezing) : 사물을 −15℃ 이하로 낮추어 얼리는 것
- 제빙(ice making) : 얼음 생산을 목적으로 물을 얼리는 것
- 냉동 장치는 원양어선의 필수 설비이며, 송풍식 · 접촉식 · 연속식 · 침지식의 방식이 있다.
- 냉동능력은 냉동톤(RT = 3,320kcal/h)라는 단위를 사용한다.
  - 1냉동톤은 0℃의 물 1톤을 24시간에 0℃의 얼음이 되게 하는 열량을 말한다.

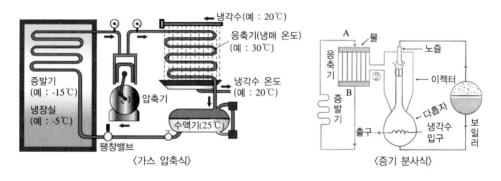

〈가스 압축식〉 　　　　〈증기 분사식〉

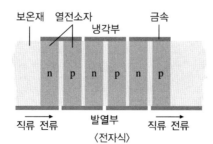

〈전자식〉

〈이미지 출처 : 고등학교 『수산일반』 교과서(교육과학기술부)〉

가스 압축식 냉동법	• 냉매 → 압축기 → 응축기 → 팽창밸브 → 증발기 → 냉매의 과정을 반복한다. • 냉동설비 중 가장 널리 사용된다.
증기 분사식 냉동법	증기 이젝터를 통해 주변 열을 흡수하여 냉각하는 방식이다.
전자식 냉동법	성질이 다른 두 금속에 전류를 가해 한쪽에서는 열 흡수, 다른 한 쪽에서는 열 방출을 이용하여 냉각하는 방식이다(펠티에 효과).

흡수식 냉동법	• 암모니아 가스를 냉매로 사용하여 냉동·냉장하는 방법이다.
	• 장점
	  – 위험성이 낮다.
	  – 저렴한 연료 이용으로 경제적이다.
	  – 소음이 적다.
	• 단점
	  – 예열 시간이 길다.
	  – 기계 부피가 크다.
	  – 초기 설비비용이 많이 든다.

※ 원양어선은 참치의 근육 색소인 미오글로빈의 변질을 방지하기 위해 $-50^\circ\!C$ 이하의 저온 상태를 유지할 수 있는 장치를 설비하여야 한다.

01 어선의 주요 치수를 나타낼 때 선체가 물에 잠겨 있지 않은 부분의 높이를 나타내며, 예비부력에 해당하는 용어로 옳은 것은?

[2009 기출]

① 트림
② 건현
③ 흘수
④ 등흘수

해설

어선의 주요 치수

전장	선수에서 선미까지의 거리
폭	• 전폭 : 선체의 가장 넓은 부분에서, 선체 한쪽 외판의 가장 바깥쪽 면으로부터 반대쪽 외판의 가장 바깥쪽까지의 수평거리 • 형폭 : 선체의 가장 넓은 부분에서, 선체 한쪽 외판의 내면으로부터 반대쪽 외판의 내면까지의 수평거리
깊이	용골의 윗부분에서 갑판보까지의 수직거리
흘수	선체가 물에 잠긴 깊이로 용골 아랫부분에서 수면까지의 수직거리
건현	• 물에 잠기지 않은 부분으로 수면에서부터 상갑판 상단까지의 거리 • 안전 운항을 위해 건현의 높이를 적절히 조절하여야 함
트림	• 선박이 길이 방향으로 일정 각도 기울어진 정도를 의미하며 선수 흘수와 선미 흘수의 차이로 계산 • 선박 조종에 큰 영향을 미침
배의 톤수	• 용적 톤수(부피) • 중량 톤수(무게)

정답 ②

02 선박의 구조와 운항과 관련된 설명 중 옳은 것을 모두 고른 것은? [2010 기출]

> ㄱ. 선체의 좌우 현측을 구성하는 골격을 용골이라 한다.
> ㄴ. 선수 흘수와 선미 흘수의 차이를 트림이라 한다.
> ㄷ. 야간에 항행 중인 동력선은 마스트 끝과 선미에 백색등, 우현에 녹색등, 좌현에 홍색등을 켠다.
> ㄹ. 총톤수는 선체의 총 용적에서 선박운항에 이용되는 부분(선원실, 기관실 등)을 제외한 나머지 부분을 톤수로 환산한 것이다.

① ㄱ, ㄴ
② ㄴ, ㄷ
③ ㄷ, ㄹ
④ ㄱ, ㄹ

해설

ㄱ. 용골 : 배의 제일 아래 쪽 선수에서 선미까지의 중심을 지나는 골격으로 선체를 구성하는 세로 방향의 기본 골격이다.

ㄹ. 총톤수 : 선박의 선수와 선미에 있는 환기 장치·조명 장치·항해 장치 등의 용적을 제외한 나머지 선박용적률로 나누어 나온 숫자를 총톤(총톤수)이라 한다. 선박을 등록할 때 이 톤을 사용하기 때문에 일명 '등록 톤수'라고도 한다.

정답 ②

CHAPTER

05 수산 양식

- 순환 여과식 양식의 장·단점
- 종묘 생산 방식, 어류 양식
- 사료 계수와 사료 효율

01 대상별 양식 기법

POINT 071 유영동물 양식

지수식 (정수식)	• 가장 오래된 양식 방법으로, 연못·바다의 일부를 막고 양식하는 방식이다. • 에어레이션(aeration)을 이용하여 용존산소를 주입하여 사육 밀도를 높이면 단위 면적당 생산량을 증대시킬 수 있다. 예 잉어류·뱀장어·가물치·새우류
유수식	• 계곡·하천 지형을 이용하여 사육지에 물을 공급하거나 양수기로 물을 끌어 올려 육상에서 수조를 이용해 양식하는 방식이다. • 공급되는 물의 양에 비례하여 용존산소도 증가하므로, 사육 밀도도 이에 따라 증가시킬 수 있다. • 수조 형태는 긴 수로형이나 원형 수조를 사용한다. 예 내수면 – 송어, 연어류, 잉어류 / 해수 이용한 육상 수조 – 넙치(광어)
가두리식	• 강이나 바다에 그물로 만든 틀을 설치하여 그 안에서 양식하는 방식이다. • 그물코를 통해 용존산소 공급과 노폐물 교환이 이루어진다. • 양성관리는 쉽지만 풍파의 영향을 받기 쉬워 시설장소가 제한된다. 예 조피볼락(우럭)·감성돔·참돔·숭어·농어·넙치(광어)·방어
순환★ 여과식	• 한 번 사용하여 노폐물에 의해 오염된 물을 여과 장치를 통해 정화하여 다시 사용하는 양식 방법이다. • 물이 적은 곳에서도 양식할 수 있고, 고밀도로 양식하여 단위면적당 생산량을 증가시킬 수 있다는 장점이 있다. • 단점으로 초기 설비비용이 많이 들고, 전력 등 관리비용도 많이 든다. 특히 겨울에 보일러를 가동하여 수온을 높이기 때문에 경비가 많이 든다.

 지식IN **생물여과 과정**

$$\underline{암모니아(NH_3)} \quad \rightarrow \quad \underline{아질산염(NO_2)} \quad \rightarrow \quad \underline{질산염(NO_3)}$$
유해(有害)   ↑   ↑   무해(無害)

아질산균   질산균
(Nitrosomonas)   (Nitrobacter)

POINT 072 부착 및 저서 동물 양식

수하식	• 부착성 동물의 기질을 밧줄·뗏목 등에 일정한 간격으로 매달아 물속에서 기르는 방식이다. • 성장이 균일하고 해적의 피해를 방지할 수 있으며 지질에 매몰될 우려가 적다. 예 굴·담치·멍게(우렁쉥이) 등 부착성 동물
바닥식	별도의 시설을 설치하지 않아도 되는 장점이 있다. 예 백합·바지락·피조개·고막·전복·해삼·소라 등 저서 동물

POINT 073 해조류 양식

말목식 (지주식)	수심 10m보다 얕은 바다에 말목을 박고 수평으로 김발을 4~5시간 햇빛에 노출되는 높이에 매달아 양식하는 방식이다. 예 김
흘림발식 (부류식)	최근 가장 많이 이용하는 방식으로 얕은 간석지 바닥에 뜸을 설치하고 거기에 밧줄로 고정 후 그물발을 설치하여 양식하는 방식이다. 예 김
밧줄식	수면 아래에 밧줄을 설치하여 해조류들이 밧줄(어미줄과 씨줄)에 붙어 양식할 수 있도록 하는 방식이다. 예 미역·다시마·톳·모자반

02 양식장의 환경 요인 및 특성

POINT 074 양식장 성격에 따른 환경 요인

물리적 요인	개방적 양식장	계절풍, 파도, 광선, 수온, 수색, 투명도, 지형, 저질 등
	폐쇄적 양식장	온도, 광선, 물의 순환 등
화학적 요인	개방적 양식장	염분, 영양염류, 용존산소, 수소이온농도(pH), 이산화탄소, 암모니아, 황화수소 등
	폐쇄적 양식장	유기물 산화 및 분해 과정에 소비되는 용존산소 공급과 여과 기능 구비가 중요
생물적 요인	개방적 양식장	생물 간의 상호 관계, 부유 생물, 저서 동물, 수생 식물, 세균 등
	폐쇄적 양식장	양식 생물, 미생물, 수초, 플랑크톤, 기생충, 병원성 세균 등

※ 폐쇄적 양식 중 못 양식의 경우 플랑크톤의 대량 번식에 의해 수질 악화 현상이 일어나기 쉬우므로 관리에 신경을 많이 써야 한다.

※ 수소이온농도(pH) : pH7 이하는 산성, pH7 이상은 알칼리성이다.

POINT 075 주요 환경 요인 ★

수온	• 양식 시 생물의 호적수온보다 약간 높은 온도에서 양식하는 것이 좋다. 적응범위 온도 이내라면 수온이 높을수록 성장이 빠르기 때문이다. • 온수성(잉어 · 뱀장어) : 25℃ 내외에서 성장이 빠르다. • 냉수성(송어 · 연어) : 15℃ 이상에서 성장이 빠르다.
염분	• 염분 변화에 강한 종(굴 · 담치 · 바지락 · 대합) : 조간대에 서식하는 종 • 염분 변화에 약한 종(전복) : 외양에서 서식하는 종 • 염분 조절이 가능한 종(연어 · 숭어 · 송어 · 은어 · 뱀장어) : 주로 회귀성 어류
영양염류	• 질산염(NO_3), 인산염(PO_4), 규산염(SiO_2)이 대표적으로, 광합성 작용에 필수적인 요소이다. • 해수에서 부족되기 쉬운 원소 : 질소 · 인 · <u>규산염</u> • 담수에서 부족되기 쉬운 원소 : 질소 · 인 · <u>칼륨</u>
용존산소	• 수온이 높아질수록 용존산소는 감소한다. • 염분이 증가할수록 용존산소는 감소한다. • 용존산소량은 공기와 접하는 면적이 넓을수록 증가한다. • 대기 중의 산소량에 비해 물속의 용존산소량은 1/30에 불과하여, 생물밀도가 높아졌을 때 양식에 큰 영향을 끼친다.
암모니아 ★	• NH_3 　- 이온화되지 않은 암모니아로써 해중생물에 유해한 영향을 미친다. 　- pH가 알칼리성일수록 이온화되지 않은 암모니아의 비율이 커진다. • NH_4^+ : 이온화된 암모니아(암모늄이온)는 아무런 해가 없다.
황화수소 (H_2S)	물의 흐름이 원활하지 않은 저수지 · 못 등 유기물질이 많은 저질을 검게 변화시키고 악취를 풍기게 한다.

03 수산종사 생산

※ 2016년부터 「수산업법」 개정으로 '종묘' 대신 '수산종자'로 용어가 변경되었습니다.

POINT 076 수산종자 생산 방식

자연 수산종자 생산	• 자연에서 치어나 치패 등을 수집하여 양식용 수산종자로 사용하는 방식이다. • 부착시기에 채묘기를 유생 최대밀도수층에 설치하여 일정 기간 후 채묘기에 부착된 치패를 선별하여 수산종자로 사용한다. 　- 방어 : 해조 밑에 모이는 습성을 이용하여 6~7월경 쓰시마 난류를 타고 북상하는 치어들을 채묘한다. 　- 뱀장어 : 바다에서 부화하여 해류를 따라 부유 생활을 하면서 유생기를 보내다가 이른 봄에 담수로 올라오는 것을 잡아 수산종자로 이용한다. 　- 숭어 : 담수와 해수가 만나는 염전 저수지나 양어장에서 치어를 채집하여 수산종자로 이용한다. 　- 참굴(고정식 · 부동식), 피조개(침설수하식), 바지락(완류식), 대합(완류식)

인공 수산종자 생산	• 환경에 영향을 받지 않고 시기를 조절하는 등 계획적인 양식이 가능하여 좋다. • 먹이생물배양 → 어미 확보 및 관리 → 채란 부화 → 자어(유생) 사육순 • 어류 초기 먹이 : 로티퍼, 아르테미아 • 패류 초기 먹이 : 케토세로스, 이소크리시스

📖 지식 IN 채묘 시설의 종류

고정식	수심이 얕은 간석지에 말목을 박고 채묘상을 만들어 설치
부동식	수심이 깊은 곳에서 뗏목이나 밧줄 시설을 이용
침설고정식	수심이 깊은 곳의 저층에 채묘기를 설치
침설수하식	수심이 비교적 얕은 곳의 저층에서 채묘
완류식	대나무나 나뭇가지를 이용하여, 해수의 흐름을 완만하게 조절해 주는 방법

📖 지식 IN 클로렐라 ★

• 녹조류 단세포 생물로 비타민·무기질 등이 풍부하여 체질 개선, 건강 증진에 좋고 로티퍼의 먹이로 사용된다.
• 클로렐라 추출물인 CGF가 어린이 성장 발육에 좋은 것으로 알려지면서 우유, 음료수, 라면, 피자, 크래커 등의 식품첨가물로 수요가 급증하는 추세다.

📖 지식 IN 수산종자

수산업에서 수산종자란 수산생물을 이식·방류하거나 또는 양식하는 데 필요한 어린 개체를 말하며, 김·미역 등의 해조류에서도 종묘를 채취하기는 하지만 대부분 수산동물에 많이 쓰인다.

04 사료

POINT 077 사료의 주요 성분 ★

단백질	• 양식 어류의 몸을 구성하는 기본 성분이다. • 고등어 · 전갱이 등 저가 어류 · 잡어 · 수산물 가공시의 부산물을 이용한 어분, 육분, 콩깻묵, 효모 등을 이용한다. • 콩깻묵 등 식물성 단백질은 '인'이 부족하므로 인산염을 첨가한다. • 사료 내 단백질 함량 　- 넙치 · 광어(50%) / 조피볼락 · 우럭(45%) / 틸라피아(40%) / 잉어(30~35%)
탄수화물 ★	• 양식 어류의 에너지원 역할을 한다. • 곡물류 가루 · 등겨 등이 사용된다.
지방 및 지방산	• 양식 어류의 에너지원과 생리 활성 역할을 한다. • 기름은 공기 중의 산소와 결합하여 유독하게 되므로 항산화제를 사료에 혼합하여 사용한다.
무기염류 및 비타민	대사 과정 촉매 역할을 한다.
점착제	• 사료가 물속에서 풀어지지 않게 해준다. • 물속에서 풀어진 사료는 세균 · 섬모충류가 번식하는 원인이 된다. • 예외적으로 뱀장어는 알갱이 사료를 잘 먹지 않아 분말사료를 반죽하여 준다.
항생제	질병 치료 목적으로 사용한다.
항산화제	지방산 · 비타민이 산화되는 것을 방지하기 위해 사용한다.
착색제	횟감의 질과 관상어의 색깔을 선명하게 하기 위해 사용한다. 예 크산토필, 아스타산틴 등
호르몬	성장 촉진, 조기 성 성숙 등의 역할을 한다.

POINT 078 크기에 따른 사료의 형태

미립자 사료	부유성 동물 플랑크톤 대체 사료로 사용된다.
가루	분말 형태의 사료이다.
플레이크	사료를 납작하게 만든 것으로 전복 사육에 많이 이용된다.
펠릿	사료를 압축하여 알갱이 형태로 만든 것이다.
크럼블	펠릿을 부순 형태의 사료이다.

POINT
079 사료 계수와 사료 효율

- 현재 시판되고 있는 배합사료의 사료 계수는 일반적으로 1.5이다.
- 어류의 1일 사료 공급량은 몸무게의 1~5%(보통 2~3%) 정도이나, 뱀장어·미꾸라지는 치어기에 몸무게의 10~20% 정도를 섭취한다.
- 송어·뱀장어·메기의 경우 : 1일 1회 포식하는 양의 70~80% 정도의 사료를 공급한다.
- 잉어·치어 : 잉어는 위가 존재하지 않기 때문에 여러번에 걸쳐 조금씩 공급한다.

사료 계수 ★	• 양식 동물의 무게를 1단위 증가시키는 데 필요한 사료의 무게 단위로, 사료를 먹고 성장한 정도를 비교하여 판단한다. • 사료 계수가 낮을수록 비용이 적게 들어간다. • 사료 계수 $= \dfrac{\text{사료공급량}}{\text{증육량(수확 시 중량 - 방양 시 중량)}}$
사료 효율	사료 효율 $= \dfrac{1}{\text{사료 계수}} \times 100 = \dfrac{\text{증육량}}{\text{사료공급량}} \times 100$

※ 100kg의 잉어에 1,000kg의 사료를 먹여 725kg으로 성장시켰을 때의 사료 계수와 사료 효율은?

∴ 사료 계수 = 1,000 / (725kg - 100kg) = 1.6

∴ 사료 효율 = 1 / 1.6 × 100 = 62.5%

05 질병

POINT
080 질병 요인 ★

산소량 변화	• 낮 : 식물성 플랑크톤과 수초의 광합성에 의하여 산소가 유입된다. • 밤 : 수초의 호흡으로 산소가 소비되어, 수초가 있는 물이 없는 물보다 산소 소비가 더 빠르다. ※ 산소가 부족하면 동물의 성장에 영향을 주고 질병에 걸릴 수 있으며 심할 경우 폐사할 수 있다.
기포병	• 지하수에는 질소가스가 많이 함유되어 있어 포기(에어레이션)를 하여 가스를 제거하지 않으면 어류의 몸에 방울이 생기는 기포병(가스병)이 발생한다. • 질소 포화도가 115~125%일 시 기포병이 발병하게 되며, 130% 이상 포화되면 치명적인 장애를 야기한다.
수온 변화	수온이 5℃ 이상 급변할 경우 어류에게 스트레스가 된다.
배설물	사료 찌꺼기·배설물 등이 분해되면서 암모니아(NH_3)·아질산(NO_2)이 생성되어 호흡곤란을 야기한다.
농약·중금속	중추신경마비, 골격 변형 등을 야기한다.
미생물(세균)	• 물곰팡이·백점충·포자충·아가미흡충·트리코디나충·닻벌레·허피스 바이러스·이리도 바이러스·랍도 바이러스 등이 대표적이다. • 모이를 잘 먹지 않고, 표면에 반점이 생기거나, 몸을 벽에 부비거나 움직임이 둔해지는 등의 증상을 보인다.

• 예방 및 치료
 - 허피스 바이러스·이리도 바이러스·랍도 바이러스 및 포자충은 살아 있는 세포에 기생하여 증식하므로 항생제 등 약물에 의한 치료가 불가능하므로 철저한 예방이 필요하다.
 - 백점충과 트리코디나충의 경우에는 포르말린을 물 1리터당 30mg의 비율로 녹여 살포함으로써 퇴치할 수 있다.
 - 아가미흡충·닻벌레는 0.3ppm 농도의 트리클로로폰을 2주일 간격으로 3회 살포하면 퇴치할 수 있다.

| 미생물(세균) | 트리코디나 | 포자충 | 해산어 백점충 | 스쿠티카충 |
| | 아가미 흡충 | 베네데니아충 | 클라벨라충 | 비바기나충 |

〈이미지 출처 : 고등학교 『수산일반』 교과서(교육과학기술부)〉

06 축양 및 운반

POINT 081 축양

• 살아 있는 수산 동물을 일시적으로 보관하는 것을 의미한다.
• 일시적인 보관으로 양식 목적이 아니기 때문에 먹이를 주지 않는다.

POINT 082 운반 ★

• 운반 전 2~3일 간 먹이 공급을 중단하고 얼음이나 냉각기를 통해 온도를 낮게 유지시켜 대사기능을 저하시켜야 한다. 온도를 10℃ 낮추면 대사량이 반 이하로 떨어진다.
• 운반 시 고밀도로 수용하게 되므로 산소를 보충시켜야 한다.
• 운반이 길어질 경우 여과 장치를 통해 오물을 제거해준다.
• 치어의 경우 봉지에 물을 반쯤 채우고 공업용 산소를 채운 뒤 눕혀서 운반한다.
• 다량의 잉어를 운반할 경우 2톤 용기에 1톤의 잉어를 수용하면 10시간 이상 운반 가능하다.
• 다량의 활어를 운반할 경우 산소 대신 블로어 펌프 또는 컴프레서를 가동시키기도 한다.
• 뱀장어 수산종자 운반시에는 트리카인(MS-222) 같은 마취제나 냉각을 통해 마취 후 운반한다.

07 주요 종의 양식 방법

어류 양식 ★

1. 넙치(광어)
- 몸이 평평하고 바닥쪽의 몸이 희며, 몸 왼쪽에 두 눈이 있다(가자미는 두 눈이 오른쪽에 있다).
- 양식 전 과정을 육상 수조에서 완전 양식이 가능하다.
- 성장 속도가 빠르고 활동성이 작아 사료 계수가 낮다.
- 남해 연안지역에서 활발한 양식이 이루어지고 있다.

2. 도미류
- 가두리식 양식법으로 주로 양식하고 있으며, 넙치와 마찬가지로 완전 양식이 가능하다.
- 2~4년에 500g 정도 자라는 데 그칠 정도로 성장이 느린편이다.
- 일본 남부 지방에서 생산된 참돔이 대량 수입되어 경쟁력이 약하다.
- 서식 수온 : 13~28℃이며, 3~6월 산란한다.
- 로티퍼 → 아르테미아 → 배합사료 → 까나리·정어리 + 습사료 상태의 배합사료로 양식한다.
- 새우, 가재 등의 생사료 이용과 카로티노이드계 천연색소를 먹이에 투여하여 색깔을 좋게 만든다.

3. 조피볼락(우럭)
- 우리나라 전 연안에 서식하나 서해안의 연안바위 근처에 특히 많이 서식하는 정착성 어종이다. 서해안·남해안에서 가두리 양식이 활발히 진행중이다.
- 알이 아닌 새끼를 낳는 난태생 어종으로 자어가 바로 산출되므로 수산종자 생산 기간이 짧고 대량으로 생산할 수 있다.

4. 방어
- 5~6월 쓰시마 난류를 따라 북상하여 남해안·동해안에서 서식하다가 가을에 수온이 하강하면 다시 동중국해로 남하하여 3~5월경 산란하는 회유성 어종이다.
- 1년 안에 4kg까지 성장하는 대형어류로 단기간 양성이 가능하여 수익성이 높다. 그러나 먹이를 많이 먹고 활동성이 강하여 사료비가 많이 들고, 환경변화에 민감하다. 최적 수온은 18~25℃이다.
- 6~7월경 모자반 등 떠다니는 부유물 밑에서 채포하여 수산종자로 사용한다.

5. 송어(무지개송어에 대한 설명) ★
- 대표적인 냉수성 어종으로 0~25℃에서 생존가능하며, 최적 부화 수온은 10℃, 최적 성장 수온은 15℃이다.
- 약 16일 지나면 눈이 생기고 약 31일이 지나면 부화한다.
- 자어기에는 난황을 먹으며 지내다가 난황을 모두 흡수하면 위로 부상하여 먹이를 찾는다. 부상기 초기에는 가루 사료 또는 크럼블 사료를 공급하다가 차츰 펠릿 사료를 공급한다.
- 계곡·하천 지형을 이용하여 유수식으로 양식한다.

6. 잉어

- 내수면 양식어종 중 가장 큰 비중을 차지하는 온수성 어종으로 양식어 중 가장 오랜 역사를 가지고 있다.
- 맑은 물보다는 호수 · 저수지 · 하천 등 흐린 물에서 잘 서식한다.
- 잡식성 어종으로 환경 적응력이 강하나, 7℃ 이하에서는 전혀 먹이 섭취를 하지 않는다.
- 5~6월 아침 수온이 18℃ 정도인 새벽에 산란을 하며, 4일 만에 부화하여 어린 물벼룩 · 로티퍼 등 작은 동물성 부유생물을 먹고 자란다.
- 지수식(정수식) 양식법으로도 양식이 이루어지나, 순환여과식의 내수면 양식으로 확대 전환하는 것이 바람직하다.

7. 뱀장어

- 바다에서 산란하고 담수에서 성장하는 회유성 어종으로, 내수면 양식어업에서 비중이 큰 편이다.
- 뱀장어의 유생을 렙토세팔루스(Leptocephalus)라고 하며, 하천으로 올라오는 실뱀장어를 채포하여 수산종자로 사용한다.
- 뱀장어 양식은 낮은 수온에서는 잘 먹지 않기 때문에 먹이 길들이기가 매우 중요하며, 좁은 수로나 못에 수용하고, 실지렁이, 어육 또는 배합사료로 양식하며, 점차 100% 배합 사료만을 반죽하여 공급한다. 해가 진 후 수온을 27℃ 전후로 유지한 뒤 30와트 전등을 켜 집어한 뒤 실지렁이로 먹이 길들이기를 한다(7일 정도면 약 70%가 길들여진다).
- 성장하면서 크기별로 선별하여 양성하고, 선별 하루 전 먹이 공급을 중지하고, 수온을 13℃ 정도로 내려 안정시켜야 한다.
- 습이식 배합사료를 사용하므로 수질 관리에 신경써야 한다. 수질 변화 발생 시 먹이를 잘 먹지 않고, 입 올림 및 대량 폐사가 발생한다. 물을 대량 환수하거나, 석회 및 탄산칼슘을 살포하여 저질을 개선하여야 한다.

8. 메기류

- 야행성 · 동물성 · 탐식성 어류로 고밀도 사육시 공식현상이 발생하므로 주의하여야 한다. 1칸(25m^2)당 5,000~7,000마리가 적당하다.
- 5월 중순~7월 중순사이 야간이나 새벽에 산란한다. 어미 1kg당 약 8,000개의 알을 산란하며, 약 3~5일 만에 부화한다.
- 사육 온도는 21~30℃이며, 10℃가 되면 사료를 공급한다. 사료는 20~30분 이내에 먹을 수 있는 만큼씩만 공급한다. 치어는 방양 직후 먹이를 공급한다.
- 개체 간 성장 차가 심하고, 수컷이 암컷보다 작다.

9. 틸라피아(역돔) ★

- 열대성 담수 어류종으로 아프리카가 원산지이다.
- 성장 속도가 빠르고 환경 변화에 잘 적응한다. 그러나 열대성 어종이기 때문에 수온이 20℃ 아래로 내려가면 비닐하우스나 보일러를 이용하여 보온하여야 한다.
- 자·치어기에는 동물성 먹이를 먹고, 성장함에 따라 식물성·잡식성으로 전환된다.
- 수온이 21℃ 이상 유지되면 30~60일 간격으로 2~3회씩 계속 산란하며, 암컷이 입 속에 수정 란을 넣고 부화시키는 점에서 다른 어종과 차이를 보인다. 양성중 계속 산란하는 번식력을 억 제하기 위하여 암수분리, 성전환, 테스토스테론 주입, 잡종 생산, 고밀도 사육 등의 방법이 이용되고 있다.
- 메기와 같이 공식현상이 나타나므로 먹이는 아침 일찍 공급하고, 조금씩 여러분에 걸쳐 공급 한다. $1m^2$당 200~250마리 정도 또는 물 1톤당 50kg 정도가 적당하다.

10. 새우류

- 과거 보리새우·대하가 우리나라의 주종이었으나, 2008년 이후 초기 성장이 빠르고 질병에 강한 흰다리새우가 90% 이상을 점유하고 있다.
- 보리새우는 여름철에 산란하고, 1년에 성체로 되며, 만 1~2년 만에 20cm 정도로 자라 수명이 끝난다. 대하와 달리 야간성으로 낮에는 모래 속에서 서식하다 밤에 활동한다.
- 대하는 암컷이 수컷보다 훨씬 큰 것이 특징으로 수컷은 평균 체장 12~13cm, 체중 30g 내외이 고 암컷은 평균 체장 16~18cm, 체중 50~70g에 달한다. 대하는 고수온기를 넘긴 9~10월 집 중 성장시키는 것이 좋다.
- 새우류의 유생단계 : 노플리우스(nauplius) → 조에아(zoea) → 미시스(mysis) → 후기 유생 (post-larva, 포스트라바) → 새끼 새우
- 유생기의 먹이 : 스켈레토네마(규조류), 아르테미아(새각류), 코페포다(요각류)
- 흰 다리 새우는 보리새우류와 비교했을 때, 초기 성장(0~20g)이 빠르고 질병 및 수송에 대한 내성이 강하다. 또한 배양이 쉽다.

※ 게의 유생단계
노플리우스(nauplius) → 조에아(zoea) → 메갈로파(megalopa) → 후기 유생 → 새끼 게

📖 지식 IN

넙치 **(광어)**	• 완전 양식 가능 • 장일 처리 • 성장속도 빠름 • 육상수조식 • 왼쪽 눈	• 수산종자 조절 가능 • 수온 조절 • 사료계수 낮음 • 광주기를 효과적으로 제어 가능
돔류	• 인공 수산종자 + 자연 수산종자 • 성장 느림 • 완전양식 가능 • 3~6월 산란 • 사료에 카로티노이드 천연색소 혼합 • 로티퍼 → 아르테미아 → 배합 → 생사료 + 배합사료	• 가두리 양식 • 5℃ 이하 위험 • 경쟁력 약함(일본에서 대량 수입) • 13~28℃

우럭 (조피볼락)	• 연안 정착성 • 난태생 • 수산종자 생산기간 짧음 • 대량 수산종자 생산 가능(자어를 산출하므로) • 가두리 양식	• 서해 • 완전 양식 가능
방어	• 회유성 어종(연안에 가깝게 회유) • 3~5월 산란 • 수산종자 채취 6~7월 모자반 밑 • 단기간 양성 • 18~25℃ • 먹이를 많이 먹고 활발하여 에너지 소비가 많음(사료비↑)	• 육식성 • 5~6월 우리나라로 북상 • 생사료 + 배합 • 수익성 높음 • 환경변화에 민감
송어 (무지개 송어) · 연어	• 냉수성 • 최적 성장 15℃ • 건식법으로 수정 • 동물성	• 일본에서 도입 • 최적 부화 10℃ • 31일이면 부화 • 긴 수로형 · 원형 수조에 유수식
잉어	• 양식어 중 가장 오랜 역사 • 온수성 • 잡식성 • 성장 15℃ 이상 • 7℃ 이하에선 먹이를 먹지 않음 • 침성 점착란 산란	• 내수면 양식 중 가장 큰 비중 • 맑은 물보다 흐린 물에서 잘 자람 • 환경적응력↑ • 최적 24~28℃(25℃ 내외) • 5~6월 새벽 산란 • 4일만에 부화
뱀장어	• 내수면어업에서 중요한 비중 • 자연 수산종자에만 의존 • 성장하면서 크기 차이가 심함 • 석회 · 탄산칼슘 등으로 저질 개선	• 담수에서 성장 · 해수에서 산란 • 수질변화에 주의 • 선별 하루 전 급이 중지
메기	• 5~7월 새벽 산란 • 개체 간 성장차 큼 • 고밀도 사육시 공식현상	• 침성점착란(점착성은 약함) • 암컷이 수컷보다 큼 • 1칸(25m²)당 5천~7천 마리가 적당
틸라피아 ★ (역돔)	• 열대성 담수어류 • 어릴땐 동물성 • 21℃ 이상에서 계속 산란 • 20℃ 이하에서 보일러 필요 • 번식력 억제를 위해 고밀도 사육 또는 테스토스테론 주입(성전환)	• 식물성 · 잡식성 • 환경변화에 저항성↑ • 수정란은 암컷이 입 속에 넣어 부화 • 먹이는 아침 일찍

📖 개념 IN 어류의 회유

• 색이회유 : 원양성 어류가 먹이를 찾아 대규모로 이동하는 회유 예 다랑어류, 새치류
• 연안성회유 : 연안에서 이동을 하는 회유 예 정어리, 전갱이, 고등어, 방어
• 산란회유 : 산란을 하기 위해 이동하는 회유
　– 소하회유 : 산란(강) → 성장(바다) → 산란(강) 예 연어, 송어
　– 강하회유 : 산란(바다) → 성장(강) → 산란(바다) 예 뱀장어

부착 및 저서 동물 양식

1. 굴
- 우리나라 전 연안에 분포하며 패류 양식 대상 중 가장 많이 양식되어 생산량이 가장 많다.
- 국내 소비에 그치지 않고 해외로 수출될 정도로 시장성이 뛰어나다.
- 여름철 수온 20℃에서 산란을 시작하여 25℃ 내외에서 가장 활발하다.
- 알 → 담륜자(trochophore) 유생 → D형 유생 → 각정기 → 부착 치패
- 양식용 종묘는 수심 2m 이내의 부착 유생이 많이 모이는 곳에 굴 채묘연을 수하하여 자연 채묘한다.
- 6~7월 전기 채묘한 치패 : 2~3주일 후 단련과정 없이 바로 양성장으로 옮겨 종묘로 사용한다.
  8~9월 후기 채묘한 종묘 : 4~5시간 조간대에 노출시켜 단련 후 양성한다.
- 인공 종묘 생산한 치패가 자연산보다 균등하게 성장하여, 자연산보다 인공산 치패를 더 선호한다.
- 글리코겐이 다량 함유되어 있어 환자의 회복식·보양식으로 많이 선호된다.

2. 담치류
- 우리나라는 참담치(홍합)와 진주담치가 많이 생산되고 있다.
- 진주담치는 굴 수하연이나 양식 시설물에 부착생활을 하여 해적 생물로 취급되기도 하였으나, 현재는 중요 양식 대상종으로 각광받고 있다.
- 진주담치는 한류성 어종이지만, 번식력이 강해 파도가 적은 전 연안의 내만에 10m 간조선을 중심으로 분포하고 있다.
- 알 → 담륜자(trochophore) 유생 → D형 유생 → 각정기 → 부착 치패
- 굴과 마찬가지로 수하연에 매달아 말목 부착식이나 수하식으로 1년여 양성 후 수확한다.

3. 전복류 ★
- 한류성 : 참전복 / 난류성 : 오분자기·말전복·시볼트전복·까막전복
- 산업적 가치가 있는 종은 참전복과 까막전복
- 약용으로 고가에 거래되며, 전복 조가비는 공예품 원료로 사용된다(칠기).
- 외양성으로 파도의 영향을 많이 받는 암초지대에 서식하며, 미역과 다시마를 주로 섭식한다.
- 참전복은 초여름(5~6월)·초가을(9~10월) 약 20℃ 수온에서 두 번 집중 산란하고, 한 번 산란 시 20~80만 개의 알을 산란한다.
- 알 → 담륜자 유생 → 피면자 → 저서 포복 생활
- 양식 방법
  - 연안 방류
  - 연승 수하식
  - 가두리식
  - 육상 수조식

📖 지식 IN **전복의 산란유발 자극방법** ★

수온자극	• 성숙한 모패를 평상시 사육 수온보다 3~5℃ 높은 수온으로 유지 또는 수온 상승 및 하강의 반복자극으로 산란을 유발한다. • 산란유발 효과는 높지 않다는 단점이 있다.
간출자극	• 음지에서 공기 중 노출로서 기온 26℃에서 50~60분 노출을 통해 산란을 유발한다. • 가장 효과적이며 많이 사용되고 있다.
자외선조사해수 자극	• 산란량의 증가, 생식소 방출지속시간의 단축, 산란유발 반응시간의 단축, 사용해수의 살균 등 효과가 있다. • 가장 효과적이며 많이 사용되고 있다.

〈출처 : 전복양식 표준 지침서(국립수산과학원 양식창업기술지원센터)〉

4. 가리비류 ★

• 수정란 → 담륜자 유생 → D형 유생 → 각정기 → 부착치패(약40일 후) → 족사로 부착하여 주연각(spat shell)을 생성한다.

• 귀매달기 · 다층 채롱을 이용하여 양성 후 2년 뒤 수확한다.

참가리비	• 한류계로서 수심 10~50m 정도의 동해안에만 서식하나, 각장이 20cm에 이르는 가장 큰 종에 해당한다. • 자갈이나 패각질이 많고 미립질이 30% 이하인 곳에서 서식한다. • 최적수온은 12℃이다.
비단가리비	• 각장이 7.5cm 정도로 소형이나 우리나라 전 연안의 조간대 아래부터 10m까지에 분포하고, 색깔이 아름답다. • 암반이나 자갈 지역에 족사로 부착하여 서식한다.

5. 바지락

• 우리나라 서남 해안의 파도가 적고 2~3시간의 간출시간 및 3~4m 수심 지역에 많이 서식한다.

• 육수의 영향을 많이 받는 곳에 잘 서식한다.

• 21~23℃에서 수정하고, 가을~3월까지는 성장이 느리나, 4월부터 성장이 빨라져, 1년 후 2.7cm까지 성장한다.

• 국내 소비는 물론 일본으로도 많이 수출되고 있다.

6. 대합

• 바지락과 마찬가지로 서남 해안의 파도가 적고 2~3시간의 간출시간 및 3~4m 수심 지역에 많이 서식한다.

• 5~10월 중순 사이의 22~27℃에서 산란 → D형 유생 → 피면자 유생 → 성숙 유생

• 성숙 유생이 되면 면반이 퇴화하고 발이 발달하여 저서 생활을 한다.

• 4년 후 최대 5.6~6.0cm까지 성장한다.

• 1970년대 이후 대량폐사가 발생하면서 어장이 황폐화된 후 회복되지 못하고 있다.

7. 꼬막류

- 산업적 가치가 있는 종으로는 꼬막·새꼬막·피조개가 대표적이다.
- 피조개는 일본에 많이 수출되고 있다.

꼬막	• 남해안과 서해안의 조간대의 연한 개흙질에 많이 분포하는 천해종이다. • 서식 수온은 5~35℃로 범위가 넓다. • 방사륵 수가 17~18개로 가장 소형에 해당한다.
새꼬막	• 파도의 영향을 적게 받는 남해안과 서해안의 내만이나 섬 안쪽 저조선에서 10m(주로 1~5m) 이내 사니질에 많이 서식한다. • 방사륵 수는 29~32개이다.
피조개	• 남해안과 동해안의 내만에 분포하며, 꼬막류 중 가장 깊은 곳까지 서식한다. • 육질이 붉고 연하며, 방사륵 수는 42~43개로 꼬막류 중 가장 많다. • 1~2cm의 치패를 1ha당 40만 마리를 기준으로 살포하여 1~2년 후 수확한다.

8. 멍게(우렁쉥이)

- 멍게의 가장 큰 특징은 암수 한몸의 형태로 알과 정자를 방출하여 다른 개체의 알과 정자에 의해 수정된다는 점이다.
- 산란시기는 7~14℃의 겨울철이며 20만~30만 개의 알을 산란한다.
- 남해안과 동해안 외양의 바위나 돌에 서식하는 척색동물이다.
- 수정란 → 2세 포기 → 올챙이형 유생(척색 발생) → 척색 소실 → 부착기 유생 → 입·출수공 생성
- 타우린 성분이 있어 노화 방지에 좋다.
- 신티올 성분이 있어 해독 작용에 좋다.
- 바나듐 성분이 있어 인슐린 분비를 촉진하여 당뇨병에 좋다.
- 글리코겐 성분이 있어 심장강화·감기 기침·천식에 좋다.
- EPA·DHA 성분이 있어 생리 효과에 좋다.

085 해조류 양식

1. 김 ★

- 온대에서 한대까지 조간대 지역에서 폭넓게 서식한다.
- 염분 및 노출에 대한 적응력이 강하다.
- 중성포자에 의한 영양 번식하므로 여러번에 걸친 채취가 가능하다.
- 온대 지역에서는 겨울에만 엽상체로 번식하고, 한대 지역에서는 연중 엽상체로 번식한다.
- 콘코셀리스 사상체(15℃ 이상의 봄 · 여름) → 각포자 방출(가을) → 어린 유엽(가을) → 수온이 15℃ 이하로 내려가기 전까지는 유엽에서 중성포자가 나와 다시 어린 유엽으로 번식을 되풀이 → 15℃ 이하로 내려가면 김으로 급속히 성장

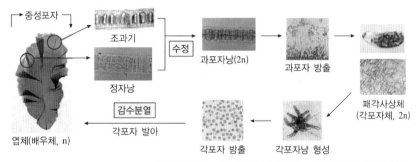

〈이미지 출처 : 고등학교 『수산일반』 교과서(교육과학기술부)〉

2. 다시마

- 일본 북해도를 중심으로 북위 36°를 남방한계로 하여 북반구 북부에 분포한다.
- 1967년 북해도에서 우리나라로 이식 후 정착시켜 현재 전남 완도와 부산 기장에서 가장 많이 양식하고 있다.
- 미역과 달리 여름에도 낮은 수온에서만 배양할 수 있기 때문에 여름 실내 배양 시설의 수온이 24℃를 넘지 않도록 관리하여야 한다.
- 보통 조류 소통이 좋고 영양염류가 풍부한 5~10m 이상 되는 수심에서 어미줄 1m당 20~30kg의 다시마를 수확할 수 있다.
- 포자체(다시마) → 유주자낭 → 유주자 → 암배우체 + 수배우체 → 아포체(어린 엽체) → 포자체(다시마)

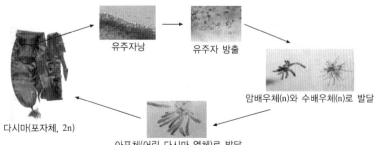

〈이미지 출처 : 고등학교 『수산일반』 교과서(교육과학기술부)〉

3. 미역

- 우리나라 전 해역에 분포하며 1년생이다.
  - 수온 15℃ 이하의 늦가을~이른 봄까지 성장하고 여름까지 성장한 뒤 유주자를 방출하고 모체는 녹아 버린다.
  - 배우체는 23℃까지 생장하지만 수온이 그 이상이면 휴면상태에 들어갔다가, 20℃ 이하의 가을철에 성숙이 진행되어 아포체로 성장한다.
- 암수 배우체에서 알과 정자가 나와 수정하여 아포체(어린 엽체)가 된 후 겨울철 엽상체로 급속히 자라면 수확한다.
- 15℃ 이하의 기간이 짧은 곳에서는 한 번에 수확하고, 15℃ 이하의 기간이 긴 곳에서는 개체간 생장 차이가 있으므로 먼저 자란 순으로 수확하도록 한다.
- 포자체(미역) → 유주자낭 → 유주자 → 암배우체+수배우체 → 아포체(어린 엽체) → 포자체(미역)

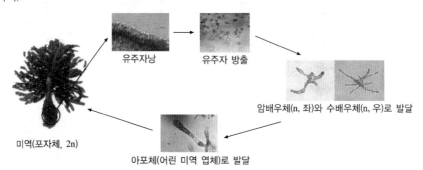

미역(포자체, 2n)

유주자낭

유주자 방출

암배우체(n, 좌)와 수배우체(n, 우)로 발달

아포체(어린 미역 엽체)로 발달

〈이미지 출처 : 고등학교 『수산일반』 교과서(교육과학기술부)〉

📖 지식 IN **어패류별 제철 시기**

봄	참돔, 삼치, 청어, 가자미
여름	참치, 송어, 장어, 전복, 멍게
가을	갈치, 꽁치, 고등어, 전갱이, 전어
겨울	방어, 대구, 복어, 굴, 해삼

📖 지식 IN **수산식물의 분류**

녹조식물	파래류, 청각
갈조식물	미역, 감태, 곰피, 다시마, 모자반, 톳
홍조식물	김, 우뭇가사리, 풀가사리, 꼬시래기, 진두발

01 틸라피아 양식 시 높은 번식력을 억제하기 위해 이용되는 방법으로 옳지 <u>않은</u> 것은?

[2011 기출]

① 잡종 생산   ② 성전환 처리
③ 저밀도 사육   ④ 암·수 분리 사육

[해설]
양성 중 계속 산란하는 번식력을 억제하기 위하여 암수 분리·성전환·테스토스테론 주입·잡종 생산·고밀도 사육
등의 방법이 이용되고 있다.

[정답] ③

02 양식장에서 총 500kg의 넙치에 10,000kg의 배합사료를 먹여 8,500kg으로 성장시켰다면 사료
계수는?(단, 사료공급량은 건물 기준임)

[2011 기출]

① 0.80   ② 0.90
③ 1.11   ④ 1.25

[해설]

$$사료 \ 계수 = \frac{사료공급량}{증육량(수확 \ 시 \ 중량 - 방양 \ 시 \ 중량)} = \frac{10,000}{8,500 - 500} = 1.25$$

[정답] ④

03 어류양식장의 수질 환경 요인 중 암모니아에 대한 설명으로 옳지 <u>않은</u> 것은?

[2010 기출]

① 양식 어류의 물질대사 산물이다.
② 사육밀도가 높아지면 암모니아의 축적농도도 증가한다.
③ pH가 낮을수록 암모니아의 독성이 강해진다.
④ 이온화된 암모니아는 암모늄염의 형태가 되어 해가 없다.

[해설]
pH가 알칼리성일수록 이온화되지 않은 암모니아의 비율이 커진다.

[정답] ③

CHAPTER

06 수산 가공 및 식품 위생

KEY POINT
- 어패류의 특성, 사후변화
- 저온 저장법
- 수산물 가공(건제품 가공)

01 수산 식품 원료

POINT 086 어패류의 특성 ★

- 어패류는 어획량이 매년 변동하고 어종별 구성도 매년 달라지는 불안정성 때문에 수산물 가공의 계획적인 운영에 어려움을 준다.
- 농·축산물과 달리 다종다양하다.
- 어패류는 육상동물보다 사후 효소 활성이 높고 EPA·DHA 등 고도 불포화 지방산의 비율이 높아 산화로 인한 부패 및 변질이 쉽다.
- 어패류의 붉은살은 지방 함량이 많고, 흰살은 지방 함량이 적다. 그래서 혈합육은 보통육에 비해 선도 저하가 빠르다. 그러나 단백질 함량에는 큰 차이가 없다.
- 혈합육에는 타우린 및 무기질 함량이 보통육보다 많다.
- 패류는 어육에 비해 탄수화물(글리코겐)이 많이 함유되어 있다.
- 어패류의 일반 성분 함량은 수분이 70~85%, 단백질이 5~25%, 지방이 1~10%, 탄수화물이 0~8% 정도이다.

POINT 087 어패류 및 해조류의 주요 성분 ★

어패류	수분	어패류는 수분 함량이 70~85%로, 축육보다 많다.
	지방	• 불포화 지방산이 많아 육상동물에 비해 산화되기 쉽다. • 산란 전의 어체에는 지방질이 많아 맛이 좋다. • 주로 피하, 근육, 복강 등에 지방을 축적하는 붉은살 생선(고등어·정어리·꽁치)은 간장에 지방을 축적하는 상어·대구에 비해 지방 함량이 많다. • 넙치·가자미·돔은 지방 함량이 적다.

어패류	단백질	• 어패류에 가장 많이 함유되어 있는 영양소는 단백질이다. • 붉은살 생선이 흰살 생선보다 함유량이 많다. • 필수 아미노산이 다량 함유되어 있어 영양 가치가 크다. • 콜라겐이 축육보다 적어 조직이 연하고 선도가 빨리 저하된다.
	탄수화물	• 글리코겐의 형태로 함유되어 있다. • 어류보다 굴 · 조개 등 패류에 많이 함유되어 있다.
	색소	헤모글로빈에는 철(Fe), 헤모시아닌에는 구리(Cu)가 함유되어 있다.
	냄새	선도가 떨어지면 암모니아 · 트리메틸아민 · 메틸메르캅탄 · 인돌 · 스카톨 등에 의해 악취가 풍긴다. 특히 상어, 가오리, 홍어 등 연골어의 근육에는 트리메틸아민옥사이드(TMAO) 함유량이 많아 일반 어류보다 악취가 심하게 난다.
	엑스 성분★	• 단백질 · 지방 등을 제외하고 분자량이 적은 수용성 물질을 엑스 성분이라 한다. • 무척추동물이 척추동물보다 함유량이 많다. 특히 조개류에는 숙신산이 많이 함유되어 있고, 연체동물 및 갑각류에는 베타인이 많이 함유되어 있다.
해조류		해조류의 주요 성분은 탄수화물과 무기질이다. ← 어류는 단백질과 지방 • 한천 : 홍조류인 우뭇가사리 · 꼬시래기에 함유된 탄수화물을 추출한 것으로 양과자 제조 · 의약품에 사용한다. • 카라기난 : 홍조류인 진두발에서 추출하여 젤리 제조에 사용한다. • 알긴산 : 갈조류인 감태에서 추출하여 아이스크림 제조에 사용한다. • 요오드 : 갑상선호르몬의 원료이며 갑상선 장애를 방지한다. 또한 신진대사를 높이는 데 도움이 된다. • 타우린 : 김에는 타우린이 들어 있어 항혈전, 항콜레스테롤 등의 작용을 한다.

📖 지식IN 혈압육과 보통육

혈합육(적색육)	보통육(백색육)
적색육은 피하 조직에 많다.	백색육은 간장 · 내장에 많다.
붉은살 어류에 많다.	흰살 어류에 많다.
불포화 중성 지질이 많다.	불포화 중성 지질이 적다.
고등어, 꽁치, 정어리	대구, 명태, 조기, 돔
회유성 어류(광역해역 이동)	정착성 어류

POINT 088 어패류의 사후변화 ★

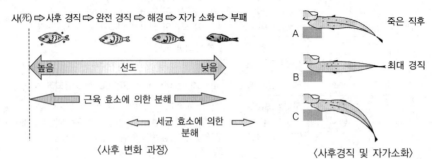

〈사후 변화 과정〉 〈사후경직 및 자가소화〉

〈이미지 출처 : 고등학교 『수산일반』 교과서(교육과학기술부)〉

사후 경직	고생사 한 경우보다 즉사한 경우에 사후경직이 늦게 발생하고 지속 시간이 길다.
해경	사후경직에 의해 수축되었던 근육이 풀어지는 현상을 말한다.
자가 소화	단백질·지방·글리코겐 등 근육의 주성분이 효소의 작용으로 분해되면서 근육 조직에 변화가 일어나는 상태를 말한다. 자가소화 후 최종적으로 아미노산이 생성되며, 적색육 어류가 백색육 어류보다 자가소화가 빠르다.
부패	트리메틸아민(TMA)·암모니아·황화수소 등이 발생하여 악취가 난다.

📖 지식 IN **TMA(트리메틸아민)**
• 어류의 선도를 판정하는 지표로 사용되며, 신선한 어육에는 거의 존재하지 않는다.
• 생선 비린내의 주원인이 된다.

POINT 089 저온 저장법 ★

냉각 저장법	빙장법	• 얼음의 융해 잠열을 이용하여 어체의 온도를 낮추는 방법이다. – 담수빙은 0℃, 해수빙은 -2℃에서 융해된다. • 어획 직후의 연안성 어류의 선도 유지에 많이 이용된다.
	칠드	-5℃~5℃ 사이의 냉장점과 어는점 부근의 온도에서 식품을 저장하는 방법이다.
	냉각해수 저장법	-1℃ 정도로 냉각된 해수에 침지시켜 저장하는 방법이다.
동결 저장법	동결 저장법	• 급속 동결 후 -18℃ 이하에서 장기간 저장하는 방법이다. • 6개월에서 1년 정도 장기간 저장이 가능하다.

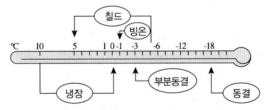

〈이미지 출처 : 고등학교 『수산일반』 교과서(교육과학기술부)〉

02 수산 가공품

수산물의 가공 처리 방법

종류	명칭	처리 방법
어체 ★	라운드(Round)	머리와 내장이 모두 붙은 형태로 가공
	세미 드레스(Semi Dress)	아가미와 내장을 제거하여 가공
	드레스(Dress)	머리 · 아가미 · 내장을 제거하여 가공
	팬 드레스(Pan Dress)	머리 · 아가미 · 내장 · 지느러미 · 꼬리를 제거하여 가공
어육	필렛(Fillet)	드레스한 뒤 3장 뜨기 하여 가공
	청크(Chunk)	드레스한 뒤 뼈를 제거하고 통째로 썰어 가공
	스테이크(Steak)	필렛을 약 2cm 두께로 잘라 가공
	다이스(Dice)	육편을 2~3cm 각으로 잘라 가공
	초프(Chop)	채육기에 넣고 발라내어 가공

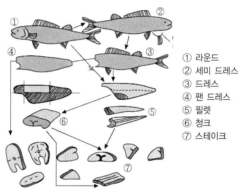

① 라운드
② 세미 드레스
③ 드레스
④ 팬 드레스
⑤ 필렛
⑥ 청크
⑦ 스테이크

〈이미지 출처 : 고등학교 『수산일반』 교과서(교육과학기술부)〉

📖 지식 IN **어체 처리에 대한 기본처리 방법** ★

사후 경직 시작 시간의 연장을 위한 신속한 처리, 미생물의 발육 번식을 억제하기 위한 빙장, 냉장, 냉동의 저온 보관, 어체 표면의 손상방지와 세균 제거를 위한 정결한 취급

POINT 091 자연 냉동법

융해잠열 이용	얼음이 0℃에서 녹을 때 발생되는 1kg당 79.68kcal의 융해 잠열을 이용하는 방법으로 빙장법이라고도 한다.
증발잠열 이용	액화 질소(-196℃)가 증발할 때 발생되는 1kg당 48kcal의 증발 잠열을 이용하는 방법과 액화 천연 가스(-160℃)가 증발할 때 발생되는 1kg당 118kcal의 증발 잠열을 이용하는 방법이 있다.
승화잠열 이용	드라이아이스(-78.5℃)가 승화할 때 발생되는 1kg당 137kcal의 승화 잠열을 이용하는 방법이다.
기한제 이용	눈·얼음·염류·산류의 혼합제인 기한제가 녹을 때 발생하는 융해잠열을 이용하는 방법이다.

POINT 092 수산물 동결방법

• 암모니아나 프레온 등의 냉매가 증발할 때 발생하는 증발잠열을 이용하는 기계냉동업이 오늘날 많이 사용되고 있다.

동결 방법	• 반송풍 동결(semi-air blast) • 송풍 동결(air blast) 예 일반 어류 • 브라인 동결(brine) • 접촉식 동결 예 냉동고기풀 • 액화가스 동결 예 초급속 동결
동결 곡선	• 동결은 식품의 표면에서 중심으로 향한다. • 최대 빙결정 생성대에서는 수분의 80%가 빙결정으로 전환되므로 급속 동결로 최대한 빨리 통과시켜야 한다. • 품질 저하를 최소로 하기 위해 　- 최대 빙결정 생성대를 빨리 통과시키는 급속 동결로 세포 내외에 소립 다수의 빙결정이 생기도록 해야 한다. 　- -18℃ 이하에서 짧게 보관한다. 　- 온도의 상하 변동이 적어야 한다.	 〈이미지 출처 : 고등학교 『수산일반』 교과서(교육과학기술부)〉

📖 저식 IN **급속 동결과 완만 동결의 특징**

최대 빙결정 생성대를 통과할 때 소요되는 시간이 짧으면 급속 동결, 길면 완만 동결이라 한다.

동결 속도	특징
급속 동결	• 결정의 크기가 작으며, 결정의 수가 많다. • 품질의 변화가 적다. • 대부분의 수산물을 동결할 때 이용한다.
완만 동결	• 결정의 크기가 크며, 결정의 수가 적다. • 품질의 변화가 많다.

POINT 093 | 해동

- 해동 시 품질에 영향을 주는 요인으로는 해동 전의 품질, 해동 온도, 해동 속도, 해동 방법 등이 있다.
- 동결 저장 중의 단백질 변성이 적어야 하며, 이를 위해서는 충분한 수화(水和)가 일어나야 한다.
  ※ 수화 : 수분이 세포 내의 단백질과 재결합하는 현상
- 동결 시와 마찬가지로 최대 빙결정 융해대(-5℃~동결점 사이)에서는 급속 해동을 하여야 한다.
- 해동 속도보다는 해동 온도가 품질에 더 큰 영향을 미친다.
  - 해동 온도는 가능한 낮게 유지하되, 해동 온도에 도달시 단시간 내에 처리하여야 한다.

POINT 094 | 건제품 가공 ★

- 수분이 40% 이하로 내려가면 식품은 거의 부패가 발생하지 않는다.
- 일반 세균의 발육 최저 수분활성도(Aw)는 0.90, 곰팡이는 0.80, 내삼투압성 효모는 0.61로 상당히 낮은 Aw에서도 발육하므로, 건제품의 가공 및 저장시에 그에 따른 적절한 수분활성도를 유지할 수 있도록 해야 한다.

건조 방법	• 천일 건조법 • 열풍 건조법 • 냉풍 건조법 • 분무 건조법 • 자연 동건법 • 배건법 • 진공 동결 건조법(비용이 가장 많이 든다)
종류	• 소건품 : 원료를 그대로 또는 간단히 처리한 후에 건조시킨 것 　예 오징어, 한치, 김, 미역, 다시마 • 훈건품 : 목재를 불완전 연소시키면서 건조시킨 것 　예 조미 오징어, 연어, 굴 • 자건품 : 원료를 삶은 후 건조시킨 것 　예 멸치, 해삼, 전복, 새우 • 염건품 : 원료를 소금에 절인 후에 건조시킨 것 　예 굴비, 꽁치, 대구, 옥돔, 정어리, 고등어, 전갱이 • 동건품 : 천일 또는 동결 장치로 원료를 동결시킨 후 융해시키는 작업을 몇 번 반복하여 건조시킨 것 　예 한천, 황태, 과메기 • 자배건품 : 원료를 자숙·배건·일건시킨 제품으로 제조 공정에 곰팡이가 이용되므로 발효 식품이라고도 함 　예 고등어, 정어리, 가다랑어

POINT 095 염장품 가공

- 염장품은 식염에 의한 삼투압적 탈수 작용을 그 원리로 한다.
  - 고농도의 식염수가 어체에 작용할 때 어체 내 수분은 외부로 이동하고, 동시에 식염은 어체 내로 침투함으로서 수분 활성도가 감소하기 때문에 저장성이 증가하게 된다.
- 식염 농도 15% 이상에서는 세균의 발육이 억제되어 저장성이 증가하지만, 식염 농도 20% 이하에서는 결국 부패하게 된다.

마른간법	소금을 어체 무게의 20~35% 정도 직접 뿌려 염장하는 방법	• 염장 설비가 필요 없다. • 식염 침투가 빠르다. • 식염 침투가 불균일하다. • 공기 중에 노출되므로 지방 산화가 용이하다.
물간법	식염수에 침지하여 염장하는 방법	• 식염 침투가 균일하나 침투속도는 느리다. • 외관, 풍미, 수율이 좋다. • 염장중에 자주 교반해야 한다. • 염장 초기 부패 가능성이 있다.
개량 물간법	마른간하여 재우고 맨 위에 누름돌을 얹어 가압하는 방법	• 마른간법과 물간법을 혼합한다. • 외관과 수율이 좋다. • 식염의 침투가 균일하다. <이미지 출처 : 고등학교 『수산일반』 교과서(교육과학기술부)>

📖 지식 IN **어교**

수산물을 이용해서 만든 접착제를 의미한다. 어류의 껍질, 뼈, 내장막 및 결체 조직을 원료로 해서 만듦. 대표적으로 껍질을 이용해 만든 피교(양·질로 우수함)나 한국 전통으로 민어의 부레만을 이용해서 만든 부레풀이 있다.

POINT 096 훈제품 가공

• 조리 → 염지 → 염제거 → 탈수 → 훈건의 순서를 거쳐 가공한다.
• 목재를 불완전 연소시켜 발생되는 알데히드류 · 페놀류는 살균과 항산화성을 부여해준다.

냉훈법	• 저온(10~30℃)에서 1~3주간 훈연하여 근육 단백질이 응고되지 않도록 하여야 한다. • 수분은 30~35% 정도로 단단한 편이다. • 1개월 이상 장기 보존이 가능하나 풍미는 온훈법에 미치지 못한다.
온훈법	• 장기 보존보다는 풍미 부여를 목적으로 한다. • 고온(30~80℃)에서 3~8시간 정도의 단시간 훈연 후, 저온 저장한다. • 염분 5% 이하 · 수분 50% 전후의 연한 제품이 된다.
액훈법	식품에 훈연액을 직접 첨가하는 방법이다.

POINT 097 연제품

• 어육에 소량의 소금(2~3%)을 넣고 고기갈이 하여 점질성의 졸(sol)을 만든 후 가열하여 탄력 있는 겔(gel) 상태로 만드는 방법이다.
• 어종이나 어체의 크기에 관계없이 원료의 사용 범위가 넓고, 맛의 조절 및 다양한 배합이 가능하다.
• 연제품의 탄력성을 강화하기 위해 액토미오신을 첨가하기도 한다.

동결 수리미	• 1960년대 일본에서 북양 명태 자원의 고도 이용을 위해 개발한 것으로 냉동고기풀이라고도 한다. • 연제품의 원료로 대부분 동결 수리미가 사용되고 있다. • -18℃ 이하에서 장기 저장과 일괄 처리가 가능하다.
어묵	• 배합 소재의 종류와 제조 방법이 다양하고, 성형이 자유롭다. • 고기갈이 후 가열하여 겔화시킨 후 다시 냉각의 과정을 거친다.

📖 **지식 IN** 가열 방법에 따른 어묵의 분류

가열 방법	가열 온도(℃)	가열 매체	제품 종류
증자법	80~90	수증기	판붙이 어묵, 찐 어묵
탕자법	80~95	물	마 어묵, 어육 소시지
배소법	100~180	공기	구운 어묵(부들 어묵)
튀김법	170~200	식용유	튀김 어묵, 어단

POINT 098 통조림과 레토르트

통조림	• 1804년 프랑스의 아페르가 병조림 형태의 통조림을 발명하였다. • 오늘날의 통조림 형태는 1810년 영국의 피터 듀란드에 의해 개발되었다. • 우리나라의 통조림 제조는 1892년 전남 완도에 통조림 공장이 건설되면서 시작되었다. • 공관에 식품을 넣고 탈기하고 밀봉한 후에 가열·살균하여 장기 저장이 가능하도록 한 식품을 말한다.
레토르트	• 통조림 및 병조림 용기를 대신하여 고온·고압에 견디는 알루미늄 호일이 내재된 파우치 필름 및 성형 용기에 내용물을 넣어서 진공 포장한 뒤 레토르트로 살균 처리한 식품을 말한다. • 가볍고 위생적이며, 휴대하기 편하고 조리가 용이하며, 전자레인지에서도 사용 가능하다. • 카레·스프가 대표적이다.

POINT 099 통조림 제조 과정 ★

• 원료 → 조리(전처리) → 세척 → 살 쟁임 → 액 주입 → 칭량 → 탈기 → 밀봉 → 살균 → 냉각 → 검사 → 포장

탈기	• 밀봉하기 전 용기 안의 공기를 제거하는 작업으로 가열 탈기법·기계적 탈기법(진공 시머)·증기 분사법·가스 취입법이 있다. • 가스 취입법은 이산화탄소 또는 질소 가스를 사용하여 밀봉한다. 예 맥주
밀봉	공기 및 미생물의 침입을 막기 위해 시머(이중 밀봉기)로 관의 몸통과 뚜껑을 봉하는 작업으로, 가장 중요한 제조 공정에 해당한다.
살균	• 밀봉 후 살균 과정을 진행함에 유의하여야 한다. • 가열 살균법이 가장 효과적이고 실용적이다. • 일반적으로 100℃ 이상에서 고온살균하나, pH가 4.5 이하인 산성식품은 클로스트리듐 보툴리눔 균이 발육할 가능성이 낮기 때문에 100℃ 이하의 저온살균을 한다.
냉각	살균 후 40℃까지 빨리 냉각(급랭)함으로써 품질 변화 현상(호열성 세균 발육, 내용물 연화, 황화수소 발생, 스트루바이트 생성)을 방지하기 위한 작업이다.

※ 레토르트 제조 과정

  원료 파우치 충전 → 탈기 → 필름 열융착 → 레토르트로 가열·살균 → 냉각

📖 **지식 IN** 통조림의 외관 표시

• 굴(OY)·고등어(MK)·꽁치(MP)·가다랑어(TS)·바지락(SN)·골뱅이(BT)
• 보일드 통조림(BL)·조미 통조림(FD)·기름담금 통조림(OL)·훈제기름담금 통조림(SO)
• 큰 크기(L)·중간크기(M)·작은 크기(S)
• 7N21(2007년 11월 21일)
  1~9월은 숫자로, 10~12월은 O·N·D로 표시

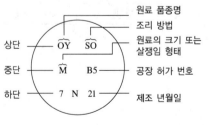

상단	ꞶY — SꞶ → 원료 품종명 / 조리 방법 / 원료의 크기 또는 살쟁임 형태
중단	M̂ B5 → 공장 허가 번호
하단	7 N 21 → 제조 년월일

100 통조림의 종류

보일드 통조림	조리 후 소금을 첨가 후 밀봉·살균한 제품	⑩ 고등어·정어리·꽁치·연어
조미 통조림	간장, 설탕 등으로 조미하여 만든 제품	⑩ 골뱅이·고등어·정어리
기름 담금 통조림	뼈·껍질·혈합육을 제거하고 식물성 기름을 주입하여 만든 제품	⑩ 참치

101 발효 식품

1. 젓갈
   - 어패류에 20~30% 내외의 고농도의 식염을 가하여 숙성시켜 제조한다.
   - 젓갈은 원료를 분해·숙성시켜 독특한 풍미를 가짐으로서 좋은 제품이 되는데 반해, 염장품은 육질의 분해가 억제되어야 좋은 제품이 된다.

육을 주원료로 하는 젓갈	오징어젓, 멸치젓, 조기젓, 정어리젓, 전복젓, 전어젓
내장을 주원료로 하는 젓갈	창난젓
생식소를 주원료로 하는 젓갈	명란젓, 상어알젓

> **지식 IN 식염 농도에 따른 전통 젓갈과 저식염 젓갈의 차이**
>
> | 구분 | 전통 젓갈 | 저식염 젓갈 |
> |---|---|---|
> | 식염 농도 | 20%~30% 내외 | 4~8% |
> | 숙성 기간 | 2~3개월 | 1~2개월 |
> | 숙성 온도 | 상온 | 0~5℃ |
> | 부패 방지 | 식염에 의해 부패 억제 | 솔비톨·젖산 등 방부제 첨가 |
> | 보존성 | 높음(상온 저장) | 낮음(냉장 보관) |
> | 제품특성 | 보전 식품 | 기호 식품 |
>
> ※ 저식염 젓갈은 식염 농도가 낮아 장염 비브리오균에 의한 식중독이 발생할 수 있다.

2. 액젓
   - 어패류를 고농도의 소금으로 염장하여 1년 이상 숙성시켜 액화시킨 것을 말한다.
   - 아미노산을 많이 함유하고 있어 음식 조미료로 많이 사용되고 있다.

3. 식해

어패류를 주원료로 하여 쌀밥(녹말)을 혼합하여 유산 발효시킨 것을 말한다.

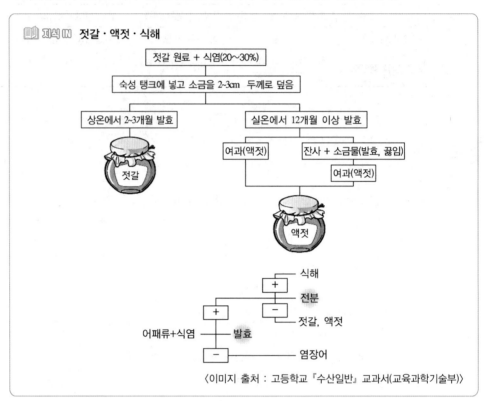

〈이미지 출처 : 고등학교 『수산일반』 교과서(교육과학기술부)〉

POINT 102 해조류 가공품

한천	• 홍조류(우뭇가사리 · 꼬시래기 · 비단풀 등)의 다당류를 열수 추출하고 냉각하여 겔화시킨 것을 한천이라 한다. • 응고력이 강하고 미생물에 의해 분해되지 않는다. • 아가로오스(agarose)가 주성분이다. • 제과용, 완화제, 보형제 등으로 사용된다.
카라기난	• 홍조류(진두발 · 돌가사리)에서 추출한다. • 한천에 비해 응고력은 떨어지나 점성이 큰 겔을 형성한다. • 아이스크림 안정제 · 초콜릿 우유의 침전 방지제 · 화장품의 점도 증강제 등으로 사용된다.
알긴산	• 갈조류(다시마 · 미역 · 감태 · 모자반)에서 추출되며 친수성의 성질을 띤다. • 아이스크림 안정제 · 다이어트 음료 · 지혈제 · 침전방지제 등에 사용된다. • 금속이온과 결합하면 침전하는 성질이 있어 폐수처리제 등에 사용되기도 한다.

POINT 103 DHA · EPA(고도 불포화 지방산)

- 어육의 지방산은 축육의 포화 지방산과는 달리 고도의 불포화 지방산이 많다.
- 대표적인 n-3계 지방산으로, 순환계 질환 및 암을 예방하는 효과가 크다.
- 공기와 접촉하면 유지의 변질과 이취(나쁜 냄새)의 원인으로 작용한다.
- 등푸른 생선인 고등어, 참치, 정어리, 꽁치, 방어 등에 많이 함유되어 있다.

EPA(eicosapentaenoic acid) $C_{20:5}$ ★	DHA(docosahexaenoic acid) $C_{22:6}$
• 탄소수 20개, 이중결합 5개인 고도 불포화 지방산 • 혈중 콜레스테롤 감소, 혈소판 응집 억제, 고지혈증, 동맥 경화, 혈전증, 심근경색 예방, 면역력 강화, 항암 효과가 있다..	• 탄소수 22개, 이중결합 6개인 고도 불포화 지방산 • 동맥 경화, 혈전증, 심근경색, 뇌경색 예방, 뇌 기능 향상, 학습 능력 증진, 시력 향상, 당뇨 · 암 등의 성인병 예방에 좋다.

📖 지식 IN **스쿠알렌($C_{30}H_{50}$)**

심해 상어의 간유 속에 들어 있는 고도의 불포화 탄화수소로 정밀기계 및 항공기의 윤활유, 화장품 원료, 건강식품의 소재로 많이 사용되고 있다.

POINT 104 다당류

해조 다당류	• 점질성이 강한 고분자의 식이성 섬유질(난소화성 물질)의 성질을 가진다. • 혈액응고 저지 · 항암 효과가 있다. 예 한천 · 카라기난 · 알긴산 · 푸코이딘	화장품 · 의약품 · 다이어트 식품 · 식품첨가물로 사용된다.
키틴 · 키토산	• 키틴은 게, 새우 등의 갑각류 껍질과 오징어뼈, 곤충과 균류에 많이 분포한다. • 불안정한 키틴을 탈아세틸화하면 안정된 키토산이 생성된다. • 인체 내에는 이를 분해할 수 있는 효소가 없어 체내에 흡수되지는 않는다.	하수 및 분뇨 처리 · 혈청 콜레스테롤 감소 · 인공피부 · 인공뼈 · 화장품 보습제 등으로 사용된다.

POINT 105 엑스 성분 및 기타 기능성 성분 ★

1. 엑스 성분

유리아미노산, 펩티드, 핵산, 베타인, 유리당, 유기산, 무기질이 대표적인 엑스 성분이다.

2. 기타 기능성 성분

타우린	• 단백질을 구성하지 않고 유리 상태로 세포 내에 존재한다. • 굴·조개류·오징어·문어 등 연체동물, 갑각류, 붉은살 어류의 혈합육에 많이 함유되어 있다(특히 굴에 많이 포함되어 있다). • 마른 오징어의 흰 가루가 타우린이다. • 당뇨병·시력·혈중 콜레스테롤 감소·혈압 조절·숙취 해소에 좋다.
콘드로이틴 황산	• 연골이나 동물의 결합조직에 분포하는 다당의 일종으로 조직에서는 단백질과 결합하고 유리의 형으로 존재하는 일은 없다. – 상어·고래·오징어 연골·해삼의 세포벽에 많이 분포되어 있다. • 뼈 형성·관절 윤활제·혈액 응고 억제 등에 좋아 신경통 및 관절통의 치료제로 이용된다.
푸코이딘	콜레스테롤과 지방 흡수를 억제하고 담즙산을 배설시켜 혈중 콜레스테롤 수치를 낮춘다. 또한 알긴산이 위에서 소장으로 가는 음식의 이동을 지연시켜 혈당의 급격한 상승을 막아준다.
글루코사민	글루코사민은 게, 새우 등 갑각류에서 추출한 '키틴' 또는 '키토산' 성분을 분해해 추출한 성분으로 식품 소재·의약품 원료 등으로 이용되고 있다. 특히 관절 연골에 좋아 관절염 의약품으로 많이 사용된다.
콜라겐	콜라겐은 요리에서 중요한 역할을 하는 성분으로 콜라겐을 추출하여 만든 젤라틴은 젤리를 만드는 등 응고제로 다양하게 쓰인다. 또한 피부재생 및 보습효과에 좋아 의약품 및 화장품에 많이 사용된다.
요오드	기초대사율 조절·단백질 합성 촉진·중추신경계 발달에 관여한다. 우리나라는 해조류, 어패류 등 해산물의 섭취가 높아 요오드 결핍의 위험성은 적으며 요오드 결핍증에 관한 사례는 없다.

03 수산 가공 기계

POINT 106 어육 처리기계

롤(roll) 선별기	• 대량 처리에는 롤(roll) 선별 방식이 일반적으로 사용된다. 　– 한 쌍의 롤을 5~20°로 경사지게 설치 → 서로 반대방향으로 롤 회전 → 작은 것부 　　터 아래 컨베이어로 분리 • 정어리 · 고등어 · 전갱이 · 명태 등의 선별에 사용된다.
머리 · 내장 제거기	• 냉동 고기풀(수리미)을 만드는 과정에서 주로 사용된다. • 머리 제거 → 복부 절개 → 내장 제거 → 흑막 제거 → 필렛의 과정을 거친다. • 최종적으로 가로로 2등분 된 필렛을 얻을 수 있다.
탈피기	• 어체의 껍질을 제거하기 위한 기계이다. • 필렛의 방향에 수직으로 고속 주행하는 탈피칼이 표피를 제거한다.

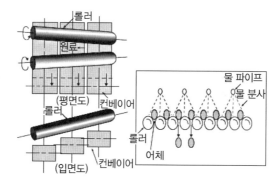

〈롤 선별기〉

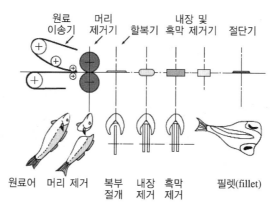

〈머리 및 내장 제거기〉

〈이미지 출처 : 고등학교 『수산일반』 교과서(교육과학기술부)〉

건조기

상자형 열풍 건조기	• 정지된 상태에서 열풍을 강제 순환시켜 건조하는 방식이다. • 구조가 간단하여 취급이 용이하고 비용이 적게 든다. • 열손실이 많아 열효율이 낮고, 균일한 제품을 얻기가 곤란하며, 건조 속도가 느리다.
터널형 열풍 건조기	• 대차를 터널 모양의 건조기에 통과시키면서 열풍으로 건조하는 방식이다. • 초기 시설 설치비용이 많이 든다. • 열손실이 적어 열효율이 높고 균일한 제품을 얻기 쉬우며 속도가 빠르다.
진공 동결 건조기	• -30~-40℃에서 동결된 원료를 1~0.1mmHg(1 ~ 0.1torr) 정도의 진공에서 승화시켜 건조시키는 방식이다. • 승화를 이용하여 수분을 제거하기 때문에 가열에 의한 식품의 수축이나 변화가 나타나지 않는다. • 맛·향기·색 등을 유지할 수 있고 복원성이 좋아 가장 우수한 건조법으로 고가제품의 건조에 사용한다. • 시설비 및 운전 경비가 비싸다.
제습 건조기	가열기로 건조실 내의 공기를 건조시키고 송풍으로 식품을 건조시킨 뒤 흡수한 공기를 냉각·응축하여 건조하는 방식이다.

〈열풍 건조기〉

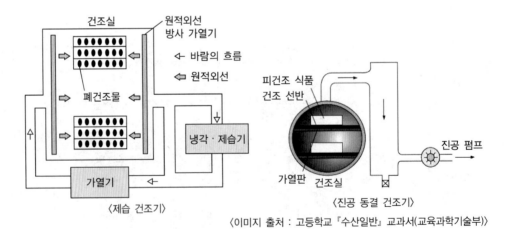

〈제습 건조기〉

〈진공 동결 건조기〉

〈이미지 출처 : 고등학교 『수산일반』 교과서(교육과학기술부)〉

POINT
108 통조림용 기기 ★

이중밀봉기 (seamer, 시머)	• 제1밀봉 롤 : 뚜껑의 컬(curl)을 몸통의 플랜지(flange) 밑으로 이중으로 겹쳐 말아 넣어 압착하는 역할을 한다. 홈의 폭이 좁고 깊다. • 제2밀봉 롤 : 제1롤이 압착한 것을 더욱 견고하게 눌러서 밀봉을 완성시킨다. 홈의 폭이 넓고 얕다. • 척(chuck) : 밀봉 시 리프터와 관을 단단히 고정하고 받쳐 주는 장치이다. • 리프터(lifter) : 관을 들어 올려 시밍척에 고정시키고 밀봉 후 내려주는 장치로 관의 크기에 맞도록 홈이 파져 있다. • 컬(curl) : 뚜껑의 가장 자리를 굽힌 부분으로. 내부에 컴파운드가 묻어 있어 기밀을 유지해 준다. • 플랜지 : 관 몸통의 가장자리를 밖으로 구부린 부분이다.
레토르트 (retort)	• 통조림을 100℃ 이상에서 증기와 열수를 이용하여 가열·살균하는 장치를 말한다. • 원통형은 압력에 강하고 제작하기 쉬우나 내부 공간이 작고, 각형은 내부공간은 넓으나 압력에 약하다. • 통조림은 증기식으로 가열하고, 플라스틱용기는 열수식으로 가열한다. • 정치식은 살균 시간이 오래 걸리지만, 회전식은 열 전달이 빨라 살균시간을 단축시킬 수 있다. • 살균 후 품질 변화를 막기 위해 냉각수를 주입하여 냉각시켜야 한다.

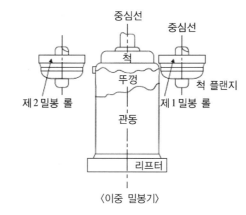

〈이중 밀봉기〉

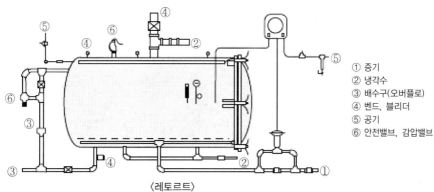

〈레토르트〉

① 증기
② 냉각수
③ 배수구(오버플로)
④ 벤드, 블리더
⑤ 공기
⑥ 안전밸브, 감압밸브

〈이미지 출처 : 고등학교 『수산일반』 교과서(교육과학기술부)〉

POINT
109 연제품용 기기

채육기 (fish meat separator)	• 머리와 내장이 제거된 생선을 뼈와 껍질을 분리하여 살코기만 발라내는 기계로 냉동 고기풀(수리미) 및 연제품 제조에 사용된다. • 살코기는 채육망 안으로, 뼈와 껍질은 롤러 밖으로 분리된다. • 고무벨트와 채육망은 서로 반대 방향으로 회전한다.
세절기 (silent cutter)	• 살코기를 고속 회전하는 칼날로 잘게 부수고, 여러 가지 부원료를 혼합시키는 기계를 말한다. • 살코기가 담긴 회전 접시는 수평으로 회전하고, 3~4개로 구성된 칼날은 수직으로 고속 회전한다. • 온도 감지기가 있어 살코기의 온도는 10℃ 이하로 유지된다.
연속식 압착기(strainer)	동결 수리미 제조 시, 수세한 어육을 탈수시킬 때에 사용한다.

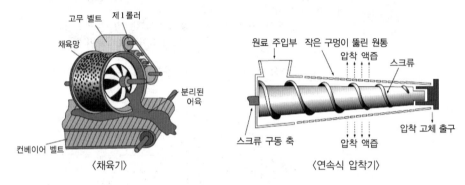

〈채육기〉　　　　　　　　　　　〈연속식 압착기〉

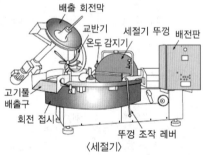

〈세절기〉

〈이미지 출처 : 고등학교 『수산일반』 교과서(교육과학기술부)〉

POINT
110 동결 장치

접촉식	• 냉매나 염수(brine)을 흘려 금속판(동결판)을 냉각(암모니아 · 프레온)시킨 후 압력을 가하여 동결하는 방식이다. • 금속판을 통해 냉매와 직접 접촉하므로 동결 속도가 빠르다. • 일정한 모양을 가진 포장 식품을 동결할 때 보다 효과적이다. • 금속판에 온수를 흘려보낼 경우 해동 장치로도 사용가능하다.
송풍식	• 냉각기를 설치하고, 송풍기로 냉풍을 순환시켜 식품을 동결시키는 방식이다. • 대용량을 단시간에 처리할 수 있으며 동결 속도가 빠르다.
침지식	염화칼슘 · 염화마그네슘 · 에틸알콜 · 프로필렌글리콜 등의 2차 냉매 안에 식품을 침지하여 동결하는 방식이다.
액화 가스식	• 액화 가스를 식품에 직접 살포하여 급속 동결하는 방식이다. • 새우 등 고품질 소량 수산물을 동결시킬 때 적합하다.

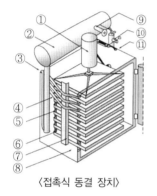

① 유압 실린더
② 액 분리기
③ 제상용 열냉매
④ 호스
⑤ 동결판 연결 볼트
⑥ 동결판
⑦ 안내판
⑧ 방열 캐비닛
⑨ 가스 흡입구
⑩ 플로트 밸브
⑪ 액 냉매 입구

〈접촉식 동결 장치〉

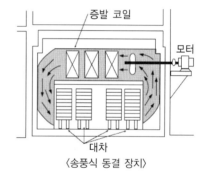

〈송풍식 동결 장치〉

〈이미지 출처 : 고등학교 『수산일반』 교과서(교육과학기술부)〉

04 수산 식품 위생

POINT 111 식중독 ★

세균형	감염형	• 상한 음식물을 섭취하여 감염이 발생한다. • 예방을 위해 저온 보관하고 섭취 전 가열하여 먹는다.
	독소형	세균이 음식물에서 증식하면서 만들어진 독소에 의해 발병한다.
알레르기성		• 어패류의 아미노산인 히스티딘(histidine)이 탈탄산화되면서 히스타민(histamine)을 생성하여 식중독을 유발한다. • 선도가 떨어진 참치 · 고등어 · 정어리 등의 붉은살 어류를 섭취 시에 일어나며, 매운맛이 난다. • 수입산 냉동 다량어류의 히스타민 허용 값은 200mg/kg 이하이다.
바이러스성		• 식중독 바이러스가 장관 세포에서 증식하여 장관 세포를 파괴하면서 장염을 유발한다. • 철저한 위생 관리와 음식물을 충분히 가열 조리하여 섭취하여야 한다. • A형 간염바이러스 · 노로바이러스 · 로타바이러스 등이 대표적이다.

※ 병원성 세균에 의하여 발생되는 식중독은 잠복기가 매우 짧고 전염성은 거의 없어 2차 감염이 드물다.

POINT 112 감염형 식중독 ★

장염 비브리오균	• 어패류에 의한 식중독의 90% 이상을 차지한다. • 3% 식염 농도에서 최적 증식하는 호염성 세균으로, 7~9월의 여름철 연안 해역에 널리 서식한다. • 생선회 · 초밥 등 어패류를 생식할 때 주로 발생하며, 조리기구 · 손 · 행주 등을 통해 2차 오염이 이루어진다. • 복통 · 설사 · 급성 위장염 · 오한 및 발열 증상이 나타난다. • 열에 약하므로 조리 후 섭취하거나, 구입 즉시 냉장 보관하여야 한다.
비브리오 패혈증	• 여름철 집중 발생하고 편모로 운동하는 호염성 세균으로, 어패류를 생식하거나 피부 · 호흡기를 통해 감염된다. 단, 전염성은 없다. • 피부를 통해 감염되므로 상처 난 피부를 해수에 접촉시키지 말아야 한다. • 물집(수포) · 피부가 보라색으로 변하는 현상 · 패혈증의 증상이 나타난다. • 제3군 법정감염병으로 지정되어 있으며, 사망률이 높다.
살모넬라균	• 날것을 생식할 경우 주로 발병하며, 복통 · 설사 · 발열 · 구토 증세를 보인다. • 내열성이 강하므로 저온 유통(콜드체인)으로 보관하여야 한다.
리스테리아균	• 생명력이 강해 고염 · 저온에서도 증식이 활발하다. • 저온에서도 발생하기 때문에 냉동식품 섭취 시 주의하여야 하고, 살균되지 않은 우유 섭취 시에도 발병 우려가 있다.

POINT 113 독소형 식중독 ★

보툴리누스균	• 토양 및 펄에 서식하는 혐기성 세균으로 내열성의 아포를 형성한다. 진공상태의 혐기성 상태에서 증식하므로 통조림 살균의 주 대상이며, 햄·소시지 등에서도 자주 발생한다. • 복어 독의 300배에 달하는 자연계에서 존재하는 독소 중 가장 강한 독소를 생산한다. • 계절과 관계없이 발병하며, 발열은 없으나 시력 저하·언어장애·구토·설사·호흡곤란 등의 증상이 나타난다. 치사율이 매우 높아 예방에 주의하여야 한다.
포도상구균	• 식품 속에서 증식하여 산생하는 엔테로톡신(enterotoxin)을 사람이 섭취함으로써 발생하는 전형적인 독소형 식중독이다. • 잠복시간이 2~6시간으로 짧고 복통, 구역질, 구토, 설사 등이 나타난다. • 조리 종사자 손가락의 포도상구균(S. aureus)이 식품을 오염하고 제조·보관 중 온도조건이 적절하지 않아 발생한다. • 내열성이 강하므로 가열보다는 저온 유지에 신경써야 한다.

POINT 114 복어 독

- 명칭은 테트로도톡신(tetrodotoxin)으로 청산가리보다 독성이 13배에 이를 정도로 치사율이 매우 높다.
- 무색·무취·무미의 특성을 띠며, 정소와 육(肉)보다는 육난소·간장·내장에 많이 분포해있다.
- 열을 가해도 독소가 파괴되지 않으므로 주의하여야 한다.
- 자연산과 달리 양식 복어에는 독이 들어있지 않다.
- 입술 및 혀 끝에 마비 증상이 나타나고, 심하면 호흡곤란 및 혈압 강하를 수반하여 호흡 마비로 사망한다.

> 📖 지식 IN
>
> '문어의 독'을 가지고 문제가 출제된 적이 있다. 이 문어는 푸른고리문어로 복어 독인 테트로도톡신을 가지고 있다. 푸른고리문어는 갑각류를 사냥할 때 이 독을 사용한다. 해당 내용이 복어 독과 직접적인 연관은 없지만 푸른고리문어와 복어의 독이 테트로도톡신이라는 것을 같이 기억하는 것이 도움이 될 것이다.

POINT 115 조개류 독 ★

기억상실성 조개류 독 (ASP)	• 도모산(domoic acid) 중독이라고도 한다. • 이매패류·게·멸치·고등어 등의 어류가 특정 지역의 규조류 섭취로 독소가 축적된다. • 구토·복통·설사·두통·식욕감퇴 등의 증세를 유발한다.
설사성 조개류 독 (DSP)	• 가리비·백합 등에서 발생한다. • 지용성(脂溶性) 독소로 마비성 조개류와 차이가 있다. • 설사·메스꺼움·구토·복통 등의 소화기계 장애 증세를 유발한다.
마비성 조개류 독 (PSP)	• 적조를 일으키는 알렉산드리움 와편모조류가 생산하는 독소에 의해 조개류가 유독화되면서 발생한다. • 유독화된 진주담치(홍합)·굴·바지락·가리비 등의 이매패류에 의해 발생한다. • 독 세기와 증상이 복어 독과 유사하다. • 정기적인 독성 검사를 실시하여 독소가 허용치 이상이면 조개 채취가 금지된다. • 근육 마비·언어 장애·호흡 곤란 등을 유발한다. • 가열하면 독소가 소실되지만 완전히 제거는 안 된다.
베네루핀 중독	• 모시조개·굴·바지락이 유독 플랑크톤에 의해 중장선(패류의 소화기관)에 독소를 축적한다. • 메스꺼움·구토·복통·변비·피하 출혈·반점 등이 발현된다. • 치사율이 높다.
테트라민 중독	• 고둥의 테트라민 독소에 의해 발생한다. • 현기증·두통·멀미 증세를 유발한다.

POINT 116 중금속

주석(Sn)	통조림 용기가 산소와 접하면서 부식하여 발생한다.
비소(As)	• 자연상태에 함유된 비소는 문제되지 않으나, 식품 생산·제조·가공 중에 혼입된 비소는 문제가 된다. • 소화기관 및 신경 장애를 유발하고, 발암물질 중 하나이다. • 해산물에 대단히 많이 함유되어 있다.
납(Pb)	• 오염된 수질에서 서식하는 어패류 섭취를 통해 인체에 축적되게 된다. • 빈혈·안면 창백·구토 증세를 유발한다.
수은(Hg)	• 공장 폐수를 통해 어패류의 체내에 축적되었다가 인간이 어패류를 섭취하면서 인체에 악영향을 끼치게 된다. • 중추신경 마비 및 언어 장애 등의 신경 장애 증세를 유발하며, '미나마타병'을 대표 사례로 들 수 있다.
카드뮴(Cd)	• 도금된 식기나 플라스틱 안정제에서 카드뮴이 용출되어 인체에 축적된다. • 신장기능 장애·골격 변형 등이 유발되며, '이타이이타이병'을 대표 사례로 들 수 있다. • 오줌을 통한 당·아미노산·저분자 단백질의 배설이 현저히 증가한다.

01 **식품원료로서 수산물의 특성이 <u>아닌</u> 것은?** [2010 기출]

① 가공대상이 되는 종류가 매우 많으며, 종류에 따라 가식부의 비율·성분·조직 등이 각각 다르다.

② 조직이 유연하여 부패 및 변질이 용이하다.

③ 어육의 맛은 수산물의 나이(크기), 계절(어획시기), 부위에 따라 차이가 있다.

④ 원료의 공급량 추정이 가능하여 계획생산을 함으로써 가격 변동이 적다.

해설

수산물은 서식환경·기상조건 등에 영향을 많이 받아 생산시기·생산량 등이 일정하지 않다. 즉, 계획적인 생산이 어렵다.

정답 ④

02 **건제품의 가공방법에 따른 분류 중 소건품에 해당되는 것은?** [2011 기출]

① 동건명태   ② 마른멸치

③ 마른해삼   ④ 마른오징어

해설

소건품은 원료를 그대로 또는 간단히 처리한 후에 건조시킨 것으로 오징어, 한치, 김, 미역, 다시마가 대표적이다.

정답 ④

03 **수산물 통조림의 주요 기기인 이중밀봉기의 구성 요소에 해당하지 <u>않는</u> 것은?** [2009 기출]

① 레토르트(retort)   ② 척(chuck)

③ 리프터(lifter)   ④ 제2밀봉 롤

해설

레토르트는 이중밀봉기의 구성 요소가 아닌 별개의 수산물 제조 방법이다.

정답 ①

CHAPTER

07 수산물 유통

KEY POINT
- 수산물 시장의 종류(도매시장)
- 수산물 시장의 구성원(산지유통인)
- 유통 마진

01 수산물 유통 기능 및 특성

POINT 117 수산물 유통의 특성

- 유통 경로의 다양성
- 생산물의 규격화·균질화의 어려움
- 생산의 불확실성
- 높은 유통마진
- 소량 분산 구매
- 낮은 저장성

POINT 118 수산물 유통의 기능

운송	생산지·양륙지와 소비지 사이의 장소적·물리적 거리를 연결시켜주는 기능
보관	비조업시기를 대비하여 조업시기에 생산물을 저장함으로써 소비자가 원하는 때에 구입할 수 있도록 시간적 거리를 연결시켜주는 기능
거래	생산자와 소비자 간의 소유권 거리를 적정가격을 통해 연결시켜주는 기능
선별	판매를 위해 용도에 따라 선별하는 기능
집적	전국에 산재한 수산물을 대도시 소비지로 모으는 기능으로, 특히 대도시 소비지 도매시장에서 중요
분할	대량 어획된 수산물을 시장의 수요에 맞추어 소규모로 나누는 기능
정보 전달	수산 상품에 대한 정보를 전달하여 직접 확인해보지 않아도 소비지에서 생산지 수산물의 상태를 파악할 수 있도록 인식의 거리를 연결
상품 구색	다양한 수산 상품의 구색을 갖추어 소비자의 다양성에 대응하는 기능

POINT 119 수산물의 상적 유통활동과 물적 유통활동

상적 유통활동	• 수산물 유통의 거래 기능에 해당하며, 생산물의 소유권 이전을 목적으로 한다. • 상거래, 금융 · 보험, 수집 · 구색 등이 여기에 해당한다.
물적 유통활동	• 운송 · 보관 등 생산물 자체의 이전 활동이 이루어진다. • 운송 · 보관 · 포장 · 하역 · 정보 유통 등이 여기에 해당한다.

02 수산물 도매시장

POINT 120 수산물 시장의 종류 ★★

산지 도매시장 (산지위판장)	• 주로 연안에서 어획물의 양륙과 1차적인 가격이 형성되면서 수산물이 유통 · 배분되는 시장으로 수협이 대부분 개설하고 운영한다. • 생산자 · 시장도매업자(수협) · 중도매인 · 매매 참가인들 사이에 거래가 형성된다. • 어업 생산자는 보통 어획물 판매를 수협에 위탁하고 수협은 어민을 대신하여 중도매인과 경매 · 입찰을 통해 가격을 결정한다. 이때 위탁은 조건을 붙이지 않는 '무조건 위탁 판매' 조건으로 하는 것이 보통이다. 단, 어민 보호를 위해 최저 가격 제시 판매 방법도 가능하다. • 당일 납입이 기본 원칙이며, 수협은 수수료를 공제 후 생산자(어민)에게 지급한다.
소비지 도매시장 (소비지 공판장)	• 전국적으로 분산되어 있는 수산물을 수집하여 도시 수요자에게 유통시키는 역할을 한다. • 다종다양한 상품을 집중적 · 전문적 판매가 가능하다. • 대금 결제가 안정적이고 신속하게 이루어져 생산자(어민)를 보호할 수 있다.

> 📖 지식 IN 도매시장 법인을 개설하기 위한 조건 중 유의해야 할 사항
> • 2년 이상 업무 경력자를 2인 이상 확보하여야 한다.
> • 경매사를 확보하여야 한다.

📖 지식 IN 수산물 도매시장의 구성 및 개설

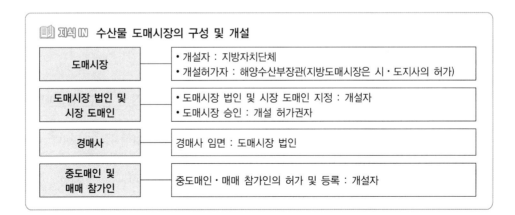

도매시장	• 개설자 : 지방자치단체 • 개설허가자 : 해양수산부장관(지방도매시장은 시 · 도지사의 허가)
도매시장 법인 및 시장 도매인	• 도매시장 법인 및 시장 도매인 지정 : 개설자 • 도매시장 승인 : 개설 허가권자
경매사	경매사 임면 : 도매시장 법인
중도매인 및 매매 참가인	중도매인 · 매매 참가인의 허가 및 등록 : 개설자

POINT
121 **수산물 시장의 구성원 ★★**

도매시장 법인	• 시장 개설자로부터 지정을 받은 뒤 생산자로부터 수산물 판매를 위탁받아 도매하는 법인이다. • 수산업협동조합이 대표적인 도매시장 법인에 해당한다. • 경매사를 통해 중도매인·매매 참가인에게 판매함으로서 가격 형성 기능을 한다. • 판매된 대금 회수 및 지불을 통해 금융 결제 기능을 한다. • 도매시장 외 판매가 금지된다.
시장 도매인	• 시장 개설자의 지정을 받아 도매시장에서 수산물을 구입하여 판매 또는 매매를 중개할 수 있는 법인이다. • 도매시장 법인이 생산자로부터 위탁받아 판매하고 대금 지불을 하는데 반해, 시장 도매인은 위탁판매뿐만 아니라 생산자나 도매시장 법인으로부터 수산물을 구입 후 다시 판매하여 그 차액을 이윤으로 삼을 수 있다. • 시장 도매인은 도매시장 법인과 달리 경매·입찰을 통하지 않고 바로 실수요자인 대형 할인점·도매상·소매상에게 직접 판매한다.
중도매인	• 도매시장에서 경매·입찰을 통해 가격을 결정하고 수산물을 평가하는 역할을 한다. • 일정한 독점 거래권이 인정된다(도매거래, 매매중개). 왜냐하면 일반 상인은 시장 내 거래에의 참여가 인정되지 않기 때문이다. • 수산물의 사용 효용가치를 찾아내는 선별 기능을 한다. • 직접 도매 판매를 위해 수산물을 구입하기도 하지만, 소매업자들의 위탁을 받아 대행구매를 하기도 하므로, 금융 결제 기능도 동시에 수행한다. • 최종소매업자들에게 유통시키기 전 수산물을 일시적으로 보관하는 역할도 수행한다.
매매 참가인	• 도매시장 또는 공판장에서 수산물을 직접 구매하는 가공업자·수매업자·수출업자·소비자 단체가 대표적이다. • 원칙적으로 도매 법인으로부터 직접 구매할 수 있는 자는 중도매인으로 제한하나, 매매 참가인도 자유로이 도매시장에서 거래를 할 수 있다. 즉, 중도매인의 특권적·폐쇄적 운영을 지양하기 위해 공개적·개방적 성격의 매매 참가인 제도를 운영하고 있다. • 소비자와 직접 접촉하여 소비자 수요에 대한 정보를 전달하는 역할을 수행한다는 점에서 의의가 크다.
산지유통인	• 수산물을 산지에서 직접 수집하여 도매시장에 출하하는 자를 말한다. 단, 출하 업무 외 판매·중개 업무는 수행할 수 없다. • 소비지의 가격 동향 및 판매 상황에 대한 정보를 산지 생산자에게 전달하는 역할을 수행하기도 한다.

POINT
122 **수산물 유통 경로**

1. 수협 위탁 유통
   - 생산자 → 산지위판장 → 산지 중도매인 → 소비지 수협 공판장 → 소비지 중도매인 → 도매상 → 소매상 → 소비자
   - 생산자가 수산물을 수협에 위탁하면 수협이 책임하에 공동 판매하는 방식이다. 판매 활동이 전적으로 수협에 위임되기 때문에, 판매에 대한 책임을 조합에서 진다.
   - 생산자가 가격 결정에 직접 참여하지 못하는 단점이 있으나, 판매에 대한 위험성이 적고, 판매 대금을 판매 당일 신속하게 지불받을 수 있어 많이 선호한다.

2. 산지 유통인에 의한 유통

- 생산자 → 산지위판장 → 산지 중도매인 → 산지유통인(수집상) → 소비지 중앙도매시장 → 소비지 중도매인 → 도매상 → 소매상 → 소비자
- 산지 유통인이 생산자 또는 산지 중도매인을 통해 수산물을 수집하여 소비지 중앙도매시장에 출하하면 소비지 중도매인이 가격을 결정하는 방식이다.

3. 객주 경유 유통

- 생산자 → 객주 → 유사 도매시장 → 도매상 → 소매상 → 소비자
- 상업 자본가인 객주에게 선금을 받고 수산물 판매권을 양도하는 방식으로, 객주는 판매 수수료를 통해 이익을 창출한다.
- 생산 자금 조달이 어려운 영세 생산자들이 많이 이용하고 있다.
- 단점으로 빌려준 돈에 대해 높은 이자나 수수료를 책정하는 등 객주의 횡포를 들 수 있다.

4. 직판장 개설 유통

- 생산자 → 직판장 → 소비자
- 생산자 또는 생산자 단체가 직접 직판장을 개설하여 소비자에게 직접 판매하는 방식이다.
- 판매 경로가 많지 않아 신선도를 유지할 수 있고 중간 유통 비용이 들지 않아 저렴하게 판매할 수 있다.

5. 전자 상거래에 의한 유통

- 생산자 → 전자 상거래 → 소비자
- 인터넷을 통해 소비자가 주문하면 생산자가 직접 발송하는 방식이다.

POINT 123 유통 마진

구분	유통 단계별	유통 단계 전체
마진액(유통마진액)	판매가격 − 구입가격	소비자 구입가격 − 생산자 수취가격
마진율(유통마진율)	$\dfrac{판매가격 − 구입가격}{판매가격} \times 100$	$\dfrac{소비자 구입가격 − 생산자 수취가격}{소비자 구입가격} \times 100$

 지식 IN

- 소매 마진 = 소매 가격 − 중도매 가격
- 중도매 마진 = 중도매 가격 − 도매 가격
- 도매 마진 = 도매 가격 − 출하자 수취 가격
- 출하자 마진 = 출하자 수취 가격 − 생산자 수취 가격
- ※ 선도저하의 위험성과 판매량 차이로 인해 소매 마진으로 갈수록 유통에 따른 마진이 높게 형성된다.

01 수산물 도매시장의 각 구성원에 관한 설명으로 옳지 않은 것은? [2010 기출]

① 시장 도매인은 도매시장 내에 수산물을 상장시키거나 경매나 입찰을 통해 판매한다.

② 중도매인은 수산물을 생산지, 어종, 크기, 선도별로 선별하여 어떻게, 어디에 판매할 것인지 하는 사용, 효용 가치를 찾아내는 선별 기능이 있다.

③ 매매 참가인은 관련 법령에 의하여 도매시장, 공판장에 상장된 수산물을 직접 구매하는 자로서, 중도매인이 아닌 가공업자, 소매업자, 수출업자, 소비자 단체 등의 수요자를 말한다.

④ 산지유통인은 관련 법령에 의하여 도매시장, 공판장의 개설자에게 등록하고, 수산물을 수집하여 수산물 도매시장 또는 수산물 공판장에 출하하는 영업을 하는 자를 말한다.

해설

수산물 시장의 구성원

도매시장 법인	• 시장 개설자로부터 지정을 받은 뒤 생산자로부터 수산물 판매를 위탁받아 도매하는 법인이다. • 수산업 · 협동조합이 대표적인 도매시장 법인에 해당한다.
시장 도매인	• 시장 개설자의 지정을 받아 도매시장에서 수산물을 구입하여 판매 또는 매매를 중개할 수 있는 법인이다. • 시장 도매인은 도매시장 법인과 달리 경매 · 입찰을 통하지 않고 바로 실수요자인 대형 할인점 · 도매상 · 소매상에게 직접 판매한다.
중도매인	• 도매시장에서 경매 · 입찰을 통해 가격을 결정하고 수산물을 평가하는 역할을 한다. • 일정한 독점 거래권이 인정된다. • 직접 도매 판매를 위해 수산물을 구입하기도 하지만, 소매업자들의 위탁을 받아 대행구매를 하기도 하므로, 금융 결제 기능도 동시에 수행한다. • 최종 소매업자들에게 유통시키기 전 수산물을 일시적으로 보관하는 역할도 수행한다.
매매 참가인	• 도매시장 또는 공판장에서 수산물을 직접 구매하는 가공업자 · 수매업자 · 수출업자 · 소비자 단체가 대표적이다. • 소비자와 직접 접촉하여 소비자 수요에 대한 정보를 전달하는 역할을 수행한다는 점에서 의미가 크다.
산지유통인	• 수산물을 산지에서 직접 수집하여 도매시장에 출하하는 자를 말한다. 단, 출하 업무 외 판매 · 중개 업무는 수행할 수 없다. • 소비지의 가격 동향 및 판매 상황에 대한 정보를 산지 생산자에게 전달하는 역할을 수행하기도 한다.

정답 ①

CHAPTER

08 수산업 관련 제도

KEY POINT
- TAC 관리제도
- 수산업 관리제도(면허어업), EEZ
- 국제어업관리(경계왕래어족)

01 국내 관리제도

POINT 124 수산관련 법규 및 목적

분류	법령	내용
기본법	「수산업·어촌 발전기본법」	자원관리, 기본정책 등
수산업	「수산업법」	수산업 기본 제도 및 어장 이용, 양식업 육성 등
	「수산자원관리법」	수산자원의 종합적·체계적 관리 등
	「수산업협동조합법」	어업인 협동 조직 발전 등
	「어촌·어항법」	어촌·어항 개발, 지정, 관리 등
	「어장관리법」	어장의 효율적 이용, 관리 등
	「낚시관리 및 육성법」	낚시어선 승객 안전도모 등
	「연근해어업구조개선법」	연근해 어업 관리, 환경보전 등
	「농수산물품질관리법」	수산물 품질관리 및 가공업 육성 등
	「수산생물질병관리법」	수산생물 감염병 예방 및 관리 등
	「양식산업발전법」	지속가능한 양식산업의 발전 등
해상 안전	「해사안전법」	해사안전 증진과 선박의 원활한 교통 등
	「선박입출항법」	선박의 입항·출항에 대한 지원과 선박운항의 안전 및 질서 유지 등
	「수상구조법」	조난된 사람, 선박, 항공기, 수상레저기구 등의 수색·구조·구난 및 보호에 필요한 사항 등
	「해양사고심판법」	해양사고에 대한 조사 및 심판 등
해양 환경	「해양환경관리법」	해양오염물질을 발생시키는 발생원을 관리, 규제 등
	「유류오염손해배상 보장법」	유류오염손해의 배상을 보장 등
	「해양생태계법」	해양생태계를 인위적인 훼손으로부터 보호 등
	「연안관리법」	연안의 효율적인 보전·이용 및 개발에 필요한 사항을 규정 등
	「공유수면법」	공유수면을 지속적으로 이용할 수 있도록 보전·관리 등

선박	「선박법」	선박의 국적에 관한 사항 등
	「어선법」	어선의 건조·등록·설비·검사·거래 및 조사·연구에 관한 사항 등
	「선박안전법」	선박의 감항성 유지 및 안전운항에 필요한 사항 등
국제법 분야 해양법	「영해법」	영해 범위와 국가관할권 등
	「배타적경제수역법」	배타적 경제 수역(EEZ) 선포 등
	「해양과학조사법」	해양과학조사 제도 시행 등
	「해저광물자원법」	대륙붕 자원 개발 등
	「원양산업발전법」	원양산업의 지속적 발전과 국제협력 등

POINT 125 수산업 관리제도 ★

1. 면허어업 ★
   - 독점하여 배타적으로 이용할 수 있는 권리를 부여하는 것으로, 어업권이 부여된다.
   - 면허권자는 시장·군수·구청장이다. 외해양식어업만 해양수산부장관의 면허대상이다.
   - 수산 자원의 증식·보호, 군사 훈련 또는 주요 군사 기지의 보위, 국방, 선박의 항행·정박·계류, 해저 전선 부설, 수산 동물의 위생 관리, 공익사업을 위하여 필요한 경우에는 면허하지 않을 수 있다.
   - 면허 유효기간은 10년이며, 10년의 범위에서 연장할 수 있다.
   - 어업권은 물권에 해당하며, 「민법」 중 질권에 관한 규정을 적용하지 않는다.
   - 어업권은 이전·분할 또는 변경할 수 없는 것이 원칙이다.
   - 어촌계나 지구별 수산업 협동조합이 가지고 있는 어업권은 담보로 제공할 수 없다.
   - 어업권을 취득한 자는 그 어업권을 취득한 날부터 1년 이내에 어업을 시작하여야 한다.
     예 ① 정치망어업　② 해조류양식어업
     　　③ 패류양식어업　④ 어류등양식어업
     　　⑤ 복합양식어업　⑥ 마을어업
     　　⑦ 협동양식어업　⑧ 외해양식어업

2. 허가어업
   - 공공복리상 과해진 어업 제한 또는 금지를 특정한 경우 해제하여 적법하게 어업을 하게 하는 어업을 말한다.
   - 면허어업이 권리를 설정해주는 데 반해, 허가어업은 권리를 설정해주는 것은 아니다.

- 어업 허가의 유효 기간은 원칙적으로 5년이다.
  - 예 ① 근해어업(10톤 이상 동력어선 등) : 해양수산부장관의 허가
    - ② 연안어업(무동력어선, 10톤 미만 동력어선 등) : 시·도지사의 허가
    - ③ 원양어업 : 해양수산부장관의 허가(「원양산업발전법」에 근거)
    - ④ 구획어업(어구, 무동력어선, 5톤 미만 동력어선 등) : 시장·군수·구청장의 허가
    - ⑤ 육상해수양식어업 : 시장·군수·구청장의 허가

3. 신고어업
- 어구·어법이 간단하고 소규모로 행해진다.
- 어구·어선·시설마다 시장·군수·구청장에게 신고하여야 한다.
- 신고 그 자체는 아무런 효력이 없다.
- 면허·허가와 달리 행정청은 신고를 수리하여야 한다(기속).
- 신고어업의 유효기간은 5년이다.
  - 예 ① 맨손어업
    - ② 나잠어업

담당자(부처)에 따른 분류

해양수산부장관	• 어장이용개발계획지침 수립 • 외해양식어업 면허 • 10톤 이상의 동력어선 허가 • 근해어업에서 대통령령으로 정하는 10톤 미만의 동력어선 허가 • 기르는 어업 발전 기본계획 수립 • 어구의 규모 등 제한 • 수산진흥종합대책 수립 • 원양어업 허가 • 보호수면 지정 • 총 허용 어획량 관리계획 수립
시·도지사	• 무동력어선, 총톤수 10톤 미만의 동력어선 허가(근해어업, 연안어업) • 등록 대상 수산물 가공업(육상 어유 가공업, 한천 가공업, 선상 수산물 가공업 등) • 보호수면 관리 • 월동구역 및 월하구역 지정
시장·군수·구청장	• 어장이용개발계획 수립 • 외해양식어업 면허를 제외한 어업면허 • 육상해수양식어업 허가 • 구획어업에서 무동력어선, 5톤 미만의 동력어선 허가 • 신고어업에서 어구·어선·시설 신고 수리 • 신고 대상 수산물 가공업 • 어획물 운반업에 사용하고자 하는 어선 등록 • 소하성 어류 인공부화 후 방류 신고

POINT 127 「수산자원관리법」상 관리제도

어구 제한	• 해조 인망류 어구 사용 제한 • 2중 이상의 자망(걸그물) 사용 제한 • 그물코 크기 제한 등
어장·어기 제한	조업금지구역이나 휴어기 설정같이 어장·어기 제한
어선의 사용 제한	• 허가된 어업 이외의 어구를 어선에 적재 금지 • 불법 어구를 사용 목적으로 어선의 개조 금지
유해 어법 금지	• 폭발물 및 전류 사용 금지 • 시장·군수·구청장에게 신청서 제출 : 폭발물, 유독물, 전류 사용 시 • 관할 경찰서장에게 신청서 제출 : 화약류 사용 시
소하성 어류 보호	소하성 어류를 인공 부화하여 방류하려는 경우 시장·군수·구청장에게 신고하여야 함
환경친화적 어구 사용	번식·보호 및 서식환경의 악화를 방지하기 위해 환경친화적 어구의 사용을 장려
멸종 위기 동물 보호	-
불법어획물 판매 금지 및 방류명령	• 「수산업법」에 따른 명령을 위반하여 포획 또는 채취한 수산자원이나 제품을 보관 또는 판매 금지 • 불법 어획물에 대해 어업감독 공무원과 경찰공무원은 방류를 명령 가능

 제식 IN 수산자원 관리에 관한 규정

- 보호수면 지정과 관리
- 수산자원의 조사·평가
- 불법 어획물 판매 금지 및 방류 명령
- 포획·채취 등 제한
- 환경친화적 어구 사용
- 소하성 어류 보호 및 인공 부화·방류
- 유해 어법 금지
- 어업 금지 구역·기간·대상
- 자원 조성

POINT 128 기르는 어업 발전 기본계획

- 해양수산부장관은 기르는 어업의 육성 및 발전을 위하여 5년마다 기르는 어업 발전 기본계획을 세워야 한다.
- 다음의 내용이 기본계획에 포함되어야 한다.
  - 기르는 어업에 관한 시책의 기본방향
  - 수산생물의 양식을 위한 어장의 개발에 관한 사항
  - 수산생물의 양식을 위한 기술의 개발 및 보급에 관한 사항
  - 어장환경의 개선에 관한 사항
  - 그 밖에 기르는 어업의 육성 및 발전에 관한 사항

129 TAC(총 허용 어획량) 관리제도 ★

- 최대지속생산량(MSY)를 기초로 사회경제적 요소를 고려하여 결정한다.
- 국가 간의 개별적 요인은 배제하고, 국제공통적 관리 요인을 기초로 어업생산량을 총량적으로 규제하는 제도이다.
- 해양수산부장관이 대상어종 및 해역을 정하여 TAC를 정한다.
  - 1995년「수산업법」, 1996년「수산자원보호령」(2010년 폐지 → 2010.4.20.「수산자원관리법」시행), 1998년「총 허용 어획량의 관리에 관한 규칙」에 TAC을 규정하고 있다.
- 할당받은 어종 외의 TAC 대상 어종을 부수 어획하여서는 안 되며, 어획량이 TAC에 도달하면 어업을 중단하여야 한다.
- 매년 자원량을 평가한 후, 어업자에게 1년간의 배분량을 할당한다.
- 어업 개시 전 생산량과 공급량을 예측할 수 있어 안정된 수급 체계 구축을 가능케 한다.
- 기술적 관리 수단 : 특정 어구 사용금지, 특정 어업 금지구역 설정
  어획 노력당 관리 수단 : 어선 사용제한, 어선 설비제한, 어획 성능 제한
- 우리나라는 1999년부터 고등어, 전갱이, 정어리, 붉은 대게 등 4개 어종에 대하여 TAC 제도를 처음 도입하였고, 2021년 현재 12개 어종(시범도입 : 삼치, 갈치, 참조기), 14개 업종에 대해 TAC 제도를 실시하고 있다.

TAC 대상어종 (12종+시범도입 3종)	고등어, 전갱이, 도루묵, 오징어, 붉은 대게, 대게, 꽃게, 키조개, 개조개, 참홍어, 제주소라, 바지락(이상 12종) + 삼치(시범), 갈치(시범), 참조기(시범)
TAC 대상업종 (14종+시범도입 3종)	잠수기, 근해연승, 연안복합, 연안자망, 근해자망, 연안통발, 대형선망, 마을어업, 동해구외끌이중형저인망, 동해구중형트롤, 근해통발, 근해채낚기, 대형트롤, 쌍끌이대형저인망 + 서남해구쌍끌이중형저인망(시범), 근해안강망(시범), 외끌이대형저인망(시범)

02 국제 관리제도

POINT 130 영역 관할권에 따른 바다의 구분

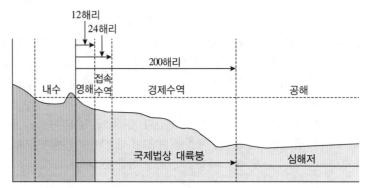

〈이미지 출처 : 고등학교 『수산일반』 교과서(교육과학기술부)〉

영해기선	해양을 구분할 때 그 기준이 되는 선을 영해기선이라 하며, 통상기선과 직선기선으로 나뉜다.
통상기선	연안국의 연안을 따라 표기한 저조선을 통상기선이라 한다.
직선기선	연안에 섬이 많이 존재하거나, 해안선의 굴곡이 심한 경우의 영해 기준선을 직선기선이라 한다.
영해	영해기선으로부터 12해리까지를 영해라 한다. • 연안경찰권 　　　　　　　• 연안어업 및 자원개발권 • 연안무역권 　　　　　　　• 연안환경보전권 • 독점적 상공이용권 　　　　• 해양과학조사권 등이 인정된다.
접속수역	• 12~24해리 사이의 수역을 접속수역이라 한다. • 연안국이 관세·출입국·보건위생에 관한 법규 위반을 예방 또는 처벌할 목적으로 국가관할권을 행사하는 수역이다.
EEZ ★	영해기선으로부터 200해리까지를 해양자원에 대한 배타적 이용권이 부여되는 배타적 경제 수역이라 한다.
공해	• 국가의 관할권에 종속되지 않는다. • 하층토는 공해에 해당하지 않는다. • 공해상에서 인정되는 사항 　– 항행의 자유 　– 상공비행의 자유 　– 해저전선 및 관선부설의 자유 　– 인공 섬과 기타 구조물 설치의 자유 　– 어업의 자유 　– 과학 조사의 자유

POINT
131 국제 어업관리 ★

경계 왕래 어족 ★ (오징어 · 명태 · 돔)	• EEZ에 서식하는 동일 어족 또는 관련 어족이 2개국 이상의 EEZ에 걸쳐 서식할 경우 당해 연안국들이 협의하여 조정한다. • 동일 어족 또는 관련 어족이 특정국의 EEZ와 그 바깥의 인접한 공해에서 동시에 서식할 경우 그 연안국과 공해 수역 내에서 그 어종을 어획하는 국가는 서로 합의하여 어족의 보존에 필요한 조치를 취해야 한다.
고도 회유성 어족 (참치)	고도 회유성 어종을 어획하는 연안국은 EEZ와 인접 공해에서 어족의 자원을 보호하고 국제기구와 협력해야 한다.
소하성 어류 (연어)	• 모천국이 1차적 이익과 책임을 가지므로 자국의 EEZ에 있어서 어업 규제 권한과 보존의 의무를 함께 가진다. • EEZ 밖의 수역인 공해나 다른 국가의 EEZ에서는 모천국이라도 어획할 수 없다.
강하성 어종 (뱀장어)	강하성 어종이 생장기를 대부분 보내는 수역을 가진 연안국이 관리 책임을 지고 회유하는 어종이 출입할 수 있도록 해야 한다.

POINT
132 어업협정

1. 한 · 일 어업협정

- 1998년 체결 · 1999년 발효
- 한 · 일 양국의 배타적 경제 수역을 협정 수역으로 결정함으로써 자국의 배타적 수역에서 상대 체약국의 어업 활동을 상호 허용하였다. 단, 동해 중앙부(독도)와 제주도 남부 수역은 중간수역으로 설정하였다.
- 양 체약국의 배타적 경제 수역에서는 당해 연안국이 어업 자원의 보존 · 관리상 주권적 권리를 행사하며, 쌍방간의 전통적 어업 실적을 인정하여 상호 입어를 허용하였다(연안국주의).
- 중간 수역에서는 기존의 어업 질서를 유지하되, 동해 중간 수역은 공해적 성격의 수역으로 하고, 제주도 남부 중간 수역은 공동 관리 수역으로 정하였다(선적국주의).

2. 한 · 중 어업협정

- 1999년 체결 · 2001년 발효
- 배타적 경제 수역에서의 상호 입어에 관한 기본 원칙 · 절차와 조건 · 협정 위반에 대한 단속은 연안국주의로 규정하였다.
- 잠정조치수역과 과도수역에서의 범칙 어선에 대한 단속은 선적국주의에 따른다.
- 최초 유효기간은 5년이었으나, 어느 한쪽이 종료 의사를 통고하지 않는 한 그 효력은 계속 된다.

※ **과도수역**
  - 배타적 경제 수역과 잠정조치 수역의 완충 수역 성격을 띤다.
  - 현재는 배타적 경제 수역에 포함되었다.

구분	수역의 위치와 명칭	관할권 행사 주체		성격
		규칙 제정	범칙어선 단속	
한·일 어업협정	동해 중간수역	선적국	선적국	공해
	제주도 남부 중간수역	공동	선적국	공동관리
한·중 어업협정	서해 잠정조치수역	공동	선적국	공동관리
	동중국해 조업질서유지수역	선적국	선적국	공해

3. 한·러 어업협정

- 1991년 체결·1991년 발효
- 최초 유효기간은 5년이었으나, 어느 한쪽이 종료 의사를 통고하지 않는 한 그 효력은 계속 된다.
- 러시아의 명태·꽁치에 대해 어획 쿼터를 배정받아 조업이 이루어지고 있다.

POINT 133 책임 있는 수산업 규범

- 수산자원이 고갈되어감에 따라 FAO(식량농업기구)에서 '책임 있는 수산업'이라는 새로운 개념을 도입하였다(1991).
- 책임 있는 수산업이란 현재와 미래에 있어 수산업을 영위하는 모든 국가·기업·개인이 국제규범으로 확립된 책임을 반드시 이행하여 생물의 다양성과 생태계를 보전하여야 한다는 것을 말한다.
  - 수산자원의 합리적 이용과 관리
  - 환경 및 자원 관리형 어구·어법 채택
  - 연안 생태계 보존
  - 국가의 책임 이행과 국제적 협력
- 책임 있는 수산업 규범이 도입되면서 편의 국적 어선 제도는 금지되었다.

편의 국적 어선 금지협정

- 모든 선박은 국적을 가져야만 항해나 어업에 종사할 수 있는데, 그럼에도 불구하고 어떤 국가가 아무런 관계도 없는 선박에 대하여 국적을 부여하는 것을 '편의 국적 제도'라 한다. 편의 국적을 부여하는 대표적인 국가로는 라이베리아, 파나마, 온두라스 등이 있다.
- 유엔해양법협약의 공업 어업관리에 관한 미비점을 보완하고자 등장하였다.
- 24m 이상의 공해 어업 어선에 적용되나, 책임 있는 수산업 규범이 도입되면서 '편의 국적 어선 제도'는 금지되었다.

경계 내외 분포 자원 및 고도 회유성 어족의 보존 관리 협정

- 1995년 UN에서 채택하였다.
- 경계 내외 분포 자원과 고도 회유성 어족의 장기적 보존과 지속적 이용을 목표로 한다.
- 선적국은 공해에서 조업하는 자국 어선에 대하여 당해 수산자원 보존조치를 준수하도록 지도해야 하며, 자국의 국적을 취득한 어선에 대해서만 어업 허가를 할 수 있다.

POINT 136 불법 · 비보고 · 비규제 어업 방지를 위한 국제 행동 계획

- 2001년 FAO(식량농업기구)에서 채택되었다.
- 불법 · 비보고 · 비규제 어업을 한 선박에 대하여,
  - 선적국은 승선권 · 임검권을 행사한다.
  - 연안국은 입어 거부를 행사하고, 비회원국 어선에 대한 시정 조치를 권고한다.
  - 시장국은 상기 어선이 어획한 어획물의 수입을 금지하는 제재 조치를 취한다.

01 우리나라 수산업 관리제도에 대한 설명으로 옳지 <u>않은</u> 것은? [2010 기출]

① 수산물 가공업은 농림축산식품장관의 허가를 받아야 하며, 사업자가 안심하고 그 사업을 계속 영위할 수 있도록 하기 위하여 일반적인 유효기간은 20년이며, 연장할 수 있다.

② 허가어업은 일반적으로 금지되어 있는 어업 행위를 특정인에게 해제해주는 성격을 가지고 있으며, 일반적인 유효기간은 5년이다.

③ 신고어업은 영세 어업인들이 면허나 허가와 같은 까다로운 절차를 밟지 않고도 소규모 어업을 할 수 있도록 한 제도로, 일반적인 유효기간은 5년이다.

④ 면허어업은 일정한 수면을 구획 또는 전용하여 배타적, 독점적으로 권리를 행사하는 어업으로 일반적인 유효기간은 10년이며, 유효기간 연장 시 총 연장허가기간은 10년을 초과할 수 없다.

해설
수산물 가공업을 하고자 하는 자는 대통령령이 정하는 구분에 따라 해양수산부장관 또는 시·도지사에게 등록을 하거나, 시장·군수 또는 자치구의 구청장에게 신고하여야 한다.

정답 ①

02 TAC 관리제도에 대한 설명으로 옳지 <u>않은</u> 것은? [2010 기출]

① 현재 우리나라는 동일한 종에 대하여 2년을 주기로 TAC를 산정하고 있다.

② 계획된 생산량으로 시장 공급량을 예측 가능하게 하여 수산물의 안정된 수급체계를 구축할 수 있게 한다.

③ 자원의 평가, 배분, 보고, 관리규제 체계가 종합 시스템적으로 운영되어야 한다.

④ 어업행위에 대한 규제보다는 행위의 결과인 어획량의 조정 및 관리를 통하여 어업관리 목적을 달성한다.

해설
TAC는 1년을 주기로 산정하고 있다.

정답 ①

PART
02

수산경영

단원별 핵심 Point

이렇게 출제된다

- 다음 중 수산업협동조합의 감사의 자격요건으로 옳지 <u>않은</u> 것은?
- 다음 중 수산업의 3요소 중 옳지 <u>않은</u> 것은?
- 다음 수산업협동조합의 공제 상품 중 생명공제 상품이 <u>아닌</u> 것은?
- 수산경영을 어업경영과 양식경영으로 구분하는 기준으로 가장 적절한 것은 무엇인가?
- 다음은 어느 수산기업의 회계 관련 자료이다. 수지비율은?
- 다음 중 현금 계정의 대변에 들어갈 내용으로 옳은 것은?
- 다음 중 짓가림제의 특징으로 옳지 <u>않은</u> 것은?

CHAPTER

01 수산업과 수산경영

KEY POINT
- 수산업의 특수성
- 수산업의 중요성
- 「수산업법」상 수산업의 구분

POINT 001 「수산업법」상 수산업의 구분 ★

구분	「수산업법」	일반적
1차 산업	어업(어업 + 양식업)	어업, 양식업
2차 산업	수산 가공업	수산 가공업
3차 산업	어획물 운반업	수산물 유통업

POINT 002 수산업의 특수성 ★

위험성	폭풍·해일·태풍 등 기상 요인의 악화로 인해 위험성이 높다.
이동성	고정된 장소가 아닌 자원 서식지에 따라 이동하며 조업이 이루어진다.
중단성	비어기가 존재하여 연중어업에만 종사할 수 없다. 그래서 비어기에는 농업과 겸업을 한다.
불확실성	• 수산업은 자연적 요인에 크게 영향을 받기 때문에 생산량 예측이 불확실하다. • 수산업은 어선 운항 시간 또는 투망 횟수에 비례하지 않는다.
불규칙성	불규칙성은 노동시간·노동량·노동강도와 관련되며, 항상 일정하지 않고 불규칙적이다.

> 📖 지식IN **수입 수산물을 가공품으로 이용 시 국내 수산물에 비하여 유리한 점**
> - 필요한 시기에 적기 공급 가능
> - 필요한 양만큼 공급 가능
> - 필요한 규격품에 맞게 공급 가능
>   ※ '적당한 가격'은 수입 수산물을 가공품으로 이용할 때 얻을 수 있는 이점에 해당하지 않음에 유의할 것

003 수산업의 중요성 ★

- 우리나라는 동물성 단백질 섭취의 40%를 수산물에 의존할 정도로 식생활에서 수산물의 역할이 크다.
- 농산물, 축산물과 달리 수산물은 탄수화물·단백질·지방을 골고루 함유하고 있다. 또한 육상에서 나오는 먹거리로는 섭취 및 보충이 어려운 특수한 영양소를 공급한다.
- 제품을 생산하기 위해 원재료 등을 수입하는 기타 공산품에 비해 수산물은 원재료를 자연에 서식하는 수산자원을 가지고 생산이 가능하기 때문에 외화 가득률이 높다.
- 농산물에 비해 재배 기간이 짧아 필요시 즉각적인 공급이 가능하며, 식량 안전 보장 측면에서 농산물보다 중요한 역할을 한다.
- 연안지역의 인구가 빠져나가는 것을 억제하고 나아가 지역 발전의 중심적 역할을 한다.

※ FAO(국제식량농업기구)의 성인 1인당 1일 단백질 섭취 권장량은 75~90g로 이 중 1/3은 동물성 단백질을 섭취하여야 한다.

 004 축양과 증식

양식	식용이나 기타 목적에 이용하기 위하여 종묘를 개량하거나 만들거나 기르는 일
축양	• 수확한 후 판매할 때까지, 장거리 수송 전, 또는 활어로 판매하기 전에 살아있는 수산생물을 일시적으로 보관하는 일 • 성장이 주목적이 아니기 때문에 대체로 먹이를 충분히 주지 않거나 전혀 주지 않음 • 주로 가격차이에서 얻는 이익을 목적으로 축양을 함
증식	종묘를 방류하거나 이식하여 자원을 증가시키는 인위적인 활동

📖 **재색 in 국내 수산업이 처한 상황 및 개선방법**

- 연안 및 근해 어장의 자원이 고갈될 위험
- 유엔 해양법 협약에 의해서 원양어장의 상실
- 주변 국가들과의 어업협정을 통해 어장의 축소
- 개선방법 : 어장의 경제적이고 합리적인 이용, 어장 환경의 개선을 통한 어업 자원의 회복

01 수산경영의 특징으로 옳지 <u>않은</u> 것은?   [2009 기출]

① 위험성 : 자연적 위험과 인위적 위험에 의해서 경영환경이 영향을 받는다.
② 비례성 : 수산 노동시간은 일정하며 시간에 비례하여 생산량이 증가한다.
③ 이동성 : 수산자원을 체포하기 위하여 장소를 찾아서 이동해야 한다.
④ 불확실성 : 환경적, 자원적 요인으로 인해 생산량의 예측이 매우 불확실하다.

해설
수산업은 어선 운항 시간 또는 투망 횟수에 비례하여 생산량이 증가하지 않는다.

정답 ②

02 다음 설명 중 옳지 <u>않은</u> 것은?   [2010 기출]

① '어업'이란 수산동식물을 포획·채취 또는 양식하는 사업을 말한다.
② '어획물 운반업'이란 양륙지에서 소비지까지 어획물 또는 그 제품을 운반하는 사업을 말한다.
③ '수산물 가공업'이란 수산동식물을 직접 원료 또는 재료로 하여 식료·사료 등을 제조 또는 가공하는 사업을 말한다.
④ '양식'이란 수산동식물을 인공적인 방법으로 길러서 거두어들이는 행위와 이를 목적으로 어선·어구를 사용하거나 시설물을 설치하는 행위를 말한다.

해설
②는 수산물 유통에 대한 설명이다.

정답 ②

03 수산업의 중요성에 대한 설명으로 옳지 <u>않은</u> 것은?   [2011 기출]

① 수산물은 국민 건강의 증진에 공헌하고 있다.
② 도시 경제 발전에 중요한 위치를 차지하고 있다.
③ 국가 안보에 이바지하고 있다.
④ 전통 문화 형성과 유지에 공헌하고 있다.

해설
수산업은 어촌 경제 발전에 중요한 위치를 차지하고 있다.

정답 ②

CHAPTER

02 수산경영 요소와 경영 방식

KEY POINT
- 수산경영 요소의 종류
- 공동기업의 유형
- 수상경영 방식에 따른 구분

POINT 005 수산경영 요소 ★

자연적 요소	수산자원(어류·패류·해조류 등), 어장
인적 요소	해상노동, 육상노동, 경영관리노동
기술적 요소	기술, 경영지식, 시장정보
물적 요소(자본재)	어선, 어구, 기계설비, 원재료(종묘·사료·유류 등), 토지, 창고, 가공 공장, 양륙시설, 부화장 및 성육장 등 ← 자금(×)

※ 보통 수산자원은 상품으로 매매가 가능한 자원만을 의미한다.

POINT 006 어장 성립 조건

- 어획 대상이 많이 서식하여야 한다.
- 어획에 드는 비용보다 수익이 커야 한다.
- 어업 노력이 기술적으로 접근 가능하여야 한다.
  - 기술이 발달하면 그간 접근하지 못하였던 수심이 깊은 곳이나 밀도가 적은 곳도 어장이 될 수 있다.

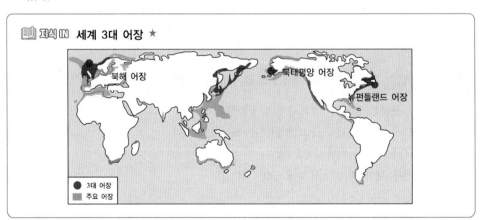

📖 지식 IN **세계 3대 어장** ★

북해 어장
북태평양 어장
뉴펀들랜드 어장

● 3대 어장
■ 주요 어장

007 어선

- 유조선 · 화물선 · 크루즈와 달리 일반적으로 규모가 작다. 어선의 크기가 작아야 어획 대상을 쫓아 방향을 돌리는 데 용이하다.
- 대형선 : 100톤 이상의 어선
  소형선 : 10톤 이하의 어선
  - 직접적으로 고기를 잡는 어선은 1,000톤을 넘지 않는 게 일반적이다.

>
>
> 최근 조사 결과 우리나라에 등록된 어선은 총 65,744척이고 그 중 10톤 미만의 어선은 총 61,888척이다. 100톤 이상의 어선은 총 544척이며 기타(10톤 초과~100톤 미만) 어선은 총 3,312척이다. 10톤 미만의 소형어선이 대부분이다.
>
> 〈2020 해양수산 주요통계(해양수산부)〉

008 어구

그물 어구	저인망, 자망, 선망, 부망 등
낚시 어구	대낚시, 손낚시, 주낙 등
보조 어구	집어등, 어군탐지기 등
잡 어구	작살, 통발, 문어단지 등

※ 보조 어구는 어법이 발달하면서 어획에 있어 중요한 역할을 하고 있다.

009 소모성 자본재

연료	선원 인건비와 함께 가장 중요한 어로 원가 항목에 해당한다.
종묘 (수산종자)	• 양식업(어류 · 패류 · 해조류 양식)에서 매우 중요한 요소이다. • 종묘 관리의 3대 과제 　- 종묘 수급 안정 　- 우량 종묘 확보 　- 저렴한 종묘비
사료	내수면 어류 양식과 해수면 어류 양식에서 필수적인 요소이다.

POINT 010 경영 형태에 따른 분류

어가경영 ★	• 가족의 생계와 사회적 지위의 유지 및 자녀 교육 등에 필요한 수입을 목적으로 하는 형태이다.
	• 우리나라는 대부분 어가 경영 형태로 운영되고 있다.
	• 특징
	  - 가계의 소비경제와 경영의 생산경제가 혼합되어 있다.
	  - 가계와 생산 활동의 수지 계산이 분리되어 있지 않다.
	  - 타인 노동을 거의 쓰지 않는다.
	  - 이익의 재투자보다는 생계유지에 더 중점을 둔다.

기업경영	• 투자 자본에 대한 이익 극대화가 목적이다. • 자본 제공자인 경영자는 생산에 직접 참여하지 않고, 노동 제공자인 선원만이 생산에 참여한다(자본과 노동의 분리). • 가계와 경영이 명확히 분리되어 있다.

POINT 011 공동기업의 유형

1. 합명회사
   - 모든 사원이 무한책임사원으로서 회사채권자에 대하여 직접·연대·무한의 책임을 부담하고, 원칙적으로 회사의 업무를 집행할 권리와 의무를 가지며, 그 지위를 타인에게 자유로이 이전할 수 없는 회사이다.
   - 사원의 회사에 대한 관계가 깊고, 인적 신뢰관계가 있는 소수인의 공동기업에 적합하다.

2. 합자회사
   - 합명회사와 같은 무한책임사원과 회사채권자에 대하여 출자액을 한도로 하는 유한책임을 부담하는 사원으로 성립되는 이원적 조직의 회사이다.
   - 무한책임사원은 기업경영을 담당하나, 유한책임사원은 업무집행에 참여하지 아니한다. 그러나 회사채권자에 대하여는 모두 직접·연대책임을 부담한다.
   - 사원은 인적으로 결합되어 있고 사원수가 적다.

3. 유한책임회사
   - 사원의 책임은 출자금액을 한도로 한다. 내부관계는 원칙적으로 합명회사의 규정을 준용하며, 자본금은 제한이 없다.
   - 1인 이상의 사원의 출자 및 설립 등기에 의하여 설립할 수 있는 회사로, 인적 공헌의 비중이 큰 청년 벤처 창업이나 투자펀드, 컨설팅 업종에 적합한 형태이다.

4. 주식회사
   - 주식의 인수가액을 한도로 하는 유한의 간접책임을 부담하는 사원, 즉 주주만으로 성립하는 회사이다.
   - 주주는 간접·유한책임이라는 데 비추어, 주주총회의 결의에는 참가하나 업무집행에는 당연히 참여하지 못한다. 또 주식양도는 원칙으로 자유이고, 사원의 개성이 문제가 되지 아니하므로 사원의 수가 많고 대자본이 필요한 대기업에 적합하다.

5. 유한회사
- 주식회사의 주주와 같이 출자액을 한도로 하는 간접의 유한책임을 부담하는 사원만으로 성립하는 회사이다. 중소기업에 적합하도록 주식회사의 복잡한 조직을 간단하게 하여 합명회사와 같은 점을 가지고 있는 점에서 주식회사와 다르다. 따라서 이것은 중소기업의 경영에 적합한 회사이다.

6. 협동조합
- 소규모 생산자 또는 소비자가 자신들의 이익 보호를 목적으로 설립한 상호부조적 성격의 인적 공동기업이다.
- 출자자들은 출자액 한도 내에서 유한책임을 진다.
- 경제활동(구매·생산·판매·금융)뿐 아니라 비경제적 활동(교육)도 수행한다. 즉, 영리추구를 하지만 그것만을 목적으로 하지는 않는다.
- 수산업협동조합이 대표적이다.

7. 합작회사(joint venture)
- 2개국 이상의 기업이 공동 출자(투자)하고 공동으로 경영하는 해외기업의 한 형태이다.
- 200해리 경제 수역의 선포로 연안국들 간 협력 필요가 증대되면서 중요해지고 있다. 자본·기술·판매망을 가진 수산 선진국과 자원이 풍부한 연안 개발도상국 사이에서 주로 이루어진다.
- 장기적으로 해외 수산자원을 확보하기 위해서는 적합한 기업형태이다.

8. 다국적 기업(multinational corporation)
- 한 회사가 2개국 이상에 기업을 설립하고, 생산·판매·경영하는 기업을 말한다.
- 본사는 모국에 두고 여러 나라에 방계 회사를 가진다.

📖 지식IN 기업 유형에 따른 출자 형태

합명회사	합자회사	유한회사	유한책임회사	주식회사	협동조합
무한책임	무한책임 + 유한책임	유한책임	유한책임	유한책임	유한책임

POINT 012 경영 규모와 척도

- 우리나라는 수산경영 규모를 일반적으로 '어선의 톤 수' 또는 '어선의 척 수'로 분류한다.
- 수산경영은 5톤 미만 어선이 주를 이루는 소규모 경영 형태가 대부분이고, 50톤 이상의 대규모 기업 형태는 많지 않다.
- 무게별 어선 척 수 : 피라미드 모형
- 무게별 어선 규모 비율 : 역피라미드 모형

POINT 013 수산경영 방식에 따른 구분

1. 어업경영과 양식경영

구분 기준 : 자연상태에서 채취하느냐, 인위적으로 육성하여 채포하느냐에 따라 구분한다.

어업경영	자연에서 채취하는 경영 방식
양식경영	인위적으로 부화·발생·육성하여 생산하는 방식

2. 집약경영과 조방경영

구분 기준 : 수산경영 요소의 이용도에 따라 구분한다.

집약경영	• 수산경영 요소(노동·자본)의 이용도가 높은 경영 방식이다. – 생산성을 높이기 위해 어장의 단위 면적당 노동 또는 자본의 비율을 높이면 집약적 경영이 된다. • 대도시 근교에서 적합한 방식이다.
조방경영	• 수산경영 요소(노동·자본)의 이용도가 낮은 경영 방식이다. • 외지에 적합한 방식이다.

3. 단일경영과 복합경영

구분 기준 : 생산물 종류 또는 종사하는 업종의 수에 따라 구분한다.

단일경영	• 단일 업종 또는 단일 품목만을 경영하는 전문 경영 방식이다. • 대량생산을 통해 수익성을 높일 수 있다. • 지역의 특수성이 경영에 반영된다.
복합경영	• 둘 이상의 업종을 수행하는 경영 방식이다. • 경영 위험을 분산시킬 수 있고, 인력과 시설을 공동이용함으로써 고정비를 절감하고 부산물을 효율적으로 활용할 수 있다. • 복합양식의 경우 단위 면적당 생산량을 증가시킬 수 있다.

01 다음 중 어가경영에 대한 설명으로 적절하지 **않은** 것은? [2010 기출]

① 어가경영은 영리를 목적으로 하며 자본증식에 중요한 관심을 가진다.
② 어가경영에 있어서 가구주 및 가족을 제외한 타인의 노동 비중은 낮다.
③ 일반적으로 소비경제 측면과 생산경제 측면이 혼합되어 있다.
④ 어기의 수산업 생산과 소비 활동이 지속적으로 수행될 경우에만 성립된다.

해설
①은 기업경영에 대한 설명이다.

정답 ①

02 수산경영을 구성하는 4대 기본적 요소에 해당되지 **않는** 것은? [2011 기출]

① 자연적 요소　　　　　　　　　② 물적 요소
③ 회계적 요소　　　　　　　　　④ 기술적 요소

해설
수산경영의 4대 요소

자연적 요소	수산자원(어류·패류·해조류 등), 어장
인적 요소	해상노동, 육상노동, 경영관리노동
기술적 요소	기술, 경영지식, 시장정보
물적 요소(자본재)	어선, 어구, 기계설비, 원재료(종묘·사료·유류 등), 토지, 창고, 가공 공장, 양륙 시설, 부화장 및 성육장 등 ← 자금(X)

정답 ③

03 수산식품의 상품 거래상 특성으로 옳지 **않은** 것은? [2010 기출]

① 수산물은 부패성이 매우 강한 식품이다.
② 수산물은 일물일가(一物一價)의 원칙에 의하여 가격의 평준화가 형성되고 있다.
③ 수산물은 선물(先物) 거래보다 현물(現物) 거래에 의해 주로 거래된다.
④ 수산물은 거래상에 있어서 시간적 제약을 받는다.

해설
수산물은 생산의 불확실성과 부패성으로 인해 공산품과 달리 가격 변동이 심하다.

정답 ②

CHAPTER

03 경영관리

KEY POINT
- 수산경여 활동의 종류
- 수산업의 재무관리, 수산어임금제도(짓가림제)
- 경영분석지표

01 수산업의 경영관리

POINT 014 수산경영 활동 ★

계획	기업 또는 조직이 나아갈 방향과 목표를 설정, 전략 제시, 예산 편성, 담당 부서 및 구성원 결정 등이 이루어진다.
조직	• 직무를 분담하여 직무·책임·권한을 명확하게 부여하는 것을 말한다. • 직무의 범위를 정할 때에는 구성원의 창의력과 만족도를 높일 수 있도록 고려하여야 한다.
실행	• 조직 구성원들이 창의성과 적극성을 가지고 자발적으로 주어진 업무를 수행하도록 하는 것을 말한다. • 관리자의 리더십이 중요한 덕목이 된다.
조정	• 상호 조정 : 직접 조정 방식 • 통제식 조정 : 직접 조정 방식, 활용 빈도가 가장 높음 • 표준화를 이용한 조정 : 간접 조정 방식, 대규모 경영에 적합함
통제	• 처음 계획한 대로 추진되어 실적 및 성과가 목표에 제대로 달성되었는지를 측정하여 그 결과에 따라 시정·평가하는 관리활동을 말한다. • 관리 과정의 최종 단계로 사후적 활동에 해당한다. • '표준설정(계획) → 성과측정(시행) → 비교분석(통제) → 성과 미달 → 시정조치'의 절차를 통해 진행된다.

015 표준계획법

경영 계획 수립 방법의 하나로, 가장 효율적인 표준 모델을 롤모델로 설정 후 벤치마킹하여 자신의
경영 여건에 적합하게 수정하여 적용하는 방법이다.

제1단계	자신이 경영하고자 하는 형태 및 규모와 비슷한 모델을 선정한다.
제2단계	선정한 모델의 기록을 활용하여 경영성과를 표시하는 성과 일람표를 작성한다.
제3단계	작성한 일람표에 따라 경영성과를 분석한다.
제4단계	투입량과 생산량을 계획한다.
제5단계	소요비용과 수익을 계획 · 분석하여 손익계산서를 작성한다.

016 사업별 조직과 기능별 조직 비교

1. 사업별 조직
 • 산출물에 기반을 둔 부서화 방식으로, 자기완결적 단위이다.
 • 각 기능의 조정이 부서 내에서 이루어지므로, 기능구조보다 분권적 조직 구조를 가진다.

장점	• 기능 간 조정이 용이하고, 환경변화에 신축적이다. • 특정산출물 단위로 운영되기 때문에 다양한 고객만족도를 제고할 수 있다. • 책임소재가 분명하다.
단점	• 중복에 따른 규모의 불경제와 효율성이 상대적으로 낮다. • 기능 직위가 부서별로 분산되므로 전문지식과 기술발전에 불리하다.

2. 기능별 조직
 • 조직의 전체 업무를 공동기능별로 부서화하는 방식이다.
 • 동일집단의 구성원은 동일한 기술을 소유한다.
 • 수평적 조정의 필요성이 낮을 때 효과적이다.

장점	• 기능 내에서 규모의 경제를 제고할 수 있다. • 기능의 중복을 막을 수 있다. • 조직 구성원들의 지식 · 기술이 통합적으로 활용되므로 전문지식 · 기술의 깊이를 제고할 수 있다. • 구성원 간 응집력이 강해, 부서 내 의사소통 · 조정이 유리해진다. • 관리자의 감독이 용이하다.
단점	• 부서별로 상이한 기능을 수행하기 때문에, 부서들 간 조정 · 협력이 요구되는 환경변화에 둔감하다. • 의사결정 권한이 고위관리자에게 집중되어 업무 과부하가 걸려 대처하기 어렵다. • 고도의 전문화에 따라 동기부여에 불리하며, 균형을 갖춘 일반관리자를 배출하는 데 어렵다. • 책임소재가 불분명하다.

02 수산업의 인사관리

POINT 017 어업노동의 특성 ★

- 어업노동이란 수산자원의 채취 · 채포 · 양식을 위해 사용된 노동을 말한다.
- 수산업은 환경 조건에 많은 영향을 받기 때문에 타 산업과 차이점을 보인다.

노동 위험도	파도, 해황 등 자연 환경의 영향을 많이 받기 때문에 작업 위험도가 크다.
노동 강도	수산자원의 계절성 · 습성과 해황의 변화로 노동 강도 차가 크기 때문에 어군 발견에서 어획까지 신속하게 마쳐야 한다.
노동 시간	직접적인 어획에 소요되는 시간은 짧으나, 어장까지의 이동시간, 어구 및 장비 수리, 양륙 작업 등 간접적인 노동 시간이 타 산업보다 긴 편이다.
노동 협력도	기계화가 진전되었음에도 불구하고 여전히 수(手) 노동에 의존하는 경향이 커 개개인의 숙련된 기술과 협력이 요구된다.

POINT 018 고용 및 관리

- 필요한 노동력을 필요한 시기에 맞춰 조달하는 것을 고용이라 한다.
- 일반적으로 수산업은 작업 시 협력이 중요하기 때문에, 선주가 어로장 또는 선장을 고용하면, 어로장 또는 선장이 정해진 인력계획에 따라 선원을 고용한다. 즉, 어로장 또는 선장에게 선원 고용을 일임한다.
- 사용자(선주)는 계약시 반드시 「선원법」 및 「근로기준법」에 의거하여 계약하여야 하며, 계약서에 취업 장소, 업무에 관한 사항, 노동 시간, 휴일 및 휴가, 임금 결정 · 계산 · 지불방법 · 지불시기, 노동자가 부담해야 할 식비 · 식품 · 위생용품 · 작업용품, 재해보상, 실업수당 및 퇴직수당 등을 명시하여야 한다.

POINT 019 어업 노동력 고용 시 문제점

- 어기에 따라 어업 시기가 변동되므로 고용 기간이 단기적이다.
- 노동력이 연안 지역에 집중되어 있다.
- 어획 노동의 강도가 크고 가공업 및 유통업 분야 등 육상으로의 취업 기회가 확대되면서 노동력 이탈 현상이 증대되고 있다.

POINT 020 교육 훈련

기능자 교육	학교 교육, 기술 훈련소 교육, 경험을 통한 교육 등이 있다. 이 중 경험법은 시간이 많이 필요하고, 새로운 기술에 적응하기 어렵다.
선장 교육 및 사관 교육	선박 운항 · 생산 · 인사관리에 관한 교육이 주를 이룬다.

POINT 021 임금 제도 ★

어업은 생산량 변동이 크고 노동 시간이 불규칙하기 때문에, 표준시간 또는 표준생산량을 기준으로 임금을 산출하여서는 안 된다.

실물분배제	어획해 온 어획물로 임금이 지불되는 방식이다. 예 동해안 오징어어업 또는 명태 연승
고정급제	어획 성과와 관계없이 일정액을 지급받는다. 예 시간급제, 월급제, 어기급제, 항차급제
짓가림제	경영 성과를 노사 간에 분배하는 형태로, 대표적인 임금 지급 방식이다.

POINT 022 짓가림제 ★

- 고려시대부터 시작된 결부제도에서 유래한 제도이다.
- 다른 산업에서는 찾아보기 힘들다.

특징	• 경영 성과가 있어야 분배할 수 있다. • 위험 분산 형태이다. • 단체 임금제이다. • 해상 노무 관리의 자동화를 꾀할 수 있다. • 어획 노동력을 기준으로 하여 지급된다. • 후불 방식의 임금 제도이다.
계산 절차	1인당 임금 = [(총 어획 금액 – 공동경비) ÷ 총 짓수] × 분배 짓수 ① 선원 개개인의 분배 기준인 '짓수'를 정한다. 　– 보통 선장(2~2.5짓), 기관장(1.8~2짓), 간부선원(1.5~1.8짓), 선원(1짓)으로 분배한다. ② 경영 성과를 산출한다(총 어획 금액 – 공동 경비). ③ 사전에 정한 선주 측 몫과 선원 측 몫으로 나눈다. 　– 보통 선주(6) : 선원(4) 또는 선주(5) : 선원(5)의 비율로 나눈다. ④ 선원 측 총 분배액을 총 짓수로 나누어 1짓당 금액을 산출한다. ⑤ 1짓당 금액에 ①의 개인 분배 짓수를 곱한다.

※ **공동경비(노사 공동부담 경비)**
　연료비, 어선 수선비, 어구 수선비, 선원 주부식비, 용기대, 미끼대, 판매수수료 등

POINT 023 노동조합

- 의무가 아닌 선택에 의해 자주적으로 가입하여 조직한다.
- 수산업에 있어 가장 대표적인 노동조합은 산업별 노동조합이다. 일정한 산업에 종사하고 있으면 소속과 직업의 구별 없이 모든 노동자가 조합원으로 가입할 수 있어 교섭력이 가장 강하다.
- 노동조합의 기능·권한
  - 단체교섭
  - 노동협약
  - 노동쟁의
  - 복지·문화 사업

03 수산업의 재무관리

 POINT 024 재무관리

- 경영에 필요한 자본 조달 및 운용에 관한 의사결정과정을 재무관리라 한다.
- 재무관리의 기능은 투자결정, 자본조달, 배당정책, 구조조정이 있다.

투자결정	수산 업계나 시장 동향을 파악해서 어떤 사업에 투자를 할 것인지 결정
자본조달	경영을 수행할 때 필요한 자본을 어떻게 조달할 것인지와 운용방안 결정
배당정책	경영을 통해 얻은 수익을 투자자들에게 어떤 방식으로 배당할 것인지 결정
구조조정	다가올 환경 변화에 대응 및 준비를 위해 합병 등 기존 경영 형식을 변화

- 수산금융은 금융자금보다 이자율이 낮고 재정자금에 의존도가 더 크다.
  (재정자금 관리기관 : 수산업협동조합)

POINT 025 내부자금 조달

- 내부자금
  = 가처분 소득 - 가계비용
  = 사내보유액 + 감가상각 충당금

  ※ 가처분 소득 = 어업 수익 - 어업 경비 - 조세공과금
    당기순이익 = 총 어업 수익 - 어업 경비 - 영업비
    사내유보액 = 당기순이익 - 배당금

POINT 026 외부자금 조달 ★

단기차입금 (유동 부채)	전도금	상인에게 장래 어획물을 양도할 것을 전제로 대금을 미리 차입하거나 지급받는 것을 말한다.
	금융 단기대출	당좌 차월 · 증서 대부 · 어음 대부 등의 방법으로 자금을 지급 받는 것을 말한다.
	창고증권 담보	어업자가 맡긴 임차물을 담보로 창고업자가 창고증권(유가증권)을 교부하면, 이를 다시 금융기관에 담보로 하여 자금을 차입할 수 있다.
장기차입금 (고정 부채)	담보	• 주로 고정 자산 구입에 필요한 자금을 충당하기 위해 담보를 활용한다. • 고정 자산에 투입된 자금은 일정 기간 후에나 회수할 수 있기 때문에 그 기간보다 짧은 단기차입금으로 조달할 경우, 수익률이 높다하더라도 효과적인 투자라고 할 수 없다. 즉, 현금 유입과 유출의 발생 시점 차이로 인하여 파산할 위험성이 크다.

POINT 027 고정 자산과 유동 자산 ★

고정 자산	어장, 어선, 어구, 시설물
유동 자산	선원의 임금, 원자재, 반제품

POINT 028 자본 운용 원칙

• 어선과 어구는 사용 전 미리 구비 · 정비해 두고, 어업에 사용할 미끼도 사전에 준비해 두어야 한다.
• 자재를 효과적으로 관리하여 낭비를 방지하여야 한다.
• 어장별 작업 표준기준을 수립하여 자재의 낭비를 방지하여야 한다.
• 적기에 출어함으로써 생산량 또는 어획량의 증가를 도모한다.
• 미끼가 남아 폐기하는 일이 없도록 연간 필요량을 세우고 구입하여야 한다.

투자의 유형 ★

대체 투자	• 고정 자산은 시간이 경과함에 따라 그 가치가 하락하게 되므로, 이를 다른 새로운 대상으로 대체하여 투자하는 것을 말한다. • 구설비와 신설비의 순현재가치를 구한 뒤 투자를 결정하여야 한다.
확장 투자	• 시설 확장을 통해 얻게 되는 추가 매출에 대한 기대 이익과 투자 지출액을 따져 결정하여야 한다. • 되도록 투자액을 투자 초기에 회수할 수 있도록 하여야 한다.
제품 투자	제품 개선을 위한 투자와 신제품 투자로 나눌 수 있으며, 다시 소극적 투자와 적극적 투자로 구분할 수 있다. • 소극적 투자 : 유사 제품 개발 • 적극적 투자 : 최초 제품 개발
전략 투자	• 장기적 목표를 가지고 간접적으로 이루어진다. • 연구개발(R&D) 사업, 자녀 교육비 부담, 복지 향상 사업 등이 대표적이다.

📖 지식 IN 경제성 분석기법

순현재가치법 (NPV)	• 미래의 현금흐름을 현재의 화폐가치로 환산·비교한 것이다. • 순현재가치가 0보다 크면 정책이 채택된다. • NPV에 의한 평가기준을 칼도-힉스(Kaldor-Hicks) 기준이라 한다. • 자원(예산)의 제약이 없을 경우 사용된다. • 사업의 규모가 클수록 순현재가치가 크게 나타난다. - 사업의 규모가 다를 경우 한계를 갖는다.
편익비용비 (B/C)	• 순현재가치법의 대규모 사업이 유리해지는 편향성을 보완하기 위한 기법으로, 사업의 규모가 다를 경우 보조적으로 이용된다.
내부수익률 (IRR)	• 내부수익율이란 총 편익과 총 비용을 일치시키는 할인율로, 순현재가치를 '0'으로 만드는 할인율·편익비용비를 '1'로 만드는 할인율이다. • 내부수익률이 클수록 바람직하다. • 내부수익률이 필수(요구)수익률보다 클 경우 타당성이 있다고 본다. • 다수의 '해'가 나올 수 있다는 한계가 있다. • 사업의 기간이 서로 상이할 경우 사용이 곤란하다. • 내부수익률보다 순현재가치법이 더 정확하다는 게 일반적이다.
회수기간법	• 재정력이 부족하여 자금의 회수가 중요할 때 사용한다. • 회수기간이 빠른 투자안(정책)이 우선순위를 가진다. • 화폐의 시간적 가치가 중시되지 않는 단점이 있다.

04 수산업의 생산관리

POINT 030 생산관리

- 어획물의 품질은 보통 어획물의 크기와 선도로 구분되며, 그중에서도 선도가 상품가치를 결정하는 데 결정적 요인으로 작용한다.
- 계획된 기일에 계획된 비용으로 수산자원을 채포·양식하기 위해 생산활동을 계획·조정·통제하는 것을 생산관리라 한다.
- 최근 수산자원의 감소, 국제 간 어업 경쟁 격화, 어장 이용 확대, 어업 생산의 근대화가 이루어짐에 따라 수산업의 생산관리 및 생산계획이 중요해지고 있다.

POINT 031 생산 계획의 종류

연간 생산 계획	트롤어업 등 한 해 동안 같은 어업을 조업하는 경우 연간 생산 계획을 수립한다.
계절별 생산 계획 (어기별 생산 계획)	각 어종의 어기별로 생산 계획을 수립하는 것을 말하며, 어종이나 어기에 따른 어법·어구·보관 등에 관한 계획을 수립한다.
항차별 작업 계획	어선별 어획 능력과 어장 거리 및 크기를 고려하여 항차별로 작업 계획을 수립한다.
일정 계획	항차별 작업 계획이 의도한 대로 진척되는지 매일 일별 작업 계획을 수립한다.

POINT 032 어업 작업 계획 ★★

어업 준비 작업 계획	• 어선 수선 및 정비, 어구의 정비 작업 • 식품·연료·얼음 소요 계획 수립 및 준비 등
어로 작업 계획	• 어획량 계획 • 투·양망 횟수 계획

※ 어로 작업은 동시 진행이 불가능하고 환경에 따른 유동적인 작업이 이루어져야 하므로 작업 계획이 매우 중요하다.

POINT 033 어로 작업 순서

어군 탐색 → 집어 → 투망(투승) → 인망 → 양망(양승) → 어획물 처리

POINT 034 어선 조직 구분 ★

단선조직		• 한 척의 어선이 단독으로 생산을 수행하는 조직이다. • 기업에 많은 수의 어선이 있다 하더라도 개개의 어선이 홀로 어업 활동을 한다. • 선장을 중심으로 운영된다.
선대조직	집중식	• 육지에서 경영자가 어선의 어로 작업을 조정하고 통제하면서 어선들 사이에 경쟁을 유발하는 방식이다. • 어선 간에 어장 정보를 교환하고, 어황·어획량 등을 영업소에 보고하면, 영업소에서 종합하여 다시 어선에 통지하는 방식을 사용함으로써 어업 효율을 높인다.
	교체식	• 같은 종류의 두 척 이상의 어선 간에 팀을 조직하여 서로 교체해가며 조업을 하는 방식이다. • 한 기업의 어선이 어장을 발견하면 그 기업에 속해 있는 여러 어선에 정보를 통지하여 그 어장에 집중시켜 조업을 한다.
선단조직		• 기선저인망·선망 등 대규모 조업 시 계획적인 조업과 정보교환, 수송, 보급 등을 위해 공선(모선)을 중심으로 운반선·집어선·어로탐지선 등으로 구성된 형태를 말한다. • 어장과 항구를 왕래하는 데 소비되는 경비와 시간을 절약하고 작업시간을 증가시켜 어획량을 증대시키는 데 목적이 있다. • 공선에 냉동·냉장·가공 시설을 갖추고 있어 어획물의 선도유지를 높일 수 있다. • 선단조직은 어획 기능, 어군탐지 기능, 어획물 가공 기능, 집어 기능, 운반 기능을 모두 할 수 있다.

05 수산업의 경영분석

POINT 035 경영분석 방법

1. 구성 비율법
   • 재무상태표와 손익계산서의 자산·자본·부채·수익·비용을 항목별 구성 비율로 표시하여 경영성과와 재무상태를 파악하는 방법이다.

- 특징
  - 객관적이고, 문제점을 쉽게 찾아낼 수 있다.
  - 타 기업과의 비교가 용이하다.

2. 관계 비율법

둘 이상의 계정을 상호 비교하여 안정성·수익성·성장성 등을 파악하는 방법이다.

3. 추세 분석법

기준 연도의 재무제표의 각 항목을 100으로 하고, 후속 연도의 항목을 백분율로 표시하여 기업 변화 동향을 판단하는 방법이다.

POINT 036 경영분석지표 ★

수익성	경영성과를 측정·평가한 비율로, 높을수록 성과가 큰 것을 의미한다.	
	자본 이익률	이익 ÷ 자본 × 100
	매출액 이익률	이익 ÷ 매출액 × 100
	수지 비율	비용 ÷ 수익 × 100
	매출 원가	매출 원가 ÷ 매출액 × 100
안정성	부채 대 총자본 비율을 나타낸 것으로, 높을수록 부채가 많은 것을 의미한다.	
	유동 비율	유동 자산 ÷ 유동 부채 × 100
	부채 비율	부채 ÷ 자기 자본 × 100
	고정 비율	고정 자산 ÷ 자기 자본 × 100
	고정 장기 적합률	고정 자산 ÷ (자기 자본 + 고정 부채) × 100
활동성	생산·판매 활동을 위하여 자산을 얼마나 효과적으로 활용하였는지를 나타낸 것으로, 회전율이 높을수록 자산 활용도가 큰 것을 의미한다.	
	자본 회전율	매출액 ÷ 자본
	고정 자산 회전율	매출액 ÷ 고정 자산
	단위당 매출액	매출액 ÷ 재고 자산
성장성	매출액 증가율	$\dfrac{\text{당년도 매출액 − 전년도 매출액}}{\text{전년도 매출액}} \times 100$
	총자산 증가율	$\dfrac{\text{당년도 총자산 − 전년도 총자산}}{\text{전년도 총자산}} \times 100$
	순이익 증가율	$\dfrac{\text{당년도 순이익 − 전년도 순이익}}{\text{전년도 순이익}} \times 100$

📖 지식 IN

유동 자산	800	유동 부채	400
고정 자산	7,200	고정 부채	5,600
투자 및 기타 자산	2,000	자본금	2,000
어로 원가	10,000	당기 순이익	2,000
판매비	4,000	매출	20,000
일반 관리비	3,000	영업 외 수익	4,000
영업 외 비용	5,000		

유동 비율	800 ÷ 400 × 100	200%
고정 비율	7,200 ÷ 4,000 × 100	180%
부채 비율	(400 + 5,600) ÷ 4,000 × 100	150%
자기 자본 비율	2,000 ÷ (2,000 + 2,000) × 100	50%
매출액 순이익률	2,000 ÷ 20,000 × 100	10%
수지 비율	(10,000 + 4,000 + 3,000 + 5,000) ÷ (20,000 + 4,000) × 100	91.7%
매출 원가율	10,000 ÷ 20,000 × 100	50%
자기 자본 회전율	20,000 ÷ (2,000 + 2,000)	5회전
고정 자산 회전율	20,000 ÷ 7,200	약 2.78회전
단위 면적당 매출액	20,000 ÷ 4,000	5만 원

POINT 037 자가 경영 진단

1. 진단 목적과 검토 내용

항목	목적	내용
어장 진단	생산량 증감원인 분석	• 입지 환경 적합성 판단 • 입지 환경 변화에 대한 적응력 판단
시설 진단	• 생산량 증감원인 분석 • 시설비 절감방안 모색	• 어장 규모 적합성 판단 • 시설 규모 및 방법 검토 • 장비 적합성 및 활용도 검토
생산 진단	• 생산량 증감원인 분석 • 생산원가 절감방안 모색	• 종묘 적합성 판단 • 생산 기술 및 효율성 분석 • 관리 방식의 적합성과 효율성 분석

판매 진단	• 어가 변동원인 분석 • 판매비 절감방안 모색	• 가격 및 공급량 변동 분석 • 판매 방법 및 시기 판단 • 판매할 생산물의 품질 검토
자금 진단	• 운영자금 적합성 분석 • 이자비용 절감방안 모색	자금 조달 내역 및 효율성 검토

2. 경영 진단 시 효율성 분석 지표와 산출 방법

항목	지표	산출 방법
어장 적합성	• 조업 일수 효율 • 파종 효율	• 생산량 ÷ 조업 일수 • 생존량 ÷ 파종량 × 100
시설 적합성	• 유류 효율 • 시설 효율	• 생산량 ÷ 소비 유류량 • 생산량 ÷ 시설량
생산 적합성	• 유류 효율 • 어구 효율	• 생산량 ÷ 소비 유류량 • 생산량 ÷ 어구량
기술 적합성	• 사료 효율 • 파종 효율	• 중량 증가 ÷ 사료 투입량 × 100 • 생존량 ÷ 파종량 × 100
인력 적합성	인력 효율	생산량 ÷ 투입 인력
판매 적합성	가격 효율	• 판매 금액 ÷ 판매량 • 판매 금액 ÷ 총비용

📖 지식 IN

생산량	24,000kg	시설량	$1,000m^2$
생존량	4만 마리	사료 투입량	99,000kg
파종량	5만 마리	투입 인력	연 1,000명
투입 중량	1,000kg	판매 금액	8억 원
증중량	23,000kg	비용 합계	4억 원

파종 효율	4만 마리 ÷ 5만 마리 × 100 = 80%
시설 효율	$24,000kg ÷ 1,000m^2 = 24kg/m^2$
사료 효율	23,000kg ÷ 99,000kg × 100 = 약 23%
인력 효율	23,000kg ÷ 1,000명 = 23kg/명
가격 효율	8억 원 ÷ 4억 원 = 2배

01 수산경영의 관리과정으로서 계획을 보다 효과적으로 달성해 나갈 수 있도록 조직 구성원에게 알맞은 일을 분담시키고 책임과 권한을 명확하게 부여하는 것은? [2010 기출]

① 계획
② 조직
③ 실행
④ 조정

해설

수산경영 활동

계획	기업 또는 조직이 나아갈 방향과 목표를 설정, 전략 제시, 예산 편성, 담당 부서 및 구성원 결정 등이 이루어진다.
조직	• 직무를 분담하여 직무·책임·권한을 명확하게 부여하는 것을 말한다. • 직무의 범위를 정할 때에는 구성원의 창의력과 만족도를 높일 수 있도록 고려하여야 한다.
실행	• 조직 구성원들이 창의성과 적극성을 가지고 자발적으로 주어진 업무를 수행하도록 하는 것을 말한다. • 관리자의 리더십이 중요한 덕목이 된다.
조정	• 상호 조정 : 직접 조정 방식 • 통제식 조정 : 직접 조정 방식, 활용 빈도가 가장 높음 • 표준화를 이용한 조정 : 간접 조정 방식, 대규모 경영에 적합함
통제	• 처음 계획한 대로 추진되어 실적 및 성과가 목표에 제대로 달성되었는지를 측정하여 그 결과에 따라 시정·평가하는 관리활동을 말한다. • 관리 과정의 최종 단계로 사후적 활동에 해당한다. • '표준설정(계획) → 성과측정(계획) → 비교분석(통제) → 성과미달 → 시정조치'의 절차를 통해 진행된다.

정답 ②

02 수산경영의 자본조달에 있어 외부 자금에 속하지 <u>않는</u> 것은? [2009 기출]

① 유보이익
② 전도금
③ 수협신용
④ 창고증권의 담보차입

해설

외부자금 조달

	전도금	상인에게 장래 어획물을 양도할 것을 전제로 대금을 미리 차입하거나 지급받는 것을 말한다.
단기차입금 (유동 부채)	금융 단기대출	당좌 차월·증서 대부·어음 대부 등의 방법으로 자금을 지급 받는 것을 말한다.
	창고증권 담보	어업자가 맡긴 임차물을 담보로 창고업자가 창고증권(유가증권)을 교부하면, 이를 다시 금융기관에 담보로 하여 자금을 차입할 수 있다.
장기차입금 (고정 부채)	담보	주로 고정 자산 구입에 필요한 자금을 충당하기 위해 활용한다.

정답 ①

CHAPTER

04 수산업 회계

KEY POINT
- 비용 기장
- 감가상각비 계산
- 원가 요소

01 수산업 회계의 필요성 및 특징

POINT 038 수산업 회계의 필요성

- 경영성과를 파악할 수 있다.
- 재무상태를 파악할 수 있다.
- 향후 경영방침 수립을 위한 자료를 제공해준다.

POINT 039 현금 기장

현금 계정	• 현금의 수입과 지출을 처리하는 자산계정이다. • 차변 : 현금의 수입액, 현금의 현재액, 계정의 잔액 대변 : 현금의 지출액
현금 출납장	• 현금 계정 명세를 기입하는 보조 기입장이다. • 현금의 수입·지출 내역을 상세히 기입하여 현금의 현재액을 알 수 있게 기록한다. • 현금 출납장의 잔액과 현금 계정의 잔액은 일치해야 한다.

040 상품 매매 기장(3분법)

- 기업의 규모, 거래량, 거래빈도를 고려하여 회계처리한다.
- 상품매매 거래를 자산계정(이월상품계정), 비용계정(매입계정), 수익계정(매출계정)으로 분할하여 기장하는 방법이다.

자산계정(이월상품계정)		비용계정(매입계정)		수익계정(매출계정)	
차변	대변	차변	대변	차변	대변
전기 이월액		총매입액 매입 제비용	매입 에누리 매입 환출액 순매입액	매출 에누리 매출 환입액 순매출액	총매출액

📖 지식 IN **회계보고서상 계정 과목별 작성**

자산계정		부채계정		재무상태표	
차변	대변	차변	대변	차변	대변
증가	감소	감소	증가	자산	부채 자본

자본계정		비용계정		수익계정	
차변	대변	차변	대변	차변	대변
감소	증가	증가	감소	감소	증가

041 단식부기와 복식부기

단식부기	• 채권·채무는 회계장부상에 존재하지 않는다. • 단순하기 때문에 이해가 쉽고 관리가 용이하다. • 예산액수와 실제 지출액수의 비교가 쉽기 때문에 관리(집행)통제 면에서 유용하다. • 이미 발생했지만 아직 지불되지 않은 채무에 관한 정보를 제공하지 않아, 가용자원에 대한 과대평가가 이루어지기 쉽고, 재정적자가 초래될 가능성이 높다. • 비용과 편익을 정확히 계산하기 어렵다.
복식부기	• 현금주의와 달리 투입비용에 대한 정보를 제공한다. • 회계 담당자의 주관성이 보다 많이 작용할 가능성이 있다. • 모든 채권을 징수할 수 있는 것은 아니기에 수익의 과대평가가 이루어질 가능성이 있다. • 감가상각 및 대손상각을 비용으로 인식한다.

POINT 042 현금주의와 발생주의

현금주의	• 거래의 영향을 단 한 가지 측면에서 수입과 지출로만 파악한다. • 재정의 총괄적이고 체계적인 현황 파악이 곤란하다. • 자산 및 부채에 대해 명확하게 인식하기 힘들고 회계의 건전성 파악이 곤란하다. – 부채가 존재해도 현금으로 지출되지 않으면 재정이 건전한 것으로 나타난다. • 오류의 자기검증 및 연계성 분석이 어렵다. • 이익과 손실의 원인을 명확히 파악하기 어렵다.

발생주의	• 거래의 이중성을 회계처리에 반영하여 기록하는 방식이다. 즉, 자산 · 부채 · 자본을 인식하여 계상한다.
	• 모든 재산의 증감 및 손익의 발생 내용을 기록한다.
	• 대차평균의 원리에 따라 차변과 대변에 이중 기록한다.
	  – 재무상태표, 손익계산서를 작성한다.
	• 차변의 합계와 대변의 합계가 일치하여 자기검증기능을 갖는다.
	• 총량 데이터를 확보할 수 있기 때문에 최고경영자 또는 정책결정자에게 유용한 정보를 제공한다.
	• 데이터의 신뢰성이 높다.
	  – 상호검증이 가능하여 부정이나 오류를 발견하기 쉽다.
	• 회계정보의 이해 가능성이 높아 대국민의 신뢰를 확보할 수 있다.

수정발생주의	• 수익은 현금주의, 비용은 발생주의로 파악한다. • 유동 자산 또는 유동 부채의 증감시점에 거래를 인식한다. • 유동 자산 또는 유동 부채의 변동을 측정한다. • 고정 자산과 장기차입금 및 장기 미지급금 등 고정 부채의 변동상황 파악은 곤란하다.

POINT 043 고정 자산 기장

고정 자산을 취득한 경우 종류별 계정 과목을 설정하고 차변에 취득 원가를 기입한다.

무형 자산	어업권, 양식업권, 허가권 등
유형 자산	어선, 어구, 토지, 건물, 차량, 비품 등

POINT 044 수익 기장

영업 수익	어획한 수산물 등을 판매하여 얻은 수익
영업 외 수익	이자 수익

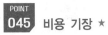

비용 기장 ★

매출원가	• 매출한 상품에 대한 원가를 의미한다. • 매출원가 = 기초상품 재고액 + 당기 순매입액 − 기말상품 재고액 　※ 당기 순매입액 = 당기 총 매입액 − 매입 에누리액 + 환출액
영업비 (판매비＋관리비)	• 판매비 : 어획한 수산물을 판매하는 데 드는 비용을 말한다. 　관리비 : 사업체를 운영·유지·관리하기 위해 드는 비용을 말한다. • 급여, 여비, 통신비, 세금, 공과금, 임차료, 감가상각비, 수선비, 보험료, 운반비, 소모품비 　등이 있다.

02 원가 계산

수산물 원가 ★

1. 발생 형태에 따른 분류

재료비	수산물 생산에 소비된 재료의 소비액이다.
노무비	• 생산활동에 있어 노동은 필수적 요소이기 때문에 필수적인 원가에 해당한다. • 임금, 급료, 상여금, 퇴직금이 노무비에 해당한다.
경비	• 재료비, 노무비를 뺀 모든 생산원가요소이다. • 소모품비, 수리비, 통신비, 수수료, 감가상각비, 운반비, 포장비가 경비에 해당한다.

2. 추적 가능성에 따른 분류

직접비	• 발생 비용의 집계가 용이하다. • 치어구입비, 사료비 등
간접비	• 특정 수산물별로 따로 집계하기에는 곤란하다. • 수리비 등

3. 생산량 변화에 따른 분류

고정비	고정인건비, 선박, 고정 자산에 대한 감가상각비 등
변동비	짓가림제 방식(비율방식)의 인건비, 사료비, 재료비 등

📖 지식IN 감가상각비 계산 ★

정액법	• 매년 일정한 금액을 감가상각하는 방법 • 감가상각비 = $\dfrac{\text{취득원가} - \text{잔존가액}}{\text{내용년수}}$
정률법	• 매년 일정 비율로 감가상각하는 방법 • 감가상각비 = (취득원가 − 직전 연도 감가상각 누계액) × 상각률 　※ 상각률 = $1 - {}^{\text{내용년수}}\!\sqrt{\dfrac{\text{잔존가액}}{\text{취득원가}}}$

POINT 047 원가 계산의 목적

- 원가는 생산과정에서 투입되는 모든 경제적 가치를 말하며, 화폐액으로 표시된다.
  - 원가 계산은 수산물이 생산되어 판매되기 이전까지 소비된 모든 가치를 계산한다.
- 원가에는 정상적인 생산과정에서 발생하는 비용만 포함한다.
- 어선어업에서 원가 계산은 어선별로 하며, 어선별 원가는 어선별 개별 원가 요소와 공동 원가 요소를 합산하여 산정한다. 단, 둘 이상의 어선에 운반선이 있는 경우 운반 배부비용은 어선별 원가에 합산하지 않는다.

재무제표 작성	손익계산서와 재무상태표 등 재무제표를 작성하는 데에 기초적인 정보를 제공해 준다.
가격계산	생산자는 가격설정 시 원가를 기준으로 하여 결정한다.
원가관리	원가절감 및 원가능률 향상을 위한 정보를 제공해 준다.
예산편성	원가를 계산함으로써 예산편성에 정보를 제공해 준다.
경영기본계획 수립	경영기본계획을 수립하는 데 필요한 수익과 원가를 비교할 수 있는 자료를 제공해 준다.

POINT 048 어선어업의 원가 요소 ★

- 어선어업은 따로 양식업과 달리 재료비가 없어 원가 요소가 출어비 · 노무비 · 경비로 구성된다.
- 출어비와 노무비는 일반적으로 직접비에 해당하고, 경비는 간접비에 해당한다.
- 경비에는 어선의 조업활동을 하기 위해 육상에서 발생한 비용을 포함한다.

출어비 ★	어구비, 연료비, 얼음대, 소금대, 소모품비, 주부식비 등
노무비	임금, 수당, 상여금, 퇴직금 등
경비	운반비, 수선비, 공제비, 보험료, 세금, 공과금, 복리후생비 등

POINT 049 양식업의 원가 요소 ★

- 양식업의 원가 요소는 재료비 · 노무비 · 경비로 구성된다.
- 재료비와 노무비는 일반적으로 직접비에 해당하고, 경비는 간접비에 해당한다.
- 공동경비 요소로는 취수시설비와 관리선비가 있다.

재료비	종묘비, 사료비 등
노무비	임금, 수당, 상여금, 퇴직금 등
경비	용품비, 약품비, 수리비, 운반비, 임차료비, 세금, 공과금, 감가상각비, 공제비, 보험료 등

📖 지식IN 원가 계산에 포함시키지 않는 비용

어선어업	둘 이상의 어선에 운반선이 있는 경우 운반배부 비용
양식업	자재 관리 비용, 관리 · 재취선 비용

01 다음은 어느 수산기업의 회계 관련 자료이다. 생산원가는? [2010 기출]

> (단위 : 억 원)
>
> 직접재료비 : 150   간접재료비 : 70   일반관리비 : 110
>
> 직접노무비 : 250   간접노무비 : 150   판매비 : 160
>
> 직접경비 : 180   간접경비 : 150   이익 : 200

① 370 ② 580
③ 950 ④ 1,220

해설

일반관리비, 판매비, 이익은 생산원가에 포함되지 않는다. 생산원가에는 재료비, 노무비, 경비가 해당된다. 즉, 직접이든 간접이든 재료비, 노무비, 경비를 모두 합하면 생산원가는 950억 원이 된다.

정답 ③

02 투자안의 경제성을 평가하는 방법 중 화폐의 시간가치(할인율)를 고려한 방법을 모두 고른 것은? [2010 기출]

> ㄱ. 회수기간법(payback period method)
> ㄴ. 순현재가치법(net present value method)
> ㄷ. 내부수익률법(internal rate of return method)
> ㄹ. 회계이익률법(accounting rate of return method)

① ㄱ, ㄴ ② ㄴ, ㄷ
③ ㄴ, ㄹ ④ ㄷ, ㄹ

해설

화폐의 시간가치(할인율)를 고려하는 방식에는 순현재가치법과 내부수익률법이 있다.

순현재가치법	미래의 현금흐름을 현재의 화폐가치로 환산·비교한 것이다.
편익비용비	순현재가치법의 대규모 사업이 유리해지는 편향성을 보완하기 위한 기법으로 사업의 규모가 다를 경우 보조적으로 이용된다.
내부수익률법	총편익과 총비용을 일치시키는 할인율로, 순현재가치를 '0'으로 만드는 할인율·편익비용비를 '1'로 만드는 할인율이다.
회수기간법	재정력이 부족하여 자금의 회수가 중요할 때 사용한다.

정답 ②

05 수산물 마케팅

KEY POINT
- 수산물 마케팅의 특징
- 마케팅 활동 절차
- 수산물 시장의 종류

01 수산물 마케팅의 특징

POINT 050 수산물 마케팅의 특징 ★

- 수산물 마케팅이란 수산물을 효율적으로 판매하기 위한 계획·시장조사·촉진·판매·통제활동에 생산까지도 관여하는 적극적인 활동을 말한다. 즉, 단순히 수산물을 판매하는 행위에 한정하지 않는다.
- 소비자의 욕구의 다양화, 생산자 간의 경쟁 격화, 생산량 감소로 수산물 마케팅이 더욱 중요하게 인식되고 있다.
- 상표화·포장화·등급화·규격화 등의 마케팅은 소비자의 구매 결정을 높여 판매율을 높일 수 있다.
- 수산물의 타 상품과의 차이
  - 수산물은 부패도가 높아 거래에 있어 시간적 제한을 크게 받는다.
  - 수산물은 초기 계획한 대로 생산이 이루어지는 것이 아니므로 과잉생산·과소생산의 위험도가 높아 수량적 제한이 있다.
  - 수산물은 계절에 따라 생산물이 달라지고 어장과 생산자가 분산되어 있기 때문에 마케팅 경로가 복잡하다.
  - 수산물은 공산품과 달리 상품의 품질과 규격을 동일하게 유지하기 어렵다.
  - 수산물은 생산의 불확실성과 부패성으로 인해 공산품과 달리 가격 변동이 심하다.
  - 수산물은 부패성으로 인해 일반적으로 시장에서 소량구매가 이루어진다.

POINT 051 마케팅의 4P 전략

- 상품(Product) : 상품, 서비스, 포장, 디자인, 브랜드, 품질 등
- 가격(Price) : 정찰제, 할인, 신용, 할부 등
- 유통(Place) : 유통경로, 구색, 재고, 운송 등
- 촉진(Promotion) : 판매촉진, 광고, 인적판매, PR, DM 등

02 수산물 마케팅의 환경과 활동

POINT 052 수산물 마케팅 환경

제도적 환경	• 수산물 거래에 관한 국내적 · 국제적 기준이 강화되고 있다. • 수산물 무역이 자유화되면서 국내로의 수입이 증대되고 있다. • 우루과이협상(1996) 이후 유통시장이 전면 개방되면서 외국기업의 진출이 활발해졌다. • 해양법 발효로 TAC(허용 가능한 총 어획량) 제도가 도입되면서 과거에 비해 수산물 생산에 제한을 받고 있다.
사회 · 경제적 환경	• 통신 · 교통이 발달함으로써 생산자와 소비자 간의 시간적 · 공간적 거리에 대한 인식 차가 줄어들었다. • 건강에 대한 인식이 커지면서 소비자의 소비 패턴이 변화하고 있다.

POINT 053 마케팅 환경 변화에 따른 시장 변화

- 무역 자유화로 인한 수입 증가로 안정적인 공급이 이루어지게 되어 수산물 상품의 가격의 안정화가 이루어지게 되었다.
- 시장 개방으로 유통 및 거래의 투명성이 강화되는 등 거래기준 및 제도가 강화되고 있다.
- 유통 및 운반의 물리적 환경이 발달하면서 유통기능이 분산되고 있다.
- 시장 개방으로 선진화된 경영기술이 도입되면서 수산물 유통 업체도 대형화되는 추세이다.
- 통신기술이 발전하면서 수산물 유통에 있어 종합적이고 체계적인 정보화가 촉진되고 있다.
- 소비자의 소비 요구가 다양화되면서 수산물의 다양화가 진전되고 있고, 동시에 품질의 표준화를 통해 소비자의 요구에 부응하고 있다.

POINT 054 마케팅 활동 절차 ★

1. 생산 및 판매 품목 결정
- 어업 및 양식 기술과 장비가 발달하면서 어종 및 어획량을 예측하여 생산품목을 결정하는 것이 가능해졌다.
  <u>예</u> 참치 연승어업, 오징어 채낚기어업

2. 가격 결정
- 일반적으로 수산물을 수협에 위탁하여 판매하는 경우 가격 결정을 할 수 없으나, 직접 판매의 경우 판매자가 판매하고자 하는 수산물의 품질(선도)과 시장상황(수요공급)을 판단하여 가격 결정에 참여할 수 있다.
- 일반적으로 시장에서 어떤 수산물에 대한 소비자의 수요가 공급량보다 크면 가격이 상승하고, 공급량이 수요보다 크면 가격이 하락한다.

3. 판매경로 및 유통경로 결정
- 계통 판매 경로(일반적인 수산물 유통 경로로 수협을 거치는 경우)

> 생산자 → 산지 수협 위판장 → 산지 중도매인 → 소비지 중앙도매시장(소비지 수협) → 소비지 중도매인 → 소비지 도매상 → 소매상 → 소비자

장점	• 판매에 대한 위험성이 낮다. • 판매대금을 신속하게 지불받을 수 있다. • 판매비용 및 마케팅 비용이 많이 들지 않는다. • 판매의 책임이 수협에 있다.
단점	판매 및 마케팅을 수협에 위탁하므로 생산자는 가격 결정에 참여할 수 없다.

- 수집상을 거치는 경우

> 생산자 → 수집상 → 소비지 도매시장 → 소비지 중도매인 → 소비지 도매상 → 소매상 → 소비자

- 수집상이 생산자에게서 직접 어획물을 수집하여 소비지 도매시장에 출하하는 형태이다.
- 가격 결정은 소비지 중도매인에 의해 결정되며, 수집상은 가격 결정에는 참여하지 않는다.
- 객주를 거치는 경우

> 생산자 → 객주 → 도매시장 → 소비지 도매상 → 소매상 → 소비자

- 생산자가 객주에게 어획물을 담보로 자금을 대출받아 어획 후 객주에게 어획물의 판매권을 저렴하게 넘기는 방식이다.
- 차입금에 대한 높은 이자 · 높은 판매 수수료 · 낮은 매매 가격으로 인하여 생산자가 손해를 보는 경우가 많다.

- 수협 직판장을 개설하는 경우

> 생산자 → 수협 직판장 → 소비자

- 수협 직판장에서 수송 · 보관 · 판매의 기능을 담당한다.
- 유통경로가 적어 선도 유지에 용이하다.
- 유통경로가 적어 유통비용을 절감할 수 있다.
- 생산자가 직접 판매하는 경우

> 생산자 → 소비자

- 연안의 소규모 어가에서 관광객을 상대로 하는 경우가 대표적이다.
- 유통경로가 적어 선도 유지가 가능하고, 유통비용을 절감할 수 있다.

4. 촉진 수단 결정
- 광고 · 홍보 등을 통해 판매를 촉진하는 활동을 말한다.
- 최근 자유판매업자가 증가하고 있고, 시장이 개방됨에 따라 수산물 수입이 증대하여 경쟁이 격화되면서, 광고 · 홍보 등을 통한 판매 촉진 활동이 증가하고 있다.
- 관광객을 대상으로 한 어촌 체험, 강연회 등도 하나의 촉진 수단 방안으로 시행되고 있다.
- 생산자 개개인으로 활동하기보다는 어촌계 또는 수협 등의 조직을 활용하는 것이 효과적이다.

📖 지식 IN **수산물 판매 촉진이 활발히 이루어지기 어려운 이유**
- 우리나라는 어업 활동이 영세한 어가 위주의 생계유지 어업이 대부분이다.
- 우리나라는 전통적으로 생산물을 수협에 위탁 판매하고 있어 판매 촉진 활동 필요성을 크게 느끼지 못하였다.
- 우리나라는 일반적으로 기존에 거래해 오던 인맥을 활용하여 수산물 판매를 하고 있다.

POINT
055 **마케팅 조사의 목적 및 필요성**

- 마케팅 조사란 생산 · 판매 시 의사결정에 유용한 정보를 제공할 목적으로 체계적으로 자료를 획득하고 분석하는 과정을 말한다.
- 마케팅 조사는 과거와 현재를 통해 미래를 예측하여 미래 전략을 수립하는 데 필요한 정보를 제공하는 미래 지향적 활동이다.
- 시장이 생산자 중심에서 소비자 중심으로 옮겨 가면서 적극적으로 소비자 요구를 파악하고 반영하여야 하는 노력이 필요하게 되어 마케팅 조사가 중요해졌다.
- 시장에서 경쟁이 격화되면서 소비자의 빠른 욕구 변화를 따라가지 못하면 경쟁에서 도태됨에 따라 마케팅 조사의 필요성이 증가하였다.

지식 IN

수산물의 수요 및 공급에 영향을 끼치는 요인이 출제된 적이 있다. 비교해서 출제하거나 개별적인 내용을 묻는 문제가 있는 만큼 정리할 필요가 있다.

수산물 공급에 영향 끼치는 요인	수산물 수요에 영향 끼치는 요인
수산자원의 풍부한 정도	소비자의 소득 수준
생산량, 수입량	소비자의 선호도
기술 수준	생활의 변화

POINT 056 마케팅 조사의 내용 ★

1. 시장 상황을 분석하기 위한 조사

수요 분석	• 시장 특성 조사 　– 시장의 규모 및 시장의 성장 가능성 조사 　– 대체품 유무에 관한 조사 • 소비자 행동 및 특성 조사 　– 구매자 · 구매량 · 구매동기에 관한 조사
환경 분석	• 내부환경 분석 　– 자금 · 기술력 · 능력에 대한 강점과 약점 조사 • 외부환경 분석 　– 시장여건 및 경기동향에 관한 조사 　– 소비자의 소득수준 및 선호도에 관한 조사
경쟁 분석	경쟁자의 장단점에 관한 조사

2. 경쟁 전략 개발을 위한 조사

시장 세분화 분석	시장별로 표적시장을 구분하여 조사
전략 개발 분석 ★	• 제품 분석 　– 기존 제품의 장단점에 관한 조사 　– 기존 제품과의 차별화를 하기 위한 조사 • 유통 경로 분석 • 가격 분석 　– 소득 변화에 따른 판매량 변화에 관한 조사 　– 경쟁 제품의 가격에 관한 조사 • 촉진 분석 • 성과 측정을 위한 조사 　– 소비자 만족도에 관한 조사 　– 제품별 시장 점유율에 관한 조사

03 수산물 시장의 종류 및 기능

POINT 057 수산물 시장의 종류 ★★

산지 도매시장	산지위판장	• 어획물의 1차 가격형성이 이루어지는 시장이다. • 대부분 수산업협동조합이 개설 · 운영한다. • 생산자 · 수협 · 중도매인 · 매매 참가인들 간 거래가 형성된다. • 신속한 판매 및 대금 결제가 가능하다. • 어획물의 다양한 이용형태에 따라 신속한 배분이 가능하다.
소비지 도매시장	중앙도매시장	• 대통령령이 정하는 품목을 도매거래하기 위하여 특별시 · 광역시에 개설하는 시장이다. • 해양수산부 장관의 허가를 받아 지방공공단체가 개설한다. • 공공성을 최우선으로 한다. ㉭ 노량진 수산물 시장, 가락동 농수산물 시장
	지방도매시장	서울 이외의 지역에서 시 · 도지사의 허가를 받아야 한다.
소매시장	재래식 시장 · 백화점 · 마트	수산물 유통과정 중 마지막 단계로 최종적으로 소비자가 이용하는 시장이다.

POINT 058 도매시장의 기능 ★★

산지 도매시장	• 어획물의 양륙과 진열 기능 • 거래 형성 기능 • 대금 결제 기능 • 판매 기능
소비지 도매시장	• 전국에 분산되어 있는 산지시장으로부터 상품을 수집하는 집하 기능 • 수집된 수산물을 도시로 유통시키는 분산 기능 • 신속한 현금으로의 대금 결제 기능 • 수산물의 대량 유통 기능

04 수산물 무역

059 수출 방법 및 절차

주문 권유 → 오퍼 승낙 → 수출 계약 체결 → 수출신용장 내도 → 수출 신고 및 사전 허가 → 수출 승인(은행) → 수출 금융 → 수출 물품 확보 → 운송예약 및 보험계약 → 수출 신고(세관) → 선적 서류(운송서류 및 상업 송장) → 화물 환어음 발행 → 수출 대금 회수

계약 성립 과정	• 해외시장 조사 → 거래처 선정 → 권유장(circular letter) 발송 → 수출 상품에 대한 수요 환기 → 매수인 선택 → 매도 오퍼 발행 → 매수인으로부터 매입 오퍼 수신 → 승인 및 계약
수출신용장(L/C) 수령	• L/C(Letter of Credit)는 은행이 수입업자의 의뢰에 따라 신용보증을 한 증서로, 수출 상이 신용장을 받게 되면 일반적으로 수출 거래가 성립된다. • 수출업자가 수입업자에게 대금 지급을 보증할 수 있는 신용장 개설을 요구하면, 수입 업자는 거래은행에 신용장을 개설하여 수출업자에게 발송하여야 거래가 진행된다.
운송 및 보험 계약	수출업자가 보험료와 운임을 부담하는 CIF(운임보험료포함인도조건) 조건 수출인 경우, 수출 품목의 해상 운송 및 보험에 관한 계약을 체결하고 통관 준비를 진행하게 된다.
수출 통관	• 세관에서 수출 신고필증을 교부한다. • 수입자에게 인도되지 않은 상태라 하더라도 수출 신고필증이 발급되면 외국 물품이 된다.
수출 선적	선적이 되고 나면 수출상은 본선 수취증을 받아 선박회사의 선하증권(B/L : Bill of Lading)과 교환한다. ※ 선하증권(B/L) : 선적 화물의 인도 청구권이 표시된 유가증권으로, 화물을 받아 선적 하였음을 증명하고, 인도를 약속한 증권
운송 서류 정비 및 수출 대금 회수	선하증권ㆍ송장ㆍ원산지증명서 등을 발급받으면 환어음을 발행하여 외국환 은행에 어 음 매입을 요청한다.
관세 환급	수출상은 선적사실과 어음 취결을 통지하는 송장 및 선하증권의 사본을 동봉한 선적안 내서를 수입상에게 발송한 뒤, 세관에 납부한 관세를 세관 또는 외국환 은행에서 환급 받는다.

> 📖 지식 IN **포괄수출승인제도**
>
> 동일 물품을 지속적으로 수출하는 경우, 수출상이 일정 거래 실적이 있다면 일일이 개별 수출 승인 을 거치지 않고 외국환 은행으로부터 한 번에 수출 승인을 받을 수 있다. 이를 포괄수출승인제도라 한다.

060 수입 방법 및 절차

계약 성립 → 수입 승인 → 신용장 개설 → 운송 서류 수령 → 대금 결제 → 화물 수령 → 수입 통관 → 국내 반입

신용장 개설	수입상이 자신의 거래은행인 외국환 은행에 수출상 앞으로 개설을 의뢰한다.
운송서류 수령 및 대금 결제	신용장과 일치하는 운송 서류 및 환어음이 수입국의 외국환 은행에 도착하면, 수입상이 개설 은행에 대금을 결제하고 선하증권을 수령한다.
화물 수령	선하증권을 선박회사에 제출하고 선박회사에서 화물을 수령한다.
수입통관 및 국내 유통	출항 전·입항 전·보세구역 도착 전·보세 구역 도착 후 신고 중에서 선택하여 신고하며, 세관에서 수입 신고필증이 교부되면 수입 상품이 수입국에서 유통된다.

061 무역 거래 조건

품질 조건	국제 거래는 일반적으로 실물이 견본과 일치하여야 하는 견본 매매 방식에 의한다.
가격 조건	• 상품의 가격은 인도 장소·수출업자의 부담 비용·운송 위험도에 따라 결정된다. • 일반적으로 본선인도조건(FOB; Free On Board)과 운임보험료포함조건(CIF; Cost Insurance and Freight)이 많이 이용된다.
수량 조건	수량·중량·용적·길이·포장단위 등이 수량 판단 조건에 해당한다.

062 수출입 상품 인도 조건

공장인도조건(EXW)	물품을 매도인의 공장에서 인도하는 조건으로 운송비용·위험부담·수출통관수속 등 모든 절차를 수입자가 부담하여 수출업자에게 가장 유리하다.
운송인도조건(FCA)	FOB와 같은 원리에 근거하고 있으나, FOB는 본선적재를 함으로써 매도인이 비용과 위험에 대한 책임을 면하며, FCA는 운송인에게 물품을 인도하고 운송인이 물품을 수탁하면 책임을 면하게 된다.
본선인도조건(FOB)	약속한 화물을 매수인이 지정한 선박에 적재, 본선상에서 화물의 인도를 마칠 때까지 모든 비용과 위험을 매도인이 부담한다.
운송비지불인도조건(CPT)	수출업자가 목적지까지 화물을 인도하면서 운송비의 책임을 부담하는 무역거래조건이다.
운송비보험료지불인도조건(CIP)	CIF와 유사하나 위험부담의 범위가 매도인은 운송인이 수탁할 때까지이고, 매수인은 선적 후로부터 부담하며, 운송인의 수탁으로부터 선적항까지는 운송인이 부담한다.
운송비보험료포함인도조건(CIF)	FOB는 화물 수송에 필요한 선박수배와 해상운임, 보험료를 수입업자가 부담하도록 되어 있는 반면, CIF는 화물을 본선까지 적재하는 데 필요한 모든 비용과 위험부담 이외에 해상운임과 보험료까지 수출자가 부담한다.
관세지급인도조건(DDP)	매도인이 수입관세·통관비용뿐만 아니라 매수인이 지정하는 장소까지의 모든 비용을 부담하는 무역거래 조건으로, 수출업자에게 가장 불리한 조건이다.

01 수산물 시장에 대한 설명으로 옳지 **않은** 것은? [2011 기출]

① 소매시장은 소비자에게 직접 판매하는 최종 단계이다.
② 산지 도매시장은 생산자로부터 수산물을 수집하여 소비지 도매시장으로 출하되기까지의 각종 유통기능을 수행한다.
③ 소비지 도매시장은 산지 도매시장에서 1차 판매된 수산물을 유통하는 곳이다.
④ 유사 도매시장과 법정 도매시장의 가장 큰 차이는 시장의 규모이다.

[해설]
유사 도매시장과 법정 도매시장의 가장 큰 차이는 제도권의 통제를 받는지의 여부이다.

정답 ④

02 수산물 마케팅 조사에서 전략개발 분석에 속하지 **않는** 것은? [2009 기출]

① 제품 분석
② 유통 경로 분석
③ 촉진 분석
④ 수요 분석

[해설]
전략개발 분석에는 제품 분석, 유통 경로 분석, 가격 분석, 촉진 분석, 성과 측정을 위한 조사가 있다.

정답 ④

03 수산물의 마케팅의 특징에 대한 설명으로 적절하지 **않은** 것은? [2010 기출]

① 가격의 변동성이 생산의 불확실성으로 인해 상대적으로 높은 편이다.
② 소비지에서 1회 구매량이 대량으로 이루어져서 마케팅 비용이 적게 든다.
③ 수산물의 품질과 규격을 일률적으로 유지하기가 어렵다.
④ 수산물은 유통경로가 복잡하고 그 단계가 여러 과정으로 이루어져 있다.

[해설]
수산물은 부패성으로 인해 시장에서 1회 구매량이 소량으로 이루어진다.

정답 ②

CHAPTER

06 수산업협동조합

- 수산업협동조합 운영원칙(로치데일의 원칙)
- 수산업협동조합의 종류, 수산업협동조합의 5대 사업
- 「수산업협동조합법」

POINT 063 수산업협동조합의 역할 ★

- 수산업협동조합은 경제적 약자를 보호한다.
- 수산업협동조합의 조합원은 독립된 개개인이면서 서로 협동하는 인적 결합체이다.
- 수산업협동조합은 비영리 단체이면서 경제 단체이다.
  - 수산업협동조합은 영리 또는 투기를 목적으로 하는 업무를 수행하지 못한다.
- 수산업협동조합은 상부상조, 자주자조의 단체이다.

POINT 064 수산업협동조합의 특징 및 중요성 ★

- 특정 목표(수산업 생산력 및 어업인의 경제적·사회적 지위 향상)를 위해 조직
- 차별 없이 최대한의 봉사를 제공할 것을 강조
- 비영리 단체
- 지역, 업종에 따라 독립적인 협동조합 설립이 가능
- 지도사업 같은 비경제적인 사업 수행의 의무화
- 사업 이용 분량에 따른 잉여금 배당 원칙을 존중(다른 사업 조직과의 구별)

POINT 065 수산업협동조합의 발달 연혁

- 협동조합은 자본주의가 발달한 나라에서 먼저 발달하였다.
- 조선수산조합 → 도 수산회 + 조선수산회 → 조선수산업회 → 한국수산업회 → 대한수산중앙회 (1952) → 수산업협동조합중앙회(1962)

일제 침략기	• 이 시기의 어업 조합의 목적은 식민지 수탈과 민족자본 억제에 있었다. • 어업조합과는 별도의 수산조합이 존재하였다. • 수산조합을 전신으로 수산업 전반의 개량 발달을 도모할 목적으로 국고의 막대한 보조금을 받아 수산회가 설립되었다. 　– 도 수산회 + 조선수산회 • 총독부의 명령으로 인해 사단 법인 조선수산업회가 설립되었다. 　– 12개 도 어업조합연합회 + 18개 각종 수산조합
광복 후	• 조선수산업회가 한국수산업회로 개칭되었다. 　– 한국수산업회는 1952년 대한수산중앙회로 개편되었다. • 대한수산중앙회는 중앙회와 단위 조합을 연결하였다. 　– 88개의 어업조합 + 13개의 수산조합 　– 그 결과 중앙회와 일선 단위 조합이 직결되는 2단계 계통 조직이 탄생하였다.
1962년	• 대한수산중앙회가 수산업협동조합중앙회로 개편되었다. 동시에 어업조합은 어업협동조합으로, 수산 조합은 수산제조업협동조합으로 개편되었다. • 수산업협동조합중앙회는 88개의 지구별 어업협동조합 + 11개의 업종별 어업협동조합 + 2개의 수산제조업협동조합으로 구성되었다. 즉, 총 101개의 단위 협동조합을 구성원으로 한다. • 중앙회는 9개의 도 지부를 두고, 각 지구별 어업조합은 산하에 어촌계를 둔다. • 「수산업협동조합법」이 1962년 1월 20일 제정되어, 4월 1일 시행되었다.

📖 지식IN **최초의 근대적 수산 단체**

근대적인 모습의 협동조합과 같은 수산 단체는 1908년 한국 「어업법」이 제정되면서 설립된 거제 한산 가조어기 조합과 거제 한산 모곽전 조합이다.

📖 지식IN **로치데일의 원칙(현대 협동조합의 효시)** ★

- 출자 및 출자금 이자 제한의 원칙
- 우량품질의 원칙
- 현금 거래의 원칙
- 시가 판매의 원칙
- 구매고에 따른 배당의 원칙
- 1인 1표 및 남녀 평등의 원칙
- 선거에 의한 임원 및 위원 선출의 원칙
- 교육 촉진의 원칙
- 영업 보고서 정기적 제시의 원칙
- 정치 및 종교 중립의 원칙

POINT 066 수산업협동조합의 종류 ★

수산업 협동조합 중앙회	• 전국을 업무 구역으로 삼고 있는 유일한 수협연합회 • 신용, 경제 등 자체 사업 + 회원 업무지도, 통제, 지원 등을 대행하는 기능 수행 • 수산업 분야의 중추적 역할 • 회원 : 지구별 수협과 업종별 수협 및 수산물 가공 수협 • 준회원 : 수산 관련 단체, 법인
지구별 수산업 협동조합	• 일정 지역 거주하는 어업인들에 의해 설립 • 수협 중 조합, 조합원 수가 많음 • 시, 군 구역을 업무 구역으로 설정 • 조합원(조합의 지구 내 거주 또는 주 사업장을 가지고 있는 어업자 / 어업 종류, 규모 관계×) • 하부 조직(어촌계) 존재 ※ 어촌계 : 마을 단위 또는 경제권 등을 중심으로 조직된 수협 최말단 조직, 지구별 수협 내에 　있는 마을 어업권의 소유, 이용 및 관리 역할을 수행
수산물 가공 수산업 협동조합	• 수산물 제조·가공 사업자들에 설립 • 전국을 업무 구역으로 설정 • 조합원(수산물 제조·가공 기업체)
업종별 수산업 협동조합	• 특정 어업을 하는 어업자들에 의하여 설립 • 시·도, 해구, 전국을 업무 구역으로 설정 • 지구별 수협 다음으로 많은 조합이 설립 • 조합원(특정 어업 경영자) ※ 업종별 수산업 협동조합에서 의미하는 특정 어업 : 대형기선저인망어업 등 저인망어업 3개 　업종, 정치망어업, 잠수기어업, 기선선인망어업, 양식업(굴, 피조개, 우렁쉥이), 어류양식업, 　통발어업

POINT 067 수산업협동조합의 조직

총회	• 최고 의사 결정기관, 상설기관 • 조합원수 200인 초과 → 대의원회(어촌계 : 계원수 50인 초과 → 총대회) • 대의원회 : 조합장과 대의원(조합원 중 선출 / 2년) 구성 • 의장이 조합장이 되며, 정기총회(년 1회), 임시총회(필요에 따라)가 있음
이사회	• 업무 집행기관 • 조합장(의장), 상임이사, 비상임이사로 구성 　예 중앙회 이사회 : 회장, 부회장(2명), 이사(12명/ 비상근이사)
조합장	• 임기 : 4년 • 선출 방법 : 조합원이 총회 또는 총회 외에서 투표로 직접 선출하거나 대의원회의 선출, 또는 　이사회가 이사회 구성원 중에서 선출 • 감독권 행사, 임원 임면
감사	• 임기 3년, 총회를 통해 선출 ※ 자격요건 • 중앙회, 조합 또는 검사 대상 기관(이에 상당하는 외국금융기관을 포함)에서 5년 이상 종사한 　경력이 있는 사람. 다만, 해당 조합에서 최근 2년 이내에 임직원으로 근무한 사람(감사로 근무 　중이거나 근무한 사람은 제외)은 제외 • 수산업 또는 금융 관계 분야의 석사학위 이상의 학위를 소지하고 연구기관 또는 대학에서 연구 　원 또는 조교수 이상의 직에 5년 이상 종사한 경력이 있는 사람

	• 판사·검사·군법무관의 직에 5년 이상 종사하거나 변호사 또는 공인회계사로서 5년 이상 종사한 경력이 있는 사람 • 주권상장법인에서 법률·재무·감사 또는 회계 관련 업무에 임직원으로 5년 이상 종사한 경력이 있는 사람 • 국가, 지방자치단체, 공공기관 및 금융감독원에서 재무 또는 회계 관련 업무 및 이에 대한 감독 업무에 5년 이상 종사한 경력이 있는 사람
이사	• 임기 4년, 총회를 통해 선출 • 집행권한은 없지만 이사회에서 권한 행사
상임이사	• 인사추천위원회의 추천을 받고 총회에서 선출 • 임기 3년(2년째에 평가를 통해 남은 임기 수행여부 결정) • 한 조합당 2명까지 상임이사 보유 가능

간부직원	• 전무
	  – 조합 내 최고 간부직원(조합장이 임명)
	  – 조합 또는 중앙회 5년 이상 재직 경험자거나 자격 요건에 맞아야만 가능
	• 상무
	  – 조합의 규모가 어떤지에 따라 보유 상무수가 다를 수 있음

<table>
<tr><td colspan="2">POINT 068   수산업협동조합의 5대 사업 ★</td></tr>
</table>

지도 사업	비경제적 사업으로 구성원의 희생과 봉사를 주체로 함 • 어민 소득 증대 사업 • 어민 등 교육 및 후계자 양성 • 계통 조직 경영 사업 • 홍보 활동 • 생산 지도 • 조사·연구 활동
구매 사업	어업 활동에 필요한 자재나 생활에 필요한 소비재를 수협 계통 조직으로 수요를 집중해서 유리한 조건으로 구매 및 공급 → 어민의 생활의 안정 도모 • 면세유류 공급 사업 • 어업용 기자재 공급 사업 • 선수 물자 공급 사업
판매 사업	개별적인 수산물 판매 방식을 지양, 생산물을 집합 및 공동 판매를 통한 거래 주도권 강화 도모 • 수탁 판매 사업 • 군납 판매 사업 • 공동 수집 판매 사업 • 무역 사업 • 매취 판매 사업
이용 가공 사업	어민 소득 증대와 수협 경제 사업의 기반 확보를 위해 추진 • 냉동, 냉장 등 수산물 선도 관리와 처리 • 가공 공장의 운영 • 유조선 이용 및 냉장차 운영 • 선박용 기기 및 제빙 공장
신용 사업	여신 기능(수산자금 대출 등)이 대표적이고 가장 중심적인 사업

「수산업협동조합법」(2021. 1. 1. 시행 기준) [법률 제17007호, 2020. 2. 18., 타법개정]

제1장 총칙

제1조(목적) 이 법은 어업인과 수산물가공업자의 자주적인 협동조직을 바탕으로 어업인과 수산물가공업자의 경제적·사회적·문화적 지위의 향상과 어업 및 수산물가공업의 경쟁력 강화를 도모함으로써 어업인과 수산물가공업자의 삶의 질을 높이고 국민경제의 균형 있는 발전에 이바지함을 목적으로 한다.

제4조(법인격 등) ① 조합과 중앙회는 법인으로 한다.
② 조합과 중앙회의 주소는 그 주된 사무소의 소재지로 한다.

제5조(최대 봉사의 원칙 등) ① 조합과 중앙회는 그 업무 수행 시 조합원이나 회원을 위하여 최대한 봉사하여야 한다.
② 조합과 중앙회는 일부 조합원이나 일부 회원의 이익에 편중되는 업무를 하여서는 아니 된다.
③ 조합과 중앙회는 설립 취지에 반하여 영리 또는 투기를 목적으로 하는 업무를 하여서는 아니 된다.

제2장 지구별 수산업협동조합

제13조(목적) 지구별 수산업협동조합(이하 이 장에서 "지구별수협"이라 한다)은 조합원의 어업 생산성을 높이고 조합원이 생산한 수산물의 판로(販路) 확대 및 유통의 원활화를 도모하며, 조합원에게 필요한 자금·자재·기술 및 정보 등을 제공함으로써 조합원의 경제적·사회적·문화적 지위 향상을 증대시키는 것을 목적으로 한다.

제15조(어촌계) ① 지구별수협의 조합원은 행정구역·경제권 등을 중심으로 어촌계를 조직할 수 있으며, 그 구역은 어촌계의 정관으로 정한다.
② 어촌계의 관리 등에 필요한 사항은 대통령령으로 정한다.

제16조(설립인가 등) ① 지구별수협을 설립하려면 해당 구역의 조합원 자격을 가진 자 20인 이상이 발기인(發起人)이 되어 정관을 작성하고 창립총회의 의결을 거친 후 해양수산부장관의 인가를 받아야 한다. 이 경우 조합원 수, 출자금 등 인가의 기준 및 절차는 대통령령으로 정한다.
② 창립총회의 의사(議事)는 개의(開議) 전까지 발기인에게 설립동의서를 제출한 자 과반수의 찬성으로 의결한다.
③ 해양수산부장관은 제1항에 따라 지구별수협의 설립인가 신청을 받으면 다음 각 호의 경우를 제외하고는 인가하여야 한다.
　1. 설립인가 구비서류를 갖추지 못한 경우
　2. 설립의 절차, 정관 및 사업계획서의 내용이 법령을 위반한 경우
　3. 그 밖에 제1항 후단에 따른 설립인가기준에 미달된 경우
④ 해양수산부장관은 제1항에 따른 지구별수협의 설립인가 신청을 받은 날부터 60일 이내에 인가 여부를 신청인에게 통지하여야 한다.
⑤ 해양수산부장관이 제4항에 따른 기간 내에 인가 여부 또는 민원 처리 관련 법령에 따른 처리기간의 연장 여부를 신청인에게 통지하지 아니하면 그 기간(민원 처리 관련 법령에 따라 처리기간이 연장 또는 재연장된 경우에는 해당 처리기간을 말한다)이 끝난 날의 다음날에 제1항에 따른 인가를 한 것으로 본다.

제17조(정관 기재사항) 지구별수협의 정관에는 다음 각 호의 사항이 포함되어야 한다.

1. 목적

2. 명칭

3. 구역

4. 주된 사무소의 소재지

5. 조합원의 자격 · 가입 · 탈퇴 및 제명(除名)에 관한 사항

6. 출자(出資) 1계좌의 금액과 조합원의 출자계좌 수 한도 및 납입 방법과 지분 계산에 관한 사항

7. 제22조의2에 따른 우선출자에 관한 사항

8. 경비 및 과태금(過怠金)의 부과 · 징수에 관한 사항

9. 적립금의 종류와 적립 방법에 관한 사항

10. 잉여금의 처분과 손실금의 처리 방법에 관한 사항

11. 회계연도와 회계에 관한 사항

12. 사업의 종류와 그 집행에 관한 사항

13. 총회 및 그 밖의 의결기관과 임원의 정수(定數) · 선출 및 해임에 관한 사항

14. 간부직원의 임면(任免)에 관한 사항

15. 공고의 방법에 관한 사항

16. 존립시기 또는 해산의 사유를 정한 경우에는 그 시기 또는 사유

17. 설립 후 현물출자(現物出資)를 약정한 경우에는 그 출자 재산의 명칭 · 수량 · 가격 및 출자자의 성명 · 주소와 현금출자로의 전환 및 환매특약 조건

18. 설립 후 양수하기로 약정한 재산이 있는 경우에는 그 재산의 명칭 · 수량 · 가격과 양도인의 성명 · 주소

제20조(조합원의 자격) ① 조합원은 지구별수협의 구역에 주소 · 거소(居所) 또는 사업장이 있는 어업인이어야 한다. 다만, 사업장 외의 지역에 주소 또는 거소만이 있는 어업인이 그 외의 사업장 소재지를 구역으로 하는 지구별수협의 조합원이 되는 경우에는 주소 또는 거소를 구역으로 하는 지구별수협의 조합원이 될 수 없다.

② 「농어업경영체 육성 및 지원에 관한 법률」 제16조와 제19조에 따른 영어조합법인과 어업회사법인으로서 그 주된 사무소를 지구별수협의 구역에 두고 어업을 경영하는 법인은 지구별수협의 조합원이 될 수 있다.

③ 제1항에 따른 어업인의 범위는 대통령령으로 정한다.

제21조(준조합원) ① 지구별수협은 정관으로 정하는 바에 따라 다음 각 호의 어느 하나에 해당하는 자를 준조합원으로 할 수 있다.

1. 지구별수협의 구역에 주소를 둔 어업인이 구성원이 되거나 출자자가 된 해양수산 관련 단체

2. 지구별수협의 사업을 이용하는 것이 적당하다고 인정되는 자

② 지구별수협은 준조합원에 대하여 정관으로 정하는 바에 따라 가입금과 경비를 부담하게 할 수 있다.

③ 준조합원은 정관으로 정하는 바에 따라 지구별수협의 사업을 이용할 권리 및 탈퇴 시 가입금의 환급을 청구할 권리를 가진다.

제22조(출자) ① 조합원은 정관으로 정하는 계좌 수 이상을 출자하여야 한다.

② 출자 1계좌의 금액은 균일하게 정하여야 한다.

③ 출자 1계좌의 금액 및 조합원 1인의 출자계좌 수의 한도는 정관으로 정한다.

④ 조합원의 출자금은 질권(質權)의 목적이 될 수 없다.

⑤ 조합원은 지구별수협에 대한 채권과 출자금 납입을 상계(相計)할 수 없다.

제24조(지분의 양도·양수와 공유 금지) ① 조합원은 이사회의 승인 없이 그 지분을 양도할 수 없다.

② 조합원이 아닌 자가 지분을 양수할 때에는 이 법 또는 정관에서 정하고 있는 가입 신청, 자격 심사 등 조합원 가입에 관한 규정에 따른다.

③ 지분의 양수인은 그 지분에 관하여 양도인의 권리·의무를 승계한다.

④ 조합원의 지분은 공유할 수 없다.

제25조(조합원의 책임) ① 조합원의 책임은 그 출자액을 한도로 한다.

② 조합원은 지구별수협의 운영 과정에 성실히 참여하여야 하며, 생산한 수산물을 지구별수협을 통하여 출하하는 등 그 사업을 성실히 이용하여야 한다.

제27조(의결권 및 선거권) 조합원은 출자금의 많고 적음과 관계없이 평등한 의결권 및 선거권을 가진다. 이 경우 선거권은 임원 또는 대의원의 임기 만료일(보궐선거 등의 경우에는 그 선거 실시 사유가 확정된 날) 전 180일까지 해당 조합의 조합원으로 가입한 자만 행사할 수 있다.

제28조(의결권의 대리) ① 조합원은 대리인에게 의결권을 행사하게 할 수 있다. 이 경우 그 조합원은 출석한 것으로 본다.

② 대리인은 다음 각 호의 어느 하나에 해당하는 자이어야 하고, 대리인은 조합원 1인만을 대리할 수 있다.

　　1. 다른 조합원

　　2. 본인과 동거하는 가족

　　3. 제20조 제2항에 따른 법인의 경우에는 조합원·사원 등 그 구성원

③ 대리인은 대리권을 증명하는 서면을 지구별수협에 제출하여야 한다.

제30조(상속에 따른 가입) ① 사망으로 인하여 탈퇴하게 된 조합원의 상속인(공동상속인 경우에는 공동상속인이 선정한 1명의 상속인을 말한다)이 조합원 자격이 있는 경우에는 피상속인의 출자를 승계하여 조합원이 될 수 있다.

② 제1항에 따라 출자를 승계한 상속인에 관하여는 제29조 제1항을 준용한다.

제31조(탈퇴) ① 조합원은 지구별수협에 탈퇴 의사를 서면으로 통지하고 지구별수협을 탈퇴할 수 있다.

② 조합원이 다음 각 호의 어느 하나에 해당하면 당연히 탈퇴한다.

　　1. 조합원의 자격이 없는 경우

　　2. 사망한 경우

　　3. 파산한 경우

　　4. 성년후견개시의 심판을 받은 경우

　　5. 조합원인 법인이 해산한 경우

③ 지구별수협은 조합원의 전부 또는 일부를 대상으로 제2항 각 호의 어느 하나에 해당하는지를 확인하여야 한다. 이 경우 제2항 제1호에 해당하는지는 이사회 의결로 결정한다.

④ 지구별수협은 제2항 제1호에 해당하는 사유에 따라 조합원에 대하여 당연탈퇴의 결정이 이루어 진 경우에는 그 사실을 지체 없이 해당 조합원에게 통보하여야 한다.

제32조(제명) ① 지구별수협은 조합원이 다음 각 호의 어느 하나에 해당하면 총회의 의결을 거쳐 제명할 수 있다.

1. 1년 이상 지구별수협의 사업을 이용하지 아니한 경우
2. 출자 및 경비의 납입과 그 밖의 지구별수협에 대한 의무를 이행하지 아니한 경우
3. 정관에서 금지된 행위를 한 경우

② 지구별수협은 조합원이 제1항 각 호의 어느 하나에 해당하면 총회 개회 10일 전에 그 조합원에 게 제명의 사유를 알리고 총회에서 의견을 진술할 기회를 주어야 한다.

제4절 기관

제36조(총회) ① 지구별수협에 총회를 둔다.

② 총회는 조합원으로 구성한다.

③ 정기총회는 회계연도 경과 후 3개월 이내에 조합장이 매년 1회 소집하고, 임시총회는 조합장이 필요하다고 인정할 때 소집할 수 있다.

제37조(총회의 의결 사항 등) ① 다음 각 호의 사항은 총회의 의결을 거쳐야 한다.

1. 정관의 변경
2. 해산·합병 또는 분할
3. 조합원의 제명
4. 임원의 선출 및 해임
5. 법정적립금의 사용
6. 사업계획의 수립, 수지예산(收支豫算)의 편성, 사업계획 및 수지예산 중 정관으로 정하는 중요한 사항의 변경
7. 차입금의 최고 한도
8. 사업보고서, 재무상태표 및 손익계산서와 잉여금처분안 또는 손실금처리안
9. 사업계획 및 수지예산으로 정한 것 외에 새로 의무를 부담하거나 권리를 상실하는 행위. 다만, 정관으로 정하는 행위는 제외한다.
10. 어업권·양식업권의 취득·처분 또는 이에 관한 물권(物權)의 설정. 다만, 정관으로 정하는 행위는 제외한다.
11. 중앙회의 설립 발기인이 되거나 이에 가입 또는 탈퇴하는 것
12. 그 밖에 조합장이나 이사회가 필요하다고 인정하는 사항

② 제1항 제1호 및 제2호의 사항은 해양수산부장관의 인가를 받지 아니하면 효력이 발생하지 아니 한다. 다만, 제1항 제1호의 사항을 해양수산부장관이 정하는 정관 예에 따라 변경하는 경우에는 그러하지 아니하다.

제38조(총회의 소집 청구) ① 조합원은 조합원 5분의 1 이상의 동의를 받아 소집의 목적과 이유를 서면에 적어 조합장에게 제출하고 총회의 소집을 청구할 수 있다.

② 조합장은 제1항에 따른 청구를 받으면 2주 이내에 총회를 소집하여야 한다.

③ 총회를 소집할 사람이 없거나 조합장이 제2항에 따른 기간 이내에 정당한 사유 없이 총회를 소집하지 아니할 때에는 감사가 5일 이내에 총회를 소집하여야 한다. 이 경우 감사가 의장의 직무를 수행한다.

④ 감사가 제3항에 따른 기간 이내에 총회를 소집하지 아니할 때에는 제1항에 따라 소집을 청구한 조합원의 대표가 총회를 소집한다. 이 경우 조합원의 대표가 의장의 직무를 수행한다.

제40조(총회의 개의와 의결) 총회는 이 법에 다른 규정이 있는 경우를 제외하고는 구성원 과반수의 출석으로 개의하고 출석구성원 과반수의 찬성으로 의결한다. 다만, 제37조 제1항 제1호부터 제3호까지 및 제11호의 사항은 구성원 과반수의 출석과 출석구성원 3분의 2 이상의 찬성으로 의결한다.

제41조(의결권의 제한 등) ① 총회에서는 제39조 제2항에 따라 통지한 사항에 대하여만 의결할 수 있다. 다만, 제37조 제1항 제1호부터 제4호까지의 사항을 제외한 긴급한 사항으로서 구성원 과반수의 출석과 출석구성원 3분의 2 이상의 찬성이 있을 때에는 그러하지 아니하다.

② 지구별수협과 총회 구성원의 이해가 상반되는 의사를 의결할 때에는 해당 구성원은 그 의결에 참여할 수 없다.

③ 조합원은 조합원 10분의 1 이상의 동의를 받아 총회 개회 30일 전까지 조합장에게 서면으로 일정한 사항을 총회의 목적 사항으로 할 것을 제안(이하 "조합원제안"이라 한다)할 수 있다. 이 경우 조합원제안 내용이 법령 또는 정관을 위반하는 경우를 제외하고는 이를 총회의 목적 사항으로 하여야 하고, 조합원제안을 한 사람이 청구하면 총회에서 그 제안을 설명할 기회를 주어야 한다.

제44조(대의원회) ① 지구별수협은 정관으로 정하는 바에 따라 제43조 제1항 각 호에 규정된 사항 외의 사항에 대한 총회의 의결에 관하여 총회를 갈음하는 대의원회를 둘 수 있으며, 대의원회는 조합장과 대의원으로 구성한다.

② 대의원은 조합원(법인인 경우에는 그 대표자를 말한다)이어야 한다.

③ 대의원의 정수 및 선출 방법은 정관으로 정하며, 그 임기는 2년으로 한다. 다만, 임기 만료 연도 결산기의 마지막 달 이후 그 결산기에 관한 정기총회 전에 임기가 만료된 경우에는 정기총회가 끝날 때까지 그 임기가 연장된다.

④ 대의원은 해당 지구별수협의 조합장을 제외한 임직원과 다른 조합(다른 법률에 따른 협동조합을 포함한다)의 임직원을 겸직하여서는 아니 된다.

⑤ 대의원회에 대하여는 총회에 관한 규정을 준용한다. 다만, 대의원의 의결권은 대리인이 행사할 수 없다.

제45조(이사회) ① 지구별수협에 이사회를 둔다.

② 이사회는 조합장을 포함한 이사로 구성하되, 조합장이 소집한다.

③ 이사회는 다음 각 호의 사항을 의결한다.

1. 조합원의 자격 및 가입에 관한 심사
2. 규약의 제정·변경 또는 폐지
3. 업무 집행에 관한 기본방침의 결정
4. 부동산의 취득·처분 또는 이에 관한 물권의 설정. 다만, 정관으로 정하는 행위는 제외한다.
5. 경비의 부과 및 징수 방법
6. 사업계획 및 수지예산 중 제37조 제1항 제6호에서 정한 사항 외의 경미한 사항의 변경

7. 인사추천위원회 구성에 관한 사항

8. 간부직원의 임면에 관한 사항

9. 총회에서 위임한 사항

10. 법령 또는 정관에 규정된 사항

11. 그 밖에 조합장 또는 이사 5분의 1 이상이 필요하다고 인정하는 사항

④ 이사회는 구성원 과반수의 출석으로 개의하고 출석구성원 과반수의 찬성으로 의결한다.

⑤ 간부직원은 이사회에 출석하여 의견을 진술할 수 있다.

⑥ 이사회의 운영에 필요한 사항은 정관으로 정한다.

⑦ 이사회에서 의결할 때에는 해당 안건과 특별한 이해관계가 있는 이사회의 구성원은 그 안건의 의결에 참여할 수 없다. 이 경우 의결에 참여하지 못하는 이사 등은 제4항에 따른 이사회의 구성원 수에 포함되지 아니한다.

제46조(임원의 정수 및 선출) ① 지구별수협에 임원으로 조합장을 포함한 7명 이상 11명 이하의 이사와 2명의 감사를 두되, 감사 중 1명은 대통령령으로 정하는 요건에 적합한 외부전문가 중에서 선출하여야 하며, 이사의 정수와 조합장의 상임이나 비상임 여부는 정관으로 정한다. 다만, 「수산업협동조합의 부실예방 및 구조개선에 관한 법률」 제9조에 따라 경영정상화 이행약정을 체결한 지구별수협이 2년 연속하여 그 경영정상화 이행약정을 이행하지 못한 경우에는 해당 지구별수협의 조합장은 비상임으로 한다.

② 지구별수협은 제1항에 따른 이사 중 2명 이내의 상임이사를 두어야 하고, 상임이사 외에 조합원이 아닌 1명의 이사를 정관으로 정하는 바에 따라 둘 수 있으며, 감사 중 1명을 상임으로 할 수 있다. 다만, 자산 규모가 해양수산부령으로 정하는 기준에 미달하거나 신용사업을 수행하지 아니하는 경우에는 상임이사를 두지 아니할 수 있다.

③ 조합장은 조합원(법인인 경우에는 그 대표자를 말한다) 중에서 정관으로 정하는 바에 따라 다음 각 호의 어느 하나의 방법으로 선출한다.

1. 조합원이 총회 또는 총회 외에서 투표로 직접 선출

2. 대의원회의 선출

3. 이사회가 이사회 구성원 중에서 선출

④ 조합장 외의 임원은 총회에서 선출한다. 다만, 상임이사와 상임이사 외의 조합원이 아닌 이사는 조합 업무에 관한 전문지식과 경험이 풍부한 사람으로서 대통령령으로 정하는 요건을 충족하는 사람 중에서 인사추천위원회에서 추천한 사람을 총회에서 선출한다.

⑤ 조합장(상임인 경우에만 해당한다), 상임이사 및 상임감사를 제외한 지구별수협의 임원은 명예직으로 하되, 정관으로 정하는 바에 따라 실비변상(實費辨償)을 받을 수 있다.

⑥ 지구별수협의 조합장선거에 입후보하기 위하여 임기 중 그 직을 그만둔 지구별수협의 이사 또는 감사는 그 사직으로 인하여 공석이 된 이사 또는 감사의 보궐선거의 후보자가 될 수 없다.

⑦ 임원의 선출과 추천, 제4항에 따른 인사추천위원회 구성과 운영에 관하여 이 법에서 정한 사항 외에 필요한 사항은 정관으로 정한다.

⑧ 지구별수협은 이사 정수의 5분의 1 이상을 여성조합원에게 배분되도록 노력하여야 한다. 다만, 여성조합원이 전체 조합원의 100분의 30 이상인 지구별수협은 이사 중 1명 이상을 여성조합원 중에서 선출하여야 한다.

⑨ 제1항의 감사 선출에서 조합이 도서지역에 있거나 영세하여 부득이하게 외부전문가 감사를 선출할 수 없는 경우 등 대통령령으로 정하는 경우에는 중앙회에서 외부전문가인 감사를 파견하거나 감사 선출과 관련한 재정적 지원을 할 수 있다.

제47조(조합장 및 상임이사의 직무) ① 조합장은 지구별수협을 대표하며 업무를 집행한다. 다만, 조합장이 비상임일 경우에는 상임이사나 간부직원인 전무가 그 업무를 집행한다.

② 조합장은 총회와 이사회의 의장이 된다.

③ 제1항에도 불구하고 다음 각 호의 업무는 상임이사가 전담하여 처리하고 그에 대하여 경영책임을 진다.

1. 제60조 제1항 제3호 및 제4호의 신용사업 및 공제사업
2. 제60조 제1항 제8호부터 제13호까지 및 제15호의 사업 중 같은 항 제3호·제4호의 사업에 관한 사업과 그 부대사업
3. 제1호 및 제2호의 소관 업무에 관한 경영목표의 설정, 조직 및 인사에 관한 사항
4. 제1호 및 제2호의 소관 업무에 관한 사업계획, 예산·결산 및 자금 조달·운용계획의 수립
5. 제1호 및 제2호의 소관 업무의 부동산등기에 관한 사항
6. 그 밖에 정관으로 정하는 업무

④ 「수산업협동조합의 부실예방 및 구조개선에 관한 법률」 제2조 제3호에 따른 부실조합으로서 같은 법 제4조의2 제1항에 따라 해양수산부장관으로부터 적기시정조치(권고에 관한 사항은 제외한다)를 받은 지구별수협의 경우에는 상임이사가 대통령령으로 정하는 바에 따라 그 지구별수협이 그 적기시정조치의 이행을 마칠 때까지 제3항 각 호의 업무 외에도 다음 각 호의 업무를 전담하여 처리하고 그에 대하여 경영책임을 진다.

1. 제60조 제1항 제2호의 경제사업
2. 제60조 제1항 제8호부터 제13호까지 및 제15호의 사업 중 같은 항 제2호의 사업에 관한 사업과 그 부대사업
3. 제1호 및 제2호의 소관 업무에 관한 경영목표의 설정, 조직 및 인사에 관한 사항
4. 제1호 및 제2호의 소관 업무에 관한 사업계획, 예산·결산 및 자금 조달·운용계획의 수립
5. 제1호 및 제2호의 소관 업무의 부동산등기에 관한 사항
6. 그 밖에 정관으로 정하는 업무

⑤ 조합장이 궐위(闕位)·구금되거나 「의료법」에 따른 의료기관에서 60일 이상 계속하여 입원한 경우 등 부득이한 사유로 직무를 수행할 수 없을 때에는 이사회가 정하는 순서에 따라 이사가 그 직무를 대행한다.

⑥ 상임이사가 제5항에 따른 사유로 그 직무를 수행할 수 없을 때에는 이사회가 정한 순서에 따라 제59조 제2항에 따른 간부직원이 그 직무를 대행한다. 다만, 상임이사의 궐위기간이 6개월을 초과하는 경우에는 중앙회는 해양수산부장관의 승인을 받아 관리인을 파견할 수 있으며 관리인은 상임이사가 선출될 때까지 그 직무를 수행한다.

제48조(감사의 직무) ① 감사는 지구별수협의 재산과 업무 집행 상황을 감사하여 총회에 보고하여야 하며, 전문적인 회계감사가 필요하다고 인정될 때에는 중앙회에 회계감사를 의뢰할 수 있다.

② 감사는 지구별수협의 재산 상황 또는 업무 집행에 관하여 부정한 사실을 발견하면 총회 및 중앙회 회장에게 보고하여야 하며, 그 내용을 총회에 신속히 보고하여야 할 필요가 있는 경우에는 정관으로 정하는 바에 따라 기간을 정하여 조합장에게 총회의 소집을 요구하고 조합장이 그 기

간 이내에 총회를 소집하지 아니하면 직접 총회를 소집할 수 있다.

③ 감사는 자체감사 또는 중앙회 등 외부기관의 감사결과 주요 지적 사항이 발생한 경우에는 조합
장에게 이사회의 소집을 요구하여 이에 대한 시정권고를 할 수 있다.

④ 감사는 총회 또는 이사회에 출석하여 의견을 진술할 수 있다.

⑤ 감사의 직무에 관하여는 「상법」 제412조의4, 제413조 및 제413조의2를 준용한다.

제50조(임원의 임기) ① 조합장과 이사의 임기는 4년으로 하고, 감사의 임기는 3년으로 하되, 비상
임인 조합장은 한 번만 연임할 수 있고, 상임인 조합장은 두 번만 연임할 수 있다. 다만, 상임이사
에 대하여는 임기가 시작된 후 2년이 되는 때에 그 업무 실적 등을 고려하여 이사회의 의결로 남은
임기를 계속 채울지를 정한다.

② 제1항의 임원의 임기가 만료되는 경우에는 제44조 제3항 단서를 준용한다.

③ 합병으로 설립되는 조합의 설립 당시 조합장 · 이사 및 감사의 임기는 제1항(제108조 및 제113조
에 따라 준용되는 경우를 포함한다)에도 불구하고 설립등기일부터 2년으로 한다. 다만, 합병으
로 소멸되는 조합의 조합장이 합병으로 설립되는 조합의 조합장으로 선출되는 경우 설립등기일
현재 조합장의 종전 임기의 남은 임기가 2년을 초과하는 경우에는 그 남은 임기를 그 조합장의
임기로 한다.

④ 합병 후 존속하는 조합의 변경등기 당시 재임 중인 조합장 · 이사 및 감사의 남은 임기가 변경등
기일 현재 2년 미만인 경우에는 제1항(제108조 및 제113조에 따라 준용되는 경우를 포함한다)에
도 불구하고 그 임기를 변경등기일부터 2년으로 한다.

제55조(임직원의 겸직 금지 등) ① 조합장을 포함한 이사는 그 지구별수협의 감사를 겸직할 수 없다.

② 지구별수협의 임원은 그 지구별수협의 직원을 겸직할 수 없다.

③ 지구별수협의 임원은 다른 조합의 임원 또는 직원을 겸직할 수 없다.

④ 지구별수협의 사업과 실질적인 경쟁관계에 있는 사업을 경영하거나 이에 종사하는 사람은 지구
별수협의 임직원 및 대의원이 될 수 없다.

⑤ 제4항에 따른 실질적인 경쟁관계에 있는 사업의 범위는 대통령령으로 정한다.

⑥ 조합장을 포함한 이사는 이사회의 승인을 받지 아니하고는 자기 또는 제3자의 계산으로 해당
지구별수협과 정관으로 정하는 규모 이상의 거래를 할 수 없다.

제57조(임원의 해임) ① 조합원은 조합원 3분의 1 이상의 동의로 총회에 임원의 해임을 요구할 수
있다. 이 경우 총회는 구성원 과반수의 출석과 출석구성원 3분의 2 이상의 찬성으로 의결한다.

② 제1항에 따른 방법 외에 다음 각 호의 구분에 따른 방법으로 조합장을 해임할 수 있다. 이 경우
선출 시 사용한 표결 방법과 같은 방법으로 해임을 의결하여야 한다.

1. 대의원회에서 선출된 조합장 : 대의원 3분의 1 이상의 요구 및 대의원 과반수의 출석과 출석
대의원 3분의 2 이상의 찬성으로 대의원회에서 해임 의결

2. 이사회에서 선출된 조합장 : 이사회의 해임 요구 및 총회에서의 해임 의결. 이 경우 이사회
의 해임 요구와 총회의 해임 의결에 관하여는 제1호에 따른 정족수를 준용한다.

3. 조합원이 총회 외에서 직접 선출한 조합장 : 대의원 3분의 1 이상의 요구와 대의원회의 의결
을 거쳐 조합원 투표로 해임 결정. 이 경우 대의원회의 의결에 관하여는 제1호에 따른 정족
수를 준용하며, 조합원 투표에 의한 해임 결정은 조합원 과반수의 투표와 투표한 조합원 과
반수의 찬성을 얻어야 한다.

③ 이사회는 제142조 제2항에 따른 경영 상태의 평가 결과 상임이사가 소관 업무의 경영 실적이 실하여 그 직무를 담당하기 곤란하다고 인정되거나, 이 법이나 이 법에 따른 명령 또는 정관을 위반하는 행위를 한 경우에는 상임이사의 해임을 총회에 요구할 수 있다. 이 경우 총회의 해임 의결에 관하여는 제1항에 따른 의결정족수를 준용한다.

④ 제1항부터 제3항까지의 규정에 따라 해임 의결을 할 때에는 해당 임원에게 해임 이유를 통지하고 총회 또는 대의원회에서 의견을 진술할 기회를 주어야 한다.

제59조(직원의 임면) ① 지구별수협의 직원은 정관으로 정하는 바에 따라 조합장이 임면하되, 조합장이 비상임일 경우에는 상임이사의 제청에 의하여 조합장이 임면한다. 다만, 상임이사 소관 사업 부문에 속한 직원의 승진 및 전보(轉補)에 대하여는 상임이사가 전담하되, 상임이사가 전담하는 승진과 전보의 방법·절차 및 다른 사업 부문에서 상임이사 소관 사업 부문으로의 전보 등에 관한 구체적인 사항은 정관으로 정한다.

② 지구별수협에는 정관으로 정하는 바에 따라 간부직원을 두어야 하며, 간부직원은 대통령령으로 정하는 자격을 가진 사람 중 조합장이 이사회의 의결을 거쳐 임면한다. 다만, 상임이사를 두지 아니하는 조합의 경우에는 간부직원인 전무 1명을 둘 수 있다.

③ 제2항 단서에 따른 전무는 조합장을 보좌하고 정관으로 정하는 바에 따라 조합의 업무를 처리한다.

④ 간부직원에 대하여는 「상법」 제10조, 제11조 제1항·제3항, 제12조, 제13조 및 제17조와 「상업등기법」 제23조 제1항, 제50조 및 제51조를 준용한다.

제5절 사업

제60조(사업) ① 지구별수협은 그 목적을 달성하기 위하여 다음 각 호의 사업의 전부 또는 일부를 수행한다.

1. 교육·지원 사업
    가. 수산종자의 생산 및 보급
    나. 어장 개발 및 어장환경의 보전·개선
    다. 어업질서 유지
    라. 어업권·양식업권과 어업피해 대책 및 보상 업무 추진
    마. 어촌지도자 및 후계어업경영인 발굴·육성과 수산기술자 양성
    바. 어업 생산의 증진과 경영 능력의 향상을 위한 상담 및 교육훈련
    사. 생활환경 개선과 문화 향상을 위한 교육 및 지원과 시설의 설치·운영
    아. 어업 및 어촌생활 관련 정보의 수집 및 제공
    자. 조합원의 노동력 또는 어촌의 부존자원(賦存資源)을 활용한 관광사업 등 어가(漁家) 소득증대사업
    차. 외국의 협동조합 및 도시와의 교류 촉진을 위한 사업
    카. 어업에 관한 조사·연구
    타. 각종 사업과 관련한 교육 및 홍보
    파. 그 밖에 정관으로 정하는 사업
2. 경제사업
    가. 구매사업
    나. 보관·판매 및 검사 사업

　　다. 이용 · 제조 및 가공(수산물의 처리를 포함한다) 사업

　　라. 수산물 유통 조절 및 비축사업

　　마. 조합원의 사업 또는 생활에 필요한 공동시설의 운영 및 기자재의 임대사업

3. 신용사업

　　가. 조합원의 예금 및 적금의 수납업무

　　나. 조합원에게 필요한 자금의 대출

　　다. 내국환

　　라. 어음 할인

　　마. 국가, 공공단체 및 금융기관 업무의 대리

　　바. 조합원의 유가증권 · 귀금속 · 중요물품의 보관 등 보호예수(保護預受) 업무

4. 공제사업

5. 후생복지사업

　　가. 사회 · 문화 복지시설의 설치 · 운영 및 관리

　　나. 장제사업(葬祭事業)

　　다. 의료지원사업

6. 운송사업

7. 어업통신사업

8. 국가, 공공단체, 중앙회, 수협은행 또는 다른 조합이 위탁하거나 보조하는 사업

9. 다른 경제단체 · 사회단체 및 문화단체와의 교류 · 협력

10. 다른 조합 · 중앙회 또는 다른 법률에 따른 협동조합과의 공동사업 및 업무의 대리

11. 다른 법령에서 지구별수협의 사업으로 정하는 사업

12. 제1호부터 제11호까지의 사업에 관련된 대외무역

13. 차관사업(借款事業)

14. 제1호부터 제13호까지의 사업에 부대하는 사업

15. 그 밖에 지구별수협의 목적 달성에 필요한 사업으로서 중앙회의 회장의 승인을 받은 사업

② 지구별수협은 제1항의 사업 목적을 달성하기 위하여 국가, 공공단체, 중앙회, 수협은행 또는 다른 금융기관으로부터 자금을 차입할 수 있다.

③ 제1항 제3호에 따른 신용사업의 한도와 방법 및 제2항에 따라 지구별수협이 중앙회 또는 수협은행으로부터 차입할 수 있는 자금의 한도는 대통령령으로 정한다.

④ 국가나 공공단체는 제1항 제8호에 따라 사업을 위탁하는 경우에는 대통령령으로 정하는 바에 따라 지구별수협과 위탁 계약을 체결하여야 한다.

⑤ 국가나 공공단체는 제1항 제7호 및 제8호의 사업을 하는 과정에서 발생하는 비용을 지원할 수 있다.

⑥ 국가로부터 차입한 자금은 해양수산부령으로 정하는 바에 따라 조합원이 아닌 수산업자에게도 대출할 수 있다.

⑦ 삭제

⑧ 지구별수협은 제1항의 사업을 수행하기 위하여 필요하면 제68조에 따른 자기자본의 범위에서 다른 법인에 출자할 수 있다. 이 경우 같은 법인에 대한 출자는 다음 각 호의 경우를 제외하고는 자기자본의 100분의 20을 초과할 수 없다.

1. 중앙회에 출자하는 경우

2. 제1항 제2호에 따른 경제사업을 하기 위하여 지구별수협이 보유하고 있는 부동산 및 시설물을 출자하는 경우

⑨ 지구별수협은 제1항의 사업을 안정적으로 하기 위하여 정관으로 정하는 바에 따라 사업손실보전자금 및 대손보전자금(貸損補填資金)을 조성·운용할 수 있다.

⑩ 국가·지방자치단체 및 중앙회는 예산의 범위에서 제9항에 따른 사업손실보전자금 및 대손보전자금의 조성을 지원할 수 있다.

제64조(어업의 경영) ① 지구별수협은 조합원의 공동이익을 위하여 어업 및 그에 부대하는 사업을 경영할 수 있다.

② 제1항에 따라 지구별수협이 어업 및 그에 부대하는 사업을 경영하려면 총회의 의결을 거쳐야 한다.

제77조(합병) ① 지구별수협이 다른 조합과 합병할 때에는 합병계약서를 작성하고 각 총회의 의결을 거쳐야 한다.

② 합병은 해양수산부장관의 인가를 받아야 한다.

③ 합병무효에 관하여는 「상법」 제529조를 준용한다.

제84조(해산 사유) 지구별수협은 다음 각 호의 어느 하나의 사유로 해산한다.

1. 정관으로 정한 해산 사유의 발생
2. 총회의 의결
3. 합병 또는 분할
4. 조합원 수가 100인 미만인 경우
5. 설립인가의 취소

제3장 업종별 수산업협동조합

제104조(목적) 업종별 수산업협동조합(이하 이 장에서 "업종별수협"이라 한다)은 어업을 경영하는 조합원의 생산성을 높이고 조합원이 생산한 수산물의 판로 확대 및 유통 원활화를 도모하며, 조합원에게 필요한 자금·자재·기술 및 정보 등을 제공함으로써 조합원의 경제적·사회적·문화적 지위 향상을 증대함을 목적으로 한다.

제106조(조합원의 자격) ① 업종별수협의 조합원은 그 구역에 주소·거소 또는 사업장이 있는 자로서 대통령령으로 정하는 종류의 어업을 경영하는 어업인이어야 한다.

② 업종별수협의 조합원 자격을 가진 자 중 단일 어업을 경영하는 자는 해당 업종별수협에만 가입할 수 있다.

제107조(사업) ① 업종별수협은 그 목적을 달성하기 위하여 다음 각 호의 사업의 전부 또는 일부를 수행한다.

1. 교육·지원 사업
    가. 수산종자의 생산 및 보급
    나. 어장 개발 및 어장환경의 보전·개선
    다. 어업질서 유지
    라. 어업권·양식업권과 어업피해 대책 및 보상 업무 추진
    마. 어촌지도자 및 후계어업경영인 발굴·육성과 수산기술자 양성

바. 어업 생산의 증진과 경영 능력의 향상을 위한 상담 및 교육훈련

사. 생활환경 개선과 문화 향상을 위한 교육 및 지원과 시설의 설치·운영

아. 어업 및 어촌생활 관련 정보의 수집 및 제공

자. 조합원의 노동력 또는 어촌의 부존자원을 활용한 관광사업 등 어가 소득증대사업

차. 외국의 협동조합 및 도시와의 교류 촉진을 위한 사업

카. 어업에 관한 조사·연구

타. 각종 사업과 관련한 교육 및 홍보

파. 그 밖에 정관으로 정하는 사업

2. 경제사업

가. 구매사업

나. 보관·판매 및 검사 사업

다. 이용·제조 및 가공(수산물의 처리를 포함한다) 사업

라. 수산물 유통 조절 및 비축사업

마. 조합원의 사업 또는 생활에 필요한 공동시설의 운영 및 기자재의 임대사업

3. 공제사업

4. 후생복지사업

가. 사회·문화 복지시설의 설치·운영 및 관리

나. 의료지원사업

5. 운송사업

6. 국가, 공공단체, 중앙회, 수협은행 또는 다른 조합이 위탁하거나 보조하는 사업

7. 다른 경제단체·사회단체 및 문화단체와의 교류·협력

8. 다른 조합·중앙회 또는 다른 법률에 따른 협동조합과의 공동사업 및 업무의 대리

9. 다른 법령에서 업종별수협의 사업으로 정하는 사업

10. 제1호부터 제9호까지의 사업에 관련된 대외무역

11. 차관사업

12. 제1호부터 제11호까지의 사업에 부대하는 사업

13. 그 밖에 업종별수협의 목적 달성에 필요한 사업으로서 중앙회의 회장의 승인을 받은 사업

② 업종별수협은 조합원의 이용에 지장이 없는 범위에서 조합원이 아닌 자에게 그 사업을 이용하게 할 수 있다. 다만, 제1항 제1호·제4호나목, 같은 항 제7호부터 제9호까지 및 제12호의 사업에 대하여는 대통령령으로 정하는 바에 따라 조합원이 아닌 자의 이용을 제한할 수 있다.

제4장 수산물가공 수산업협동조합

제109조(목적) 수산물가공 수산업협동조합(이하 이 장에서 "수산물가공수협"이라 한다)은 수산물가공업을 경영하는 조합원의 생산성을 높이고 조합원이 생산한 가공품의 판로 확대 및 유통 원활화를 도모하며, 조합원에게 필요한 기술·자금 및 정보 등을 제공함으로써 조합원의 경제적·사회적·문화적 지위 향상을 증대함을 목적으로 한다.

제111조(조합원의 자격) 수산물가공수협의 조합원은 그 구역에 주소·거소 또는 사업장이 있는 자로서 대통령령으로 정하는 종류의 수산물가공업을 경영하는 자여야 한다.

제112조(사업) ① 수산물가공수협은 그 목적을 달성하기 위하여 다음 각 호의 사업의 전부 또는 일부를 수행한다.

   1. 교육·지원 사업

      가. 생산력 증진과 경영 능력의 향상을 위한 교육훈련

      나. 조합원에게 필요한 정보의 수집 및 제공

      다. 신제품의 개발·보급 및 기술 확산

      라. 각종 사업과 관련한 교육 및 홍보

      마. 그 밖에 정관으로 정하는 사업

   2. 경제사업

      가. 구매사업

      나. 보관·판매 및 검사 사업

      다. 이용·제조 및 가공 사업

      라. 유통 조절 및 비축사업

   3. 공제사업

   4. 후생복지사업

      가. 사회·문화 복지시설의 설치·운영 및 관리

      나. 의료지원사업

   5. 운송사업

   6. 국가, 공공단체, 중앙회, 수협은행 또는 다른 조합이 위탁하거나 보조하는 사업

   7. 다른 경제단체·사회단체 및 문화단체와의 교류·협력

   8. 다른 조합·중앙회 또는 다른 법률에 따른 협동조합과의 공동사업 및 업무의 대리

   9. 다른 법령에서 수산물가공수협의 사업으로 정하는 사업

   10. 제1호부터 제9호까지의 사업에 관련된 대외무역

   11. 차관사업

   12. 제1호부터 제11호까지의 사업에 부대하는 사업

   13. 그 밖에 수산물가공수협의 목적 달성에 필요한 사업으로서 중앙회의 회장의 승인을 받은 사업

② 수산물가공수협은 조합원의 이용에 지장이 없는 범위에서 조합원이 아닌 자에게 그 사업을 이용하게 할 수 있다. 다만, 제1항 제1호·제4호나목, 같은 항 제7호부터 제9호까지 및 제12호의 사업에 대하여는 대통령령으로 정하는 바에 따라 조합원이 아닌 자의 이용을 제한할 수 있다.

제6장 수산업협동조합중앙회

제1절 통칙

제118조(회원) 중앙회는 조합을 회원으로 한다.

제120조(출자) ① 회원은 정관으로 정하는 계좌 수 이상의 출자를 하여야 한다.
② 출자 1계좌의 금액은 정관으로 정한다.

제123조(정관 기재사항) 중앙회의 정관에는 다음 각 호의 사항이 포함되어야 한다.
1. 목적·조직·명칭 및 구역

2. 주된 사무소의 소재지

3. 출자에 관한 사항

4. 우선출자에 관한 사항

5. 회원의 가입 및 탈퇴에 관한 사항

6. 회원의 권리의무에 관한 사항

7. 총회 및 이사회에 관한 사항

8. 임원, 제136조 제1항에 따른 집행간부(이하 "집행간부"라 한다) 및 집행간부 외의 간부직원(이하 "일반간부직원"이라 한다)에 관한 사항

9. 사업의 종류, 업무 집행에 관한 사항

10. 경비 및 과태금의 부과·징수에 관한 사항

11. 제156조에 따른 수산금융채권의 발행에 관한 사항

12. 회계에 관한 사항

13. 공고의 방법에 관한 사항

제2절 기관

제125조(총회) ① 중앙회에 총회를 둔다.

② 총회는 회장과 회원으로 구성하고, 회장이 소집한다.

③ 회장은 총회의 의장이 된다.

④ 정기총회는 회계연도 경과 후 3개월 이내에 회장이 매년 1회 소집하고, 임시총회는 회장이 필요하다고 인정할 때 수시로 소집한다.

제126조(총회의 의결 사항) ① 다음 각 호의 사항은 총회의 의결을 거쳐야 한다.

1. 정관의 변경

2. 회원의 제명

3. 회장, 사업전담대표이사(중앙회의 사업을 각 사업 부문별로 전담하는 대표이사를 말한다. 이하 같다), 감사위원, 이사의 선출·해임

4. 사업계획·수지예산 및 결산의 승인

5. 그 밖에 회장이나 이사회가 필요하다고 인정하는 사항

② 제1항 제1호의 정관의 변경은 총회의 의결을 거쳐 해양수산부장관의 인가를 받아야 한다. 이 경우 해양수산부장관은 제167조 제1항에 따른 신용사업특별회계(이하 "신용사업특별회계"라 한다)에 관한 사항 및 신용사업특별회계 출자자의 권리에 영향을 미치는 사항은 미리 금융위원회와 협의하여야 한다.

제127조(이사회) ① 중앙회에 이사회를 두되, 회장이 그 의장이 된다.

② 이사회는 회장·사업전담대표이사를 포함한 이사로 구성하되, 이사회 구성원의 2분의 1 이상은 회원인 조합의 조합장(이하 이 장에서 "회원조합장"이라 한다)이어야 한다.

③ 이사회는 다음 각 호의 사항을 의결한다.

1. 중앙회의 경영목표 설정

2. 중앙회의 사업계획 및 자금계획의 종합 조정

3. 조직·경영 및 임원에 관한 규약의 제정·개정 및 폐지

4. 사업전담대표이사 및 상임이사의 직무와 관련한 업무의 종합 조정 및 소관 업무의 경영평가

5. 사업전담대표이사 및 상임이사의 해임요구에 관한 사항

6. 제127조의2에 따른 인사추천위원회(이하 "인사추천위원회"라 한다) 구성에 관한 사항

7. 제127조의3에 따른 교육위원회 구성에 관한 사항

8. 제144조 제1항 제1호에 따른 조합감사위원회 위원 선출

9. 삭제

10. 업무용 부동산의 취득 및 처분

11. 총회로부터 위임된 사항

12. 그 밖에 회장 또는 이사 5분의 1 이상이 필요하다고 인정하는 사항

④ 회장은 이사 3명 이상 또는 제133조에 따른 감사위원회(이하 "감사위원회"라 한다)의 요구가 있을 때에는 지체 없이 이사회를 소집하여야 하고, 회장이 필요하다고 인정할 때에는 직접 이사회를 소집할 수 있다.

⑤ 이사회는 구성원 과반수의 출석으로 개의하고 출석구성원 과반수의 찬성으로 의결한다.

⑥ 집행간부는 정관으로 정하는 바에 따라 이사회에 출석하여 의견을 진술할 수 있다.

⑦ 이사회의 의사에 특별한 이해관계가 있는 이사회의 구성원은 그 이사회의 회의에 참여할 수 없다.

⑧ 이사회의 운영에 필요한 사항은 정관으로 정한다.

제3절 임원과 직원

제129조(임원) ① 중앙회에 임원으로 회장 1명 및 사업전담대표이사 1명(지도경제사업대표이사)을 포함하여 22명 이내의 이사와 감사위원 3명을 둔다.

② 제1항의 임원 중 다음 각 호의 자는 상임으로 한다.

1. 사업전담대표이사

2. 제138조 제1항 제2호에 따른 경제사업을 담당하는 이사

3. 감사위원장

제133조(감사위원회) ① 중앙회는 재산과 업무집행상황을 감사하기 위하여 감사위원회를 둔다.

② 감사위원회는 감사위원장을 포함한 3명의 감사위원으로 구성하되, 그 임기는 3년으로 하며 감사위원 중 2명은 대통령령으로 정하는 요건에 적합한 외부전문가 중에서 선출하여야 한다.

③ 감사위원은 인사추천위원회가 추천한 자를 대상으로 총회에서 선출한다.

④ 감사위원장은 감사위원 중에서 호선한다.

⑤ 감사위원회에 관하여는 제48조 제2항부터 제5항까지 및 제49조를 준용한다. 이 경우 제48조 제2항 중 "감사"는 "감사위원회"로, "총회 및 중앙회 회장"은 "총회"로, 같은 조 제3항 중 "감사"는 "감사위원회"로, "자체감사 또는 중앙회 등"은 "자체감사 또는"으로, 같은 조 제4항 중 "감사"는 "감사위원"으로, 같은 조 제5항 중 "감사"는 "감사위원회"로, 제49조 제1항 중 "조합장을 포함한 이사"는 "회장을 포함한 이사"로, "감사"는 "감사위원회"로, 같은 조 제2항 중 "조합장을 포함한 이사"는 "회장을 포함한 이사"로 본다.

⑥ 감사위원회의 운영 등에 필요한 사항은 정관으로 정한다.

제134조(임원의 선출 및 임기) ① 회장은 총회에서 선출하되, 회원인 조합의 조합원이어야 한다.

② 사업전담대표이사는 총회에서 선출하되, 제131조 제2항에 따른 전담사업에 관한 전문지식과 경험이 풍부한 사람으로서 경력 등 대통령령으로 정하는 요건을 충족하는 사람 중 인사추천위원회에서 추천한 사람으로 한다.

③ 상임이사는 총회에서 선출하되, 제2항의 요건에 준하는 자격을 갖춘 자 중에서 인사추천위원회에서 추천한 사람으로 한다.

④ 비상임이사는 총회에서 선출하되, 5명은 회원조합장이 아닌 사람 중에서 인사추천위원회에서 추천한 사람을 선출하고, 나머지 인원은 회원조합장 중에서 선출한다.

  1. 삭제

  2. 삭제

⑤ 회장의 임기는 4년으로 하되, 회장은 연임할 수 없으며, 사업전담대표이사 및 이사의 임기는 2년으로 한다.

⑥ 회원조합장이 제129조 제2항에 따른 상임인 임원으로 선출된 경우에는 취임 전에 회원조합장의 직을 사임하여야 한다.

⑦ 중앙회는 제1항에 따른 회장 선출에 대한 선거관리를 정관으로 정하는 바에 따라 「선거관리위원회법」에 따른 중앙선거관리위원회에 위탁하여야 한다.

⑧ 삭제

⑨ 삭제

제135조(임원의 해임) ① 회원은 회원 3분의 1 이상의 동의를 받아 총회에 임원의 해임을 요구할 수 있다. 이 경우 총회는 구성원 과반수의 출석과 출석구성원 3분의 2 이상의 찬성으로 해임을 의결한다.

② 삭제

③ 이사회는 사업전담대표이사 또는 상임이사의 경영 상태를 평가한 결과 경영 실적이 부실하여 그 직무를 담당하기 곤란하다고 인정되거나, 이 법이나 이 법에 따른 명령 또는 정관을 위반하는 행위를 한 경우에는 총회에 사업전담대표이사 또는 상임이사의 해임을 요구할 수 있다. 이 경우 총회의 해임 의결에 관하여는 제1항 후단에 따른 의결정족수를 준용한다.

④ 제1항 및 제3항에 따라 해임 의결을 할 때에는 해당 임원에게 해임 이유를 통지하여 총회에서 의견을 진술할 기회를 주어야 한다.

제136조(집행간부 및 직원의 임면 등) ① 중앙회에 사업전담대표이사의 업무를 보좌하기 위하여 집행간부를 두되, 그 명칭, 임기 및 직무 등에 관한 사항은 정관으로 정한다.

② 제1항에 따른 집행간부는 사업전담대표이사가 임면한다.

③ 직원(집행간부는 제외한다)은 회장이 임면하되, 사업전담대표이사 소속 직원의 승진, 전보 등은 정관으로 정하는 바에 따라 사업전담대표이사가 수행한다.

④ 회장과 사업전담대표이사는 집행간부 또는 직원 중에서 중앙회의 업무에 관한 재판상 또는 재판 외의 모든 행위를 할 권한을 가지는 대리인을 선임할 수 있다.

⑤ 집행간부 및 일반간부직원에 대해서는 「상법」 제10조, 제11조 제1항·제3항, 제12조, 제13조 및 제17조와 「상업등기법」 제23조 제1항, 제50조 및 제51조를 준용한다.

제137조(다른 직업 종사의 제한) 상임인 임원, 집행간부 및 일반간부직원은 직무와 관련되는 영리를 목적으로 하는 사업에 종사할 수 없으며, 이사회가 승인하는 경우를 제외하고는 다른 직업에 종사할 수 없다.

제4절 사업

제138조(사업) ① 중앙회는 그 목적을 달성하기 위하여 다음 각 호의 사업의 전부 또는 일부를 수행한다.

1. 교육·지원 사업
   가. 회원의 조직·경영 및 사업에 관한 지도·조정
   나. 회원의 조합원과 직원에 대한 교육·훈련 및 정보의 제공
   다. 회원과 그 조합원의 사업에 관한 조사·연구 및 홍보
   라. 회원과 그 조합원의 사업 및 생활 개선을 위한 정보망의 구축, 정보화 교육 및 보급 등을 위한 사업
   마. 회원과 그 조합원에 대한 보조금의 지급
   바. 수산업 관련 신기술의 개발 등을 위한 사업 및 시설의 운영
   사. 회원에 대한 감사
   아. 각종 사업을 위한 교육·훈련
   자. 회원과 그 조합원의 권익 증진을 위한 사업
   차. 제162조의2에 따른 명칭사용료의 관리 및 운영

2. 경제사업
   가. 회원과 그 조합원을 위한 구매·보관·판매·제조 사업 및 그 공동사업과 업무 대행
   나. 회원과 그 조합원을 위한 수산물의 처리·가공 및 제조 사업
   다. 회원 및 출자회사(중앙회가 출자한 회사만을 말한다)의 경제사업의 조성·지도 및 조정

3. 삭제

4. 상호금융사업
   가. 대통령령으로 정하는 바에 따라 회원으로부터 예치된 여유자금 및 상환준비금의 운용·관리
   나. 회원의 신용사업 지도
   다. 회원의 예금·적금의 수납·운용
   라. 회원에 대한 자금 대출
   마. 국가·공공단체 또는 금융기관(「은행법」에 따른 은행과 그 외에 금융업무를 취급하는 금융기관을 포함한다. 이하 같다)의 업무의 대리
   바. 회원 및 조합원을 위한 내국환 및 외국환 업무
   사. 회원에 대한 지급보증 및 회원에 대한 어음할인
   아. 「자본시장과 금융투자업에 관한 법률」 제4조 제3항에 따른 국채증권 및 지방채증권의 인수·매출
   자. 「전자금융거래법」에서 정하는 직불전자지급수단의 발행·관리 및 대금의 결제
   차. 「전자금융거래법」에서 정하는 선불전자지급수단의 발행·관리 및 대금의 결제

5. 공제사업

6. 의료지원사업

7. 「자본시장과 금융투자업에 관한 법률」에 따른 파생상품시장에서의 거래

8. 국가와 공공단체가 위탁하거나 보조하는 사업

9. 제1호, 제2호, 제4호부터 제8호까지의 사업에 관련된 대외무역

　　10. 다른 경제단체·사회단체 및 문화단체와의 교류·협력

　　11. 어업통신사업

　　12. 어업협정 등과 관련된 국제 민간어업협력사업

　　13. 회원과 그 조합원을 위한 공동이용사업 및 운송사업

　　14. 「어선원 및 어선 재해보상보험법」 제2조 제1항 제2호에 따른 어선원 고용 및 복지와 관련된
　　　　사업

　　15. 다른 법령에서 중앙회의 사업으로 정하는 사업

　　16. 제1호, 제2호, 제4호부터 제15호까지의 사업에 부대하는 사업

　　17. 그 밖에 중앙회의 목적 달성에 필요한 사업으로서 해양수산부장관의 승인을 받은 사업

② 중앙회는 제1항의 사업을 하기 위하여 국가, 공공단체 또는 금융기관으로부터 자금을 차입하거
　나 금융기관에 예치하는 방법 등으로 자금을 운용할 수 있다.

③ 중앙회는 제1항의 사업을 하기 위하여 국제기구·외국 또는 외국인으로부터 자금을 차입하거나
　물자와 기술을 도입할 수 있다.

④ 삭제

⑤ 삭제

⑥ 제1항 제2호·제4호 및 제5호의 사업에 대하여는 제131조 제2항에 따른 지도경제사업대표이사
　소관 업무의 회계 안에서 회계와 손익을 각각 구분하여 관리하여야 한다.

⑦ 삭제

⑧ 삭제

⑨ 삭제

제5절 중앙회의 지도·감사

제143조(조합감사위원회) ① 회원의 건전한 발전을 도모하기 위하여 회장 소속으로 회원의 업무를
지도·감사할 수 있는 조합감사위원회(이하 이 절에서 "위원회"라 한다)를 둔다.

② 위원회는 위원장을 포함하여 5명의 위원으로 구성하되, 위원장은 상임으로 한다.

③ 위원회의 감사 사무를 처리하기 위하여 정관으로 정하는 바에 따라 위원회에 필요한 기구를 둔다.

제144조(위원회의 구성) ① 위원회는 다음 각 호의 위원으로 구성하며, 위원장은 위원 중에서 호선
으로 선출하고 회장이 임명한다. 다만, 회원의 조합장과 조합원은 위원이 될 수 없다.

　　1. 제127조의2에 따른 인사추천위원회가 추천하여 이사회에서 선출하는 사람 2명

　　2. 기획재정부장관이 위촉하는 사람 1명

　　3. 해양수산부장관이 위촉하는 사람 1명

　　4. 금융위원회 위원장이 위촉하는 사람 1명

② 제1항에 따른 위원장과 위원은 감사 또는 회계 업무에 관한 전문지식과 경험이 풍부한 사람으로
　서 대통령령으로 정하는 요건을 충족하여야 한다.

③ 위원장과 위원의 임기는 3년으로 한다.

제145조(의결 사항) 위원회는 다음 각 호의 사항을 의결한다.

1. 회원에 대한 감사 방향 및 감사계획
2. 감사 결과에 따른 회원의 임직원에 대한 징계 및 문책의 요구 등
3. 감사 결과에 따른 회원의 임직원에 대한 변상책임의 판정
4. 회원에 대한 시정 및 개선 요구 등
5. 감사 관계 규정의 제정·개정 및 폐지
6. 회장이 요청하는 사항
7. 그 밖에 위원장이 필요하다고 인정하는 사항

 「수산업협동조합법 시행령」(2021. 6. 23. 시행 기준) [대통령령 제31803호, 2021. 6. 22., 타법개정] ★

제2조(어촌계의 목적) 「수산업협동조합법」(이하 "법"이라 한다) 제15조에 따라 설립되는 어촌계(이하 "어촌계"라 한다)는 어촌계원의 어업 생산성을 높이고 생활 향상을 위한 공동사업의 수행과 경제적·사회적 및 문화적 지위의 향상을 도모함을 목적으로 한다.

제5조(어촌계 정관) ① 어촌계 정관에는 다음 각 호의 사항이 포함되어야 한다.

1. 목적
2. 명칭
3. 구역
4. 주된 사무소의 소재지
5. 어촌계원의 자격 및 권리·의무에 관한 사항
6. 어촌계원의 가입·탈퇴 및 제명(除名)에 관한 사항
7. 총회 및 그 밖의 의결기관과 임원의 정수(定數)·선출 및 해임에 관한 사항
8. 사업의 종류와 그 집행에 관한 사항
9. 경비 부과, 수수료 및 사용료에 관한 사항
10. 적립금의 금액 및 적립방법에 관한 사항
11. 잉여금의 처분 및 결손금의 처리방법에 관한 사항
12. 회계연도 및 회계에 관한 사항
13. 해산에 관한 사항

② 어촌계 정관의 변경에 관한 사항은 시장·군수·구청장의 인가를 받아야 한다. 다만, 해양수산부장관이 정하는 정관 예에 따라 변경하는 경우에는 그러하지 아니하다.

제6조(어촌계원 및 준어촌계원) ① 지구별수협의 조합원으로서 어촌계의 구역에 거주하는 사람은 어촌계에 가입할 수 있다.

② 「수산업·어촌 공익기능 증진을 위한 직접지불제도 운영에 관한 법률」 제14조 제3호 및 같은 법 시행령 제5조 제1항에 따라 어촌계의 계원 자격을 이양받는 사람으로서 해당 어촌계의 구역에 거주하는 사람은 제1항에도 불구하고 어촌계에 가입한 날부터 1년 이내에 해당 구역의 지구별수협의 조합원으로 가입할 것을 조건으로 어촌계에 가입할 수 있다.

③ 다음 각 호의 어느 하나에 해당하는 사람은 총회의 의결을 받아 준어촌계원이 될 수 있다.

1. 제1항에 따른 어촌계원의 자격이 없는 어업인 중 어촌계가 취득한 마을어업권 또는 어촌계의 구역에 있는 지구별수협이 취득한 마을어업권의 어장(漁場)에서 「수산업법」 제2조 제10호에 따른 입어(入漁)를 하는 사람
2. 어촌계의 구역에 거주하는 사람으로서 어촌계의 사업을 이용하는 것이 적당하다고 인정되는 사람

제7조(어촌계의 사업) ① 어촌계는 그 목적을 달성하기 위하여 어촌계 정관으로 정하는 바에 따라 다음 각 호의 사업을 수행할 수 있다.

1. 교육 · 지원사업
2. 어업권 · 양식업권의 취득 및 어업의 경영
3. 소속 지구별수협이 취득한 어업권 · 양식업권의 행사
4. 어업인의 생활필수품과 어선 및 어구의 공동구매
5. 어촌 공동시설의 설치 및 운영
6. 수산물의 간이공동 제조 및 가공
7. 어업자금의 알선 및 배정
8. 어업인의 후생복지사업
9. 구매 · 보관 및 판매사업
10. 다른 경제단체 · 사회단체 및 문화단체와의 교류 · 협력
11. 국가, 지방자치단체 또는 지구별수협의 위탁사업 및 보조에 따른 사업
12. 다른 법령에서 어촌계의 사업으로 정하는 사업
13. 제1호부터 제12호까지의 사업에 부대하는 사업
14. 그 밖에 어촌계의 목적 달성에 필요한 사업

② 어촌계는 제1항의 사업 목적을 달성하기 위하여 기금을 조성 · 운용하거나 중앙회, 법 제141조의4에 따른 수협은행(이하 "수협은행"이라 한다) 또는 지구별수협으로부터 자금을 차입(借入)할 수 있다.

제14조(지구별수협의 조합원 자격) 법 제20조 제3항에 따른 지구별수협의 조합원의 자격요건인 어업인의 범위는 1년 중 60일 이상 조합의 정관에서 정하는 어업을 경영하거나 이에 종사하는 사람을 말한다.

제23조(수산물가공수협의 조합원 자격) 법 제111조에서 "대통령령으로 정하는 종류의 수산물가공업을 경영하는 자"란 다음 각 호의 어느 하나에 해당하는 자를 말한다.

1. 수산물냉동 · 냉장업을 경영하는 자(해당 사업장에서 수산물과 농산물 · 축산물 또는 임산물을 함께 냉동 · 냉장하는 경우를 포함한다)
2. 수산물통조림가공업을 경영하는 자(해당 사업장에서 수산물과 농산물 · 축산물 또는 임산물을 원료로 하거나 함께 혼합하여 통조림 가공을 하는 경우를 포함한다)
3. 수산물건제품가공업을 경영하는 자(해당 사업장의 공장 면적이 330제곱미터 이상으로 등록되어 있는 경우만 해당한다)
4. 해조류가공업을 경영하는 자(해당 사업장의 공장 면적이 200제곱미터 이상으로 등록되어 있는 경우만 해당한다)

01 다음 중 마을어업권을 면허받을 수 있는 조직은? [2009 기출]

① 민간법인
② 어촌계
③ 마을행정기관
④ 영어조합법인

해설
어촌계는 「수산업협동조합법」에 근거하여 행정구역·경제권 단위로 전국 연안에 조직되어 있는 수협의 최말단 조직으로 마을어업권을 면허받을 수 있는 조직이다.

정답 ②

02 다음 중 수산업협동조합의 운영원칙에 <u>어긋나는</u> 것은? [2009 기출]

① 자본이자 무제한의 원칙
② 조합공개의 원칙
③ 민주적 관리의 원칙
④ 이용률 배당의 원칙

해설
출자 및 출자금 이자 제한의 원칙이 적용된다.

정답 ①

03 수산업협동조합의 공동판매 기능이 <u>아닌</u> 것은? [2011 기출]

① 수산물의 수요창조 기능
② 중간상인의 배제 기능
③ 거래 면에서 생산자의 입장을 강화시켜 주는 기능
④ 판매에 소요되는 시간과 경비의 절약 기능

해설
공동판매를 함으로써 수요가 창출되는 것은 아니다.

정답 ①

CHAPTER

07 보험과 공제

 KEY POINT
- 위험 대처 방법
- 수산업협동조합 공제의 특징
- 공제사업의 종류

POINT 071 보험 및 공제 제도의 위험 요소

투기적 위험	• 새로운 위험 요소 발생에 따른 투자 위험도를 의미한다. • 현재의 경제적 손실에 미래의 불확실한 상황에 따른 이익 발생 가능성까지 포함한다. 〔예〕새 어장으로의 출어 위험, 새로운 어구 및 어법 도입으로 인한 위험 등	
순수 위험	경제적 손실을 입을 위험 또는 미래에 이익이 따를 가능성이 없는 불확실한 상황을 의미한다. 〔예〕선박 침몰 위험, 제품 안전사고 위험 등	
	인적 위험	사망·질병·실업 등으로 인해 소득 창출이 불확실한 위험
	재산 위험	경제적 가치 저하와 재산의 사용에 따른 효익 상실 위험
	배상 책임 위험	피해 보상에 대한 배상 책임으로 인한 위험

※ 위험 요소의 분류는 이익 발생의 가능성 유무를 기준으로 투기적 위험과 순수 위험으로 나뉘게 된다.

POINT 072 위험 대처 방법 ★

위험 회피	가장 소극적인 방법으로, 경영을 함에 있어 반대가 있을 경우 사업 자체를 포기하는 경우를 말한다.
위험 인수	위험에 대한 대비 여부와 관계없이 스스로 흡수하여 처리하는 경우를 말한다.
위험 전가	발생한 손실을 제3자에게 전가하는 것으로, 보험과 공제제도가 대표적이다.
손실 통제	• 손실에 대해 미리 대응하여 예방하거나 사고 발생 후 손실을 줄이기 위해 노력하는 것을 말한다. • 사전교육, 안전수칙, 건물의 스프링클러가 대표적이다.

POINT 073 보험의 종류

인적보험	인사사고는 미리 예측할 수 없고, 그 가치를 판단하기 어렵기 때문에 계약한 일정금액을 보험금으로 지불한다. 예 생명보험, 건강보험 등
손해보험	• 수산경영체를 운영함에 따라 발생하는 재산위험과 배상책임위험에 대응하고자 생긴 보험으로, 각종 재산상 손해를 입었을 시 보험금을 지불한다. • 인적 보험과 달리 손해액의 범위 내에서 보험금을 지불한다. 예 화재보험, 자동차손해보험, 해상보험, 운송보험 등

POINT 074 공제금 지급을 위한 재정 조달 및 운용 방안

책임 준비금	보험사고가 현재 발생하지는 않았지만 미래 발생이 예상되는 공제금 지급 의무에 대비하여 수협이 사전에 축적해두는 유보 자금을 말한다.
지급 준비금	결산 시점에서 공제금을 지급할 사유가 발생하여 지급이 예정되어 있으나 현재에는 지급되지 아니한 자금을 말한다.
특별 위험 준비금	• 공제료 산정 시 예상했던 사고 발생률을 초과하여 사고가 발생할 경우를 대비하여 보험료 수입의 일정 부분을 적립하는 것을 말한다. • 특별 위험 준비금은 보통 계약기간이 1년 이하의 손해 공제를 대상으로 한다.

POINT 075 효과적인 공제 자금 투자를 위한 판단 요소

안정성	투자한 원금을 목표한 기간 내에 회수할 수 있는지 여부
수익성	투자가 일정 수준 이상의 수익률을 낼 수 있는지 여부
유동성	• 투자 자산을 현금화할 수 있는 정도 • 일반적으로 부동산에 대한 투자는 현금화가 어려워 유동성이 낮음

POINT 076 공제 자금 투자 대상

• 금융기관에 예치 · 신탁
• 주식 · 국공채 등 유가 증권 취득
• 부동산 투자
• 공제 대출

수산업협동조합 공제의 특징 ★

- 「수산업협동조합법」에 근거하여 실시되므로 보험법에 의한 정부 규제에서 상대적으로 자유롭다.
- 법적으로 비조합원도 가입할 수 있기는 하나, 실제적으로는 어업인과 조합원으로 제한하여 공평한 공제료 부담이 이루어진다.
- 조합원 정보가 공개되어 보험사고를 예방할 수 있고, 수산업에 대한 전문적인 상품 개발이 가능하다.
- 생명보험과 손해보험을 겸영할 수 있다.
- 수협은 비영리 조직이므로 공제료가 저렴하다.

 수산업협동조합의 신용 및 금융 사업

- 수협은 계통금융에 해당하며, 일반 상업 금융까지도 취급하고 있다.
- 수협 금융업무의 특징
  - 경제 사업과 유기적인 관계가 있다.
  - 계통 조직을 활용한다.
  - 정책 금융을 겸한다.
  - 비조합원·비어민에 대한 일반 은행 업무를 겸한다.

 수산업협동조합의 공제사업

- 공제사업은 최소의 비용으로 재해 등 우발적·비예측적 사고에 대처하기 위한 예비적 제도로, 경제적 기능을 내포하는 금융 사업이다.
- 공제료는 사전 납부·사후 지급이 원칙이다.
- 공제 상품 중 양로 보험 성격의 생명공제는 저축의 기능과 위험보장의 기능을 함께 가지고 있다. 그래서 일반적으로 수협에서 운용할 수 있는 자금은 손해공제 상품보다 많다.
- 공제사업의 효용
  - 저축의 효용
  - 위험보장의 효용
  - 신용증대의 효용
  - 경제 채산성의 효용
  - 타 사업과의 기능 교화의 효용
  - 어촌 경제에의 기여

080 공제사업의 종류 ★

1. 생명공제 상품

복지 저축·양로 공제	• 일반 생명보험의 양로보험과 유사하다. • 만료시까지 생존한 경우에도 지급한다. • 생활복지 공제·복지 양로 공제와 유사하다.
돌고래 보장 공제	• 양로 공제와 유사하나 교통재해 보상을 포함한다. • 공제료에 대해 소득세 감면 혜택이 있다.
장학 공제	자녀의 학자금을 보조하는 교육보험에 해당한다.
재해 보장 공제	• 재해 + 제1종 법정 감염병에 대하여 보상한다. • 순수 보장성 공제제도로 약정된 금액을 지급한다.
치료 공제	입원·수술·공제기간 내 사망한 경우 보상금을 지급한다.

2. 손해공제 상품

어선 보통 공제	• 해상보험의 선박보험과 유사하다. • 선박의 좌초·침몰·충돌 등의 손해를 보상한다. • 선령 제한이 있다. – 목선(15년), 강선(25년), 기타(20년)
어선 만기 공제	• 일정기간 동안 어선의 손상이 있는 경우 보상한다. • 손해가 발생하지 않고 만료될 경우 어선의 재건조비를 지급한다.
어선 건조 공제	• 어선 건조 중에 계약사의 담보 위험으로 손실을 입은 경우 보상한다. • 공제기간은 건조 착공일부터 선주에게 인도되는 날까지이다. • 목선(6개월), 강선(1년)을 초과할 수 없다.
선원 보통 공제	• 상해보험과 유사하다. • 선원이 직무수행 중 발생한 사고로 사망하거나 장애인이 된 경우 보상하지만, 치료비·치료 중 생계비·장례비는 제공하지 않는다.
선원 특수 공제	• 직무상 부상·질병에 걸렸을 경우 선주가 재해보상을 하게 된다. • 요양비·유족 보상비·장례비 등을 지급한다.
보통 화재 공제	일반 보험의 화재보험에 해당한다.
신원 보증 공제	「수산업협동조합법」에 의하여 설립된 법인·정부기관·수협 중앙회 회장이 인정하는 수산 단체로 가입 대상이 제한된다.

01 수산업협동조합 공제제도에 대한 특징으로 옳지 <u>않은</u> 것은? [2010 기출]

① 「보험업법」에 의한 정부규제를 받지 않는다.

② 공제가입자의 인적 정보를 민영 보험보다 상대적으로 쉽게 파악할 수 있다.

③ 공제 가입을 어업인과 조합원에 거의 국한시키고 있다.

④ 손해보험 사업과 생명보험 사업을 겸영할 수 없다.

해설

수산업협동조합 공제의 특징
- 「수산업협동조합법」에 근거하여 실시되므로 「보험업법」에 의한 정부 규제에서 상대적으로 자유롭다.
- 법적으로 비조합원도 가입할 수 있기는 하나, 실제적으로는 어업인과 조합원으로 제한하여 공평한 공제료 부담이 이루어진다.
- 조합원 정보가 공개되어 보험사고를 예방할 수 있고, 수산업에 대한 전문적인 상품 개발이 가능하다.
- 생명보험과 손해보험을 겸영할 수 있다.
- 수협은 비영리 조직이므로 공제료가 저렴하다.

정답 ④

CHAPTER

08 어촌의 개발

KEY POINT
- 어촌의 역할과 개발방향
- 동·서해 어업관리단
- 수산 관련 국제기구

01 어촌의 역할과 개발 및 복지

POINT 081 어촌의 역할 ★

- 어민 생활의 장
- 취업 및 경제활동의 장
- 안정적인 수산물 공급 및 생산의 장
- 레저 관광지로서의 역할

POINT 082 어촌 개발에 있어서의 난(難)점

- 노인과 여성에 의존한 어업 생산
- 도시화·공업화로 야기된 자연 생태계와 생산 기능 저하
- 지역 특성에 맞는 생산 시설 미비
- 환경 오염에 대한 적극적인 자정 정책 미흡

POINT 083 어촌 개발 방향 ★

- 자연 환경과 개발의 공존을 모색하여야 한다.
- 소규모 어항을 법정 어항으로 제도화하여 시설을 확충하여야 한다.
- 어항 간 간격을 좁혀 어항 수용 능력을 높이는 방안이 필요하다.
- 내항 중심의 어촌 경제를 개발하여야 한다.
- 인공 어초 시설 확대와 수산 생물 인공부화 그리고 대량방류 등 자원 조성에 힘써야 한다.
- 개펄 훼손 방지에 힘써야 한다.
- 폐수·하수·폐유 등에 의한 해양 오염을 방지하는 데 힘써야 한다.
- 어촌의 자연환경을 이용한 레저 및 관광 사업을 통해 어촌 경제 활성화를 도모하여야 한다.
- 어민들의 복지시설 확충과 자녀 교육시설 확충에 힘써야 한다.
- 개발에 있어 해당 지역을 가장 잘 알고 있는 어촌 주민이 개발의 주체로 참여할 수 있도록 개방하여야 한다.

지식 in 어촌 종합 개발사업 실시 목적 ★

제1차 어촌 종합 개발사업	열악한 어업 생산 기반 시설 구축 목적
제2차 어촌 종합 개발사업	어민 생활 기반 시설 확충 목적

지식 in 어촌 개발 정책

어촌 종합 개발사업	• 목적 : 어촌 생산 · 소득 기반 시설 확충, 생활 환경 개선하여 정착 환경 조성, 소득 증대를 바탕으로 지역 경제 활성화 • 선착장 등 계류 시설, 도로 등 기반 시설, 작업장 환경, 낚시터 등 소득 시설 개선 및 확보
어촌 관광 개발사업	어촌 체험마을 조성, 관광 자원 홍보 등이 있다.

02 수산 관련 행정기관

POINT 084 수산 관련 행정기관

1. 해양수산부

「정부조직법」에 의거하여 설립된 기구로, 수산 · 해운 · 항만 건설 운영, 해양 조사, 선박 · 선원 관리, 공유수면 및 연안 관리, 해양 환경 보전, 해양자원 관리, 해양안전심판 사무 등의 역할을 담당한다.

2. 국립수산과학원

해양 환경 및 어업 자원의 관리에 관한 연구, 수산생물의 양식기술 개발 및 자원 조성에 관한 연구, 어구 어법 및 양식 시설물의 개발에 관한 연구, 수산물 위생 관리 연구 및 고부가 가치의 기능성 식품 소재 개발, 해양수산 분야에 종사하는 공무원 및 어업인 등에 대한 교육 훈련을 실시한다.

3. 국립해양조사원

수로측량과 · 해도수로과 · 해양예보과 · 해양관측과 등 5개 과와 해양조사연구실, 동 · 남 · 서해 3개 지방사무소로 이루어져 있으며, 주요 업무로 해상교통 안전, 해양재해 예방, 해양영토 수호, 해양과학기술 개발 등의 사업을 추진하고 있다. 연구선을 활용하여 해도 · 전자해도를 제작하고 해양을 측량 · 관측하는 등 해양연구도 하고 있으며, 이를 기반으로 국내 바다에 대한 자료를 관리하고 국제해저지명을 등록하는 업무를 맡고 있다.

4. 국립수산물 품질 관리원

수산제품 검사와 위생관리를 통한 품질향상 및 어업인 소득증대를 목적으로 설립되었으며, 수산제품 검사 · 분석, 철저한 위생관리, 수산물 품질향상 등의 업무를 수행한다.

5. 동・서해 어업관리단 ★

국내 수산자원 보호를 위해 불법어업 지도・단속을 목적으로 설립되었으며, 조업 지도, 불법어업 예방 및 단속, 한・일 및 한・중 어업협정사항 이행 여부를 포함한 배타적 경제 수역(EEZ) 관리, IUU 어업방지를 위한 원양조업감시센터(FMC) 운영, 우리 어선 안전조업지도 및 조업지원(수산정보, 조난구조・예인)업무를 수행한다.

6. 해양수산청(지방해양수산청, 11개)

해상교통안전시설 확충 및 기능 개선, 입출항 선박 관제, 항만시설관리 등 해운과 항만의 운영 및 관리, 어항의 건설 및 관리를 담당한다.

📖 지식 IN 자율관리어업

- 어업 소득의 안정과 증대를 도모하기 위해 어업인들이 공동으로 어업을 관리하는 방식을 의미
- 어업인들의 어장 및 수산자원에 대한 주인 의식 함양, 지역 특성에 맞게 자율적 공동체 결성 도모
- 어장관리, 자원관리, 경영개선, 질서유지 네 가지 형태로 구분

구분	내용	관리 수단
어장관리	자원의 산란・서식장 보호 및 보전	어장 환경 개선, 저질 개선, 해안 청소 등
자원관리	지속 가능 수준으로 자원 보존	생산량 조절, 사용 어구량 축소 등
경영개선	비용 절감 등을 통한 이익 증대	공동 생산・판매, 수산물 판매망 구축 등
질서유지	소득 격차, 기타 분쟁 해결	지역・어업 간 분쟁 해결 등

📖 지식 IN 수산관련 국제기구

국제 수산 기구는 크게 다섯 가지로 분류할 수 있다.

대상 수역의 관리	남태평양 상임 위원회(SPPC), 남태평양 수산 위원회(FFA), 북태평양 수산 위원회(NPFC), 북서대서양 수산 기구(NAFO), 북동대서양 수산 위원회(NEAFC), 인도양 수산 위원회(IOTC), 인도 태평양 수산 위원회(IPFC), 아시아 태평양 수산 위원회(APFIC) 등
대상 수역 특정 어종의 관리	북태평양 물개 위원회(NPFSC), 전미 열대 다랑어 위원회(IATTC), 태평양 넙치 위원회(IPHC), 태평양 연어어업 위원회(PSC), 대서양 다랑어 보존 위원회(ICCAT), 북대서양 연어 보존 기구(NASCO) 등
연안국과 원양국(어업국)	남태평양 수산 위원회(FFA/연안국들로 구성), 아시아 태평양 수산 위원회(APFIC/연안국과 원양국이 함께 구성)
전 해역 수산 문제	FAO 수산 위원회(COFI), 국제 포경 위원회(IWC) 등
특정 지역의 수산 문제	동 카리브국 기구(OECS), 아프리카 내수면어업 위원회(CIFA), 아태 지역수산 시장 정보 기구(INFOFISH) 등

01 어업에 있어서 어촌의 역할로서 옳지 <u>않은</u> 것은? [2011 기출]

① 어업노동력의 공급원 ② 어업기반시설의 유지 및 보전
③ 협동적인 어업생산활동의 구심점 ④ 어업기술개발의 선진지

해설
어촌의 역할
• 취업 및 경제활동의 장
• 안정적인 수산물 공급 및 생산의 장
• 레저 관광지로서의 역할
• 어민 생활의 장

정답 ④

02 어장이나 어촌의 개발에 대한 설명으로 옳지 <u>않은</u> 것은? [2010 기출]

① 간척 및 매립사업 등 공익사업으로 인하여 갯벌이 훼손되거나 어장과 생태계가 파괴되고 있다.
② 어항을 개발할 때는 그 지역 특성을 고려하여야 한다.
③ 도시화, 공업화가 진전됨에 따라서 어촌이 지니고 있는 자연 환경 보존 기능과 어업 생산 기능이 점차 향상되고 있다.
④ 어촌민들이 어촌을 떠나는 이유 중에는 자녀 교육에 관한 문제도 포함되어 있다.

해설
어촌 개발에 있어서의 난(難)점
• 노인과 여성에 의존한 어업 생산
• 도시화 · 공업화로 야기된 자연 생태계와 생산 기능 저하
• 지역 특성에 맞는 생산 시설 미비
• 환경오염에 대한 적극적인 자정 정책 미흡

정답 ③

03 다음 중 수산 관련 국제기구가 <u>아닌</u> 것은? [2009 기출]

① OECD ② FTA
③ WTO ④ FAO

해설
FTA는 국제기구가 아니라 국가 간 상품의 자유로운 이동을 위해 모든 무역 장벽을 제거하는 협정이다.

정답 ②

세상의 중요한 일 대부분은

희망이 없어 보였을 때

끊임 없이 도전한 사람들에 의해 이루어졌다.

- 데일 카네기 -

합 격 으 로 가 는 가 장 똑 똑 한 선 택 시 대 에 듀 !

PART
03

실력다지기

400제

CHAPTER 01   수산일반 실력다지기 200제
CHAPTER 02   수산경영 실력다지기 200제

수산일반, 수산경영 과목은 문제책을 회수하는 시험이기 때문에 출제경향을 가늠하기 어려우나, 실제 응시했던 수험생 의견에 따르면 기본적으로 출제되었던 기출문제를 기반으로 변형된 문제들이 많고, 단순 문답식 문제부터 공식을 통해 계산을 필요로 하는 문제까지 다양한 형태로 출제되는 것을 알 수 있습니다. 이에 따라 본 파트에서는 비슷한 주제의 문제를 다양한 형태로 풀어보는 것을 그 목적으로 하고 있으며, 중요한 부분을 집중적으로 반복 학습할 수 있도록 구성되었습니다.

CHAPTER

01 수산일반 실력다지기 200제

01 다음 (가)와 (나)의 방법으로 어획하는 어종을 바르게 짝지은 것은?

> (가) 동해안에서 불빛을 이용하여 어군을 모은 후 채낚기 어구로 어획한다.
> (나) 남해안에서 표층과 중층 사이를 무리지어 다니는 소형의 어군을 발견한 후 기선권현망 어구를 끌어서 어획한다.

	(가)	(나)		(가)	(나)
①	방어	꽁치	②	방어	멸치
③	오징어	삼치	④	오징어	멸치

해설

오징어 채낚기	• 겨울 동중국해와 남해안 사이에서 산란하며, 성장함에 따라 동해와 서해로 북상하면서 먹이를 찾는 색이회유를 하다가, 가을부터 겨울 사이에 다시 남하하여 산란한 후 죽는 1년생 연체동물이다. • 주 어기 : 8~10월 / 어획 적수온 : 10~18℃ • 낮에는 수심 깊은 곳에 위치 / 밤에는 수면 가까이 상승 • 집어등을 이용하여 어군을 유집한다.
멸치 기선권현망	• 멸치는 연안성·난류성 어종으로 표층과 중층 사이에서 무리를 짓는다. • 주 어기 : 연중 어획 / 어획 적수온 : 13~23℃ / 주 산란기 : 봄

02 다음은 세균성 식중독에 관한 보고서이다. 이와 같은 식중독을 발생시키는 세균으로 가장 알맞은 것은?

조사 보고서	
제목 : 어패류와 관련된 세균성 식중독	
발생시기	수온이 상승하는 여름철
원인	오염된 어패류를 날것으로 섭취
증상	복통·설사 등 급성 위장염 증세와 오한·발열·두통
예방법	• 수돗물로 세척한다. • 가열 조리 후 섭취한다. • 구입 즉시 냉장 보관한다.

① 살모넬라균

② 포도상구균

③ 비브리오균

④ 보툴리누스균

안심Touch

해설

장염 비브리오균	• 어패류에 의한 식중독의 90% 이상을 차지한다. • 3% 식염 농도에서 최적 증식하는 호염성 세균으로, 7~9월의 여름철 연안 해역에 널리 서식한다. • 생선회 · 초밥 등 어패류를 생식할 때 주로 발생하며, 조리기구 · 손 · 행주 등을 통해 2차 오염이 이루어진다. • 복통 · 설사 · 급성 위장염 · 오한 및 발열 증상이 나타난다. • 열에 약하므로 조리 후 섭취하거나, 구입 즉시 냉장 보관하여야 한다.
살모넬라균	• 날것을 생식할 경우 주로 발병하며, 복통 · 설사 · 발열 · 구토 증세를 보인다. • 내열성이 강하므로 저온 유통(콜드체인)으로 보관하여야 한다.
보툴리누스균	• 토양 및 펄에 서식하는 혐기성 세균으로 내열성의 아포를 형성한다. 진공상태의 혐기성 상태에서 증식하므로, 통조림 살균의 주 대상이며, 햄 · 소시지 등에서도 자주 발생한다. • 복어 독의 300배에 달하는 자연계에서 존재하는 독소 중 가장 강한 독소를 생산한다. • 계절과 관계없이 발병하며, 발열은 없으나 시력 저하 · 언어장애 · 구토 · 설사 · 호흡곤란 등의 증상이 나타난다. 치사율이 매우 높아 예방에 주의하여야 한다.
포도상구균	• 식품 속에서 증식하여 산생하는 엔테로톡신(enterotoxin)을 사람이 섭취함으로써 발생하는 전형적인 독소형 식중독이다. • 잠복시간이 2~6시간으로 짧고 복통, 구역질, 구토, 설사 등이 나타난다. • 조리 종사자 손가락의 포도상구균(S. aureus)이 식품을 오염하고 제조 · 보관 중 온도조건이 적절하지 않아 발생한다. • 내열성이 강하므로 가열보다는 저온 유지에 신경써야 한다.

03 **양식 어류의 사육 관리에 있어 질병관리의 방법으로 옳은 것을 모두 고른 것은?**

> ㉠ 질소가 많이 함유된 지하수를 공급한다.
> ㉡ 백점충 치료를 위해 물 1L당 30mg의 포르말린을 투여한다.
> ㉢ 양식환경 조건에 따라 질병에 영향을 주는 가장 중요한 요인은 햇빛이다.
> ㉣ 항생제는 질병의 치료를 위해서만 투여한다.

① ㉠, ㉢   ② ㉡, ㉣

③ ㉢, ㉣   ④ ㉠, ㉣

해설
㉠ 질소가 다량 함유된 지하수는 어류의 기포병을 유발한다.
㉢ 양식환경 조건에 따라 질병에 영향을 주는 요인은 수온, 용존산소, 수중 질산의 양, 스트레스 등이 있다.

04 다음은 트롤 어선의 조업도이다. A의 기능으로 옳은 것은?

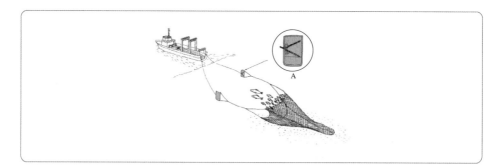

① 어군을 탐지한다.
② 그물의 입구를 벌려준다.
③ 그물이 가라앉은 깊이를 측정한다.
④ 어군이 그물 안으로 들어가는 양을 측정한다.

해설

A는 전개판으로, 트롤 어구의 그물 전개 장치를 말한다. 전개판에 의하여 그물을 침강시키면서 동시에 배의 전진력에 의하여 생기는 수류저항을 받아 1쌍의 판자가 좌우로 전개되어 그물 입구를 벌리게 하는 작용을 한다.

05 다음 낚시 어구 재료에 대한 설명으로 옳지 <u>않은</u> 것은?

① 낚시의 크기와 모양은 대상물의 종류, 크기, 식성 등에 따라 다르게 사용한다.
② 발돌은 낚시 어구에 부력을 주고, 뜸은 낚시 어구에 침강력을 주어 물속의 원하는 깊이에 머무르게 한다.
③ 미끼는 대상물이 즐겨 먹는 것이어야 하고, 쉽게 구할 수 있으며, 저렴한 것이 좋다.
④ 낚시줄(힘줄)의 규격은 길이 40m의 무게가 몇 그램인지에 따라 호수로 표시한다.

해설

낚시	• 낚시의 크기와 모양은 대상물의 종류, 크기, 식성 등에 따라 다르게 사용한다. • 굵은 것 : 무게(g) • 보통 : 길이(mm) 또는 호(1/3mm)
낚싯줄	길이 40m의 무게가 몇 그램인지에 따라 호수로 표시한다.
낚싯대	• 낚시를 빨리 들어올리고, 낚시 위치를 쉽게 옮길 수 있도록 한다. • 낚싯대는 곧고 가벼우며 탄력성이 있고, 밑동에서부터 끝까지 고르게 가늘어지고, 또 고르게 휘어지는 것이 좋다.
미끼	• 장기간 저장이 가능하며, 쉽게 구할 수 있고 대상물이 잘 먹는 것이 좋다. • 오징어(오징어살), 장어(멸치), 참치(꽁치), 상어(꽁치) 등
뜸	낚시를 일정한 깊이에 드리워지도록 하는 기능을 한다.
발돌	낚시를 빨리 물속에 가라앉게 하고 원하는 깊이에 머무르게 하는 기능을 한다.

06 다음은 어느 생물의 발육과정을 순서대로 나열한 것이다. 이 생물은 무엇인가?

> 수정란 – 아우리쿨라리아 – 돌리올라리아 – 펜타쿨라리아 – 성체

① 해삼　　　　　　　　　　　② 게
③ 참담치　　　　　　　　　　④ 새우

해삼의 발육과정을 설명한 것이다.
② 게 : 노플리우스 – 조에아 – 메갈로파 – 후기 유생 – 새끼 게
③ 참담치 : 알 – 담륜자 유생 – D형 유생 – 각정기 – 부착 치패
④ 새우 : 노플리우스 – 조에아 – 미시스 – 후기 유생 – 새끼 새우

07 다음은 수산물에 함유된 기능성 성분에 대한 내용이다. 이와 같은 성분을 많이 함유하고 있는 어류끼리 옳게 묶인 것은?

> • 고도 불포화 지방산이다.
> • 분유 · 우유 · 음료수 등에 첨가하기도 한다.
> • 시력 및 학습 능력 향상에 효과적인 성분이다.

① 명태, 참치　　　　　　　　② 명태, 고등어
③ 참치, 고등어　　　　　　　④ 고등어, 가자미

DHA · EPA(고도 불포화 지방산)
• 어육의 지방산은 축육의 포화 지방산과는 달리 고도의 불포화 지방산이 많다.
• 대표적인 n–3계 지방산으로, 순환계 질환 및 암을 예방하는 효과가 크다.
• 공기와 접촉하면 유지의 변질과 이취(나쁜 냄새)의 원인으로 작용한다.
• 등푸른 생선인 고등어, 참치, 정어리, 꽁치, 방어 등에 많이 함유되어 있다.

EPA(eicosapentaenoic acid)　$C_{20:5}$	DHA(docosahexaenoic acid)　$C_{22:6}$
• 탄소수 20개, 이중결합 5개인 고도 불포화 지방산 • 혈중 콜레스테롤 감소, 혈소판 응집 억제, 고지혈증 · 동맥 경화 · 혈전증 · 심근경색 예방, 면역력 강화, 항암 효과에 좋다.	• 탄소수 22개, 이중결합 6개인 고도 불포화 지방산 • 동맥 경화 · 혈전증 · 심근경색 · 뇌경색 예방, 뇌 기능 향상, 학습 능력 증진, 시력 향상, 당뇨 · 암 등의 성인병 예방에 좋다.

08 다음은 담수 양식장의 환경 변화에 따른 현상을 설명한 것이다. 이 현상으로 가장 적절한 것은?

> 동물 플랑크톤의 대량 발생으로 녹색의 양식장 물이 암갈색, 유백색 또는 투명하게 변화되어 어류가 먹이를 잘 먹지 않고 입 올림을 하며, 때로는 대량으로 죽는 경우도 있다.

① 백화 현상

② 녹조 현상

③ 수질 변화 현상

④ 갯녹음 현상

해설

수질 변화 발생 시 어류가 먹이를 잘 먹지 않고, 입 올림 및 대량 폐사가 발생한다. 물을 대량 환수하거나, 석회 및 탄산칼슘을 살포하여 수질을 개선하여야 한다.

① 백화 현상은 담수가 아닌 바닷물 속에 녹아 있는 탄산칼슘이 어떤 원인에 의해 고체 상태로 석출되어 흰색으로 보이는 현상이다.

② 녹조 현상은 부영양화된 호수 또는 유속이 느린 하천에서 녹조류와 남조류가 크게 늘어나 물빛이 녹색이 되는 현상이다.

④ 연안 암반 지역에서 해조류가 사라지고 흰색의 무절석회조류가 달라붙어 암반지역이 흰색으로 변하는 현상을 말한다. 갯녹음 현상의 원인은 이상기온에 따른 수온상승과 육지의 오염물질 유입 등으로 추정되고 있다.

09 개항의 항계 안에서의 항행법에 관한 설명으로 옳지 **않은** 것은?

① 항로로 들어오거나 나가는 선박은 항로를 항행하는 선박의 진로를 피하여 항행해야 한다.

② 항로 안에서는 나란히 항행(병렬 항행)하여야 한다.

③ 항로 안에서는 추월이 금지된다.

④ 항로 안에서 서로 마주칠 경우 오른쪽으로 항행하여야 한다.

해설

항로 안에서 나란히 항행(병렬 항행)하여서는 안 된다.

10 다음은 우리나라 주변 해역에 대한 설명이다. 이 해역의 특징을 〈보기〉에서 고른 것은?

> • 쿠로시오 해류에서 갈라진 쓰시마 난류와 남하하는 북한 한류가 교차하는 해역이다.
> • 저층에 고유한 차가운 물 덩어리가 있고 그 위에는 따뜻한 난류가 흐르는 해역이다.

보 기

> ㉠ 평균 수심이 가장 깊다.
> ㉡ 해저는 급경사를 이룬다.
> ㉢ 조석 간만의 차가 가장 크다.
> ㉣ 넓은 간석지가 발달되어 있다.

① ㉠, ㉡

② ㉠, ㉢

③ ㉡, ㉢

④ ㉢, ㉣

제시문은 동해에 관한 내용이고, 〈보기〉의 ⓒ, ⓔ은 서해에 관한 설명이다.

동해	• 넓이가 약 100만 8천km²이고, 연안에서 대략 10해리만 나가면 수심이 200m 이상으로 깊어지며, 해저가 급경사로 되어 있다. • 깊은 곳은 약 4,000m, 평균 수심은 약 1,700m이다. • 동해의 하층에는 수온이 0.1∼0.3℃, 염분이 34.0∼34.01‰(천분율, permill)인 동해 고유수가 있고, 그 위로 따뜻한 해류인 동한 난류가 흐른다.
서해	• 넓이가 약 40만 4천km²이고, 평균 수심이 약 44m이며, 가장 깊은 곳은 약 103m이다. • 조석·간만의 차가 심하고, 강한 조류로 인하여 수심이 얕은 연안에서는 상·하층수의 혼합이 왕성하여, 연안수와 외양수 사이에는 조석 전선이 형성되기도 한다. • 우리나라 서해안에는 광활한 간석지가 발달되어 있다. • 염분은 33.0‰ 이하로 낮고, 계절에 따라 수온과 염분의 차가 심하다. • 겨울에는 수온이 표면과 해저가 거의 같이 낮아짐에도 여름에는 표층 수온이 24∼25℃로 높아지고, 서해 중부의 해저는 겨울철에 형성된 6∼7℃의 냉수괴가 그대로 남아 냉수성 어류의 분포에 영향을 끼친다.

11 어업의 발달과정을 설명한 것 중 옳은 것을 모두 고른 것은?

> ㄱ. 삼국시대부터 김을 이용한 자료가 있다.
> ㄴ. 중세시대부터 어선과 그물을 이용하기 시작하였다.
> ㄷ. 1970년대 들어서 수산자원을 보호하려는 움직임이 보이고 있다.
> ㄹ. 조선시대에 들어서야 산업적 의미로서 어업이 시작되었다.

① ㄱ, ㄴ   ② ㄴ, ㄷ
③ ㄷ, ㄹ   ④ ㄱ, ㄹ

ㄱ. 김을 이용한 자료들이 남아있는 시대는 조선시대(경상도지리지)이다.
ㄹ. 삼국시대에 들어서 처음으로 산업적 의미의 어업이 시작되었다.

12 통조림 가공의 4대 공정의 순서로 바르게 연결한 것은?

① 밀봉 - 탈기 - 냉각 - 살균
② 밀봉 - 살균 - 탈기 - 냉각
③ 탈기 - 살균 - 밀봉 - 냉각
④ 탈기 - 밀봉 - 살균 - 냉각

통조림 가공은 탈기, 밀봉, 가열 살균, 냉각의 순서로 이루어진다.

13 다음은 양식 사료의 구성 성분에 대한 내용이다. 이와 같은 성분은 무엇인가?

> • 어류의 근육을 구성하는 주 성분이다.
> • 잡어를 원료로 한 어분에 가장 많이 있다.
> • 양적이나 질적으로 가장 중요한 사료의 성분이다.

① 지방

② 단백질

③ 무기물

④ 탄수화물

해설

단백질	• 양식 어류의 몸을 구성하는 기본 성분이다. • 고등어 · 전갱이 등 저가 어류 · 잡어 · 수산물 가공시의 부산물을 이용한 어분, 육분, 콩깻묵, 효모 등을 이용한다. • 콩깻묵 등 식물성 단백질은 '인'이 부족하므로 인산염을 첨가한다. • 사료 내 단백질 함량 : 넙치 · 광어(50%) / 조피볼락 · 우럭(45%) / 틸라피아(40%) / 잉어(30~35%)
탄수화물	• 양식 어류의 에너지원 역할을 한다. • 곡물류 가루 · 등겨 등이 사용된다.
지방 및 지방산	• 양식 어류의 에너지원과 생리 활성 역할을 한다. • 기름은 공기 중의 산소와 결합하여 유독하게 되므로 항산화제를 사료에 혼합하여 사용한다.
무기염류 및 비타민	대사 과정 촉매 역할을 한다.

14 다음 거리의 단위 중 짧은 순서대로 배열한 것으로 옳은 것은?

> 1야드(yd), 1해리(海里), 1킬로미터(km), 1마일(mile)

① 1마일 < 1야드 < 1해리 < 1킬로미터

② 1해리 < 1킬로미터 < 1야드 < 1마일

③ 1야드 < 1킬로미터 < 1마일 < 1해리

④ 1야드 < 1해리 < 1킬로미터 < 1마일

해설

거리의 단위
• 1yd(야드) : 0.00914km(0.914m)
• 1mile(마일) : 1.609344km
• 1해리(海里) : 1.852km

15 그림은 한류와 난류가 교차하는 모습을 나타낸 것이다. A 부분에 대한 설명을 〈보기〉에서 모두 고른 것은?

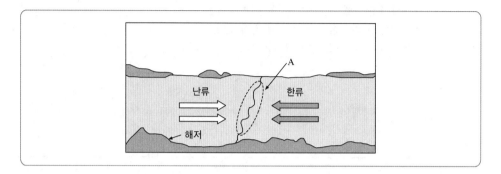

보 기

㉠ 먹이 생물이 줄어든다.　　　　　㉡ 해양 전선이 형성된다.
㉢ 어족 자원이 감소한다.　　　　　㉣ 상·하층수의 혼합이 일어난다.

① ㉠, ㉡　　　　　　　　　　　　② ㉡, ㉢
③ ㉡, ㉣　　　　　　　　　　　　④ ㉢, ㉣

해설

조경 어장 (해양전선어장)	• 특성이 서로 다른 2개의 해수덩어리 또는 해류가 서로 접하고 있는 경계를 조경이라 한다. • 두 해류가 불연속선을 이룸으로서 소용돌이가 생겨 상·하층수의 수렴과 발산 현상이 나타나 먹이 생물이 많아진다. • 이와 같이 먹이 생물이 많아져 어족이 풍부하게 되어 생기는 어장을 조경 어장이라 한다. 　예 ① 북태평양 어장　　　② 뉴펀들랜드 어장 　　 ③ 북해 어장　　　　　④ 남극양 어장

16 다음은 수산 생물에 함유된 기능성 성분에 관한 내용이다. (가)와 (나)에 해당하는 것을 바르게 짝지은 것은?

수산 생물	기능성 성분	기능 및 용도
참치, 고등어	(가)	• 뇌경색증 예방 • 동맥 경화 예방
새우, 게	(나)	• 수술용 봉합사로 활용 • 식품의 미생물 증식 억제

　　(가)　　　　(나)　　　　　　　　　(가)　　　　(나)
① DHA　　　키토산　　　　　② DHA　　　알긴산
③ 키토산　　 DHA　　　　　　④ 알긴산　　 DHA

해설

DHA	• 대표적인 n-3계 지방산으로, 순환계 질환 및 암을 예방하는 효과가 크다. • 공기와 접촉하면 유지의 변질과 이취(나쁜 냄새)의 원인으로 작용한다. • 등푸른 생선인 고등어, 참치, 정어리, 꽁치, 방어 등에 많이 함유되어 있다.	동맥 경화 · 혈전증 · 심근 경색 · 뇌경색 예방, 뇌 기능 향상, 학습능력 증진, 시력 향상, 당뇨 · 암 등의 성인병 예방에 좋다.
키틴 · 키토산	• 키틴은 게, 새우 등의 갑각류 껍질과 오징어뼈, 곤충과 균류에 많이 분포한다. • 불안정한 키틴을 탈아세틸화하면 안정된 키토산이 생성된다. • 인체 내에는 이를 분해할 수 있는 효소가 없어 체내에 흡수되지는 않는다.	하수 및 분뇨 처리 · 혈청 콜레스테롤 감소 · 인공피부 · 인공뼈 · 화장품 보습제 등으로 사용된다.

17 다음은 어업관리 제도 중 하나를 설명한 것이다. 이 제도에 해당하는 어업을 〈보기〉에서 고른 것은?

> 수산자원의 증식 · 보호 · 어업 조정 · 기타 공익상의 필요에 의하여 일반적으로 금지되어 있는 어업을 일정한 조건을 갖춘 특정인에게 해제하여 줌으로써 어업 활동의 자유를 회복시켜 주는 것이다.

보기

> ㉠ 마을어업　　　　　　　　㉡ 원양어업
> ㉢ 근해어업　　　　　　　　㉣ 정치망어업

① ㉠, ㉡　　　　　　　　　　② ㉠, ㉢
③ ㉡, ㉢　　　　　　　　　　④ ㉢, ㉣

해설

허가어업
• 공공복리상 과해진 어업 제한 또는 금지를 특정한 경우 해제하여 적법하게 어업을 하게 하는 어업을 말한다.
• 면허어업이 권리를 설정해주는 데 반해, 허가어업은 권리를 설정해주는 것은 아니다.
• 어업 허가의 유효 기간은 원칙적으로 5년이다.
　　예 ① 근해어업(총톤수 10톤 이상 동력어선 등) : 해양수산부장관의 허가
　　　 ② 연안어업(무동력어선, 총톤수 10톤 미만 동력어선 등) : 시 · 도지사의 허가
　　　 ③ 원양어업 : 해양수산부장관의 허가(「원양산업발전법」에 근거)
　　　 ④ 구획어업(어구, 무동력어선, 총톤수 5톤 미만 동력어선 등) : 시장 · 군수 · 구청장의 허가
　　　 ⑤ 육상해수양식어업 : 시장 · 군수 · 구청장의 허가

안심Touch

18 경계 왕래 어족에 대한 국제 어업관리에 대한 내용으로 옳은 것은?

① 경계 왕래 어족을 어획하는 연안국은 EEZ와 인접 공해에서 어족의 자원을 보호하고 국제기구와 협력해야 한다.

② 어획이 생장기를 대부분 보내는 수역을 가진 연안국이 관리 책임을 지고 어종의 출입을 관리한다.

③ 모천국이 1차적 이익과 책임을 지기 때문에 자국의 EEZ에 있어서 어업 규제 권한 및 보존의 의무를 가진다.

④ EEZ에 서식하는 동일 어족 또는 관련 어족이 2개국 이상의 EEZ에 걸쳐 서식할 경우 당해 연안국들이 협의하여 조정한다.

해설

①은 고도 회유성 어족(참치), ②는 강하성 어종(뱀장어), ③은 소하성 어류(연어)와 관련된 내용이다.

경계 왕래 어족(오징어 · 명태 · 돔)의 국제 어업관리

경계 왕래 어족 (오징어 · 명태 · 돔)	• EEZ에 서식하는 동일 어족 또는 관련 어족이 2개국 이상의 EEZ에 걸쳐 서식할 경우 당해 연안국들이 협의하여 조정한다. • 동일 어족 또는 관련 어족이 특정국의 EEZ와 그 바깥의 인접한 공해에서 동시에 서식할 경우 그 연안국과 공해 수역 내에서 그 어종을 어획하는 국가는 서로 합의하여 어족의 보존에 필요한 조치를 취해야 한다.

19 다음 중 틸라피아의 산란을 억제시키기 위한 방법으로 옳지 <u>않은</u> 것은?

① 고밀도로 사육한다.

② 성전환 처리를 하여 사육한다.

③ 잡종을 생산하여 사육한다.

④ 21℃ 이상의 수온에서 사육한다.

해설

틸라피아(역돔)는 수온이 21℃ 이상 유지되면 30~60일 간격으로 2~3회씩 계속 산란하며, 암컷이 입 속에 수정란을 넣고 부화시키는 점에서 다른 어종과 차이를 보인다. 양성 중 계속 산란하는 번식력을 억제하기 위하여 암수분리 · 성전환 · 테스토스테론 주입 · 잡종생산 · 고밀도 사육 등의 방법이 이용되고 있다.

20 다음은 수산물 유통 구조를 나타낸 것이다. (가)에 속하는 것을 보기에서 모두 고른 것은?

> **보 기**
>
> ㉠ 보험 활동   ㉡ 상거래 활동
> ㉢ 보관 활동   ㉣ 운송 활동

① ㉠, ㉡   ② ㉠, ㉢

③ ㉡, ㉢   ④ ㉢, ㉣

해설
(가)는 물적 유통 활동으로 운송 · 보관 · 정보전달 등의 활동이 포함된다.

수산물 유통의 기능

운송	생산지 · 양륙지와 소비지 사이의 장소적 · 물리적 거리를 연결시켜주는 기능
보관	비조업시기를 대비하여 조업시기에 생산물을 저장함으로써 소비자가 원하는 때에 구입할 수 있도록 시간적 거리를 연결시켜주는 기능
거래	생산자와 소비자간의 소유권 거리를 적정가격을 통해 연결시켜주는 기능
선별	판매를 위해 용도에 따라 선별하는 기능
집적	전국에 산재한 수산물을 대도시 소비지로 모으는 기능으로, 특히 대도시 소비지 도매시장에서 중요
분할	대량 어획된 수산물을 시장의 수요에 맞추어 소규모로 나누는 기능
정보 전달	수산 상품에 대한 정보를 전달하여 직접 확인해보지 않아도 소비지에서 생산지 수산물의 상태를 파악할 수 있도록 인식의 거리를 연결해 줌
상품 구색	다양한 수산 상품의 구색을 갖추어 소비자의 다양성에 대응하는 기능

21 다음 내용의 대처 방안으로 가장 적합한 것은?

> 우리나라의 수산업은 그동안 국가 경제 발전 및 국민 건강 증진에 크게 기여하였다. 그러나 최근 200해리 배타적 경제수역 설정에 따른 원양 어장의 제약과 축소, 공해 조업에 대한 규제, 연근해 어장의 생산력 저하 등의 여러 가지 어려움에 직면하고 있다.

① 어업별 휴어기의 기간을 단축한다.
② 연근해 어선의 척수를 최대한 늘린다.
③ 인공어초 설치, 종묘 방류 등의 사업을 확대하여 자원을 조성한다.
④ 원양어업을 축소하고 수산물의 수입량을 늘린다.

해설

수산자원 관리

가입	• 인공 수정란 방류 • 인공 부화 방류 • 인공 산란장 설치 • 산란 어미 고기를 보호하기 위한 금어기와 금어구 설정 • 고기의 길 설치 • 산란용 어미 방류
자연사망 관리	• 천적 · 경쟁종 제거 • 적조현상(자연사망의 대표적인 원인) 예방
환경 관리	• 석회 살포 · 산소 주입 등 수질 개선 • 바다 숲 · 인공어초 조성 · 전석 및 투석 · 콘크리트 바르기 등 성육 장소 조성 • 해적생물 · 병해생물 제거
어획 관리	• 어구 수 제한 및 어획량 할당(TAC) 등 법적 규제 • 그물코 크기 제한 및 체장 제한으로 미성어 보호 • 산란용 어미고기 적정 유지

22 내수성과 피복성이 강하며 가장 널리 사용되는 선박도료는 무엇인가?

① 제3호 선저 도료(B/T) ② 제1호 선저 도료(A/C)
③ 제2호 선저 도료(A/F) ④ 광명단 도료

해설

광명단 도료에 대한 설명이다.

광명단 도료	내수성과 피복성이 강하여 가장 널리 사용된다.
제1호 선저 도료(A/C)	부식 방지를 위해 외판 부분에 칠하며, 광명단 도료를 칠한 그위에 칠한다.
제2호 선저 도료(A/F)	해양 생물 부착을 방지하기 위하여 외판 중 항상 물에 잠겨 있는 부분에 칠한다.
제3호 선저 도료(B/T)	부식 및 마멸 방지를 위해 만재 흘수선과 경하 흘수선 사이의 외판에 칠한다.

23 다음에서 설명하는 저온 저장법으로 옳은 것은?

> 얼음의 융해 잠열을 이용하여 어체의 온도를 낮추는 방법으로 연안에서 어획한 어류의 선도 유지에 널리 이용된다. 사용되는 얼음에는 청수빙과 해수빙이 있다.

① 빙온법 ② 빙장법
③ 부분 동결법 ④ 냉각해수저장법

해설

저온 저장법

냉각 저장법	빙장법	• 얼음의 융해 잠열을 이용하여 어체의 온도를 낮추는 방법 – 담수빙은 0℃, 해수빙은 –2℃에서 융해된다. • 어획 직후의 연안성 어류의 선도 유지에 많이 이용됨
	칠드	–5~5℃ 사이의 냉장점과 어는점 부근의 온도에서 식품을 저장하는 방법
	냉각해수저장법	–1℃ 정도로 냉각된 해서에 침지시켜 저장하는 방법
동결 저장법	동결저장법	• 급속동결 후 –18℃ 이하에서 장기간 저장하는 방법 • 6개월에서 1년 정도 장기간 저장이 가능

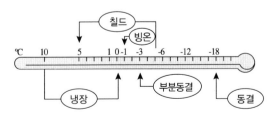

〈이미지 출처 : 고등학교 『수산일반』 교과서(교육과학기술부)〉

24 다음 수산물 가공 기계를 사용하여 만든 제품의 설명으로 옳은 것을 모두 고른 것은?

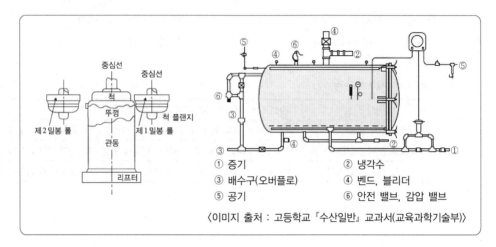

〈이미지 출처 : 고등학교 『수산일반』 교과서(교육과학기술부)〉

보 기

ㄱ 가열 살균하여 안전성이 뛰어나다.
ㄴ 진공 포장하여 보존성이 뛰어나다.
ㄷ 진공 동결 건조하여 복원성이 뛰어나다.
ㄹ 단백질이 겔(gel) 상태로 되어 탄력이 뛰어나다.

① ㄱ, ㄴ ② ㄱ, ㄷ
③ ㄴ, ㄷ ④ ㄷ, ㄹ

해설

왼쪽은 이중밀봉기(seamer, 시머)이고, 오른쪽은 레토르트(retort)이다. 통조림과 레토르트를 만드는 수산물 가공 기계이다.

통조림	• 1804년 프랑스의 아페르가 병조림 형태의 통조림을 발명하였다. • 오늘날의 통조림 형태는 1810년 영국의 피터 듀란드에 의해 개발되었다. • 우리나라의 통조림 제조는 1892년 전남 완도에 통조림 공장이 건설되면서 시작되었다. • 공관에 식품을 넣고 탈기하고 밀봉한 후에 가열ㆍ살균하여 장기 저장이 가능하도록 한 식품을 말한다.
레토르트	• 통조림 및 병조림 용기를 대신하여 고온ㆍ고압에 견디는 알루미늄 호일이 내재된 파우치 필름 및 성형 용기에 내용물을 넣어서 진공 포장한 뒤 레토르트로 살균 처리한 식품을 말한다. • 가볍고 위생적이며, 휴대하기 편하고 조리가 용이하며, 전자레인지에서도 사용 가능하다. • 카레ㆍ스프가 대표적이다.

24 ① 정답

25 다음 그림의 어법에 대한 설명으로 옳은 것을 〈보기〉에서 모두 고른 것은?

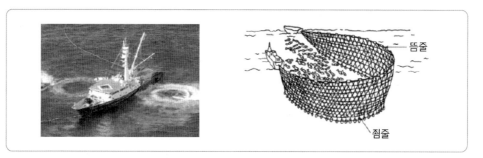

㉠ 물의 흐름에 따라 그물 어구를 이동시킨다.
㉡ 그물 안의 고기를 최종적으로 그물코에 걸리게 한다.
㉢ 많은 양의 어군을 둘러싸서 가두어 잡는다.
㉣ 어군이 아래로 도망가지 못하도록 어구의 아랫부분을 완전히 조인다.

① ㉠, ㉡   ② ㉠, ㉢
③ ㉡, ㉢   ④ ㉢, ㉣

해설

두릿그물 어구(선망)	• 긴 그물로 표층·중층 어군을 둘러싸서 가둔 다음, 죔줄로 좁혀가며 어획하는 어법이다. • 한 곳에 모여 있는 큰 어군을 대량으로 어획하는 데 효과적이다. 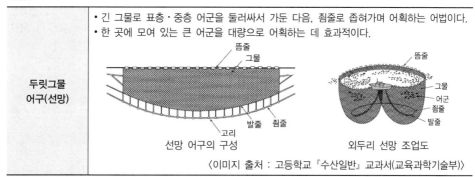 〈이미지 출처 : 고등학교 『수산일반』 교과서(교육과학기술부)〉

26 다음 중 면허어업권을 부여 받은 자가 할 수 있는 어업은?

① 투망어업   ② 마을어업
③ 원양 트롤어업   ④ 구획어업

해설

면허어업	• 정치망어업 • 마을어업

허가어업	• 근해어업(총 톤수 10톤 이상 동력어선 등) • 연안어업(무동력어선, 총 톤수 10톤 미만 동력어선 등) • 원양어업 • 구획어업(어구, 무동력어선, 총 톤수 5톤 미만 동력어선 등)
신고어업	• 맨손어업 • 나잠어업

27 다음 그림과 같은 구조물을 바닷속에 설치하는 이유로 가장 올바른 것은?

① 해수의 흐름을 빠르게 한다.
② 어류의 이동을 용이하게 한다.
③ 어류의 서식 습성에 따른 어류 종류를 쉽게 파악하게 한다.
④ 어류의 성육 장소를 제공한다.

해설
바다 숲 · 인공어초 조성 · 전석 및 투석 · 콘크리트 바르기 등을 통해 성육 장소를 조성해 줌으로써 수산자원을 관리할 수 있다.

28 선망(두릿그물)어선에서 그물이 가라앉는 상태를 감시하는 어구 관측 장치는?

① 네트 리코더   ② 전개판 감시 장치
③ 트롤 윈치   ④ 네트 존데

해설
네트 존데에 대한 설명이다.

어구 관측 장치	
네트 리코더	트롤 어구 입구의 전개 상태, 해저와 어구와의 상대적 위치, 어군의 양 등을 알 수 있다.
전개판 감시 장치	전개판 사이의 간격을 측정하는 장치이다.
네트 존데	선망(두릿그물)어선에서 그물이 가라앉는 상태를 감시하는 장치이다.
어구 조작용 기계 장치	
트롤 윈치	• 트롤 어구의 끌줄을 감아올리기 위한 장치이다. • 좌우 현에 두 개의 주 드럼(줄 감기)+주 드럼 앞쪽에 위치한 와이어 리더(로프감기)로 구성되어 있다.

29 다음 〈보기〉의 (가)와 (나)에 들어갈 말로 올바르게 짝지어진 것은?

> **보기**
>
> 수산자원은 식량으로서뿐만 아니라 건강 기능 식품 및 의약품의 원료로도 중요성이 점차 높아
> 지고 있다. 특히 상어 연골에서 추출한 (가)은 신경통, 관절통 치료제의 원료가 되고, 어류
> 껍질에서 추출한 (나)은 피부 노화 억제 기능이 있어 이를 이용한 제품이 개발되고 있다.

	(가)	(나)
①	키틴	콜라겐
②	키틴	타우린
③	콘드로이틴 황산	콜라겐
④	콘드로이틴 황산	글루코사민

해설

타우린	• 단백질을 구성하지 않고 유리 상태로 세포 내에 존재한다. • 굴 · 조개류 · 오징어 · 문어 등 연체동물, 갑각류, 붉은살 어류의 혈합육에 많이 함유되어 있다(특히 굴에 많이 포함되어 있다). • 마른 오징어의 흰 가루가 타우린이다. • 당뇨병 개선 · 시력 개선 · 혈중 콜레스테롤 감소 · 혈압 조절 · 숙취 해소에 좋다.
콘드로이틴 황산	• 연골이나 동물의 결합조직에 분포하는 다당의 일종으로 조직에서는 단백질과 결합하고 유리의 형으로 존재하는 일은 없다. • 상어 · 고래 · 오징어 연골 · 해삼의 세포벽에 많이 분포되어 있다. • 뼈 형성 · 관절 윤활제 · 혈액 응고 억제 등에 좋아 신경통 및 관절통의 치료제로 이용된다.
키틴 · 키토산	• 키틴은 게, 새우 등의 갑각류 껍질과 오징어뼈, 곤충과 균류에 많이 분포한다. • 불안정한 키틴을 탈아세틸화하면 안정된 키토산이 생성된다. • 인체 내에는 이를 분해할 수 있는 효소가 없어 체내에 흡수되지는 않는다.
글루코사민	글루코사민은 게, 새우 등 갑각류에서 추출한 '키틴' 또는 '키토산' 성분을 분해해 추출한 성분으로 식품 소재 · 의약품 원료 등으로 이용되고 있다. 특히 관절 연골에 좋아 관절염 의약품으로 많이 사용된다.
콜라겐	콜라겐은 요리에서 중요한 역할을 하는 성분으로 콜라겐을 추출하여 만든 젤라틴은 젤리를 만드는 등 응고제로 다양하게 쓰인다. 또한 피부재생 및 보습효과에 좋아 의약품 및 화장품에 많이 사용된다.

30 다음은 선박 톤수의 개념을 나타낸 것이다. (가)에 해당하는 톤수의 종류로 옳은 것은?

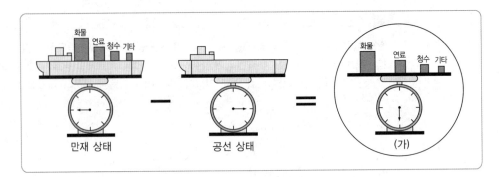

① 순톤수

② 재화 중량 톤수

③ 재화 용적 톤수

④ 배수 톤수

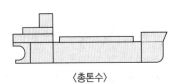

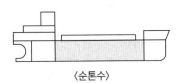

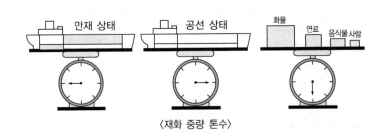

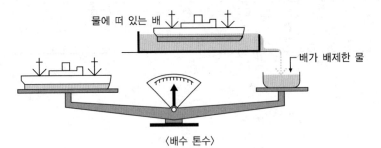

〈배수 톤수〉

〈이미지 출처 : 고등학교 『수산일반』 교과서(교육과학기술부)〉

용적 톤수	총톤수	선박의 선수와 선미에 있는 환기장치·조명장치·항해장치 등의 용적을 제외한 나머지 선박용적률로 나누어 나온 숫자를 총톤수라 한다. 선박을 등록할 때 이 톤을 사용하기 때문에 일명 '등록 톤수'라고도 한다.
	순톤수	화물이나 여객을 수용하는 장소의 용적으로 총톤수에서 선원·항해·추진에 관련된 공간을 제외한 용적이다. 실제 여객이나 화물을 운송하는 공간의 크기를 나타낸다.
중량 톤수	재화 중량 톤수	선박에 실을 수 있는 화물의 무게를 말하며 선박이 만재흘수선에 이르기까지 적재할 수 있는 화물의 중량을 톤수로 나타낸 것이다. (만재 상태의 배의 무게 – 공선 상태의 배의 무게)
	배수 톤수	물 위에 떠 있는 선박의 수면 아래 배수된 물의 부피와 동일한 물의 중량 톤수를 말한다. 주로 군함의 크기를 나타내는 톤수로 쓰인다.

31 다음은 우리나라 해역에서 사용되는 어구·어법이다. (가)와 (나)에 대한 설명으로 옳은 것은?

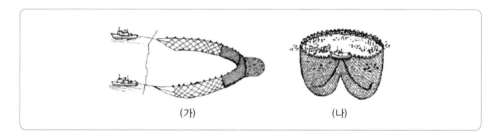

(가)   (나)

① (가)는 걸그물 어법이다.
② (가)는 고등어를 주어획 대상으로 한다.
③ (나)는 후릿그물 어법이다.
④ (가)와 (나)는 모두 표·중층의 어군을 대상으로 한다.

해설
(가)는 끌그물 어구의 기선권현망 어법이며, (나)는 두릿그물 어구이다.

끌그물 어구 (예망)	한 척 또는 두 척의 어선으로 어구를 끌어 어획하는 어법이다. • 기선권현망 • 기선저인망(쌍끌이·외끌이) • 트롤 : 그물 어구의 입구를 수평 방향으로 벌리게 하는 전개판을 사용하여 한 척의 선박으로 조업하며, 가장 발달된 끌그물 어법이다. 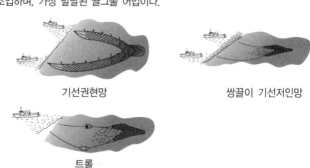 기선권현망 쌍끌이 기선저인망 트롤

두릿그물 어구 (선망)	• 긴 그물로 표층·중층 어군을 둘러싸서 가둔 다음, 죔줄로 좁혀가며 어획하는 어법이다. • 한 곳에 모여 있는 큰 어군을 대량으로 어획하는 데 효과적이다. 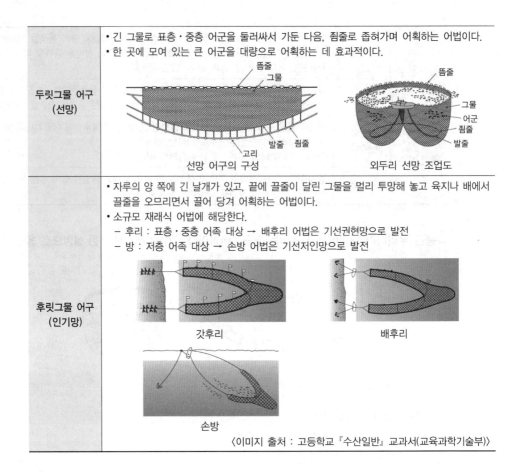 선망 어구의 구성　　　　외두리 선망 조업도
후릿그물 어구 (인기망)	• 자루의 양 쪽에 긴 날개가 있고, 끝에 끌줄이 달린 그물을 멀리 투망해 놓고 육지나 배에서 끌줄을 오므리면서 끌어 당겨 어획하는 어법이다. • 소규모 재래식 어법에 해당한다. 　– 후리 : 표층·중층 어족 대상 → 배후리 어법은 기선권현망으로 발전 　– 방 : 저층 어족 대상 → 손방 어법은 기선저인망으로 발전 갓후리　　　　　　배후리 손방 〈이미지 출처 : 고등학교 『수산일반』 교과서(교육과학기술부)〉

32 양식장의 주요 환경요인 중 영양염류에 대한 설명으로 옳지 <u>않은</u> 것은?

① 질산염, 인산염, 규산염이 대표적이다.
② 영양염류는 연안보다 외양에 많이 분포한다.
③ 해수에서 부족되기 쉬운 원소는 질소·인·규산염이다.
④ 광합성 작용에 필수적인 요소이다.

〔해설〕

영양염류의 분포
열대 < 온대·한대, 외양 < 연안, 여름 < 겨울, 표층 < 심층

33 다음 중 저서 식물(녹조류)에 들어가는 생물로 옳은 것은?

① 파래　　　　　　　　　　② 미역
③ 다시마　　　　　　　　　④ 우뭇가사리

해설
파래는 녹조류에 속한다.

저서 식물 (해조류)	녹조류	주로 민물에서 서식한다(청각, 파래, 우산말, 유글레나, 매생이).
	갈조류	대부분 바다에서 서식하며, 몸체가 크다(미역, 다시마, 모자반, 감태).
	홍조류	해조류의 대부분을 차지하고 있다(김, 우뭇가사리, 진두발, 풀가사리).

34 다음 그림의 A 수역과 관련하여 바르게 설명한 것을 〈보기〉에서 모두 고른 것은?

보 기

ⓐ 외국 선박의 해양조사가 자유롭다.
ⓒ 외국 어선의 어업 활동은 보장된다.
ⓒ 외국 선박의 무해 통항권이 인정된다.
ⓒ 우리나라에 독점적 상공 이용권이 있다.

① ㉠, ㉡   ② ㉠, ㉢

③ ㉡, ㉢   ④ ㉢, ㉣

해설
보기의 A 수역은 영해에 해당한다. 영해는 영해기선으로부터 12해리까지의 수역을 말하며, 연안국에 연안경찰권, 연안어업 및 자원개발권, 연안무역권, 연안환경보전권, 독점적 상공이용권, 해양과학조사권 등이 인정된다. 한편 영해는 국가영역의 일부이므로 국가가 배타적 권한을 행사할 수 있으나 항행의 자유를 위해 영해에서 외국 선박의 무해 통항권을 인정하고 있다. 따라서 ㉢, ㉣이 바르게 설명된 것이다.
㉠ 영해에서는 우리나라의 해양과학조사권만 인정되고, 외국 선박의 해양조사는 인정되지 않는다.
㉡ 영해에서는 외국 어선의 어업 활동 또한 금지된다.

35 뱀장어 양식에 있어 사료 공급에 관한 설명으로 옳은 것은?

① 성어의 경우 여러 번 나누어서 공급한다.
② 분말 사료를 반죽하여 공급한다.
③ 단백질보다 지방 함량이 높은 사료를 공급한다.
④ 자어기에는 난황을 먹으며 지내다가 난황을 모두 흡수하면 위로 부상하여 먹이를 찾는다.

- 뱀장어는 낮은 수온에서는 잘 먹지 않기 때문에 먹이 길들이기가 매우 중요하며, 좁은 수로나 못에 수용하고, 실지렁이, 어육 또는 배합사료로 양식하며, 점차 100% 배합사료만을 반죽하여 공급한다.
- 해가 진 후 수온을 27℃ 전후로 유지하고 30와트 전등을 켜 집어한 뒤 실지렁이로 먹이 길들이기를 한다(7일 정도면 약 70%가 길들여진다).
- 성장하면서 크기별로 선별하여 양성하고, 선별 하루 전 먹이 공급을 중지하고, 수온을 13℃ 정도로 내려 안정시켜야 한다.

36 다음은 조개류의 독성 중 무엇에 관한 설명인가?

> - 적조를 일으키는 알렉산드리움 와편모조류가 생산하는 독소에 의해 조개류가 유독화되면서 발생한다.
> - 유독화된 진주담치(홍합)·굴·바지락·가리비 등의 이매패류에 의해 발생한다.
> - 독 세기와 증상이 복어 독과 유사하다.
> - 정기적인 독성 검사를 실시하여 독소가 허용치 이상이면 조개 채취가 금지된다.
> - 가열하면 독소가 소실되지만 완전히 제거는 안 된다.

① 기억상실성 조개류 독(ASP)　　② 설사성 조개류 독(DSP)
③ 마비성 조개류 독(PSP)　　④ 베네루핀 중독

기억상실성 조개류 독 (ASP)	- 도모산(domoic acid) 중독이라고도 한다. - 이매패류·게·멸치·고등어 등의 어류가 특정 지역의 규조류 섭취로 독소가 축적된다. - 구토·복통·설사·두통·식욕감퇴 등의 증세를 유발한다.
설사성 조개류 독 (DSP)	- 가리비·백합 등에서 발생한다. - 지용성(脂溶性) 독소로 마비성 조개류와 차이가 있다. - 설사·메스꺼움·구토·복통 등의 소화기계 장해 증세를 유발한다.
마비성 조개류 독 (PSP)	- 적조를 일으키는 알렉산드리움 와편모조류가 생산하는 독소에 의해 조개류가 유독화되면서 발생한다. - 유독화된 진주담치(홍합)·굴·바지락·가리비 등의 이매패류에 의해 발생한다. - 독 세기와 증상이 복어 독과 유사하다. - 정기적인 독성 검사를 실시하여 독소가 허용치 이상이면 조개 채취가 금지된다. - 근육 마비·언어 장애·호흡 곤란 등을 유발한다. - 가열하면 독소가 소실되지만 완전히 제거는 안 된다.

베네루핀 중독	• 모시조개 · 굴 · 바지락이 유독 플랑크톤에 의해 중장선(패류의 소화기관)에 독소를 축적한다. • 메스꺼움 · 구토 · 복통 · 변비 · 피하 출혈 · 반점 등이 발현된다. • 치사율이 높다.
테트라민 중독	• 고둥의 테트라민 독소에 의해 발생한다. • 현기증 · 두통 · 멀미 증세를 유발한다.

37 다음은 트롤 어선의 어로 및 어획물 처리 과정을 나타낸 것이다. (가)에서 이루어지는 과정을 〈보기〉에서 골라 순서대로 나열한 것은?

보기

㉠ 어군 탐지기로 어군을 확인한다.
㉡ 트롤 윈치로 그물을 감아 올린다.
㉢ 네트 리코더를 보면서 그물을 끈다.
㉣ 트롤 윈치로 그물을 수중에 내린다.

① ㉠ → ㉡ → ㉢ → ㉣
② ㉠ → ㉣ → ㉢ → ㉡
③ ㉡ → ㉣ → ㉢ → ㉠
④ ㉢ → ㉠ → ㉡ → ㉣

해설
어군 탐지기로 어군을 확인 → 트롤 윈치로 그물을 내림 → 네트 리코더를 보며 그물을 끔 → 트롤 윈치로 그물을 감아 올림

38 선체의 구조와 관련된 설명 중 옳은 것을 모두 고른 것은?

ㄱ. 용골은 선체의 좌우 현측을 구성하는 골격으로 선박의 바깥모양을 이루는 뼈대이다.
ㄴ. 선루는 충돌 시 선체를 보호하는 역할을 한다.
ㄷ. 외판은 선체의 외곽을 형성한다.
ㄹ. 선저 구조는 침수를 방지하는 역할을 한다.

① ㄱ, ㄴ
② ㄴ, ㄷ
③ ㄷ, ㄹ
④ ㄱ, ㄹ

용골	• 배의 제일 아래 쪽 선수에서 선미까지의 중심을 지나는 골격으로 선체를 구성하는 세로 방향의 기본 골격이다. • 사람의 등뼈에 해당한다.
선루	• 선수루 : 파도를 이겨내기 위한 목적으로 모든 선박에 설치하는 것이 원칙이다. • 선교루 : 기관실을 보호하고 선실을 제공하여 예비부력을 가지게 할 목적으로 설치한다. • 선미루 : 파도를 이겨내고 조타 장치를 보호하기 위한 목적으로 설치한다.

39 그림과 같은 생활사를 가진 해조에 관한 설명으로 옳은 것은?

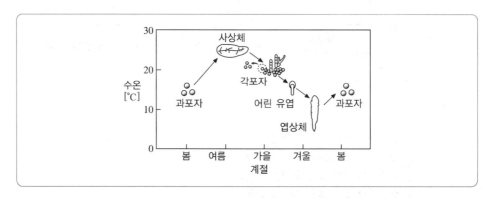

① 녹조류에 속한다.　　　　　　　② 뜬흘림발로 양식한다.

③ 주로 여름철에 수확한다.　　　　④ 공기 노출에 대한 적응력이 약하다.

해설

그림은 '김'에 대한 설명이다.
• 온대에서 한대까지 조간대 지역에서 폭넓게 서식한다(홍조류).
• 염분 및 공기 노출에 대한 적응력이 강하다.
• 중성포자에 의한 영양 번식하므로 여러 번에 걸쳐 채취가 가능하다.
• 온대 지역에서는 겨울에만 엽상체로 번식하고, 한대 지역에서는 연중 엽상체로 번식한다.
• 콘코셀리스 사상체(15℃ 이상의 봄·여름) → 각포자 방출(가을) → 어린 유엽(가을) → 수온이 15℃ 이하로 내려가기 전까지는 유엽에서 중성포자가 나와 다시 어린 유엽으로 번식을 되풀이 → 15℃ 이하로 내려가면 김으로 급속히 성장(주로 겨울철에 수확)

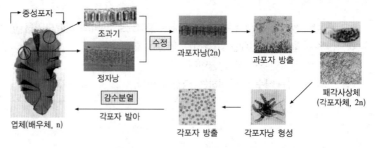

〈이미지 출처 : 고등학교 『수산일반』 교과서(교육과학기술부)〉

40 다음 어류 양식장의 특성으로 옳지 <u>않은</u> 것은?

양식장 구조도	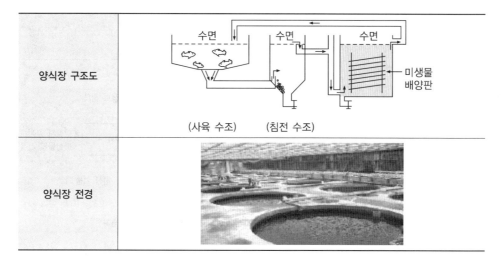
양식장 전경	

① 고밀도 양식이 가능하다.

② 겨울에 사육수의 온도를 높일 수 있다.

③ 사육수를 정화하여 재사용이 가능하다.

④ 정수식 양식장보다 단위면적당 시설비가 적게 든다.

해설

순환 여과식	• 한 번 사용하여 노폐물에 의해 오염된 물을 여과 장치를 통해 정화하여 다시 사용하는 양식 방법이다. • 물이 적은 곳에서도 양식할 수 있고, 고밀도로 양식하여 단위면적당 생산량을 증가시킬 수 있다는 장점이 있다. • 단점으로 초기 설비비용이 많이 들고, 전력 등 관리비용도 많이 든다. 특히 겨울에 보일러를 가동하여 수온을 높이기 때문에 경비가 많이 든다.

41 다음 중 수산물의 특성으로 옳은 것은?

① 수산물은 규격화와 등급화가 쉽다.

② 수산물은 유통기구는 단일하게 존재한다.

③ 수산물은 운반 및 보관비용이 적게 든다.

④ 수산물은 공산품에 비하여 수요와 공급이 비탄력적이다.

해설

① 수산물은 동질의 상품이라고 하더라도 그 품질이 동일하지 않고 다양하기 때문에 규격화와 등급화가 어렵다.

② 수산물의 유통기구는 다양한 형태로 생산지를 중심으로 전국적으로 존재하고 있다.

③ 수산물은 품질보존을 위한 운반 및 보관비용이 많이 든다.

42 다음은 수산물 도매 시장의 구성원과 주요 역할을 나타낸 것이다. (가)와 (나)에 들어갈 말로 옳은 것은?

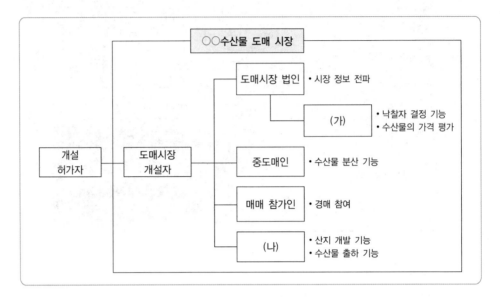

	(가)	(나)
①	경매사	산지유통인
②	객주	시장 도매인
③	시장 도매인	경매사
④	산지유통인	시장 도매인

해설

도매시장 법인	• 시장 개설자로부터 지정을 받은 뒤 생산자로부터 수산물 판매를 위탁받아 도매하는 법인이다. • 수산업협동조합이 대표적인 도매 시장 법인에 해당한다. • 경매사를 통해 중도매인·매매 참가인에게 판매함으로서 가격 형성 기능을 한다. • 판매된 대금 회수 및 지불을 통해 금융 결제 기능을 한다.
경매사	• 낙찰자를 결정한다. • 수산물의 가격을 평가한다.
시장 도매인	• 시장 개설자의 지정을 받아 도매 시장에서 수산물을 구입하여 판매 또는 매매를 중개할 수 있는 법인이다. • 도매 시장 법인이 생산자로부터 위탁받아 판매하고 대금 지불을 하는데 반해, 시장 도매인은 위탁판매뿐만 아니라 생산자나 도매 시장법인으로부터 수산물을 구입 후 다시 판매하여 그 차액을 이윤으로 삼을 수 있다. • 시장 도매인은 도매 시장 법인과 달리 경매·입찰을 통하지 않고 바로 실수요자인 대형 할인점·도매상·소매상에게 직접 판매한다.
중도매인	• 도매 시장에서 경매·입찰을 통해 가격을 결정하고 수산물을 평가하는 역할을 한다. • 일정한 독점 거래권이 인정된다. 일반 상인은 시장 내 거래에의 참여가 인정되지 않기 때문이다. – 수산물의 사용 효용가치를 찾아내는 선별 기능을 한다.

	• 직접 도매 판매를 위해 수산물을 구입하기도 하지만, 소매업자들의 위탁을 받아 대행구매를 하기도 하므로, 금융 결제 기능도 동시에 수행한다. • 최종소매업자들에게 유통시키기 전 수산물을 일시적으로 보관하는 역할도 수행한다.
매매 참가인	• 도매시장 또는 공판장에서 수산물을 직접 구매하는 가공업자 · 수매업자 · 수출업자 · 소비자 단체가 대표적이다. • 원칙적으로 도매 법인으로부터 직접 구매할 수 있는 자는 중도매인으로 제한하나, 매매 참가인도 자유로이 도매 시장에서 거래를 할 수 있다. 즉, 중도매인의 특권적 · 폐쇄적 운영을 지양하기 위해 공개적 · 개방적 성격의 매매 참가인 제도를 운영하고 있다. • 소비자와 직접 접촉하여 소비자 수요에 대한 정보를 전달하는 역할을 수행한다는 점에서 의의가 크다.
산지 유통인	• 수산물을 산지에서 직접 수집하여 도매시장에 출하하는 자를 말한다. 단, 출하 업무 외 판매 · 중개 업무는 수행할 수 없다. • 소비지의 가격 동향 및 판매 상황에 대한 정보를 산지 생산자에게 전달하는 역할을 수행하기도 한다.

43 활어 운반에 대한 설명으로 옳지 **않은** 것은?

① 운반 전 2~3일간 먹이 공급을 중단한다.

② 운반 시 고밀도로 수용하게 되므로 질소를 보충시켜야 한다.

③ 치어의 경우 봉지에 물을 반쯤 채우고 공업용 산소를 채운 뒤 눕혀서 운반한다.

④ 뱀장어 종묘 운반시에는 트리카인(MS-222) 같은 마취제나 냉각을 통해 마취 운반한다.

해설
운반 시 고밀도로 수용하게 되므로 산소를 보충시켜야 한다.

44 다음 중 수산물 가공업과 양식업에 대한 설명으로 옳은 것은?

① 19세기 후반 암모니아 냉동기의 개발은 수산물 가공 기술에 발전에 영향을 주었다.

② 고려시대부터 처음 잉어 양식이 시작되었다.

③ 15세기에 송어의 인공 수정란 부화가 성공했다.

④ 우리나라의 수하식 굴양식이 시작된 것은 1950년대 이후이다.

해설
19세기 후반(1873)년 암모니아 냉동기 개발로 수산물의 장기 저장이 가능해졌고 이는 수산물 가공 기술이 획기적으로 발전하는 데 도움을 주었다.
② 관상용이긴 했지만 고구려 대무신왕 때 잉어 양식을 한 기록이 있다.
③ 인공 수정란 부화가 성공한 것은 1757년 오스트리아였고, 15세기에 프랑스에서 송어를 인공 부화하는 데 성공했다.
④ 우리나라에서 수하식 굴 양식이 시작된 것은 1960년대 이후이고 이때부터 양식업이 발전하기 시작하였다.

45 다음은 알레르기성 식중독에 관련된 내용이다. 빈칸에 알맞은 말은?

> • 알레르기성 식중독은 어패류의 아미노산인 히스티딘이 탈탄산화하면서 (ㄱ)을 생성하여 발생한다.
> • 수입산 냉동 다랑어류의 (ㄱ) 허용 값은 (ㄴ) 이하이다.

	ㄱ	ㄴ
①	리스테리아	200mg/kg
②	히스타민	150mg/kg
③	히스타민	200mg/kg
④	비브리오	150mg/kg

해설

알레르기성 식중독은 어패류의 아미노산인 히스티딘이 탈탄산화되면서 히스타민을 생성하여 발생한다. 또한 수입산 냉동 다랑어류의 히스타민 허용 값은 200mg/kg 이하이다.

46 다음 (가), (나)에 들어갈 양식 방법으로 옳은 것은?

구분	(가)	(나)
양식장 전경		
특징	대부분 수심이 깊은 내만에 설치	사육지의 물을 정화하여 다시 사용
주요 양식종	조피볼락, 방어	틸라피아, 뱀장어

	(가)	(나)
①	유수식	순환 여과식
②	가두리식	순환 여과식
③	순환 여과식	유수식
④	순환 여과식	가두리식

🔖해설

지수식 (정수식)	• 가장 오래된 양식 방법으로, 연못 · 바다의 일부를 막고 양식하는 방식이다. • 에어레이션(aeration)을 이용하여 용존산소를 주입하여 사육 밀도를 높이면 단위면적당 생산량을 증대시킬 수 있다. 예 잉어류 · 뱀장어 · 가물치 · 새우
유수식	• 계곡 · 하천 지형을 이용하여 물을 공급하거나 양수기로 물을 끌어 올려 양식하는 방식이다. • 공급되는 물의 양에 비례하여 용존산소도 증가하므로, 사육 밀도도 이에 따라 증가시킬 수 있다. 예 송어 · 연어 · 잉어 · 넙치(광어)
가두리식	• 강이나 바다에 그물로 만든 틀을 설치하여 그 안에서 양식하는 방식이다. • 그물코를 통해 용존산소 공급과 노폐물 교환이 이루어진다. • 양성관리는 쉽지만 풍파의 영향을 받기 쉬워 시설장소가 제한된다. 예 조피볼락(우럭) · 감성돔 · 참돔 · 숭어 · 농어 · 넙치(광어) · 방어
순환 여과식	• 한 번 사용하여 노폐물에 의해 오염된 물을 여과장치를 통해 정화하여 다시 사용하는 양식 방법이다. • 물이 적은 곳에서도 양식할 수 있고, 고밀도로 양식하여 단위면적당 생산량을 증가시킬 수 있다는 장점이 있다. • 초기 설비비용이 많이 들고, 전력 등 관리비용도 많이 든다는 단점이 있다. 특히 겨울에 보일러를 가동하여 수온을 높이기 때문에 경비가 많이 든다.

47 다음은 야간에 횡단하는 선박의 충돌 위험 상황을 나타낸 것이다. 항법상 A와 B 선박이 취해야 할 조치로 옳은 것은?

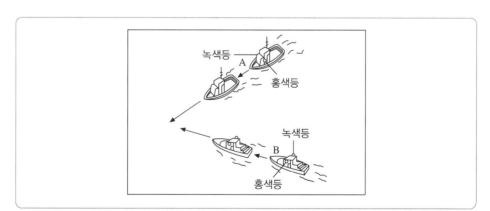

① A는 우현으로 변침해야 한다.
② A는 침로와 속력을 유지해야 한다.
③ B는 좌현으로 변침해야 한다.
④ B는 직진하여 A의 선수 방향을 횡단해야 한다.

해설

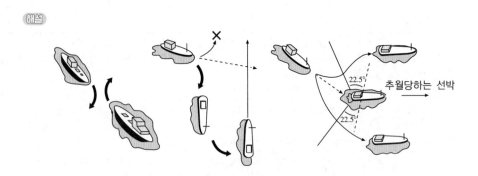

마주하는 경우	• 주간 : 침로를 우현으로 하여 마주 오는 선박의 좌현 쪽으로 통항한다. • 야간 : 마주 오는 선박의 홍등을 보며 오른쪽으로 통항한다.
횡단하는 경우	• 주간 : 상대 선박을 우측에서 보는 선박이 상대 선박의 진로를 피해 통항한다. • 야간 : 상대 선박의 홍등을 보는 선박이 진로를 피해 통항한다.
추월하는 경우	주간·야간 : 상대 선박을 완전히 추월하여 충분한 거리가 생길 때까지 상대 선박의 진로를 피하여 추월하고, 추월당하는 선박은 최대한 속력과 침로를 유지한다.

48 다음 중 해상 교통 규칙에 대한 내용으로 옳지 <u>않은</u> 것은?

① 개항의 항계 안에서는 국제 규칙이 「개항질서법」보다 우선하여 적용된다.

② 항로 밖에서 항로에 들어오거나 항로에서 항로 밖으로 나가는 선박은 항로를 항행하는 다른 선박의 진로를 피하여 항행하여야 한다.

③ 선박이 야간에 표시해야 하는 등화는 법규로 정해 국제적으로 통일되어 있다.

④ 신호규칙 중 좌현 추월은 장음 2회, 단음 2회를 울린다.

해설

① 개항의 항계 안에서는 「개항질서법」이 국제 규칙보다 우선하여 적용하며 「개항질서법」의 규정에 없는 사항은 국제 규칙이 보충적으로 적용된다.

침로 변경 신호	• 우현으로 변경 시 : 단음 1회 • 좌현으로 변경 시 : 단음 2회 • 뒤로 후진 시 : 단음 3회
추월 신호	• 우현으로 추월 시 : 장음 2회 + 단음 1회 • 좌현으로 추월 시 : 장음 2회 + 단음 2회 • 추월 동의 신호 : 장음 1회 + 단음 1회 + 장음 1회 + 단음 1회

49 다음 중 연안국이 자국의 영토 또는 영해 내에서의 관세 · 출입국 · 보건위생에 관한 법규 위반을 예방하거나 처벌할 목적으로 제한적인 국가 관할권을 행사하는 수역은?

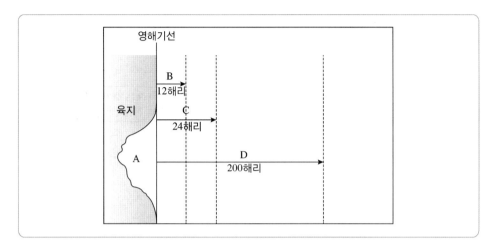

① A

② B

③ C

④ D

해설

문제는 접속수역에 관한 설명이다.

50 다음 ㉠에 들어갈 말로 옳은 것은?

> 해양에서는 바람, 퇴초, 조목 등에 의해 (㉠)이 일어나 하층수의 풍부한 영양염류가 태양 광선이 도달하는 수층까지 올라오게 된다. 이때 식물성 플랑크톤에 의해 광합성이 촉진되어 먹이생물이 많아져 어족 자원이 모여들어 생기는 어장을 (㉠) 어장이라 한다.

① 조경

② 용승

③ 와류

④ 대륙붕

해설

어장 형성 요인

조경 어장 (해양전선어장)	• 특성이 서로 다른 2개의 해수덩어리 또는 해류가 서로 접하고 있는 경계를 조경이라 한다. • 두 해류가 불연속선을 이룸으로써 소용돌이가 생겨 상 · 하층수의 수렴과 발산 현상이 나타나 먹이 생물이 많아진다. • 먹이 생물이 많아져 어족이 풍부하게 되어 생기는 어장을 조경 어장이라 한다. 예 ① 북태평양 어장 ② 뉴펀들랜드 어장 ③ 북해 어장 ④ 남극양 어장

용승어장	바람·암초·조경·조목 등에 의해 용승이 일어나 하층수의 풍부한 영양염류가 유광층까지 올라와 식물 플랑크톤을 성장시킴으로써 광합성이 촉진되어 어장이 형성된다. 例 ① 캘리포니아 근해 어장 ② 페루 근해 어장 ③ 대서양 알제리 연해 어장 ④ 카나리아 해류 수역 어장 ⑤ 벵겔라 해류 수역 어장 ⑥ 소말리아 연근해 어장
와류어장	조경역에서 물 흐름의 소용돌이로 인한 속도 차 또는 해저나 해안 지형 등의 마찰로 인한 저층 유속의 감소 등으로 일어나는 와류에 의해 어장이 형성된다.
대륙붕어장	하천수의 유입에 따른 육지 영양염류의 공급과 파랑·조석·대류 등에 의한 상·하층수의 혼합으로 영양염류가 풍부하여 좋은 어장이 형성된다.

51 연령형질법에 대한 설명으로 옳지 <u>않은</u> 것은?

① 이석을 통한 연령사정은 연골어류인 홍어·상어에 효과적이다.

② 비늘은 뒤쪽보다 앞쪽 가장자리의 성장이 더 빠르다.

③ 연령사정법 중 가장 널리 사용되는 방법이다.

④ 연안 정착성 어종인 노래미는 비늘이나 이석이 아닌 등뼈를 이용하여 연령사정을 한다.

해설

연골어류인 홍어·가오리·상어는 이석을 통한 연령사정에 적합하지 않다.

52 어선의 주요 치수를 나타낼 때 선체가 물에 잠긴 깊이를 말하며 용골 아랫부분에서 수면까지의 수직거리를 설명하는 용어로 옳은 것은?

① 건현   ② 트림

③ 전장   ④ 흘수

해설

① 건현 : 물에 잠기지 않은 부분으로 수면에서부터 상갑판 상단까지의 거리를 말한다.

② 트림 : 선박이 길이 방향으로 일정 각도 기울어진 정도를 의미한다.

③ 전장 : 선수에서 선미까지의 거리를 말한다.

53 다음 중 우리나라 연근해어업에 관한 설명으로 옳은 것은?

① 동해에서는 조기가 주로 어획된다.

② 남해에서는 멸치가 주로 어획된다.

③ 남해와 동해에서는 조석 전선이 형성된다.

④ 남해와 동해에서는 안강망어업이 주로 이루어진다.

해설

①·③·④ 서해에 관한 설명이다.

서해의 특징 및 주요 어업

• 한류가 없고, 수심이 100m 이내로 얕으며, 해안선 굴곡이 많아 산란장으로 뛰어난 지형을 가지고 있다. → 해안선의 굴곡은 심하나, 해저는 평탄한 편이라 저서어족이 풍부하다.

• 조기 · 민어 · 고등어 · 전갱이 · 삼치 · 갈치 · 넙치 · 가오리 · 새우 등 어종이 다양하다.

안강망	• 연안 인접지역에서 강한 조류를 이용하는 어법이다. • 우리나라에서 발달한 고유의 어법으로 점차 대형화되어 가고 있다. 　예 조기 · 멸치 · 민어 · 갈치
쌍끌이 기선저인망	저서 어족이 풍부하여 해저에서 서식하는 어류를 어획하는 기선저인망이 발달하였다.
트롤	저서 어족이 풍부하여 해저에서 서식하는 어류를 어획하는 트롤어업이 발달하였다.
꽃게 자망 (걸그물)	• 주 어기 : 여름철 수심이 얕은 연안에서 산란 후 가을철 수심이 깊은 곳에서 월동하기 위해 이동하는 때에 걸그물을 사용하여 어획한다. • 자원보호를 위해 포획금지 체장과 포획금지 기간 등이 설정되어 있다.

54 소비자가 안심하고 수산 식품을 선택할 수 있도록 생산지 · 생산자 · 채취일 · 상호명 등을 기재하도록 하는 제도를 무엇이라 하는가?

① 식품 표시 제도

② 품질 인증 제도

③ 식품 위해요소 중점관리 제도

④ 수산물 이력 제도

해설

어장에서 식탁에 이르기까지 수산물의 이력 정보를 기록, 관리하여 소비자에게 공개하는 제도이다. 이는 수산물의 유통과정이 투명하게 공개되는 것으로 소비자가 안심하고 구매할 수 있도록 도와주며, 수산식품에 문제가 발생할 경우에는 원인 및 사고발생 단계를 파악하여 문제 상품에 대한 회수 및 조치가 신속하게 이루어져 피해범위를 최소화할 수 있게 한다. 한편, 생산자는 수산물 이력 제도를 통해 수산물의 품질 및 위생 정보를 효과적으로 관리할 수 있고 축적된 정보로 소비패턴 및 요구를 파악할 수 있다.

55 다음 중 「수산업법」상 수산업에 대한 설명으로 옳지 <u>않은</u> 것은?

① 수산생물을 포획 또는 채취하는 사업이다.

② 수산생물을 인공적으로 길러서 수확하는 사업이다.

③ 수산물을 소비지에 납품하고 판매하는 사업이다.

④ 수산물을 원료 또는 재료로 활용하여 식료 · 사료 · 비료 · 호료(糊料) 유지 또는 가죽을 제조하거나 가공하는 산업이다.

해설

「수산업법」상 수산물 유통업과 판매업은 수산업에 포함되지 않는다.

「수산업법」상 수산업의 분류

구분	「수산업법」	비고
1차 산업	어업	어업, 양식업
2차 산업	수산물 가공업	수산물 가공업, 어구 제조업, 냉동 · 냉장업, 조선업 등
3차 산업	어획물 운반업	어획물 운반업, 어획물 판매업

56 다음 어구의 종류 중 보조어구에 속하는 어구는 무엇인가?

① 그물　　　　　　　　　　　② 어군탐지기

③ 동력장치　　　　　　　　　④ 낚싯대

해설

어구의 분류

구성재료에 따라	이동성에 따라	기능에 따라
• 낚시어구(뜸 · 발돌 · 낚싯대 · 낚싯줄 등) • 그물어구 • 잡어구	• 운용어구 • 고정어구(정치어구)	• 주어구(그물 · 낚시) • 보조어구(어군탐지기 · 집어등) • 부어구(동력 장치)

57 해양생태계의 생물적 요소 중 무기물에서 유기물을 생산하는 역할을 하는 것으로 옳은 것은?

① 동물플랑크톤　　　　　　　② 박테리아

③ 식물플랑크톤　　　　　　　④ 어류

해설

무기물에서 유기물을 생산하는 역할은 생물적 요소 중 생산자가 수행하며 대표적으로 식물플랑크톤이 있다.

생태계	생물적 요소	생산자	식물플랑크톤
		소비자	동물플랑크톤, 어류
		분해자	박테리아

58 어군 탐지 장치에 대한 설명으로 옳지 <u>않은</u> 것은?

① 어군탐지기에 사용되는 음파는 28~200kHz의 주파수 범위를 가진다.

② 어군탐지기는 발진기, 송파기, 수파기, 증폭기, 지시기로 구성되어 있다.

③ 어군탐지기로 기록되었을 때 자갈 등 단단한 저질이 펄보다 선명하다.

④ 소나는 초음파를 이용해서 수직 방향의 어군을 탐지하는 데 용이하다.

해설

소나는 어군탐지기와 마찬가지로 초음파를 이용하지만, 수직 어군 탐지 장치인 어군탐지기와 달리 수평 방향의 어군을 탐지한다.

59 다음 중 (가), (나)의 근육 조직을 가지는 어류로 옳게 짝지어진 것은?

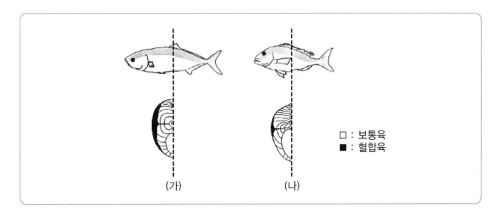

	(가)	(나)
①	명태	조기
②	조기	정어리
③	고등어	조기
④	고등어	정어리

해설

혈합육(적색육)	보통육(백색육)
적색육은 피하 조직에 많다.	백색육은 간장 · 내장에 많다.
붉은살 어류에 많다.	흰살 어류에 많다.
불포화 중성 지질이 많다.	불포화 중성 지질이 적다.
고등어, 꽁치, 정어리	대구, 명태, 조기, 돔
회유성 어류(광역해역 이동)	정착성 어류

60 다음 중 굴을 단련하여 종묘하는 이유로 가장 적절한 것은?

① 맛을 더 뛰어나게 하기 위해서
② 질병에 대한 내성을 높이기 위해서
③ 산란 시기를 조절하기 위해서
④ 초기 부패 가능성이 있기 때문에

해설

인공 종묘 생산한 치패가 자연산보다 균등하게 성장하고 질병에 대한 내성이 높아, 자연산보다 인공산 치패를 더 선호한다.

61 수산 가공품 중 다음의 제조 공정과 특성을 가지는 가공품은 무엇인가?

〈제조 공정〉
• 어체 처리 → 채육 → 수세 → 고기갈이 → 냉동
〈특성〉
• 원료를 장기간 저장할 수 있다.
• 원양에서 많이 어획되는 어류를 주로 사용한다.
• 이 원료를 사용하면 가공품의 제조 공정을 단순화 시킬 수 있다.

① 식해   ② 젓갈
③ 통조림   ④ 어묵

해설

• 젓갈과 식해는 발효식품으로 장기간 저장에 어려움이 있다.
• 통조림의 제조 공정은 원료 → 조리 → 세정 → 살 쟁임 → 액 주입 → 칭량 → 탈기 → 밀봉 → 살균 → 냉각 → 검사 → 포장의 순이다.

62 다음 면허어업에 대한 설명으로 옳지 <u>않은</u> 것은?

① 시장·군수·구청장이 면허권자이다.
② 수산자원의 증식·보호나 공익사업 등을 위해서 필요한 경우 면허하지 않을 수 있다.
③ 면허 유효기간은 10년이며, 10년의 범위에서 연장할 수 있다.
④ 어업권을 취득한 자는 그 어업권을 취득한 날부터 6개월 이내에 어업을 시작하여야 한다.

해설

어업권을 취득한 자는 그 어업권을 취득한 날부터 1년 이내에 어업을 시작하여야 한다(「수산업법」 제31조 제1항).

63 다음 중 물길을 한군데로만 흐르도록 막고, 그 끝에 통을 놓아 물고기를 잡는 어구 · 어법에 대한 설명으로 적절한 것은?

① 그물을 끌어서 어획한다.
② 그물코에 꽂히게 하여 어획한다.
③ 자루그물로 유도한 후 어획한다.
④ 그물 위로 유인한 후 들어올려서 어획한다.

해설

함정 어구	유인함정 어법	• 문어단지 • 통발류(장어 · 게 · 새우)
	유도함정 어법	정치망(길그물과 통그물로 구성되어 있다)
	강제함정 어법	물의 흐름이 빠른 곳에 어구를 고정하여 설치해 두고 조류에 밀려 강제적으로 그물에 들어가게 하는 어법 죽방렴　　　낭장망　　　안강망
	고정 어구	• 죽방렴 • 주목망 • 낭장망
	이동 어구	안강망
걸그물 어구 (자망)		어군의 유영 통로에 수직 방향으로 펼쳐두고 지나가는 어류가 그물코에 걸리게 하여 어획하는 방법(그물코의 크기 = 아가미 둘레)
	깊이에 따라	• 표층 걸그물 • 중층 걸그물 • 저층 걸그물
	운용 방법에 따라	• 고정 걸그물 • 흘림 걸그물(유자망) • 두릿 걸그물(선자망)
들그물 어구 (들망 · 부망)		수면 아래에 그물을 펼쳐두고 유인하여 그물을 들어올려 어획하는 방법 • 봉수망 : 현재 산업적으로 활용되는 대표적인 어구(꽁치) • 들망 : 연안의 소규모 어업에 이용(멸치 · 숭어 · 돔)
끌그물 어구 (예망)		한 척 또는 두 척의 어선으로 어구를 끌어 어획하는 어법 • 기선권현망 • 기선저인망(쌍끌이 · 외끌이) • 트롤 : 그물 어구의 입구를 수평 방향으로 벌리게 하는 전개판을 사용하여 한 척의 선박으로 조업하며, 가장 발달된 끌그물 어법 기선권현망　　　쌍끌이 기선저인망　　　트롤

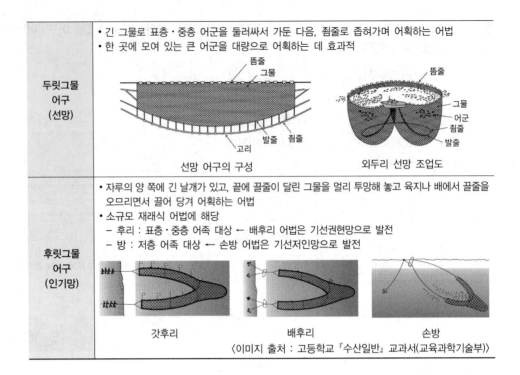

두릿그물 어구 (선망)	• 긴 그물로 표층·중층 어군을 둘러싸서 가둔 다음, 죔줄로 좁혀가며 어획하는 어법 • 한 곳에 모여 있는 큰 어군을 대량으로 어획하는 데 효과적 선망 어구의 구성　　　　　　　외두리 선망 조업도
후릿그물 어구 (인기망)	• 자루의 양 쪽에 긴 날개가 있고, 끝에 끌줄이 달린 그물을 멀리 투망해 놓고 육지나 배에서 끌줄을 　오므리면서 끌어 당겨 어획하는 어법 • 소규모 재래식 어법에 해당 　– 후리 : 표층·중층 어족 대상 ← 배후리 어법은 기선권현망으로 발전 　– 방 : 저층 어족 대상 ← 손방 어법은 기선저인망으로 발전 갓후리　　　　　　　배후리　　　　　　　손방 〈이미지 출처 : 고등학교 『수산일반』 교과서(교육과학기술부)〉

64 다음 중 연골어류에 속하는 종으로 짝지어진 것은?

① 병어 – 참돔

② 홍어 – 전어

③ 뱀장어 – 가오리

④ 홍어 – 상어

[해설]

어류의 구분

경골어류	뼈가 단단하고, 주로 부레와 비늘이 있다. ⑩ 고등어·꽁치·전갱이·전어·돔(측편형)·복어(구형), 뱀장어(장어형)
연골어류	뼈가 물렁하고, 주로 부레와 비늘이 없다. ⑩ 홍어·가오리(편평형), 상어

65 해저 지형의 구조에 관한 설명으로 옳은 것으로 묶인 것은?

> ㉠ 해저 지형은 대륙붕, 대륙사면, 대양저, 해구 등으로 구분된다.
> ㉡ 해구는 대륙붕과 대양의 경계로 평균 12°의 경사지형이다.
> ㉢ 대륙붕은 전체 해양 면적의 약 7.6%를 차지하며 세계 주요 어장의 90% 이상이 형성되어 있다.
> ㉣ 육지로부터 가장 거리가 가까운 해저 지형은 대륙사면이다.

① ㉠, ㉡

② ㉡, ㉢

③ ㉠, ㉢

④ ㉡, ㉣

해설

대륙붕	• 해안선에서 수심 200m까지 완만한 경사(평균 0.1°)의 해저 지형을 말한다. • 전체 해양 면적의 7.6%를 차지한다. • 세계 주요 어장의 90% 이상이 대륙붕에 형성되어 있다. • 산업과 관련된 생산 활동 및 인간 생활과 밀접하게 연관되어 있다.
대륙사면	• 대륙붕과 대양의 경계로 평균 4°의 비교적 급한 경사 지형이다. • 전체 해양 면적의 12%를 차지한다.
대양저	• 대륙붕과 대륙사면을 제외한 해저 지형의 모든 부분을 말한다. • 대양저는 심해저평원, 대양저산맥, 해구 등으로 구성되어 있다.
해구	• 대양저 중에서 가장 깊은 부분으로 수심이 6000m 이상이다. • 좁고 깊은 V자 형태를 띤다. • 전체 해양 면적의 1%를 차지하며 해구에서 가장 깊은 곳을 해연이라 한다.

66 다음 중 직판장 개설 유통에 대한 설명으로 옳지 <u>않은</u> 것은?

① 중간 유통 비용을 줄일 수 있다.

② 어업자나 단체가 특정 장소에서 소비자에게 직접 판매한다.

③ 신선도를 유지할 수 있다.

④ TV홈쇼핑, 인터넷 등 전자 상거래를 통해 판매한다.

해설

TV홈쇼핑, 인터넷 등 전자 상거래를 통해 판매하는 방식은 직판장 개설 유통이 아닌 전자 상거래에 의한 유통이다.

67 다음 중 남획의 징후에 대한 설명으로 옳지 <u>않은</u> 것은?

① 어획물 곡선의 우측의 경사가 해마다 증가한다.

② 평균 체장 및 평균 체중이 대형화 된다.

③ 어린 개체가 차지하는 비율이 점점 높아진다.

④ 어획물의 평균 연령이 높아진다.

남획의 징후
• 총 어획량이 줄어든다.
• 단위 노력당 어획량이 감소한다.
• 어린 개체가 차지하는 비율이 점점 높아진다.
• 어획물의 평균 연령이 점차 낮아진다.
• 평균 체장 및 평균 체중은 대형화한다.
• 어획물 곡선의 우측의 경사가 해마다 증가한다.

68 다음 중 (가)에 해당하는 수산자원 관리 방안으로 적절하지 <u>않은</u> 것은?

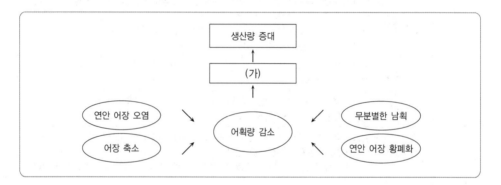

① 어선 척수를 늘린다.
② 인공 부화 방류 사업을 확대한다.
③ 그물코의 크기를 제한한다.
④ 포획 금지 기간을 정한다.

어선 척수를 늘리면 자원의 황폐화가 더 가속화된다.

69 다음 중 어획량이 자연 증가량보다 많아 자원이 줄어드는 현상에 대응하여 실시된 정책으로 선진국에서 성공적으로 정착되고 있는 제도는 무엇인가?

① 원산지 표시 제도
② 공해 어업관리 제도
③ 총 허용 어획량 관리 제도
④ 수산물 품질 인증 제도

총 허용 어획량(Total Allowable Catch, TAC)

• 수산자원을 합리적으로 관리하기 위하여 어종별로 연간 잡을 수 있는 상한선을 정하고, 그 범위 내에서 어획할 수 있도록 하는 제도이다.

• TAC는 주로 어종에 중심을 두고 설정하며 2021년 기준으로 TAC 대상 어종에는 고등어 · 참홍어 · 도루묵 · 오징어 · 제주소라 · 전갱이(대형 선망어업), 붉은 대게(근해 통발어업), 대게(근해 자망 · 통발어업), 개조개

• 키조개(잠수기어업), 꽃게(연근해 자망 · 통발어업), 바지락이 있으며 <u>2020년부터 삼치, 갈치, 참조기가 TAC 대상에 시범적으로 적용된다.</u>

---

70 다음 중 수산물 형태측정에 대한 설명으로 옳지 <u>않은</u> 것은?

① 오징어류는 전장으로 측정한다.

② 게류는 두흉 갑장, 두흉 갑폭으로 측정한다.

③ 새우류는 이마뿔길이, 두흉갑장 및 피린체장으로 측정한다.

④ 어류의 형태측정법 중 길이가 가장 긴 것은 전장이다.

새우류는 피린체장 측정을 하지 않는다. 피린체장은 어류의 측정법이며, 어류의 전장은 머리 끝부터 꼬리 끝부분까지를 말하는 것이므로 어류의 측정법 중 가장 길이가 길다.

형태측정법

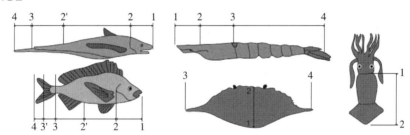

① 오징어류 – 1~2 : 동장

② 게류 – 1~2 : 두흉 갑장, 3~4 : 두흉 갑폭

③ 새우류 – 1~2 : 이마뿔 길이, 2~3 : 두흉 갑장, 1~4 : 전장, 2~4 : 체장

④ 어류 – 1~2 : 두장(머리 길이), 1~3 : 표준 체장, 1~3´ : 피린 체장, 2~2´ : 동장(몸통길이),
　　　　　1~4 : 전장, 3~3´ : 꼬리자루

〈이미지 출처 : 고등학교 『수산일반』 교과서(교육과학기술부)〉

---

71 다음 중 용승 어장에 대한 설명으로 옳은 것은?

① 난류와 한류가 교차하여 어족 자원이 풍부해진다.

② 하천수의 유입으로 육지의 영양염류가 잘 공급된다.

③ 밀도 차에 의한 와류가 생겨나 먹이 생물이 많아진다.

④ 하층수가 표층으로 상승하여 영양염류가 풍부해진다.

해설

조경 어장 (해양전선 어장)	• 특성이 서로 다른 2개의 해수덩어리 또는 해류가 서로 접하고 있는 경계를 조경이라 한다. • 두 해류가 불연속선을 이룸으로서 소용돌이가 생겨 상·하층수의 수렴과 발산 현상이 나타나 먹이 생물이 많아진다. • 이와 같이 먹이 생물이 많아져 어족이 풍부하게 되어 생기는 어장을 조경 어장이라 한다. 〔예〕① 북태평양 어장 ② 뉴펀들랜드 어장 ③ 북해 어장 ④ 남극양 어장
용승 어장	바람·암초·조경·조목 등에 의해 용승이 일어나 하층수의 풍부한 영양염류가 유광층까지 올라와 식물 플랑크톤을 성장시킴으로써 광합성이 촉진되어 어장이 형성된다. 〔예〕① 캘리포니아 근해 어장 ② 페루 근해 어장 ③ 대서양 알제리 연해 어장 ④ 카나리아 해류 수역 어장 ⑤ 벵겔라 해류 수역 어장 ⑥ 소말리아 연근해 어장
와류 어장	조경역에서 물 흐름의 소용돌이로 인한 속도차 또는 해저나 해안 지형 등의 마찰로 인한 저층 유속의 감소 등으로 일어나는 와류에 의해 어장이 형성된다.
대륙붕 어장	하천수의 유입에 따른 육지 영양염류의 공급과 파랑·조석·대류 등에 의한 상·하층수의 혼합으로 영양염류가 풍부하여 좋은 어장이 형성된다.

72 다음 글이 설명하고 있는 기타 기능성 성분은 무엇인가?

> 게, 새우 등 갑각류에서 추출한 '키토산' 또는 '키틴' 성분을 분해해 추출한 성분으로 식품소재나 의약품 원료 등으로 이용되고 있다.

① 글루코사민   ② 콜라겐
③ 푸코이딘   ④ 요오드

해설

글루코사민에 대한 내용이다.

글루코사민	글루코사민은 게, 새우 등 갑각류에서 추출한 '키틴' 또는 '키토산' 성분을 분해해 추출한 성분으로 식품 소재·의약품 원료 등으로 이용되고 있다. 특히 관절 연골에 좋아 관절염 의약품으로 많이 사용된다.
콜라겐	콜라겐은 요리에서 중요한 역할을 하는 성분으로 콜라겐을 추출하여 만든 젤라틴은 젤리를 만드는 등 응고제로 다양하게 쓰인다. 또한 피부재생 및 보습효과에 좋아 의약품 및 화장품에 많이 사용된다.
푸코이딘	콜레스테롤과 지방 흡수를 억제하고 담즙산을 배설시켜 혈중 콜레스테롤 수치를 낮춘다. 또한 알긴산이 위에서 소장으로 가는 음식의 이동을 지연시켜 혈당의 급격한 상승을 막아준다.
요오드	기초대사율 조절·단백질 합성 촉진·중추신경계 발달에 관여한다. 우리나라는 해조류, 어패류 등 해산물의 섭취가 높아 요오드 결핍의 위험성은 적으며 요오드 결핍증에 관한 사례는 없다.

73 어패류의 사후변화과정 중 수축되었던 근육이 풀어지는 현상은 무엇인가?

① 부패

② 자가소화

③ 해경

④ 사후경직

해설

해경에 대한 내용이다.

사후경직	고생사 한 경우보다 즉사한 경우에 사후경직이 늦게 발생하고 지속 시간이 길다.
해경	사후경직에 의해 수축되었던 근육이 풀어지는 현상을 말한다.
자가소화	단백질·지방·글리코겐 등 근육의 주성분이 효소의 작용으로 분해되면서 근육 조직에 변화가 일어나는 상태를 말한다. 자가소화 후 최종적으로 아미노산이 생성되며, 적색육 어류가 백색육 어류보다 자가소화가 빠르다.
부패	트리메틸아민(TMA)·암모니아·황화수소 등이 발생하여 악취가 난다.

74 다음 중 「해상교통안전법」에 따른 등화 규칙에 대한 설명으로 옳지 않은 것은?

① 낮에도 항상 등화를 켜야 한다.

② 등화 규칙은 국제적으로 통일되어 있다.

③ 우현에는 녹색등, 좌현에는 홍색등을 켜야 한다.

④ 선미와 미스트 끝에는 백색등을 켜야 한다.

해설

낮에는 특별한 경우가 아니면 등화를 켜지 않아도 된다.

75 수산물 시장의 구성원 중 생산자나 도매시장 법인으로부터 수산물을 구입 후 다시 판매하여 차액을 이윤으로 삼는 사람은?

① 중도매인

② 매매 참가인

③ 산지유통인

④ 시장 도매인

해설

도매시장 법인이 생산자로부터 위탁받아 판매하고 대금 지불을 하는데 반해, 시장 도매인은 위탁판매뿐만 아니라 생산자나 도매시장 법인으로부터 수산물을 구입 후 다시 판매하여 그 차액을 이윤으로 삼을 수 있다.

76 다음 중 통조림 살균 후 급속냉각을 통해 얻을 수 있는 효과로 가장 적절하지 <u>않은</u> 것은?

① 호열성 세균 발육 억제
② 황화수소 발생 억제
③ 조직물 연화
④ 공기 팽창 효과로 인한 용기 파손 방지

해설

급속냉각은 공기를 팽창시키지 않고 수축시키며, 용기 파손과의 관계에는 영향을 주지 않는다. 급속냉각은 열성 세균 발육 억제, 황화수소 발생 억제, 조직물 연화, 스트루바이트 생성 방지를 위한 절차이다.

77 다음 중 끌그물 어구에 대한 설명으로 옳은 것은?

① 주낙의 일종이다.
② 트롤은 끌그물 어법 중 가장 발달된 어법이다.
③ 미끼를 사용한다.
④ 유자망어업이다.

해설

끌그물 어구 (예망)	한 척 또는 두 척의 어선으로 어구를 끌어 어획하는 어법이다. • 기선권현망 • 기선저인망(쌍끌이 · 외끌이) • 트롤 : 그물 어구의 입구를 수평 방향으로 벌리게 하는 전개판을 사용하여 한 척의 선박으로 조업하며, 가장 발달된 끌그물 어법이다.  기선권현망　　쌍끌이 기선저인망　　트롤 〈이미지 출처 : 고등학교『수산일반』교과서(교육과학기술부)〉

78 유영 동물 중 팔완류에 속하지 <u>않는</u> 동물은 무엇인가?

① 꼴뚜기　　　　　　　　② 주꾸미
③ 문어　　　　　　　　　④ 낙지

해설

꼴뚜기는 십완류에 속한 동물이다.

유영 동물	두족류	• 몸속의 뼈가 거의 퇴화하고 없다. • 상처 부위의 혈액을 응고시키는 혈소판이 없다.	
		팔완류	문어 · 낙지 · 주꾸미
		십완류	오징어 · 꼴뚜기

79 다음 중 산지유통인에 대한 설명으로 옳지 <u>않은</u> 것은?

① 수산물을 산지에서 직접 수집하여 도매 시장에 출하하는 자를 말한다.
② 일정한 독점 거래권이 인정된다.
③ 출하 업무 외 판매·중개 업무는 수행할 수 없다.
④ 소비지의 가격 동향 및 판매 상황에 대한 정보를 산지 생산자에게 전달하는 역할을 수행하기도 한다.

> **해설**
> 일정한 독점 거래권이 인정되는 자는 중도매인이다. 왜냐하면 일반 상인은 시장 내 거래에의 참여가 인정되지 않기 때문이다.

80 그물 어구 중 죽방렴에 대한 설명으로 옳은 것은?

① 길그물과 통그물로 구성된 유도함정어법이다.
② 물의 흐름이 빠른 곳에 어구를 고정하여 설치해 두고 조류에 밀려 강제적으로 그물에 들어가게 하는 어법이다.
③ 어군의 유영 통로에 수직방향으로 펼쳐두고 지나가는 어류가 그물코에 걸리게 하여 어획하는 방법이다.
④ 한 곳에 모여 있는 큰 어군을 대량으로 어획하는 데 효과적이다.

> **해설**
> ①은 정치망, ③은 걸그물(자망), ④는 두릿그물(선망)

81 다음 중 4행정 사이클 기관에 대한 설명으로 가장 옳지 <u>않은</u> 것은?

① 크랭크 2회전·피스톤 2회 왕복하는 동안 흡입, 압축, 폭발, 배기의 1사이클이 이루어진다.
② 대부분의 사이클 기관에서 사용되는 디젤기관이다.
③ 가솔린 기관에 비해 열효율이 높아 경제적이다.
④ 중·대형의 저속기관에 적합하다.

> **해설**
> 가솔린 기관에 비해 열효율이 높은 것은 디젤기관의 공통적인 특징이라 할 수 있지만, 상대적으로 중·대형의 저속기관에 적합하다는 내용은 2행정 사이클 기관의 주요 특징이므로 ④가 답이 된다.

82 다음 중 통조림 밀봉기에 대한 설명으로 옳지 <u>않은</u> 것은?

① 척은 밀봉 시 리프터와 관을 단단히 고정하고 받쳐 주는 장치이다.
② 제2밀봉 롤은 관의 뚜껑과 몸통을 접합시켜 밀봉한다.
③ 리프터는 내부에 컴파운드가 묻어 있어 기밀을 유지해 준다.
④ 척과 리프터는 관을 지지하여 고정시키는 역할을 한다.

> **해설**
> 리프터는 관을 들어 올려 시밍척에 고정시키고 밀봉 후 내려주는 장치이다. 컴파운드가 묻어 있어 기밀을 유지해 주는 것은 뚜껑의 가장 자리를 굽힌 부분인 컬(curl)이다.

83 다음 중 TAC가 시범적용 되는 어종으로 옳지 <u>않은</u> 것은?

① 참조기 　　　　　　② 도루묵
③ 참홍어 　　　　　　④ 개조개

> **해설**
> 2021년 7월 1일부터 2022년 6월 30일까지 적용되는 TAC 대상어종 및 대상업종은 다음과 같다.

TAC 대상어종 (12종+시범도입 3종)	고등어, 전갱이, 도루묵, 오징어, 붉은 대게, 대게, 꽃게, 키조개, 개조개, 참홍어, 제주 소라, 바지락(이상 12종) + 삼치(시범), 갈치(시범), 참조기(시범)
TAC 대상업종 (14종+시범도입 3종)	잠수기, 근해연승, 연안복합, 연안자망, 근해자망, 연안통발, 대형선망, 마을어업, 동해구외끌이중형저인망, 동해구중형트롤, 근해통발, 근해채낚기, 대형트롤, 쌍끌이대형저인망 + 서남해구쌍끌이중형저인망(시범), 근해안강망(시범), 외끌이대형저인망(시범)

84 명태의 아가미와 내장을 제거하고, 머리를 잘라 낸 어체 처리를 무엇이라 하는가?

① 라운드(Round) 　　　　② 드레스(Dress)
③ 세미 드레스(Semi Dress) 　④ 팬 드레스(Pan Dress)

> **해설**

어체	라운드(Round)	머리와 내장이 모두 붙은 형태로 가공
	세미 드레스(Semi Dress)	아가미와 내장을 제거하여 가공
	드레스(Dress)	머리 · 아가미 · 내장을 제거하여 가공
	팬 드레스(Pan Dress)	머리 · 아가미 · 내장 · 지느러미 · 꼬리를 제거하여 가공

85 드레스된 어체를 3장 뜨기하여 가공한 것을 무엇이라 하는가?

① 필렛(Fillet)

② 청크(Chunk)

③ 스테이크(Steak)

④ 다이스(Dice)

해설

어육	필렛(Fillet)	드레스한 뒤 3장 뜨기하여 가공
	청크(Chunk)	드레스한 뒤 뼈를 제거하고 통째로 썰어 가공
	스테이크(Steak)	필렛을 약 2cm 두께로 잘라 가공
	다이스(Dice)	육편을 2~3cm 각으로 잘라 가공
	초프(Chop)	채육기에 넣고 발라내어 가공

86 다음 중 양승기에 대한 설명으로 옳지 <u>않은</u> 것은?

① 트롤윈치, 사이드 드럼, 데릭 장치 등과 함께 어구 조작용 기계장치에 해당한다.

② 연승 어선에 사용된다.

③ 모릿줄을 감아올리기 위한 장치이다.

④ 전개판이 장착되어 있다.

해설

양승기는 주낙(연승) 어구의 모릿줄을 감아올리기 위한 어구 조작용 기계장치로, 연승 어선에 사용된다. 전개판은 트롤 어선에 사용되는 장치이다.

87 다음 그림의 어구 · 어법에 대한 설명으로 옳지 <u>않은</u> 것은?

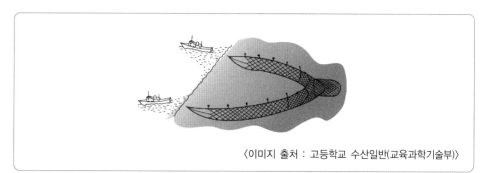

〈이미지 출처 : 고등학교 수산일반(교육과학기술부)〉

① 주로 남해 해역에서 조업한다.

② 쌍끌이 기선저인망 어법에 해당한다.

③ 본선, 어로보조선, 가공 및 운반 겸용선으로 선단을 이루어 조업한다.

④ 주 어획 대상은 연안의 표층과 중층에서 무리를 지어 유영하는 어류이다.

제시된 그림은 기선권현망어업에 대한 그림이다. 기선권현망어업이란 2척의 동력어선으로 인망(저인망은 제외)을 사용하여 멸치를 포획하는 어업을 말한다(「수산업법 시행령」 제24조 제1항 제20호). 기선권현망어업은 주로 남해에서 사용되는 조업방법이다.

기선권현망어업 VS 쌍끌이대형저인망어업(「수산업법 시행령」 별표 1의 2)

구분	기선권현망어업	쌍끌이저인망어업
어구	• 날개그물(오비기·수비)과 자루그물로 구성 • 전개판 등 좌·우 전개장치를 부착하지 않은 어구	• 날개그물과 자루그물로 구성된 어구 • 전개판 등 좌·우 전개장치를 부착하지 않은 어구
선단 구성	어업허가를 받은 본선, 어로보조선, 가공 및 운반 겸용선으로 구성	어업허가를 받은 2척의 어선으로 구성(주선, 종선)
어구 겨냥도		

---

88 다음은 수산물 도매시장에 대한 설명이다. 이에 대한 내용으로 옳지 <u>않은</u> 것은?

> • 어선에서 자동 이송기로 하역된 위탁 수산물은 재래식 바닥 작업 대신 자동 선별기를 거쳐 크기별로 분류된다.
> • 분류된 수산물은 어상자가 아닌 대형 용기에 담긴 상태로 상장된다.
> • 중도매인은 무선 응찰기를 통해 전자 경매에 입찰하고, 낙찰된 수산물은 컨베이어를 통해 자동 반출된다.
> • 세관, 수산물 품질 검사원, 출입국 관리 사무소가 상주하여 원스톱으로 업무를 처리하고 있다.

① 경매 업무를 신속하게 처리할 수 있다.
② 위탁 수산물을 위생적으로 취급할 수 있다.
③ 생산자가 가격 결정에 직접 참여할 수 있다.
④ 하역, 선별, 반출 작업의 자동화로 물류비를 절감할 수 있다.

제시된 글은 산지유통인에 의한 유통 방식을 설명하는 것으로, 생산자는 직접적으로 가격 결정에 참여할 수 없다. 산지유통인에 의한 유통 방식은 산지유통인이 생산자 또는 산지 중도매인을 통해 수산물을 수집하여 소비지 중앙도매시장에 출하하면 소비지 중도매인이 가격을 결정하는 방식이다.

89 특성이 다른 두 개의 물덩어리 또는 해류가 서로 접하는 경계에서 형성되며, 우리나라의 동해안에 주로 나타나는 어장은?

① 와류 어장

② 대륙붕 어장

③ 용승 어장

④ 조경 어장

해설

특성이 서로 다른 2개의 해수덩어리 또는 해류가 서로 접하고 있는 경계를 조경이라 하며, 두 해류가 불연속선을 이룸으로서 소용돌이가 생겨 상 · 하층수의 수렴과 발산 현상이 나타나 먹이 생물이 많아진다.

90 수산물 식품 중 '간고등어'에 대한 설명으로 옳지 <u>않은</u> 것은?

① 마른간법으로 염장한다.

② 식염의 삼투압에 의한 탈수 작용으로 저장성을 지닌다.

③ 염장 설비가 필요 없어 간편하게 만들어 먹을 수 있다.

④ 원료를 자숙 · 배건 · 일건시킨 제품으로 제조 공정에 곰팡이가 이용되므로 발효 식품이라고도 한다.

해설

원료를 자숙 · 배건 · 일건시킨 제품으로 제조공정에 곰팡이가 이용되어 발효식품이라고도 하는 것은 자배건품이라 하며, 대표적으로 가쓰오부시가 있다.

염장품 가공

• 염장품은 식염에 의한 삼투압적 탈수 작용을 그 원리로 한다.
  – 고농도의 식염수가 어체에 작용할 때 어체 내 수분은 외부로 이동하고, 동시에 식염은 어체 내로 침투함으로서 수분 활성도가 감소하기 때문에 저장성이 증가하게 된다.
• 식염 농도 15% 이상에서는 세균의 발육이 억제되어 저장성이 증가하지만, 식염 농도 20% 이하에서는 결국 부패하게 된다.

마른간법	소금을 어체 무게의 20 ~ 35% 정도 직접 뿌려 염장하는 방법	• 염장 설비가 필요 없다. • 식염 침투가 빠르다. • 식염 침투가 불균일하다. • 공기 중에 노출되므로 지방 산화가 용이하다.
물간법	식염수에 침지하여 염장하는 방법	• 식염 침투가 균일하나 침투속도는 느리다. • 외관, 풍미, 수율이 좋다. • 염장 중에 자주 교반해야 한다. • 염장 초기 부패 가능성이 있다.

개량 물간법	마른간하여 재우고 맨 위에 누름돌을 얹어 가압하는 방법	• 마른간법과 물간법을 혼합한 방식이다. • 외관과 수율이 좋다. • 식염의 침투가 균일 하다.	

〈이미지 출처 : 고등학교 『수산일반』 교과서(교육과학기술부)〉

91 다음 중 어류 양식으로서 도미의 특징으로 옳지 <u>않은</u> 것은?

① 현재 경쟁력이 강한 우리나라의 대표 수출 어종이다.
② 2~4년에 500g 정도 그칠 정도로 성장이 느린편이다.
③ 가두리 양식으로 주로 양식이 진행되며 완전 양식이 가능하다.
④ 서식 수온은 13~28℃이고 3~6월에 산란한다.

해설

일본 남부 지방에서 생산된 참돔의 대량 수입으로 인해 경쟁력이 약한 어종이다.

92 다음 중 정치망어업에 대한 설명으로 옳지 <u>않은</u> 것은?

① 주로 동해안에서 이루어진다.
② 길그물로 차단 유도하여 집어하는 방식이다.
③ 한 조류에 의해 떠밀려오는 어군을 어획한다.
④ 방어가 주 어획 대상 어종이다.

해설

정치망어업은 일정한 수면을 구획하여 대통령령으로 정하는 어구(漁具)를 일정한 장소에 설치하여 수산동물을 포획하는 어업을 말한다(「수산업법」 제8조 제1항 제1호). 여기서 대통령령으로 정하는 어구란 구획된 수면에 낙망류, 승망류, 죽방렴, 그 밖에 해양수산부장관이 정하여 고시하는 정치성(定置性) 어구를 말하며, 구획된 수면의 크기에 따라 대형정치망어업(10헥타르 이상), 중형정치망어업(5헥타르 이상 10헥타르 미만), 소형정치망어업(5헥타르 미만)으로 나뉜다(「수산업법 시행령」 제7조).

유도함정어법	길그물과 통그물로 구성되어 있다. ⑩ 정치망	
강제함정어법	물의 흐름이 빠른 곳에 어구를 고정하여 설치해 두고 조류에 밀려 강제적으로 그물에 들어가게 하는 어법이다.	
	고정 어구	• 죽방렴 • 주목망 • 낭장망
	이동 어구	안강망

93 2022년 1월을 기준으로 TAC 대상 어종으로 지정된 것이 <u>아닌</u> 것은?

① 오징어　　　　　　　　　　② 전갱이
③ 도루묵　　　　　　　　　　④ 정어리

해설

2022년 1월 현재, TAC 관리의 대상 어종은 고등어, 전갱이, 붉은 대게, 키조개, 대게, 꽃게, 오징어, 도루묵, 개조개, 참홍어, 제주소라, 바지락 총 12종이며, 삼치, 갈치, 참조기 등 3종이 시범도입 중이다.

94 계군의 이동 상태나 연령 및 성장률 등을 추정할 수 있는 분석법은?

① 생태학적 방법　　　　　　　② 어황분석법
③ 형태학적 방법　　　　　　　④ 표지방류법

해설

계군분석법

계군분석법	형태학적 방법	계군의 특정 형질에 관하여 통계적으로 비교·분석하는 생물 측정학적 방법과 비늘 위치·가시 형태 등을 비교·분석하는 해부학적 방법이 이용된다.
	생태학적 방법	각 계군의 생활사, 산란기 및 산란장, 체장조성, 비늘 형태, 포란 수, 분포 및 회유 상태, 기생충의 종류 등의 차이를 비교·분석한다.
	표지방류법	• 일부 개체에 표지를 붙여 방류했다가 다시 회수하여 그 자원의 동태를 연구하는 방법이다. • 계군의 이동 상태를 직접 파악할 수 있기 때문에 가장 좋은 식별법 중 하나이다. • 회유 경로 추적뿐만 아니라 이동속도, 분포 범위, 귀소성, 연령 및 성장률, 사망률 등을 추정할 수 있다. • 표지 방법에는 절단법, 염색법, 부착법이 있다.
	어황분석법	어획통계자료를 통해 어황의 공통성·주기성·변동성 등을 비교, 검토하여 어군의 이동이나 회유로를 추정하는 방법이다.

95 다음 중 활어 조피볼락 500마리를 운송 시 운반 방법과 조치에 대한 사항으로 적절하지 <u>않은</u> 것은?

① 운송 중 13시경에 사료를 충분히 공급한다.
② 운반 용기 내에 산소를 보충해 준다.
③ 운반 용기 내 수온을 상온보다 낮게 유지시킨다.
④ 활어차를 이용하여 운송하는 것이 가장 적절하다.

해설
운반 2~3일 전부터 먹이 공급을 중단하여야 한다.

96 다음 기기 장치가 사용되는 가공 과정에 대한 설명으로 적절하지 <u>않은</u> 것은?

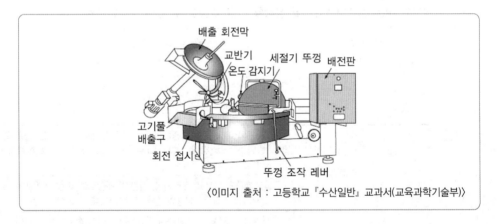

〈이미지 출처 : 고등학교 『수산일반』 교과서(교육과학기술부)〉

① 살코기를 고속 회전하는 칼날로 잘게 부수는 과정이다.
② 온도 감지기가 있어 살코기의 온도는 상온으로 유지된다.
③ 원료와 부원료가 골고루 혼합된다.
④ 3~4개로 구성된 칼날은 수직으로 고속 회전한다.

해설
제시된 그림 속의 기기는 세절기이다. 살코기의 온도는 10℃ 이하로 유지된다.

97 다음은 두 양식장의 넙치 사육 결과이다. A 양식장과 비교하였을 때 B 양식장에 대한 설명으로 옳은 것을 〈보기〉에서 고른 것은?

구분	A 양식장	B 양식장
사육 시작 시 무게	100kg	100kg
사육 종료 시 무게	200kg	220kg
사료 총 공급량	200kg	180kg

보기

> ㉠ 생산량이 많다.   ㉡ 사료 효율이 높다.
> ㉢ 사료 계수가 높다.   ㉣ 사료 비용이 많이 든다.

① ㉠, ㉡   ② ㉠, ㉢
③ ㉡, ㉢   ④ ㉢, ㉣

해설

A 양식장 사료 계수 : 2 / 사료 효율 : 50%
B 양식장 사료 계수 : 1.5 / 사료 효율 : 66.66%

사료 계수와 사료 효율

사료 계수	• 양식 동물의 무게를 1단위 증가시키는 데 필요한 사료의 무게 단위로, 사료를 먹고 성장한 정도를 비교하여 판단한다. • 사료 계수가 낮을수록 비용이 적게 들어간다. • 사료 계수 = $\dfrac{\text{사료공급량}}{\text{증육량(수확 시 중량 − 방양시 중량)}}$
사료 효율	사료 효율 = $\dfrac{1}{\text{사료 계수}} \times 100 = \dfrac{\text{증육량}}{\text{사료공급량}} \times 100$

98 다음 중 수협을 통한 산지 위탁 유통에 대한 설명으로 옳지 <u>않은</u> 것은?

① 판매 대금을 신속하고 안전하게 받을 수 있다.
② 비계통 출하에 비해 판매를 위한 시간과 노력을 절약할 수 있다.
③ 경매 없이 거래되므로 수수료가 들지 않는다.
④ 판매에 대한 책임은 수협에 있다.

해설

산지 중도매인을 통한 경매 절차를 거쳐 가격이 결정된다.

99 산간 계곡의 연중 차가운 물이 풍부하게 흘러내리는 지역에 적합한 양식 어장은 무엇인가?

① 잉어 정수식　　　　　　　　　　② 틸라피아 유수식
③ 무지개송어 유수식　　　　　　　④ 조피볼락 가두리식

 해설

지수식 (정수식)	• 가장 오래된 양식 방법으로, 연못·바다의 일부를 막고 양식하는 방식이다. • 에어레이션(aeration)을 이용하여 용존산소를 주입하여 사육 밀도를 높이면 단위 면적당 생산량을 증대시킬 수 있다. 예 잉어류·뱀장어·가물치·새우
유수식	• 계곡·하천 지형을 이용하여 물을 공급하거나 양수기로 물을 끌어 올려 양식하는 방식이다. • 공급되는 물의 양에 비례하여 용존산소도 증가하므로, 사육 밀도도 이에 따라 증가시킬 수 있다. 예 송어·연어·잉어·넙치(광어)
가두리식	• 강이나 바다에 그물로 만든 틀을 설치하여 그 안에서 양식하는 방식이다. • 그물코를 통해 용존산소 공급과 노폐물 교환이 이루어진다. • 양성관리는 쉽지만 풍파의 영향을 받기 쉬워 시설장소가 제한된다. 예 조피볼락(우럭)·감성돔·참돔·숭어·농어·넙치(광어)·방어
순환 여과식	• 한 번 사용하여 노폐물에 의해 오염된 물을 여과 장치를 통해 정화하여 다시 사용하는 양식 방법이다. • 물이 적은 곳에서도 양식할 수 있고, 고밀도로 양식하여 단위면적당 생산량을 증가시킬 수 있다는 장점이 있다. • 단점으로 초기 설비비용이 많이 들고, 전력 등 관리비용도 많이 든다. 특히 겨울에 보일러를 가동하여 수온을 높이기 때문에 경비가 많이 든다.

100 기온 26℃에서 공기 중 노출로서 가장 효과적이며 많이 사용되는 전복의 산란유도방법은 무엇인가?

① 수온자극　　　　　　　　　　　② 호르몬투여법
③ 간출자극　　　　　　　　　　　④ 자외선조사해수 자극

 해설

가장 많이 사용되는 유도방법은 간출자극이다.

수온자극	• 성숙한 모패를 평상시 사육 수온보다 3~5℃ 높은 수온으로 유지 또는 수온 상승 및 하강의 반복자극으로 산란을 유발한다. • 산란유발 효과는 높지 않다는 단점이 있다.
간출자극	음지에서 공기 중 노출로서 기온 26℃에서 50~60분 노출을 통해 산란을 유발한다.
자외선조사해수 자극	• 산란량의 증가, 생식소 방출지속시간의 단축, 산란유발 반응시간의 단축, 사용해수의 살균 등 효과가 있다. • 가장 효과적이며 많이 사용되고 있다.

101 다음은 무엇에 관한 설명인가?

> • 우리나라 전 연안에 서식하나 서해안의 연안바위 근처에 특히 많이 서식하는 정착성 어종이다.
> • 서해안 · 남해안에서 가두리 양식이 활발히 진행 중이다.
> • 알이 아닌 새끼를 낳는 난태생 어종으로 자어가 바로 산출되므로 수산종자 생산 기간이 짧고 대량으로 생산할 수 있다.

① 조피볼락 ② 틸라피아
③ 넙치 ④ 방어

해설

틸라피아, 넙치, 방어는 산란을 통해 생식하므로 난태생 어종이 아니다.

102 다음 설명을 통해 알 수 있는 어업에 대한 설명으로 옳은 것은?

> • 헬리콥터와 쾌속정으로 어군 탐색 및 집어를 한다.
> • 어군 위치로 이동하여 투망하고 어구의 전개 상태를 확인하면서 재빨리 둘러싼다.
> • 죔줄을 감아 아래쪽으로 도피하는 어군을 가둔다.
> • 끌줄을 감아 포위망을 최대한 좁힌다.
> • 어획물을 퍼 올린 후 양망한다.

① 후릿그물 어구 · 어법에 속한다.
② 선미의 슬립웨이를 통해 투망과 양망이 이루어진다.
③ 군집성이 큰 어종을 주 어획 대상으로 한다.
④ 주 어종은 서해의 조기이다.

해설

두릿그물(선망) 어법에 대한 설명이다. ②는 끌그물(예망) 어법 중 트롤 어법에 관한 설명이고, 조기는 일반적으로 기선저인망을 이용하여 어획한다.

103 다음은 어류 양식 사료의 원료에 대한 설명이다. (가)~(다)에 해당되는 영양소를 바르게 나열한 것은?

> (가) 양식 생물의 에너지원이 되며, 원료로 밀·옥수수·보리 등의 곡물 가루나 등겨 등을 이용한다.
> (나) 어류의 몸을 구성하는 기본 성분이 되며, 원료로 고등어나 잡어를 이용하여 만든 어분 등을 사용한다.
> (다) 양식 생물의 에너지원과 생리 활성 물질로 중요하며, 원료로 어유·간유·가축·기름·식물유 등을 이용한다.

	(가)	(나)	(다)
①	지방	단백질	탄수화물
②	단백질	지방	탄수화물
③	탄수화물	지방	단백질
④	탄수화물	단백질	지방

해설

단백질	• 양식 어류의 몸을 구성하는 기본 성분이다. • 고등어·전갱이 등 저가 어류·잡어·수산물 가공시의 부산물을 이용한 어분, 육분, 콩깻묵, 효모 등을 이용한다. • 콩깻묵 등 식물성 단백질은 '인'이 부족하므로 인산염을 첨가한다. • 사료 내 단백질 함량 − 넙치·광어(50%) / 조피볼락·우럭(45%) / 틸라피아(40%) / 잉어(30~35%)
탄수화물	• 양식 어류의 에너지원 역할을 한다. • 곡물류 가루·등겨 등이 사용된다.
지방 및 지방산	• 양식 어류의 에너지원과 생리 활성 역할을 한다. • 기름은 공기 중의 산소와 결합하여 유독하게 되므로 항산화제를 사료에 혼합하여 사용한다.
무기염류 및 비타민	대사 과정 촉매 역할을 한다.
점착제	• 사료가 물속에서 풀어지지 않게 해준다. • 물속에서 풀어진 사료는 세균·섬모충류가 번식하는 원인이 된다. • 예외적으로 뱀장어는 알갱이 사료를 잘 먹지 않아 분말사료를 반죽하여 준다.
항생제	질병 치료 목적으로 사용한다.
항산화제	지방산·비타민이 산화되는 것을 방지하기 위해 사용한다.
착색제	횟감의 질과 관상어의 색깔을 선명하게 하기 위해 사용한다. 예 카르티노이드, 크산토필, 아스타산틴 등이 대표적이다.
호르몬	성장 촉진, 조기 성 성숙 등의 역할을 한다.

104 총 허용 어획량(TAC) 관리 제도에 대한 설명으로 옳은 것은?

① 어법이 다양한 어종에 적용하기 용이하다.
② 한번 결정되면 장기간에 걸쳐 사용이 가능하다.
③ 최대 지속적 생산량(MSY)를 기초로 하여 결정한다.
④ 어업행위에 대한 규제를 강조한다.

해설
① TAC는 총 어획량을 제한하는 제도일 뿐 어법이 다양한 어종에의 적용은 관계없다.
② TAC는 연 1회 산정한다.
④ 어업행위에 대한 규제보다는 행위의 결과인 어획량의 조정 및 관리를 통하여 어업관리 목적을 달성하는 데 있다.

105 우리나라 주변 해역에 대한 설명으로 옳지 않은 것은?

① 남해는 동해에 비하여 해안선의 굴곡이 심하다.
② 서해는 광활한 간석지가 발달되어 있다.
③ 남해는 수심이 얕고 조석간만의 차가 크다.
④ 남해는 난류성 어족의 산란장이나 월동장으로 적합하다.

해설
③ 서해에 대한 설명이다.

동해	• 넓이가 약 100만 8천km²이고, 연안에서 대략 10해리만 나가면 수심이 200m 이상으로 깊어지며, 해저가 급경사로 되어 있다. • 깊은 곳은 약 4,000m, 평균 수심은 약 1,700m이다. • 동해의 하층에는 수온이 0.1~0.3℃, 염분은 34.0~34.01‰(천분율, permill)의 동해 고유수가 있고, 그 위로 따뜻한 해류인 동한 난류가 흐른다.
서해	• 넓이가 약 40만 4천km²이고, 평균 수심이 약 44m이며, 가장 깊은 곳은 약 103m이다. • 조석·간만의 차가 심하고, 강한 조류로 인하여 수심이 얕은 연안에서는 상·하층수의 혼합이 왕성하여, 연안수와 외양수 사이에는 조석 전선이 형성되기도 한다. • 우리나라 서해안에는 광활한 간석지가 발달되어 있다. • 염분은 33.0‰ 이하로 낮고, 계절에 따라 수온과 염분의 차가 심하다. • 겨울에는 수온이 표면과 해저가 거의 같이 낮아짐에도 여름에는 표층 수온이 24~25℃로 높아지고, 서해 중부의 해저는 겨울철에 형성된 6~7℃의 냉수괴가 그대로 남아 냉수성 어류의 분포에 영향을 끼친다.
남해	• 넓이가 약 7만 5천km²로, 동해와 서해의 중간적인 해양 특성을 가지고 있다. • 조석 및 조류는 서해보다 약하고, 동해보다 강하다. • 여름철 난류 세력이 강해지면 표면 수온은 30℃까지 높아지고, 겨울에는 연안을 제외하고는 10℃ 이하로 내려가는 일이 거의 없다. • 난류성 어족의 월동장이면서, 봄·여름에는 산란장이 되며, 겨울에는 한류성 어족인 대구의 산란장이 된다. • 남해는 수산 생물의 종류가 다양하고 자원이 풍부하여 좋은 어장이 형성된다.

106 행정 관청이 특정인에게 일정한 수면을 구획하거나 전용하여 독점 배타적으로 이용할 수 있도록 권리를 부여하는 제도에 속하는 어업에 해당하는 것은?

① 정치망어업
② 선망어업
③ 안강망어업
④ 투망어업

 해설

행정 관청이 특정인에게 일정한 수면을 구획하거나 전용하여 독점 배타적으로 이용할 수 있도록 권리를 부여하는 제도는 '면허어업'이다. 이러한 면허어업에는 '정치망어업'과 '마을어업'이 속한다(「수산업법」 제8조 제1항 제1호 및 제6호).

107 다음 (가)와 (나)에 대한 설명으로 옳은 것은?

(가)   (나)

① (가)는 실내에 갖추어져 있기 때문에 겨울철 사육 경비가 (나)보다 적게 든다.
② (가)는 어류의 대사 노폐물을 여과 장치로 처리한다.
③ (나)는 수량이 풍부한 내만이나 호수에서 주로 이용된다.
④ (가)와 (나)는 모두 사육지의 물을 정화하여 다시 사용한다.

해설

(가)는 순환여과식 양식장이고, (나)는 유수식 양식장이다.

순환여과식	• 한 번 사용하여 노폐물에 의해 오염된 물을 여과 장치를 통해 정화하여 다시 사용하는 양식 방법이다. • 물이 적은 곳에서도 양식할 수 있고, 고밀도로 양식하여 단위면적당 생산량을 증가시킬 수 있다는 장점이 있다. • 단점으로 초기 설비비용이 많이 들고, 전력 등 관리비용도 많이 든다. 특히, 겨울에 보일러를 가동하여 수온을 높이기 때문에 경비가 많이 든다.
유수식	• 계곡 · 하천 지형을 이용하여 물을 공급하거나 양수기로 물을 끌어 올려 양식하는 방식이다. • 공급되는 물의 양에 비례하여 용존산소도 증가하므로, 사육 밀도도 이에 따라 증가시킬 수 있다. 예 송어 · 연어 · 잉어 · 넙치(광어)

108 수산자원 생물의 연령사정법으로 옳은 것은?

① 상어나 가오리는 이석을 이용하는 것이 적합하다.
② 비늘은 앞쪽 가장자리보다 뒤쪽의 성장이 더 빠르다.
③ 연령형질이 없는 갑각류는 체장빈도법을 이용한다.
④ 연령형질법을 피터센법이라고도 한다.

해설

연령사정법	연령형질법	• 가장 널리 사용되는 방법이다. • 어류의 비늘 · 이석 · 등뼈 · 지느러미 · 연조 · 패각 · 고래의 수염 및 이빨 등을 이용한다. 　– 이석을 통한 연령사정은 넙치(광어) · 고등어 · 대구 · 가자미에 효과적이다. 단, 연골어류인 홍어 · 가오리 · 상어는 이석을 통한 연령사정에 적합하지 않다. 　– 연안 정착성 어종인 노래미 · 쥐노래미는 비늘이나 이석이 아닌 등뼈(척추골)를 이용하여 연령사정을 한다. • 비늘은 뒤쪽보다 앞쪽 가장자리의 성장이 더 빠르다.
	체장빈도법 (피터센법)	• 연령 형질이 없는 갑각류나 연령 형질이 뚜렷하지 않은 어린 개체들의 연령사정에 좋다. • 연간 1회의 짧은 산란기를 가지며, 개체의 성장률이 비슷한 생물의 연령 사정에 효과적이다.

109 넙치 수산종자를 생산하려는 경우 그 과정을 바르게 나열한 것은?

> ㉠ 어미를 확보한다.
> ㉡ 치어를 사육한다.
> ㉢ 채란하여 인공 수정시킨다.
> ㉣ 자어에게 먹이를 공급한다.

① ㉠ → ㉡ → ㉢ → ㉣
② ㉠ → ㉢ → ㉣ → ㉡
③ ㉡ → ㉣ → ㉠ → ㉢
④ ㉢ → ㉡ → ㉣ → ㉠

해설
어미 확보 → 채란 → 인공 수정 → 자어 사육 → 치어 사육의 과정을 거친다.

110 다음 중 어류의 체형과 행동 특성이 비슷한 종류끼리 묶인 것은?

> ㉠ 고등어   ㉡ 가오리
> ㉢ 참돔   ㉣ 뱀장어
> ㉤ 전갱이

① ㉠, ㉢
② ㉠, ㉤
③ ㉡, ㉣
④ ㉣, ㉤

해설
고등어ㆍ꽁치ㆍ전갱이(방추형), 전어ㆍ돔(측편형), 복어(구형), 뱀장어(장어형)의 체형을 보인다.

111 다음 중 「수산업법 시행령」상 구획어업에 속하지 <u>않는</u> 어업은?

① 건망어업
② 선인망어업
③ 기선권현망어업
④ 안강망어업

해설

기선권현망어업은 근해어업의 한 종류이다(「수산업법 시행령」 제24조 제1항 제20호).

구획어업의 종류(「수산업법 시행령」 제26조)
1. 건간망어업 : 건간망을 설치하여 수산동물을 포획하는 어업
2. 건망어업 : 건망을 설치하여 수산동물을 포획하는 어업
3. 들망어업 : 들망을 설치하여 수산동물을 포획하는 어업
4. 선인망어업 : 선인망을 설치하여 수산동물을 포획하는 어업
5. 승망류어업 : 호망·승망·각망을 설치하여 수산동물을 포획하는 어업
6. 안강망어업 : 안강망을 설치하여 수산동물을 포획하는 어업
7. 장망류어업 : 주목망·장망·낭장망을 설치하여 수산동물을 포획하는 어업
8. 지인망어업 : 지인망을 사용하여 수산동물을 포획하는 어업
9. 해선망어업 : 해선망을 설치하여 수산동물을 포획하는 어업
10. 새우조망어업 : 망 입구에 막대를 설치한 조망을 사용하여 새우류를 포획하는 어업
11. 실뱀장어안강망어업 : 안강망을 사용하여 실뱀장어를 포획하는 어업
12. 패류형망어업 : 형망을 사용하여 패류를 포획하는 어업

112 다음은 어업관리의 유형에 대한 설명이다. (가)~(다)를 바르게 연결한 것은?

> (가) 치어 남획 방지, 산란기 성어의 어획 금지
> (나) 어장 이용의 윤번제, 전체 어획량 조절
> (다) 어선별 어획 할당제, 풀제(pool account)

	(가)	(나)	(다)
①	자원 관리형	어가 유지형	어장 관리형
②	자원 관리형	어장 관리형	어가 유지형
③	어가 유지형	자원 관리형	어장 관리형
④	어장 관리형	어가 유지형	자원 관리형

해설

어업관리 유형에는 크게 자원 관리형, 어가 유지형, 어장 관리형을 예로 들 수 있다. 평이한 문제이지만 시험에 단골로 나오는 문제이니 정의 정도는 알아두어야 한다.

113 양식장의 주요 환경 요인에 관한 설명 중 옳지 <u>않은</u> 것은?

① 용존산소량은 공기와 접하는 면적이 넓을수록 증가한다.

② 양식 시 생물의 호적수온보다 약간 높은 온도에서 양식하는 것이 좋다.

③ 황화수소는 물의 흐름이 원활하지 않은 저수지 등 유기물질이 많은 저질을 검게 변화시킨다.

④ 암모니아(NH_3)는 이온화된 암모니아로써 해중생물에 아무런 해가 없다.

해설

암모니아	• NH_3
	  − 이온화되지 않은 암모니아로써 해중생물에 유해한 영향을 미친다.
	  − pH가 알칼리성일수록 이온화되지 않은 암모니아의 비율이 커진다.
	• NH_4^+ : 이온화된 암모니아(암모늄이온)는 아무런 해가 없다.

114 상어 간유에서 추출한 고도 불포화 탄화수소로 건강 증진의 기능성 물질을 무엇이라고 하는가?

① 어교(fish glue)

② 어분(fish meal)

③ 쇼트닝(shortening)

④ 스쿠알렌(squalene)

해설

스쿠알렌($C_{30}H_{50}$)
심해 상어의 간유 속에 들어 있는 고도의 불포화 탄화수소로 정밀기계 및 항공기의 윤활유, 화장품 원료, 건강식품의 소재로 많이 사용되고 있다.

115 다음 중 로티퍼에 대한 설명으로 옳지 <u>않은</u> 것은?

① 1차 소비자이다.

② 식물 플랑크톤에 속한다.

③ 어류의 자어기 먹이생물이다.

④ 번식 속도가 빨라 해산어류 먹이로 각광받고 있다.

해설

로티퍼는 동물성 플랑크톤이며 먹이로 식물 플랑크톤인 클로레라 등을 섭식한다.

로티퍼는 다음과 같이 생겼다.

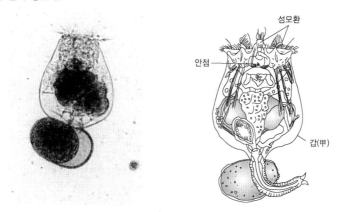

116 다음과 같은 상태로 치어를 여름철에 운반하고자 하는 경우 고려해야 할 사항에 해당하지 <u>않는</u> 것은?

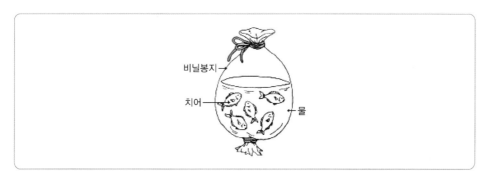

① 수온을 상온보다 높게 유지시킨다.

② 공업용 산소를 채운다.

③ 직사광선을 피한다.

④ 운반 전 2~3일간 먹이를 주지 않는다.

운반 전 2~3일간 먹이 공급을 중단하고 얼음이나 냉각기를 통해 온도를 낮게 유지시켜 대사기능을 저하시켜야 한다.

117 수산물의 건조 식품을 바르게 나열한 것은?

	말린 오징어	마른 멸치	마른 황태
①	자건품	소건품	훈건품
②	소건품	훈건품	자건품
③	소건품	자건품	동건품
④	훈건품	자건품	소건품

건제품 가공
• 수분이 40% 이하로 내려가면 식품은 거의 부패가 발생하지 않는다.
• 일반 세균의 발육 최저 수분활성도(Aw)는 0.90, 곰팡이는 0.80, 내삼투압성 효모는 0.61로 상당히 낮은 Aw에서도 발육하므로, 건제품의 가공 및 저장 시에 그에 따른 적절한 수분활성도를 유지할 수 있도록 해야 한다.

건조 방법	• 천일 건조법 • 열풍 건조법 • 냉풍 건조법 • 분무 건조법 • 자연 동건법 • 배건법 • 진공 동결 건조법(비용이 가장 많이 든다)
종류	• 소건품 : 원료를 그대로 또는 간단히 처리한 후에 건조시킨 것 　예 오징어, 한치, 김, 미역, 다시마 • 훈건품 : 목재를 불완전 연소시키면서 건조시킨 것 　예 조미 오징어, 연어, 굴 • 자건품 : 원료를 삶은 후 건조시킨 것 　예 멸치, 해삼, 전복, 새우 • 염건품 : 원료를 소금에 절인 후에 건조시킨 것 　예 굴비, 꽁치, 대구, 옥돔, 정어리, 고등어, 전갱이 • 동건품 : 천일 또는 동결 장치로 원료를 동결시킨 후 융해시키는 작업을 몇 번 반복하여 건조시킨 것 　예 한천, 황태, 과메기 • 자배건품 : 원료를 자숙·배건·일건시킨 제품으로 제조 공정에 곰팡이가 이용되므로 발효 식품이라고도 함 　예 고등어, 정어리, 가다랑어

118 다음 내용과 같은 수산물 유통 활동에 해당되는 것은 무엇인가?

> 상거래 기능으로서 생산자가 수산물을 유통업자에게 판매하는 행위와 상거래를 지원하는 유통 금융 활동을 말한다.

① 구입한 상품을 냉동 창고에 보관한다.
② 생산물의 손해에 대비하여 보험에 가입한다.
③ 구입한 수산물을 대도시 소비시장으로 수송한다.
④ 직판장을 개설하여 소비자에게 직접 판매한다.

해설
제시된 내용은 수산업 유통 활동 중 신용 · 금융 · 보험 · 공제사업에 해당한다.

119 다음 중 적조현상에 대한 설명으로 옳지 <u>않은</u> 것은?

① 발생 해역에 황토를 살포한다.
② 물 속에 녹아 있는 산소 농도가 낮아진다.
③ 양식장 바닥에 쌓인 유기 퇴적물을 제거함으로써 해결할 수 있다.
④ 주로 규조류 또는 편모조류 같은 동물성 플랑크톤에 의해 발생한다.

해설
주로 규조류 또는 편모조류 같은 식물성 플랑크톤에 의해 발생한다.

120 다음 중 염분 변화에 강한 종이 <u>아닌</u> 것은?

① 굴   ② 대합
③ 전복   ④ 바지락

해설

염분	• 염분 변화에 강한 종(굴 · 담치 · 바지락 · 대합) : 조간대에 서식하는 종 • 염분 변화에 약한 종(전복) : 외양에서 서식하는 종 • 염분 조절이 가능한 종(연어 · 숭어 · 송어 · 은어 · 뱀장어) : 주로 회귀성 어류

121 철선과 비교하여 합성수지(FRP) 어선의 특징으로 옳은 것은?

① 충격에 강하다.
② 폐선 비용이 많이 든다.
③ 대형선의 건조에 사용된다.
④ 무게가 무겁다.

해설

합성수지(FRP)선
• 강화유리섬유로 건조한 선박의 장점은 무게가 가볍고 부식에 강하다는 점이다. 그러나 충격에 약하고 폐기 시 비용이 많이 드는 단점이 있다.
• 중·소형 어선 및 구명정·레저용 어선에 주로 사용된다.

122 다음 중 배타적 경제 수역에 관한 설명으로 옳지 않은 것은?

① 연안국이 경찰권, 무역권을 행사할 수 있다.
② 자국 연안으로부터 200해리까지의 수역이다.
③ 해양 자원에 대한 연안국의 배타적 이용권을 부여한다.
④ 국가의 관할권에 종속되는 부분이다.

해설

• 연안국이 경찰권·무역권을 행사할 수 있는 수역은 영해와 접속 수역이다.
• 배타적 경제 수역은 국가의 관할권에 종속되고, 공해는 국가의 관할권에 종속되지 않는다.

123 다음 중 면허어업에 대한 설명으로 옳지 않은 것은?

① 정치망어업과 마을어업을 하려는 사람은 시장·군수·구청장의 면허를 받아야 한다.
② 일정한 지역에 거주하는 어업인이 해안에 연접한 일정한 수심 이내의 수면을 구획하여 수산동물을 포획·채취하는 어업을 마을어업이라고 한다.
③ 법인이나 단체의 경우 어업을 목적으로 하지 않아도 어업면허를 받을 수 있다.
④ 시장·군수·구청장은 어업면허를 할 때 개발계획의 범위 내에서 해야 한다.

해설

어업을 목적으로 하지 아니하는 법인이나 단체에 대해서는 어업면허를 하면 안 된다(「수산업법」 제10조 제1호).

면허어업과 면허의 결격사유

면허어업(「수산업법」 제8조)	면허의 결격사유(「수산업법」 제10조)
① 다음 어느 하나에 해당하는 어업을 하려는 자는 시장 · 군수 · 구청장의 면허를 받아야 한다. 　1. 정치망어업(定置網漁業) : 일정한 수면을 구획하여 대통령령으로 정하는 어구(漁具)를 일정한 장소에 설치하여 수산동물을 포획하는 어업 　2~5. 삭제 　6. 마을어업 : 일정한 지역에 거주하는 어업인이 해안에 연접한 일정한 수심(水深) 이내의 수면을 구획하여 패류 · 해조류 또는 정착성(定着性) 수산동물을 관리 · 조성하여 포획 · 채취하는 어업 　7~8. 삭제 ② 시장 · 군수 · 구청장은 제1항에 따른 어업면허를 할 때에는 개발계획의 범위에서 하여야 한다. ③ 제1항 각 호에 따른 어업의 종류와 마을어업 어장의 수심 한계는 대통령령으로 정한다. ④ 다음 각 호에 필요한 사항은 해양수산부령으로 정한다. 　1. 어장의 수심(마을어업은 제외한다), 어장구역의 한계 및 어장 사이의 거리 　2. 어장의 시설방법 또는 포획 · 채취방법 　3. 어획물에 관한 사항 　4. 어선 · 어구(漁具) 또는 그 사용에 관한 사항 　5. 삭제 　5의2. 해적생물(害敵生物) 구제도구의 종류와 사용방법 등에 관한 사항 　6. 그 밖에 어업면허에 필요한 사항	시장 · 군수 · 구청장은 다음 각 호의 어느 하나에 해당하는 자에 대하여는 어업면허를 하여서는 아니 된다. 1. 어업을 목적으로 하지 아니하는 법인이나 단체 2. 취득한 어업권의 어장 면적과 신청한 어업권의 어장 면적을 합친 면적이 대통령령으로 정하는 면적 이상이 되는 자 3. 삭제 4. 이 법, 「어장관리법」, 「양식산업발전법」, 「어선법」 또는 「수산자원관리법」을 위반하여 금고 이상의 형을 선고받고 그 집행이 끝나거나(집행이 끝난 것으로 보는 경우를 포함한다) 집행을 받지 아니하기로 확정된 후 2년이 지나지 아니한 자 5. 이 법, 「어장관리법」, 「양식산업발전법」, 「어선법」 또는 「수산자원관리법」을 위반하여 금고 이상의 형의 집행유예를 선고받고 그 유예기간 중에 있는 자 6. 이 법, 「어장관리법」, 「양식산업발전법」, 「어선법」 또는 「수산자원관리법」을 위반하여 100만 원 이상의 벌금형을 선고받고 그 형이 확정된 후 2년이 지나지 아니한 자

124 총무게 1kg의 잉어를 10kg의 사료를 공급하여 사육하였다면 총 수확량은 어떻게 되는가?(단, 사료효율은 50%이다)

① 3kg
② 4kg
③ 5kg
④ 6kg

(해설)

사료효율 $= \dfrac{증육량}{사료공급량} \times 100$이다.

$50 = \dfrac{x}{10} \times 100 = 10x$

$\therefore x = 5$

여기서 사육 전 초기 무게가 1kg이었으므로 1 + 5 = 6kg이 된다.

125 어류의 삼투압 조절에 대한 설명으로 옳지 <u>않은</u> 것은?

① 해산어는 아가미에서 염류를 배출해서 삼투압을 조절한다.
② 담수어는 소량의 진한 오줌을 배출해서 삼투압을 조절한다.
③ 해산어는 해수 이온 농도에 비하여 체액 이온 농도가 낮다.
④ 담수어는 아가미에서 염류를 흡수해서 삼투압을 조절한다.

해설

해산어	• 해수 이온 농도에 비하여 체액 이온 농도가 낮다. • 아가미에서 염류를 배출한다. • 소량의 진한 오줌을 배출한다.
담수어	• 담수 이온 농도에 비하여 체액 이온 농도가 높다. • 아가미에서 염류를 흡수한다. • 다량의 묽은 오줌을 배출한다.

126 다음 중 가두리 양식을 통해 양식을 하며, 난태생인 어종은 무엇인가?

① 넙치　　　　　　　　　② 돔류
③ 우럭　　　　　　　　　④ 송어

해설

우럭은 연안 정착성, 난태생이라는 특징을 가진 어종이다. 가두리 양식을 통해 양식을 하며 넙치처럼 완전 양식이
가능하다. 넙치(육상 수조식), 돔류(가두리식), 송어(유수식)는 난생이다.

127 다음 중 연제품을 가열온도 100℃ 미만으로 제조하는 방법으로 옳은 것으로 묶인 것은?

㉠ 탕자법	㉡ 배소법
㉢ 증자법	㉣ 튀김법

① ㉠, ㉡
② ㉠, ㉢
③ ㉡, ㉢
④ ㉢, ㉣

해설

가열 방법에 따른 어묵의 분류

가열 방법	가열 온도(℃)	가열 매체	제품 종류
증자법	80~90	수증기	판붙이 어묵, 찐 어묵
탕자법	80~95	물	마 어묵, 어육 소시지
배소법	100~180	공기	구운 어묵(부들 어묵)
튀김법	170~200	식용유	튀김 어묵, 어단

128 다음은 대형 어선의 선체 구조 횡단면이다. 선저에 A의 공간을 설치하는 이유로 적절한 것은?

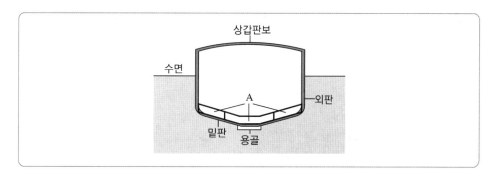

① 기관실을 보호하고 선실을 제공하여 예비부력을 가지게 할 목적으로 설치한다.

② 파도를 이겨내고 조타장치를 보호하기 위한 목적으로 설치한다.

③ 선박 좌초 시 침수를 방지한다.

④ 충돌 시 선체를 보호한다.

해설

선저에 있는 빈 공간은 연료 탱크, 밸러스트 탱크 등으로 이용되며, 침수를 방지하는 역할을 한다.

① 선루 중 선교루를 설치하는 이유에 해당한다.

② 선루 중 선미루를 설치하는 이유에 해당한다.

④ 선수재를 설치하는 이유에 해당한다.

129 게와 새우의 공통적인 특징으로 볼 수 있는 것은?

① 몸이 비닐로 덮여 있다.
② 물을 이용하여 몸의 형태를 유지시킨다.
③ 특수 여과장치를 이용하여 먹이를 걸러 먹는다.
④ 노플리우스 유생 단계를 거친다.

해설
①·②·③ 어류의 특성이다.

130 다음과 같은 방식의 양식 시설에 적합한 양식 대상 종끼리 묶인 것은?

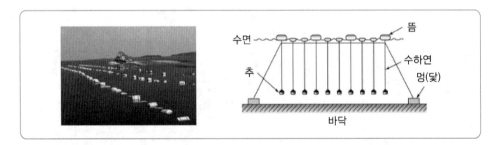

① 꼬막, 참굴
② 바지락, 진주담치
③ 꼬막, 바지락
④ 참굴, 진주담치

해설

수하식 양식	• 부착성 동물의 기질을 밧줄·뗏목 등에 일정한 간격으로 매달아 물속에서 기르는 방식이다.
	• 성장이 균일하고 해적의 피해를 방지할 수 있으며 지질에 매몰될 우려가 적다.
	예 굴·담치·멍게(우렁쉥이) 등 부착성 동물

131 다음은 한·일 어업협정 수역도이다. A와 B 수역에 대한 설명으로 가장 옳은 것을 〈보기〉에서 골라 바르게 짝지은 것은?

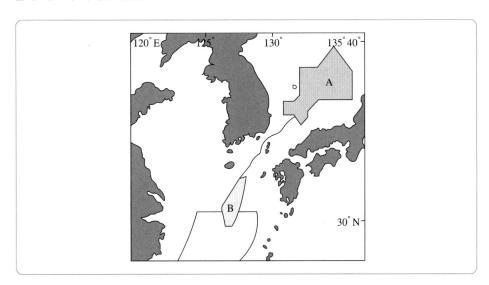

> **보 기**
>
> ㉠ 공해적인 성격을 지닌 수역이다.
> ㉡ 배타적 이용권을 부여하는 수역이다.
> ㉢ 해양 자원을 공동 관리하는 수역이다.
> ㉣ 연안국이 관할권을 행사하는 수역이다.

	(A)	(B)
①	㉠	㉢
②	㉡	㉢
③	㉡	㉣
④	㉢	㉣

해설

(A)와 (B)는 중간 수역에 해당한다.

한·일 어업협정

• 1998년 체결, 1999년 발효
• 한·일 양국의 배타적 경제 수역을 협정 수역으로 결정함으로써 자국의 배타적 수역에서 상대 체약국의 어업 활동을 상호 허용하였다. 단, 동해 중앙부(독도)와 제주도 남부 수역은 중간 수역으로 설정하였다.
• 양 체약국의 배타적 경제 수역에서는 당해 연안국이 어업 자원의 보존·관리상 주권적 권리를 행사하며, 쌍방간의 전통적 어업 실적을 인정하여 상호 입어를 허용하였다(연안국주의).
• 중간 수역에서는 기존의 어업 질서를 유지하되, 동해 중간 수역은 공해적 성격의 수역으로 하고, 제주도 남부 중간 수역은 공동 관리 수역으로 정하였다(선적국주의).

132 다음은 훈제품 가공법 중 무엇에 해당하는가?

> 1. 물간 및 조미 후 자연 건조시킨다.
> 2. 60℃에서 훈연을 시작하여 80℃까지 올리면서 5시간 동안 처리한다.
> 3. 제품의 수분 함량은 50% 정도로 하며, 표면의 그을음을 제거한 후 냉각시킨다.
> 4. 완성된 제품은 저온에서 보관한다.

① 냉훈법　　　　　　　　　　② 액훈법
③ 전훈법　　　　　　　　　　④ 온훈법

해설

냉훈법	• 저온(15~30℃)에서 1~3주간 훈연하여 근육 단백질이 응고되지 않도록 하여야 한다. • 수분은 40% 정도로 단단한 편이다. • 1개월 이상 장기 보전이 가능하나 풍미는 온훈법에 미치지 못한다.
온훈법	• 장기 보존보다는 풍미 부여를 목적으로 한다. • 고온(30~80℃)에서 3~5시간 정도의 단시간 훈연 후, 저온 저장한다. • 염분 5% 이하 · 수분 50% 전후의 연한 제품이 된다.
액훈법	식품에 훈연액을 직접 첨가하는 방법이다.
전훈법	훈연실에 나란히 제품을 늘어놓고, 교대로 플러스 또는 마이너스의 전극에 연결하여 연기를 흘려보내면서 15-30kV의 전압을 걸어, 제품 그 자체를 전극으로서 코로나 방전을 하여, 연기의 입자를 급속히 제품에 흡착시키는 방법이다. 이 방법은 훈연시간의 절약, 연기성분 낭비의 방지 등의 점에서 뛰어나지만, 훈연의 목적을 달성할 수 없는 결점이 있다.

133 다음 사항을 규정한 어업협정은 무엇인가?

> • 1998년 체결, 2001년 발효
> • 배타적 경제 수역에서의 상호 입어에 관한 기본원칙 · 절차와 조건 · 협정 위반에 대한 단속은 연안국주의로 규정하였다.
> • 잠정조치 수역과 과도수역에서의 범칙 어선에 대한 단속은 선적국주의에 따른다.
> • 최초 유효기간은 5년이었으나, 어느 한쪽이 종료 의사를 통고하지 않는 한 그 효력은 계속된다.

① 한 · 일 어업협정　　　　　　② 한 · 중 어업협정
③ 한 · 러 어업협정　　　　　　④ 한 · 미 어업협정

해설

① 한 · 일 어업협정은 동해 중앙부(독도)와 제주 남부 수역을 중간 수역으로 설정하였으며, 1998년 체결되어 1999년 발효되었다.
③ 러시아의 명태 · 꽁치에 대해 어획 쿼터를 배정받아 조업을 하는 내용이 담긴 협정이다.
④ 1972년에 발효된 한국 정부와 미국 정부 간의 어업조사 협력의 내용을 담은 협정으로 5년간의 효력 발생 후 종료되었다.

134 다음 자료를 보고 바르게 설명한 것은?

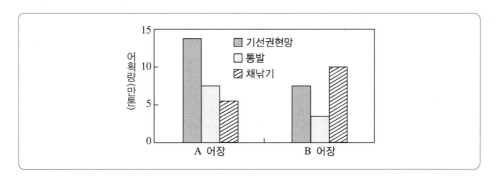

① A 어장의 주 어획 어종은 꽁치이다.
② B 어장의 주 어획 어종은 오징어이다.
③ B 어장은 A 어장보다 멸치 어획량이 많다.
④ B 어장은 A 어장보다 게 · 장어 어획량이 많다.

해설
기선권현망(멸치), 유자망(꽁치), 통발(게 · 장어), 채낚기(오징어)

135 못 양식장의 수질 변화에 대한 설명으로 옳지 않은 것은?

① 염분이 높아지면 용존산소는 감소한다.
② 용존산소는 낮보다 생물 활동이 적어지는 밤에 더 많다.
③ pH가 높을수록 이온화되지 않은 암모니아의 비율이 높아진다.
④ 바닥에 유기물이 많이 쌓이면 용존산소가 감소하고 황화수소가 발생되기 쉽다.

해설
낮에는 식물 플랑크톤의 광합성 작용으로 용존산소가 증가한다.

136 다음 중 복어류에 있는 테트로톡신이라 부르는 신경독에 대한 설명으로 옳지 **않은** 것은?

① 청산가리보다 독성이 13배에 이를 정도로 치사율이 높다.

② 무색·무취·무미의 특성을 띠며, 정소와 육(肉)보다는 내장 등에 많이 분포해 있다.

③ 열을 가해도 독소가 파괴되지 않으므로 주의하여야 한다.

④ 자연산과 더불어 양식 복어에도 독이 들어있으므로 주의하여야 한다.

해설

복어 독

• 명칭은 테트로도톡신(tetrodotoxin)으로 청산가리보다 독성이 13배에 이를 정도로 치사율이 매우 높다.

• 무색·무취·무미의 특성을 띠며, 정소와 육(肉)보다는 육난소·간장·내장에 많이 분포해있다.

• 열을 가해도 독소가 파괴되지 않으므로 주의하여야 한다.

• 자연산과 달리 양식 복어에는 독이 들어있지 않다.

• 입술 및 혀 끝에 마비 증상이 나타나고, 심하면 호흡곤란 및 혈압 강하를 수반하여 호흡 마비로 사망한다.

137 가리비·백합 등에서 발생하며, 지용성 독소로 마비성 조개류와 차이가 있는 독은 무엇인가?

① 마비성 조개류 독   ② 알레르기성 독
③ 설사성 조개류 독   ④ 기억상실성 조개류 독

해설

조개류 독

기억상실성 조개류 독 (ASP)	• 도모산(domoic acid) 중독이라고도 한다. • 이매패류·게·멸치·고등어 등의 어류가 특정 지역의 규조류 섭취로 독소가 축적된다. • 구토·복통·설사·두통·식욕감퇴 등의 증세를 유발한다.
설사성 조개류 독 (DSP)	• 가리비·백합 등에서 발생한다. • 지용성(脂溶性) 독소로 마비성 조개류와 차이가 있다. • 설사·메스꺼움·구토·복통 등의 소화기계 장애 증세를 유발한다.
마비성 조개류 독 (PSP)	• 적조를 일으키는 알렉산드리움 와편모조류가 생산하는 독소에 의해 조개류가 유독화되면서 발생한다. • 유독화된 진주담치(홍합)·굴·바지락·가리비 등의 이매패류에 의해 발생한다. • 독 세기와 증상이 복어 독과 유사하다. • 정기적인 독성 검사를 실시하여 독소가 허용치 이상이면 조개 채취가 금지된다. • 근육 마비·언어 장애·호흡 곤란 등을 유발한다. • 가열하면 독소가 소실되지만 완전히 제거는 안 된다.
베네루핀 중독	• 모시조개·굴·바지락이 유독 플랑크톤에 의해 중장선(패류의 소화기관)에 독소를 축적한다. • 메스꺼움·구토·복통·변비·피하 출혈·반점 등이 발현된다. • 치사율이 높다.
테트라민 중독	• 고둥의 테트라민 독소에 의해 발생한다. • 현기증·두통·멀미 증세를 유발한다.

138 다음은 집어 방법을 분류한 것이다. (가)와 (나)에 해당하는 어업을 바르게 짝지은 것은?

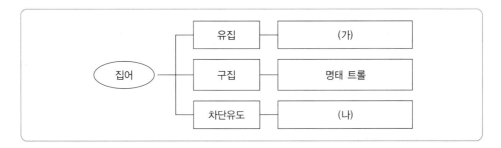

	(가)	(나)
①	꽁치 자망	멸치 권현망
②	참치 선망	방어 정치망
③	오징어 채낚기	방어 정치망
④	멸치 권현망	오징어 채낚기

해설

유집	• 어군에 자극을 주어 자극원 쪽으로 모이게 하는 방법이다. • 야간에 불빛으로 모이는 습성(주광성)을 이용한다. 야간에만 가능하고, 달빛이 밝을 때는 효과가 떨어진다. 예 고등어 선망어업·전갱이 선망어업·멸치 들망어업·꽁치 봉수망어업·오징어 채낚기어업 등
구집	• 어군에 자극을 주어 자극원으로부터 멀어지게 하여 모이게 하는 방법이다. • 큰 소리·줄 후리기·전류 등을 이용한다. 어류는 보통 음극(−)에서 양극(+)으로 이동한다.
차단 유도	회유 통로를 인위적으로 막아 한 곳으로 모이게 하는 방법이다. 예 정치망의 길그물

139 다음 특징을 가지는 수산생물이 아닌 것은?

> • 깊은 곳에서 상부 조간대까지 널리 분포한다.
> • 잘 발달한 머리와 기어다니기에 알맞은 넓고 편평한 발로 되어 있으며, 조가비는 한 장이다.

① 담치류   ② 소라
③ 전복   ④ 고둥

해설

담치류, 바지락, 고막, 조개류, 굴류는 바위 조간대 아래에 서식하며, 서로 대칭되는 두 장의 조가비를 가지고 있다.

140 다음 빈칸에 들어갈 생물은 무엇인가?

> (   )은 비타민·무기질 등이 풍부하여 체질 개선, 건강 증진에 좋으며 로티퍼의 먹이로 사용 된다. 최근에 식품첨가물로 인기를 얻고 있다.

① 아르테미아 ② 케토세로스
③ 클로렐라 ④ 이소크리시스

해설

클로렐라는 녹조류 단세포 생물로 비타민·무기질 등이 풍부하여 로티퍼의 먹이로 사용되고 최근에 어린이 성장 발육에 좋은 것으로 알려지면서 우유나 음료수 등의 첨가물로 수유가 급증하고 있다.
• 어류 초기 먹이 : 로티퍼, 아르테미아
• 패류 초기 먹이 : 케토세로스, 이소크리시스

141 (가)와 (나)에 들어갈 말로 적절하게 짝지어진 것은?

구분	내용		
허가어업	수산자원의 보존과 어업 질서 유지를 위해 어업 행위를 적절하게 제한하기 위한 제도		
허가권자	해양수산부장관	시·도지사	시장·군수·구청장
어업의 종류	(가)	(나)	구획어업
유효 기간	5년(연장 가능)		

    (가)   (나)
① 마을어업   맨손어업
② 양식어업   연안어업
③ 양식어업   원양어업
④ 근해어업   연안어업

해설

허가가 필요한 어업 중 해양수산부장관의 허가 필요한 어업은 근해어업, 시·도지사의 허가가 필요한 어업은 연안어업 이다.

허가가 필요한 어업별 허가권자(「수산업법」 제41조)

근해어업	연안어업	구획어업
해양수산부장관	시·도지사	시장·군수·구청장

142 선박이 출항을 할 때 준비해야 할 사항으로 옳은 것은?

① 계전 설비, 기적 등을 시운전
② 기관의 조종 상태 확인
③ 연료와 식량 및 식수의 점검
④ 제반 서류를 점검

해설

출 · 입항 준비에 대한 내용은 다음과 같다.

출항 대비	• 기관, 양묘기, 조타 장치, 항해 계기 등 시운전 • 어구나 어상자와 같이 이동하기 쉬운 물품을 묶는 작업 • 연료와 식량 및 식수의 점검 • 선원의 승선 확인 • 구명 설비의 점검 등 안전한 항해 준비
입항 대비	• 계전 설비, 기적 등을 시운전 • 기관의 조종 상태 확인 • 입항 후의 작업과 선용품 보급 등의 업무 준비 • 입항에 필요한 제반 서류를 점검

143 양식을 함에 있어 질소가 많이 함유된 지하수를 사용하였을 경우 생기는 병은 무엇인가?

① 백점병
② 기포병
③ 물곰팡이병
④ 이타이이타이병

해설

① 백점병 : 몸 표면에 흰 점이 생긴다.
③ 물곰팡이병 : 몸 표면에 솜뭉치 같은 것이 생긴다.
④ 이타이이타이병 : 사람에게 발병되는 것으로 신장기능 장애 · 골격 변형 등이 유발된다.

144 바지락 양성방법으로 옳은 것은?

① 수하식   ② 바닥식

③ 밧줄식   ④ 채롱식

해설

부착 및 저서동물 양식

수하식	• 부착성 동물의 기질을 밧줄・뗏목 등에 일정한 간격으로 매달아 물속에서 기르는 방식이다. • 성장이 균일하고 해적의 피해를 방지할 수 있으며 지질에 매몰될 우려가 적다. 예) 굴・담치・멍게(우렁쉥이) 등 부착성 동물
바닥식	별도의 시설을 설치하지 않아도 되는 장점이 있다. 예) 백합・바지락・피조개・꼬막・전복・해삼・소라 등 저서 동물

145 다음 빈칸에 들어갈 생물로 가장 옳은 것은?

> (   )는 아프리카가 원산지로서 열대성 담수 어류이다. 성장이 빠르며, 환경 변화에 대한 저항성이 강하여 현재는 100여 개 국가에서 양성하고 있다. 식성은 초식성이지만 종에 따라 다르고, 암컷은 수온이 21℃ 이상 유지되면 30~60일 간격으로 2~3회 산란하는데 수정란은 암컷이 입 속에 넣어 부화시킨다.

① 틸라피아   ② 잉어

③ 뱀장어   ④ 메기

해설

잉어 또한 성장이 빠르고 환경 적응력이 강하여 많은 국가에서 양식 중이지만 아프리카가 원산지는 아니다. 잉어는 우리나라에서 가장 오래된 양식어류이다.

146 바다에 버려진 폐그물을 정리함으로써 얻을 수 있는 효과로 가장 적절한 것은?

① 수산자원의 보호에 도움이 된다.
② 해양의 부영양화 현상이 방지된다.
③ 연안 갯벌의 황폐화를 방지할 수 있다.
④ 적조현상을 방지할 수 있다.

해설

폐그물을 정리함으로써 폐그물에 걸려 사망하는 어류의 수를 감소시킬 수 있다.

147 자원량 추정 시 자원 총량의 추정이 어려울 때 실시하는 방법은 무엇인가?

① 전수조사법

② 표본채취에 의한 부분조사법

③ 표지방류법

④ 상대지수표시법

[해설]

자원량 추정법

총량 추정법	• 직접적인 방법 　– 전수조사법 　– 표본채취에 의한 부분조사법 • 간접적인 방법 　– 표지 방류 채표 결과를 사용하는 방법(표지방류법) 　– 총 산란량을 측정하여 치어 자원량을 추정하는 방법 　– 어군탐지기를 이용하는 방법
상대지수표시법	자원 총량의 추정이 어려울 때 실시

148 연간 1회의 짧은 산란기를 가지며, 개체의 성장률이 비슷한 생물의 연령 사정에 효과적인 연령사정 방법은?

① 이석

② 지느러미

③ 체장

④ 비늘

[해설]

연령 사정법	연령형질법	• 가장 널리 사용되는 방법이다. • 어류의 비늘 · 이석 · 등뼈 · 지느러미 · 연조 · 패각 · 고래의 수염 및 이빨 등을 이용한다. 　– 이석을 통한 연령사정은 넙치(광어) · 고등어 · 대구 · 가자미에 효과적이다. 단, 연골어류인 홍어 · 가오리 · 상어는 이석을 통한 연령사정에 적합하지 않다. 　– 연안 정착성 어종인 노래미 · 쥐노래미는 비늘이나 이석이 아닌 등뼈(척추골)를 이용하여 연령사정을 한다. • 비늘은 뒤쪽보다 앞쪽 가장자리의 성장이 더 빠르다.
	체장빈도법 (피터센법)	• 연령 형질이 없는 갑각류나 연령 형질이 뚜렷하지 않은 어린 개체들의 연령사정에 좋다. • 연간 1회의 짧은 산란기를 가지며, 개체의 성장률이 비슷한 생물의 연령 사정에 효과적이다.

149 수산자원 생물 조사 방법 중 그 성격이 <u>다른</u> 하나는?

① 전장측정법
② 연령측정법
③ 두흉갑장측정법
④ 피린체장측정법

해설

①, ③, ④는 형태 측정을 위한 방법이고, ②는 연령을 측정하기 위한 방법이다.

150 다음은 형태 측정법을 이용해 새우를 측정한 것이다. 부위마다 측정법을 적용했을 때 <u>잘못</u> 적용한 것은 무엇인가?

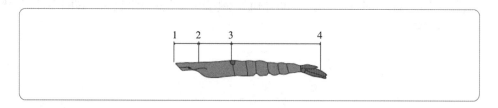

① 1~2 : 두장(이마뿔 길이)
② 2~3 : 두흉 갑장
③ 1~4 : 동장
④ 2~4 : 체장

해설

1~4까지 측정을 한다면 전장(입끝부터 꼬리 끝까지 측정하는 방식)이다.

형태 측정법	전장 측정법	입 끝부터 꼬리 끝까지 측정하는 방식이다. ⑩ 어류, 문어, 새우
	표준 체장 측정법	입 끝부터 몸통 끝까지 측정하는 방식이다. ⑩ 어류
	피린 체장 측정법	입 끝부터 비늘이 덮여 있는 말단까지 측정하는 방식이다. ⑩ 멸치
	두흉 갑장 측정법	머리부터 종으로 길이를 측정하는 방식이다. ⑩ 게류, 새우
	두흉 갑폭 측정법	횡으로 좌우 길이를 측정하는 방식이다. ⑩ 게류

151 어장의 투명도는 흰색 원판을 바닷물에 투입하여 원판이 보이지 않을 때까지의 깊이를 측정하는데, 이때 원판의 규격은 어떻게 되는가?

① 10cm   ② 30cm

③ 50cm   ④ 100cm

해설

투명도	• 지름이 30cm인 흰색 원판을 바닷물에 투입하여 원판이 보이지 않을 때까지의 깊이를 미터(m) 단위로 나타낸 것 • 정어리 · 방어(물이 흐릴 때 잘 잡힘) / 고등어 · 다랑어류(투명할 때 잘 잡힘)

152 계군분석법 중 표지방류법을 이용하여 얻을 수 있는 정보에 해당하지 <u>않는</u> 것은?

① 회유 경로를 추적할 수 있다.

② 성장률을 추정할 수 있다.

③ 사망률을 추정할 수 있다.

④ 산란장을 추정할 수 있다.

해설

표지방류법	• 일부 개체에 표지를 붙여 방류했다가 다시 회수하여 그 자원의 동태를 연구하는 방법이다. • 계군의 이동 상태를 직접 파악할 수 있기 때문에 가장 좋은 식별법 중 하나이다. • 회유 경로 추적뿐만 아니라 이동속도, 분포 범위, 귀소성, 연령 및 성장률, 사망률 등을 추정할 수 있다. • 표지 방법에는 절단법, 염색법, 부착법이 있다.

153 친수성의 점질 다당류로 미역 · 다시마에서 얻을 수 있으며 겔 형성력이 우수하여 아이스크림 제조에 사용되는 해조류 가공품은?

① 타우린   ② 카라기난

③ 알긴산   ④ 한천

해설

알긴산	• 갈조류(다시마 · 미역 · 감태 · 모자반)에서 추출되며 친수성의 성질을 띤다. • 아이스크림 안정제 · 다이어트 음료 · 지혈제 · 침전방지제 등에 사용된다. • 금속이온과 결합하면 침전하는 성질이 있어 폐수처리제 등에 사용되기도 한다.

154 홍조류(우뭇가사리 · 꼬시래기 · 비단풀 등)의 다당류를 열수 추출하고 냉각하여 겔화시킨 해조류 가공품을 무엇이라 하는가?

① 타우린   ② 카라기난

③ 알긴산   ④ 한천

해설

한천	• 홍조류(우뭇가사리 · 꼬시래기 · 비단풀 등)의 다당류를 열수 추출하고 냉각하여 겔화시킨 것을 한천이라 한다. • 응고력이 강하고 미생물에 의해 분해되지 않는다. • 아가로오스(agarose)가 주성분이다. • 제과용, 완화제, 보형제 등으로 사용된다.

155 게, 새우 등의 갑각류 껍질과 오징어뼈, 곤충과 균류에 많이 분포하며 인체 내에는 이를 분해할 수 있는 효소가 없어 체내에 흡수되지 않는 다당류를 무엇이라 하는가?

① 카라기난   ② 콘드로이틴 황산

③ 키틴   ④ 타우린

해설

키틴 · 키토산	• 키틴은 게, 새우 등의 갑각류 껍질과 오징어뼈, 곤충과 균류에 많이 분포한다. • 불안정한 키틴을 탈아세틸화하면 안정된 키토산이 생성된다. • 인체 내에는 이를 분해할 수 있는 효소가 없어 체내에 흡수되지는 않는다. • 하수 및 분뇨 처리 · 혈청 콜레스테롤 감소 · 인공피부 · 인공뼈 · 화장품 보습제 등으로 사용된다.

156 상어 · 고래 · 오징어 연골 · 해삼의 세포벽에 많이 분포되어 있으며 뼈 형성 · 관절 윤활제 · 혈액 응고 억제 등에 좋아 신경통 및 관절통의 치료제로 이용되는 것을 무엇이라 하는가?

① 카라기난   ② 콘드로이틴 황산

③ 키틴   ④ 타우린

해설

콘드로이틴 황산	• 연골이나 동물의 결합조직에 분포하는 다당의 일종으로 조직에서는 단백질과 결합하고 유리의 형으로 존재하는 일은 없다. 상어 · 고래 · 오징어 연골 · 해삼의 세포벽에 많이 분포되어 있다. • 뼈 형성 · 관절 윤활제 · 혈액 응고 억제 등에 좋아 신경통 및 관절통의 치료제로 이용된다.

157 다음과 같은 발달과정으로 성장하는 수산물은 무엇인가?

포자체 → 유주자낭 → 유주자 → 암·수 배우체 → 아포체(어린 엽체) → 포자체

① 멍게
② 김
③ 다시마
④ 대합

해설
① 멍게 : 수정란 → 2세 포기 → 올챙이형 유생(척색 발생) → 척색 소실 → 부착기 유생 → 입·출 수공 생성
② 김 : 콘코셀리스 사상체 → 각포자 방출 → 어린 유엽 → 중성포자/어린 유엽 반복 → 김으로 성장
④ 대합 : 산란 → D형 유생 → 피면자 유생 → 성숙 유생

158 다음 〈보기〉와 같은 특징을 가지는 유통 경로는 그림 A~D 경로 중 어디에 해당하는가?

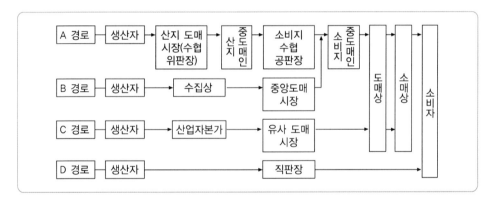

보기

• 생산자가 가격 결정에 직접 참여할 수 없다.
• 생산자는 판매에 대한 위험성이 적고, 판매 대금을 신속하게 받을 수 있다.

① A 경로
② B 경로
③ C 경로
④ D 경로

해설

〈보기〉는 수협 위탁 유통에 대한 설명으로 A 경로이다.

1. 수협 위탁 유통
   - 생산자 → 산지위판장 → 산지 중도매인 → 소비지 수협 공판장 → 소비지 중도매인 → 도매상 → 소매상 → 소비자
   - 생산자가 수산물을 수협에 위탁하면 수협이 책임하에 공동 판매하는 방식이다. 판매 활동이 전적으로 수협에 위임되기 때문에, 판매에 대한 책임을 조합에서 진다.
   - 생산자가 가격 결정에 직접 참여하지 못하는 단점이 있으나, 판매에 대한 위험성이 적고, 판매 대금을 판매 당일 신속하게 지불받을 수 있어 많이 선호한다.

2. 산지유통인에 의한 유통
   - 생산자 → 산지위판장 → 산지 중도매인 → 산지유통인(수집상) → 소비지 중앙도매시장 → 소비지 중도매인 → 도매상 → 소매상 → 소비자
   - 산지유통인이 생산자 또는 산지 중도매인을 통해 수산물을 수집하여 소비지 중앙도매시장에 출하하면 소비지 중도매인이 가격을 결정하는 방식이다.

3. 객주 경유 유통
   - 생산자 → 객주 → 유사 도매시장 → 도매상 → 소매상 → 소비자
   - 상업 자본가인 객주에게 선금을 받고 수산물 판매권을 양도하는 방식으로, 객주는 판매 수수료를 통해 이익을 창출한다.
   - 생산 자금 조달이 어려운 영세 생산자들이 많이 이용하고 있다.

4. 직판장 개설 유통
   - 생산자 → 직판장 → 소비자
   - 생산자 또는 생산자 단체가 직접 직판장을 개설하여 소비자에게 직접 판매하는 방식이다.
   - 판매 경로가 많지 않아 신선도를 유지할 수 있고 중간 유통 비용이 들지 않아 저렴하게 판매할 수 있다.

5. 전자 상거래에 의한 유통
   - 생산자 → 전자 상거래 → 소비자
   - 인터넷을 통해 소비자가 주문하면 생산자가 직접 발송하는 방식이다.

159 다음 중 수명이 짧고 자연 사망률이 높아 남획 상태에 잘 빠지지 <u>않는</u> 어종은?

① 연어

② 멸치

③ 조기

④ 잉어

해설

일반적으로 산란장이 특정한 장소에 한정되어 있거나 군집성이 강한 자원은 남획되기 쉽고, 수명이 짧고 자연 사망률이 높은 수산자원은 남획 상태에 잘 빠지지 않는다.

160 다음 중 해양관련 법령과 그 입법목적이 바르게 짝지어지지 <u>않은</u> 것은?

① 「해양환경관리법」 – 해양오염을 예방, 개선, 대응, 복원하는 데 필요한 사항을 정하여 국민의 건강과 재산을 보호
② 「공유 수면 관리 및 매립에 관한 법률」 – 공유 수면의 보호와 효율적 이용
③ 「유류오염손해배상 보장법」 – 유류 오염 손해에 대한 국가의 배상 책임
④ 「연안관리법」 – 연안환경 보전과 지속가능 개발 도모

해설

유조선 등의 선박으로부터 유출 또는 배출된 유류에 의하여 유류오염사고가 발생한 경우에 선박소유자의 책임을 명확히 하고, 유류 오염 손해의 배상을 보장하는 제도를 확립함으로써 피해자를 보호하고 선박에 의한 해상운송의 건전한 발전을 도모함을 목적으로 한다(「유류오염손해배상 보장법」 제1조).

161 양식업자 A씨는 최근 양식 어류가 모이도 잘 먹지 않고 몸을 벽에 부비는 등 이상증세를 보이는 것을 보았다. 양식업자 A씨가 대처해야 할 방안으로 옳지 <u>않은</u> 것은?

① 어장내 순환장치를 설치해서 양식어장 환경을 쾌적하게 만들어 어류의 활동량을 높인다.
② 어류가 포자충이나 허피스 바이러스에 감염되었다면 약물에 의한 치료가 불가능하다.
③ 백점충과 트리코디나충에 감염될 가능성이 있기 때문에 포르말린을 물에 희석시켜 살포한다.
④ 아가미흡충이나 닻벌레에 감염될 가능성이 있기 때문에 트리클로로폰을 일정 농도로 살포한다.

해설

모이도 잘 먹지 않고, 몸을 벽에 부비는 등 이상증세를 보이는 것은 미생물(세균)에 의한 질병증상이다. 양식 어류는 물곰팡이, 백점충, 포자충, 아가미흡충, 트리코디나충, 닻벌레, 허피스 바이러스, 이리도 바이러스 등으로 인해 질병이 발생한다. 질병을 일으키는 미생물(세균)의 종류 중 허피스 바이러스, 이리도 바이러스, 랍도 바이러스 및 포자충의 경우 살아 있는 세포에 기생하여 증식하기 때문에 항생제 등 약물에 의한 치료가 불가능하므로, 철저한 예방이 필요하다. 백점충과 트리코디나충의 경우 포르말린을 물 1리터당 30mg의 비율로 희석시켜 살포함으로써 치료할 수 있으며, 아가미흡충과 닻벌레의 경우 0.3ppm 농도의 트리클로로폰을 2주일 간격으로 3회 살포하면 치료할 수 있다.

162 다음은 어획이 이루어질 때 수산자원량의 변화를 나타낸 것이다. 이에 대한 설명으로 옳지 <u>않은</u> 것은?

자원량 감소	자원량 유지	자원량 증대
어획량 > 자연 증가량	어획량 = 자연 증가량	어획량 < 자연 증가량
(가)	(나)	(다)

① (가)의 경우 총 어획량은 줄어든다.
② (가)의 경우 어획물의 평균 연령은 낮아진다.
③ (나)의 경우 최대 어획이 지속될 수 없다.
④ (다)의 경우 어획되지 않는 것은 자연 사망을 한다.

해설
(나)의 경우 자원의 증감이 없는 평형 상태이다.

163 식품의 국제 교역 촉진과 소비자의 건강 보호를 목적으로 제정되는 농수산 가공식품 분야의 국제통용 식품 규격은 무엇인가?

① ICCAT
② PICES
③ HACCP
④ CODEX

해설
코덱스(CODEX)
유엔 식량 농업 기구(FAO)와 세계 보건 기구(WHO)가 공동으로 운영하는 국제 식품 규격 위원회(CAC)에서 식품의 국제 교역 촉진과 소비자의 건강 보호를 목적으로 제정되는 농수산 가공식품 분야의 국제 통용 식품 규격을 의미한다.
① ICCAT(대서양 참치보존위원회)
② PICES(북태평양 해양과학기구)
③ HACCP(식품 위해 요소 중점 관리 기준)

164 다음 표는 유엔 해양법 협약에 의하여 바다를 분류한 것이다. 국가의 영향력이 큰 순서대로 바르게 배열한 것은?

수역	법적 지위
A	연안국이 영토 관할권에 준하는 주권을 행사한다.
B	국제 사회의 공동 수역이며 해양 이용의 자유가 원칙적으로 보장된다.
C	연안국이 생물 자원 및 광물 자원의 이용에 대한 주권적 권리를 행사한다.

① A - B - C
② A - C - B
③ B - C - A
④ C - A - B

해설

A : 영해 / B : 공해 / C : 배타적 경제 수역

165 다음은 수산물의 일반적 특성이다. 이와 관련된 유통의 특징으로 가장 적절한 것은?

> • 생산물의 규격이 일정하지 않다.
> • 부패가 쉬워 보존성이 좋지 않다.
> • 생산 시기와 생산량이 일정하지 않다.

① 가격 변동이 심하다.
② 유통 경로가 단순하다.
③ 수산물의 소비가 일정하다.
④ 어획물 처리에 시간이 단축된다.

해설

수산업의 특성
• 수산 생물자원은 육상의 광물 자원과 달리 관리만 잘하면 지속적으로 생산이 가능한 재생성 자원(renewable resource)이다.
• 이동성이 강해 주인이 명확하지 않고 자원관리가 어렵다.
• 서식환경 · 기상조건 등에 영향을 많이 받아 생산시기 · 생산량 등이 일정하지 않다. 즉, 계획적인 생산이 어렵다. 그래서 수산업은 위험성, 투기성, 불연속성의 경향을 보인다.
• 생산물의 부패와 변질이 쉽게 발생한다. 이에 대한 대안으로 선상에서 가공 · 판매하는 시스템 및 활어운송 기술(콜드체인)을 활용하고 있다.
• 생산품을 일정한 규격의 제품으로 만들 수 없다.

166 다음은 수산 가공 기계를 용도에 따라 분류한 것이다. (가)와 (나)에 들어갈 내용으로 옳은 것은?

	(가)	(나)		(가)	(나)
①	유화기	송풍기	②	레토르트	세절기
③	가압 여과기	세절기	④	원심분리기	연속식 압착기

해설
• 통조림용 기기 : 이중 밀봉기, 레토르트
• 연제품용 기기 : 채육기, 세절기, 연속식 압착기

167 다음 중 그물코의 크기 측정에 대한 설명으로 옳지 <u>않은</u> 것은?

① 뻗친 길이로 측정 시 그물코의 양 끝 매듭의 중심사이를 잰 길이를 mm 단위로 나타낸다.
② 그물코의 규격이란 그물코를 잡아당겨서 잰 안쪽 지름의 길이를 말한다.
③ 매듭 수 측정 시 5치(15.5cm) 안의 매듭의 절로 표시하는 것이 가장 보편적인 방법이다.
④ 씨줄 수 측정 시 30cm 폭 안의 씨줄 수(경)로 표시한다.

해설
그물코 크기 측정
• 뻗친 길이로 측정 시 그물코의 양 끝 매듭의 중심사이를 잰 길이를 mm 단위로 나타낸다.
• 그물코의 규격이란 그물코를 잡아당겨서 잰 안쪽 지름의 길이를 말한다.
• 매듭 수로 측정 시 5치(15.15cm) 안의 매듭의 수(절)로 표시하며 가장 보편적인 방법이다.
• 씨줄 수로 측정 시 50cm 폭안의 씨줄 수(경)으로 표시한다.

168 다음 중 적조현상의 원인으로 보기 <u>어려운</u> 것은?

① 식물 플랑크톤의 대량 번식
② 유기물 유입으로 인한 부영양화
③ 쌍편모조류인 코클로디니움의 증식
④ 연안 지역 간조대의 노출 증가

(해설)

적조현상

해양이나 내수면에서 식물 플랑크톤이 대량 번식하여 물의 색이 적색 또는 연한 황색을 띠는 현상을 말한다. 적조에 의한 피해를 줄이기 위해 조기 발견을 위한 시스템을 구축하고 황토를 살포하는 등 대책을 마련하고 있다. 특히 1995년 남해안에 적조가 크게 발생하여 많은 피해를 주었다. 이때의 원인종은 '쌍편모조류인 코클로디니움'인 것으로 밝혀졌다.

169 수협 위탁 유통에 대한 설명으로 옳지 <u>않은</u> 것은?

① 가격 결정은 경매를 통하여 이루어진다.
② 1차적으로 가격이 형성되고 분배 기능을 담당한다.
③ 생산자가 가격 결정에 직접 참여할 수도 있다.
④ 판매에 대한 위험성이 적다.

(해설)

수협 위탁 유통에 있어서는 생산자가 가격 결정에 직접 참여하지 못하는 단점이 있으나, 판매에 대한 위험성이 적고, 판매 대금을 판매 당일 신속하게 지불받을 수 있어 많이 선호한다.

170 다음 중 중도매인에 대한 설명으로 옳지 <u>않은</u> 것은?

① 수산물의 사용 가치를 찾아내는 역할을 한다.
② 매매 참가인과 같이 원칙적으로 도매 법인과 거래를 할 수 있는 구성원이다.
③ 최종 소매자들에게 유통시키기 전 수산물을 보관하는 역할도 수행한다.
④ 소매업자들의 위탁을 받아 대행구매를 하기도 한다.

(해설)

원칙적으로 도매 법인으로부터 직접 구매할 수 있는 자는 중도매인이다. 하지만 중도매인의 특권적 · 폐쇄적 운영을 지양하기 위해 공개적 · 개방적 성격의 매매 참가인 제도를 운영하고 있다.

171 다음과 같은 인공 종묘 생산과정을 거치는 패류로 옳은 것은?

채란기	부착 유생기	저서성 치패기
자외선을 쬔 해수로 산란을 유도	부착기로 플라스틱 파판을 사용	먹이로 미역·다시마 등을 공급

① 굴 ② 담치

③ 전복 ④ 피조개

해설

전복류
• 한류성 : 참전복 / 난류성 : 오분자기·말전복·시볼트전복·까막전복
• 산업적 가치가 있는 종은 참전복과 까막전복
• 약용으로 고가에 거래되며, 전복 조가비는 공예품 원료로 사용된다(칠기).
• 외양성으로 파도의 영향을 많이 받는 암초지대에 서식하며, 미역과 다시마를 주로 섭식한다.
• 참전복은 초여름(5~6월)·초가을(9~10월) 약 20℃ 수온에서 두 번 집중 산란하고, 한 번 산란시 20~80만 개의 알을 산란한다.
• 알 → 담륜자 유생 → 피면자 → 저서 포복 생활
• 양식 방법 : 연안 방류, 연승 수하식, 가두리식, 육상 수조식
• 부착기로 플라스틱 파판을 사용한다.

172 다음에서 설명하고 있는 내용과 관련하여 우리나라에서 제정된 법률은?

국가 권력의 작용 정도에 따라 영해, 배타적 경제 수역, 공해로 구분하고 법적 지위 규정 및 해양 이용에 따른 국제 분쟁을 평화적으로 해결하기 위하여 제정된 국제법이다.

① 수산자원 조성 및 보호에 관한 법률

② 어획물 운반 및 판매의 제한에 관한 법률

③ 내수면 보호에 관한 법률

④ 배타적 경제수역에서의 외국인어업 등에 대한 주권적 권리 행사에 관한 법률

해설

글의 내용은 유엔 해양법 협약에 처음 도입된 배타적 경제 수역(EEZ)에 관한 내용으로 우리나라는 1996년에 배타적 경제 수역을 선포하였다.

173 다음 중 두릿그물 어법에 대한 설명으로 옳지 <u>않은</u> 것은?

① 트롤 어법은 가장 발달된 두릿그물 어법이다.

② 어군을 찾아내는 데 주로 소나를 사용한다.

③ 본선 1척, 불배 2척, 운반선 2~3척이 선단을 이루어 조업한다.

④ 표층이나 중층에서 어군의 밀도가 클수록 어획 효율이 높아진다.

해설

트롤 어법은 그물 어구의 입구를 수평 방향으로 벌리게 하는 전개판을 사용하여 한 척의 선박으로 조업하며, 가장 발달된 끌그물 어법이다.

174 다음에서 설명하는 어류에 대한 설명으로 옳은 것은?

> • 육식성이고 낮에는 돌 사이나 진흙에 숨어 있다가 밤에 활동을 한다.
> • 강에서 살다가 산란기가 되면 바다로 가서 알을 낳고 일생을 마친다.

> ㄱ. 뼈가 단단하고 비늘이 있다.
> ㄴ. 부레가 없다.
> ㄷ. 같은 어류로 고등어, 꽁치가 있다.
> ㄹ. 체내 수정을 통해 번식을 한다.

① ㄱ, ㄴ

② ㄱ, ㄷ

③ ㄴ, ㄷ

④ ㄷ, ㄹ

해설

제시문에서 설명하는 어류는 뱀장어다. 뱀장어는 유영동물 중 경골어류로 포함되며 뼈가 단단하고, 부레와 비늘이 있다. 같은 어류로 고등어 · 꽁치 · 전갱이 등이 있으며 체외 수정을 통해 번식을 한다.

175 무지개송어 양식 시 송어의 입올림이 빈번한 경우 가장 긴급히 점검하거나 보완해야 할 장치는 무엇인가?

① 포기 장치
② 여과 장치
③ 급이 장치
④ 침전 장치

해설

양식장 수질 변화로 양식어의 입올림이 빈번한 경우 가장 먼저 포기(에어레이션) 장치를 통해 산소를 공급해주어야 한다.

176 다음은 우리나라 해역 중 어디에 해당하는가?

평균 수심	수온 범위	주요 어구	주 대상 어종
44m	2~28℃	안강망	조기

① 동해
② 서해
③ 남해
④ 전 해역

해설

서해	• 넓이가 약 40만 4천km²이고, 평균 수심이 약 44m이며, 가장 깊은 곳은 약 103m이다. • 조석·간만의 차가 심하고, 강한 조류로 인하여 수심이 얕은 연안에서는 상·하층수의 혼합이 왕성하여, 연안수와 외양수 사이에는 조석 전선이 형성되기도 한다. • 우리나라 서해안에는 광활한 간석지가 발달되어 있다. • 염분은 33.0‰ 이하로 낮고, 계절에 따라 수온과 염분의 차가 심하다. • 겨울에는 수온이 표면과 해저가 거의 같이 낮아짐에도 여름에는 표층 수온이 24~25℃로 높아지고, 서해 중부의 해저는 겨울철에 형성된 6~7℃의 냉수괴가 그대로 남아 냉수성 어류의 분포에 영향을 끼친다.

177 어류의 근육은 보통육과 혈합육으로 나눌 수 있는데 각각의 특징에 대해 적절하지 <u>않게</u> 서술한 것은?

① 혈합육은 넙치·가자미와 같은 흰살 어류에 많다.
② 혈합육에는 보통육보다 지방질이 많이 포함되어 있다.
③ 보통육은 정착성 어종에 많다.
④ 혈합육은 회유성 어종에 많다.

해설

혈합육은 고등어·꽁치·정어리 등 붉은살 어류에 많다.

178 이중밀봉기(시머)의 구성 부분 중 척(chuck)의 역할로 올바른 것은?

① 완성된 통조림을 포장한다.

② 통조림의 중량을 점검한다.

③ 관의 몸통과 뚜껑사이를 밀봉한다.

④ 리프터와 관을 단단히 고정하고 받쳐 준다.

해설

이중밀봉기 (seamer, 시머)	• 제1밀봉 롤 : 뚜껑의 컬(curl)을 몸통의 플랜지(flange) 밑으로 이중으로 겹쳐 말아 넣어 압착하는 역할을 한다. 홈의 폭이 좁고 깊다. • 제2밀봉 롤 : 제1롤이 압착한 것을 더욱 견고하게 눌러서 밀봉을 완성시킨다. 홈의 폭이 넓고 얕다. • 척(chuck) : 밀봉 시 리프터와 관을 단단히 고정하고 받쳐주는 장치이다. • 리프터(lifter) : 관을 들어 올려 시밍척에 고정시키고 밀봉 후 내려주는 장치로 관의 크기에 맞도록 홈이 파져 있다. • 컬(curl) : 뚜껑의 가장 자리를 굽힌 부분으로 내부에 컴파운드가 묻어 있어 기밀을 유지해 준다. • 플랜지 : 관 몸통의 가장자리를 밖으로 구부린 부분이다.

179 저서 동물을 크게 네 가지로 분류 했을 때 아래의 설명이 나타내는 저서 동물은 무엇인가?

> • 깊은 곳에서 상부 조간대까지 분포한다.
> • 소라 · 전복 · 우럭이 이 분류에 포함되어 있다.

① 따개비류   ② 조개류

③ 고둥류   ④ 해면동물

해설

설명이 나타내는 저서 동물은 고둥류이다.

저서 동물	해면 동물	조간대 바위 표면에 껍질 모양으로 붙어 있으며, 표면에 무수히 많은 작은 구멍이 있다.
	따개비류	바다에서 공생 혹은 기생 생활을 하며, 여섯 쌍의 섭식용 부속지를 가지고 어릴 때는 자유 유영을 하지만 곧 기질에 부착하여 석회질 껍데기를 형성하며 그 속에서 서식한다.
	고둥류	• 깊은 곳에서 상부 조간대까지 널리 분포한다. • 잘 발달한 머리와 기어 다니기에 알맞은 넓고 편평한 발로 되어 있으며, 껍데기는 한 장인데 보통 나사모양으로 꼬여 있으나 삿갓모양인 것도 있다. 예 소라 · 전복 · 우럭 · 고둥
	조개류	바위 조간대 아래에 서식하며 2장의 조가비를 가지고 있다. 예 담치류 · 바지락 · 꼬막 · 조개류 · 굴류

180 해양환경오염에 많은 영향을 끼치기 때문에 폐기 처리를 철저히 해야하는 선박은 무엇인가?

① 합성수지(FRP)선

② 경금속선

③ 목선

④ 강선

해설

합성수지(FRP)선

• 강화유리섬유로 건조한 선박의 장점은 무게가 가볍고 부식에 강하다는 점이다. 그러나 충격에 약하고 폐기 시 비용이 많이 드는 단점이 있다.

• 중 · 소형 어선 및 구명정 · 레저용 어선에 주로 사용된다.

181 다음 중 어류의 인공 종묘 생산 시 자어의 동물성 먹이생물로 가장 적절한 것은?

① 클로렐라

② 로티퍼

③ 케토세로스

④ 이소크리시스

해설

케토세로스, 이소크리시스는 패류의 초기 먹이에 해당하고, 클로렐라는 녹조류 단세포 생물이다.

182 선박은 바람이나 파도 등 외력에 의하여 한쪽으로 기울어졌을 때 원래의 위치로 돌아가려는 힘이 있는데, 이 힘은 선박의 안정성 확보를 위해 반드시 필요하지만, 지나치게 크면 여러 가지 부작용이 발생하게 된다. 부작용으로 가장 적절한 것은 무엇인가?

① 선수 트림이 증가한다.

② 선박의 횡동요 주기가 길어진다.

③ 선박이 전복될 우려가 크다.

④ 배멀미가 심해지고 승선감이 떨어진다.

해설

복원력	• 외력에 의해 선박이 어느 한쪽으로 기울어졌을 때 원래의 위치로 돌아가려는 성질이다. • 복원력이 너무 클 경우 : 선체 · 기관의 손상이 생길 우려가 크다. 　너무 작을 경우 : 선박이 전복될 우려가 크다.

183 선박의 정박 방법에 대한 설명으로 옳지 <u>않은</u> 것은?

① 부두 또는 안벽에 계선줄을 이용하여 정박하는 방법을 안벽계류라 한다.
② 묘박은 해저에 박힌 닻의 저항력(파주력)을 이용하여 정박하는 방법이다.
③ 닻줄이 짧을수록 파주력이 커진다.
④ 모래보다 펄에서 파주력이 더 크다.

해설
정박

안벽 계류	부두 또는 안벽에 계선줄을 이용하여 정박하는 방법이다.
묘박	• 해저에 박힌 닻의 저항력(파주력)을 이용하여 정박하는 방법이다. • 저질이 모래보다 펄인 경우 파주력이 커지고, 닻줄이 길수록 커진다.

184 어획물의 냉동방법에 대한 설명으로 옳지 <u>않은</u> 것은?

① 냉각(cooling) – 사물로부터 열을 흡수하여 온도를 낮추는 것
② 냉장(cooling storage) – 3~5℃의 저온상태로 일정시간 유지시켜 동결시키는 것
③ 냉동(freezing) – 사물을 영하 15℃ 이하로 낮추어 얼리는 것
④ 제빙(ice making) – 얼음 생산을 목적으로 물을 얼리는 것

해설
냉장은 동결시키지는 않으면서 3~5℃의 저온상태로 일정시간 유지시키는 것을 말한다.

185 A선장이 운항하는 선박은 30분 동안 8해리를 항주하였다. 이 선박의 선속은 얼마인가?

① 14노트
② 15노트
③ 16노트
④ 17노트

해설
선속의 단위, 1노트 = 1해리(1,852m) / 1시간
따라서 8해리 / 30분 = 16노트이다.

186 다음 중 어족의 주광성을 이용하지 <u>않는</u> 어업은?

① 꽁치 봉수망어업

② 오징어 채낚기어업

③ 쌍끌이 기선 저인망어업

④ 고등어 선망어업

해설

주광성이란 어족이 야간에 불빛에 모여드는 습성을 말하며, 대표적인 어업으로는 고등어·전갱이 선망어업, 멸치 들망어업, 꽁치 봉수망어업, 오징어·갈치 채낚시어업 등이 있다. 쌍끌이 기선 저인망어업은 두 척의 어선이 저인망을 일정 시간 예망하여 대상 생물을 어획하는 어업으로 어족의 주광성과는 거리가 멀다.

187 다음 중 종묘를 방류하는 가장 큰 이유는 무엇인가?

① 환경 관리

② 어획 관리

③ 가입 관리

④ 자연 사망 관리

해설

수산자원 관리

가입	• 인공 수정란 방류 • 인공 부화 방류 • 인공 산란장 설치 • 산란 어미 고기를 보호하기 위한 금어기와 금어구 설정 • 고기의 길 설치 • 산란용 어미 방류
자연사망 관리	• 천적·경쟁종 제거 • 적조현상(자연사망의 대표적인 원인) 예방
환경 관리	• 석회 살포·산소 주입 등 수질 개선 • 바다 숲·인공어초 조성·전석 및 투석·콘크리트 바르기 등 성육 장소 조성 • 해적생물·병해생물 제거
어획 관리	• 어구 수 제한 및 총 어획량 할당(TAC) 등 법적 규제 • 그물코 크기 제한 및 체장 제한으로 미성어 보호 • 산란용 어미고기 적정 유지

188 조개류 양식에 있어 막대한 피해를 끼치는 조개류의 해적에 해당하지 <u>않는</u> 것은?

① 문어
② 불가사리
③ 피뿔고둥
④ 전복

해설

문어 · 불가사리 · 피뿔고둥 · 두드럭고둥은 조개류의 해적으로 조개양식에 막대한 피해를 끼친다.

189 어업과 항해가 안전하게 이뤄질 목적으로 정한 「선박안전 조업규칙」에 적용 제외 대상으로 옳지 <u>않은</u> 것은?

① 정부 · 공공단체 소유 선박
② 원양어업에 종사하는 어선
③ 총톤수 100톤 미만의 선박
④ 여객선 및 국외에 취항하는 선박

해설

「선박안전 조업규칙」
선박에 대한 어업 및 항해의 제한이나 그 밖에 필요한 규제에 관한 사항을 정함으로써 어업과 항해가 안전하게
이루어질 수 있도록 함을 목적으로 한다.

적용 대상	• 어선 • 총톤수 100톤 미만의 선박
적용 제외 대상	• 정부 · 공공단체 소유 선박 • 원양어업에 종사하는 어선 • 여객선 및 국외에 취항하는 선박

190 국제 식량 농업 기구(FAO) 한국 협회에서 권장하는 성인 1인당 1일 단백질 섭취량 및 동물성 단백질 섭취량은 무엇인가?

① 80~105g, 1/3

② 60~75g, 1/4

③ 115~130g, 1/4

④ 75~90g, 1/3

해설

국제 식량 농업 기구(FAO) 한국 협회의 1일 단백질 섭취 권장량은 성인 1인당 75~90g으로, 이 중 1/3(약 30g)은 동물성 단백질 섭취를 권장하고 있다.

191 다음 중 해수의 염분을 나타내는 단위의 표시로 옳은 것으로 묶인 것은?

㉠ 퍼밀(permil)	㉡ %
㉢ 백분율	㉣ 천분율
㉤ psu	㉥ pH
㉦ ‰	㉧ oz

① ㉠, ㉡, ㉢, ㉥

② ㉡, ㉢, ㉥, ㉧

③ ㉠, ㉣, ㉤, ㉦

④ ㉠, ㉤, ㉥, ㉦

해설

㉡ %는 백분율 기호이다.

㉥ pH는 물의 산성이나 알칼리성의 정도를 나타내는 수치로서 수소 이온 농도의 지수이다.

㉧ oz는 야드-파운드 단위계에 있어서의 질량의 단위 온스의 기호이다.

192 다음 중 낚시를 일정한 깊이에 드리워지도록 하는 낚시 어구를 무엇이라 하는가?

① 낚싯줄   ② 낚싯대
③ 발돌   ④ 뜸

해설

낚시 어구

낚시	• 굵은 것 : 무게(g) • 보통 : 길이(mm) 또는 호(1/3mm)
낚싯줄	길이 40m의 무게가 몇 그램인지에 따라 호수로 표시한다.
낚싯대	• 밑동에서부터 끝까지 고르게 가늘어지고 고르게 휘어지는 것이 좋다. • 탄력성이 우수하다.
뜸	낚시를 일정한 깊이에 드리워지도록 하는 기능을 한다.
발돌	낚시를 빨리 물속에 가라앉게 하고 원하는 깊이에 머무르게 하는 기능을 한다.

193 다음은 식중독 유형 중 어디에 해당하는가?

> • 발생 원인 : 원인세균이 세포 밖으로 분비한 독을 음식물과 함께 섭취
> • 원인 세균 : 포도상구균, 보툴리누스균
> • 예방법 : 가열 조리 후 즉시 섭취, 4℃ 이하 저온에 보관

① 독소형   ② 알레르기성
③ 바이러스성   ④ 감염형

해설

보툴리누스균	• 토양 및 펄에 서식하는 혐기성 세균으로 내열성의 아포를 형성한다. 진공상태의 혐기성 상태에서 증식하므로, 통조림 살균의 주 대상이며, 햄 · 소시지 등에서도 자주 발생한다. • 복어 독의 300배에 달하는 자연계에서 존재하는 독소 중 가장 강한 독소를 생산한다. • 계절과 관계없이 발병하며, 발열은 없으나 시력 저하 · 언어장애 · 구토 · 설사 · 호흡곤란 등의 증상이 나타난다. 치사율이 매우 높아 예방에 주의하여야 한다.
포도상구균	• 식품 속에서 증식하여 산생하는 엔테로톡신(enterotoxin)을 사람이 섭취함으로써 발생하는 전형적인 독소형 식중독이다. • 잠복시간이 2~6시간으로 짧고 복통, 구역질, 구토, 설사 등이 나타난다. • 조리 종사자 손가락의 황색포도상구균(S. aureus)이 식품을 오염하고 제조 · 보관 중 온도 조건이 적절하지 않아 발생한다. • 내열성이 강하므로 가열보다는 저온 유지에 신경써야 한다.

194 다음 중 크기에 따라 사료의 형태를 **잘못** 정리한 것은 무엇인가?

① 가루 – 분말 형태의 사료이다.

② 미립자 사료 – 부유성 동물 플랑크톤 대체로 사용되는 사료이다.

③ 펠릿 – 알갱이 형태로 압축하여 만든 사료이다.

④ 크럼블 – 전복 사육에 많이 이용되며 납작하게 만든 사료이다.

해설

미립자 사료	부유성 동물 플랑크톤 대체 사료로 사용된다.
가루	분말 형태의 사료이다.
플레이크	사료를 납작하게 만든 것으로 전복 사육에 많이 이용된다.
펠릿	사료를 압축하여 알갱이 형태로 만든 것이다.
크럼블	펠릿을 부순 형태의 사료이다.

195 다음 자료를 통해 알 수 있는 사실이 **아닌** 것은?

- 방양 어류 수
- 방양 시 평균 체중
- 사료 총 공급량
- 수확량
- 수확 시 평균 체중

① 사료 요구량

② 증육량

③ 사료 계수

④ 사료 효율

해설

- 사료 계수 $= \dfrac{\text{사료공급량}}{\text{증육량(수확 시 중량 - 방양 시 중량)}}$

- 사료 효율 $= \dfrac{1}{\text{사료 계수}} \times 100 = \dfrac{\text{증육량}}{\text{사료공급량}} \times 100$

196 다음 중 부유 생물에 대한 설명으로 옳은 것은?

① 미소 부유 생물의 크기는 0.005~0.5mm이다.

② 미세 부유 생물은 일반적인 채집망에 의한 채집이 불가능하다.

③ 어류들의 알·치어·유생은 미소 부유 생물에 포함된다.

④ 대부분의 동물 부유 생물은 미세 부유 생물에 포함된다.

해설

부유 생물	극미세 부유 생물	• 5μm 이하 • 일반적인 채집망에 의한 채집은 불가능 • 거름종이 이용법, 가라앉힘법, 원심분리법 등을 이용하여 채집
	미세 부유 생물	• 0.005~0.5mm 정도의 크기 • 대부분 식물 부유 생물
	미소 부유 생물	• 0.5~1mm 정도의 크기 • 대부분 동물 부유 생물 　예 해양 무척추동물 및 어류들의 알·치어·유생
	대형 부유 생물	• 1~10mm 정도의 크기로 육안으로 식별 가능 • 대부분의 동물 부유 생물과 소수의 대형 식물 부유 생물

197 다음 중 「수산자원관리법」상 관리제도에 대한 설명으로 옳지 <u>않은</u> 것은?

① 2중 이상의 들망(들그물 어구) 사용이 제한된다.

② 조업금지구역이나 휴어기를 설정해서 어장 및 어기를 제한한다.

③ 폭발물은 수산환경에 악영향을 주기 때문에 사용이 금지된다.

④ 불법 어획물에 대해 감독 공무원과 경찰 공무원은 방류의 명령이 가능하다.

해설

「수산자원관리법」상 관리제도

어구 제한	• 해조 인망류 어구 사용 제한 • 2중 이상의 자망(걸그물) 사용 제한 • 그물코 크기 제한 등
어장 · 어기 제한	조업금지구역이나 휴어기 설정같이 어장 · 어기 제한
어선의 사용제한	• 허가된 어업 이외의 어구를 어선에 적재 금지 • 불법 어구를 사용 목적으로 어선의 개조 금지
유해 어법 금지	• 폭발물 및 전류 사용 금지 • 시장 · 군수 · 구청장에게 신청서 제출 : 폭발물, 유독물, 전류 사용 시 • 관할 경찰서장에게 신청서 제출 : 화약류 사용시
소하성 어류 보호	소하성 어류를 인공 부화하여 방류하려는 경우 시장 · 군수 · 구청장에게 신고해야 함
환경친화적 어구사용	번식 · 보호 및 서식환경의 악화를 방지하기 위해 환경친화적 어구의 사용을 장려
멸종 위기 동물 보호	–
불법어획물 판매 금지 및 방류명령	• 「수산업법」에 따른 명령을 위반하여 포획 또는 채취한 수산자원이나 제품을 보관 또는 판매 금지 • 불법 어획물에 대해 어업감독 공무원과 경찰 공무원은 방류를 명령 가능

198 다음 중 동해안에서 많이 생산되는 황태의 가공법으로 옳은 것은?

① 소건품

② 자건품

③ 염건품

④ 동건품

해설

건제품 가공

종류	• 소건품 : 원료를 그대로 또는 간단히 처리한 후에 건조시킨 것
	  예 오징어, 한치, 김, 미역, 다시마
	• 훈건품 : 목재를 불완전 연소시키면서 건조시킨 것
	  예 조미 오징어, 연어, 굴
	• 자건품 : 원료를 삶은 후 건조시킨 것
	  예 멸치, 해삼, 전복, 새우
	• 염건품 : 원료를 소금에 절인 후에 건조시킨 것
	  예 굴비, 꽁치, 대구, 옥돔, 정어리, 고등어, 전갱이
	• 동건품 : 천일 또는 동결 장치로 원료를 동결시킨 후 융해시키는 작업을 몇 번 반복하여 건조시킨 것
	  예 한천, 황태, 과메기
	• 자배건품 : 원료를 자숙·배건·일건시킨 제품으로 제조 공정에 곰팡이가 이용되므로 발효 식품이라
	  고도 함
	  예 등어, 정어리, 가다랑어

199 다음은 해조류 중 무엇에 관한 설명인가?

> • 온대에서 한대까지 조간대 지역에서 폭넓게 서식한다.
> • 염분 및 노출에 대한 적응력이 강하다.
> • 중성포자에 의한 영양 번식하므로 여러번에 걸친 채취가 가능하다.
> • 온대 지역에서는 겨울에만 엽상체로 번식하고, 한대 지역에서는 연중 엽상체로 번식한다.

① 미역

② 김

③ 다시마

④ 우뭇가사리

해설

김

• 온대에서 한대까지 조간대 지역에서 폭넓게 서식한다.
• 염분 및 노출에 대한 적응력이 강하다.
• 중성포자에 의한 영양 번식하므로 여러 번에 걸친 채취가 가능하다.
• 온대 지역에서는 겨울에만 엽상체로 번식하고, 한대 지역에서는 연중 엽상체로 번식한다.
• 콘코셀리스 사상체(15℃ 이상의 봄·여름) → 각포자 방출(가을) → 어린 유엽(가을) → 수온이 15℃ 이하로 내려가기 전까지는 유엽에서 중성포자가 나와 다시 어린 유엽으로 번식을 되풀이 → 15℃ 이하로 내려가면 김으로 급속히 성장한다.

200 다음 ㉠~㉢에 들어갈 말로 옳은 것은?

> • "포장유해물질"이라 함은 포장된 형태로 선박에 의하여 운송되는 유해물질 중 해양에 배출되는 경우 해양환경에 해로운 결과를 미치거나 미칠 우려가 있는 물질로서 (㉠)이 정하는 것을 말한다.
> • "(㉡)"이란 해양에 유입되거나 해양에서 발생되는 물질 또는 에너지로 인하여 해양환경에 해로운 결과를 미치거나 미칠 우려가 있는 상태를 말한다.
> • "(㉢)"라 함은 선박의 밑바닥에 고인 액상유성혼합물을 말한다.
> • (㉣)선박은 해양환경오염에 많은 영향을 끼치기 때문에 폐기 처리를 철저히 하여야 한다.

	㉠	㉡	㉢	㉣
①	해양수산부령	해양오염	선저폐수	FRP
②	대통령령	해양오염	선박평형수	경금속선
③	해양수산부령	해양생태계 훼손	선저폐수	FRP
④	대통령령	해양생태계 훼손	선박평형수	경금속선

해설

㉠ 「해양환경관리법」 제2조 제8호
㉡ 「해양환경 보전 및 활용에 관한 법률」 제2조 제3호
㉢ 「해양환경관리법」 제2조 제18호
㉣ 합성수지(FRP)선박은 강화유리섬유로 건조한 선박으로, 무게가 가볍고 부식에 강하다는 장점이 있다. 그러나 충격에 약하고 해양환경오염에 많은 영향을 끼치며 폐기 시 비용이 새로 건조하는 비용보다 많이 드는 단점이 있다.

CHAPTER

02 수산경영 실력다지기 200제

01 「수산업법」상 어업을 경영하는 자를 지칭하는 말로 옳은 것은?

① 입어자
② 어업자
③ 어업종사자
④ 어획물운반업자

해설

'어업자'란 어업을 경영하는 자를 말한다(「수산업법」 제2조 제13호).

02 기업 경영과 어가 경영을 비교했을 때 어가 경영이 가지는 특성을 말한 것으로 옳은 것은?

① 가계비 지출과 기타 어업관련 지출을 명확히 구분할 수 있다.
② 투자를 통한 이익 극대화를 목적으로 운영된다.
③ 경영상황이 악화가 되면 가족의 단결 등을 통해 위기를 극복한다.
④ 자본과 노동이 분리된 상태로 경영관리에 대한 의욕이 높은 형태이다.

해설

어가 경영은 가계와 경영이 혼합되어 있기 때문에 경영상황이 악화되면 구성원의 단결력을 통한 위기를 극복하는 것이 특징이다.

어가 경영	• 가족의 생계와 사회적 지위의 유지 및 자녀 교육 등에 필요한 수입을 목적으로 하는 형태이다. • 우리나라는 대부분 어가 경영 형태로 운영되고 있다. • 특징 − 가계의 소비경제와 경영의 생산경제가 혼합되어 있다. − 가계와 생산 활동의 수지 계산이 분리되어 있지 않다. − 타인 노동을 거의 쓰지 않는다. − 이익의 재투자보다는 생계유지에 더 중점을 둔다.
기업 경영	• 투자 자본에 대한 이익 극대화가 목적이다. • 자본 제공자인 경영자는 생산에 직접 참여하지 않고, 노동 제공자인 선원만이 생산에 참여한다 (자본과 노동의 분리). • 가계와 경영이 명확히 분리되어 있다.

03 다음 중 협동조합에 관한 내용으로 가장 옳지 <u>않은</u> 것은?

① 출자자들은 출자액의 한도 내에서 무제한 책임을 진다.
② 경제활동 뿐 아니라 비경제적 활동도 수행한다.
③ 소규모 생산자 또는 소비자가 자신들의 이익 보호를 목적으로 설립한 상호부조적 성격의 인적 공동기업이다.
④ 수산업협동조합이 대표적이다.

해설
① 협동조합의 출자자들은 출자액의 한도 내에서 유한책임을 진다.
② 수산업협동조합은 비영리조합이지만, 모든 협동조합이 비영리 활동을 하는 것은 아니다.

04 자율관리어업 중 어장관리 관리수단으로 적절하지 <u>않은</u> 것은?

① 저질 개선
② 사용 어구량 축소
③ 어장 환경 개선
④ 해안 청소

해설
사용 어구량 축소는 자원관리를 통한 관리수단에 들어간다.

자율관리어업
• 어업 소득의 안정과 증대를 도모하기 위해 어업인들이 공동으로 어업을 관리하는 방식을 의미
• 어업인들의 어장 및 수산자원에 대한 주인 의식 함양, 지역 특성에 맞게 자율적 공동체 결성 도모
• 어장관리, 자원관리, 경영개선, 질서유지 네 가지 형태로 구분

구분	내용	관리 수단
어장관리	자원의 산란·서식장 보호 및 보전	어장 환경 개선, 저질 개선, 해안 청소 등
자원관리	지속 가능 수준으로 자원 보존	생산량 조절, 사용 어구량 축소 등
경영개선	비용 절감 등을 통한 이익 증대	공동 생산·판매, 수산물 판매망 구축 등
질서유지	소득 격차, 기타 분쟁 해결	지역·어업 간 분쟁 해결 등

05 다음 중 축양에 대한 설명으로 옳지 <u>않은</u> 것은?

① 수확한 후 판매할 때까지, 장거리 수송 전, 또는 활어로 판매하기 전에 살아있는 수산생물을 일시적으로 보관하는 일을 말한다.
② 판매 전 급속한 성장이 주목적이다.
③ 주로 가격차이에서 얻는 이익을 목적으로 축양을 한다.
④ 인위적인 활동이다.

해설

축양	• 수확한 후 판매할 때까지, 장거리 수송 전, 또는 활어로 판매하기 전에 살아있는 수산생물을 일시적으로 보관하는 일을 말한다. • 성장이 주목적이 아니기 때문에 대체로 먹이를 충분히 주지 않거나 전혀 주지 않는다. • 주로 가격차이에서 얻는 이익을 목적으로 축양을 한다.

06 다음 중 어촌 관광 개발 사업에 포함되지 <u>않는</u> 것은 무엇인가?

① 어촌별 홈페이지 구축
② 관광 낚시 어선 사업
③ 생태 체험장 개발
④ 수변 공원 조성

해설

관광 낚시 어선은 어촌 소득 기반 시설에 포함되는 것으로 어촌 관광 개발 사업이 아니라 어촌 종합 개발 사업으로 분류된다.

어촌 개발 정책

어촌 종합 개발 사업	• 목적 : 어촌 생산 · 소득 기반 시설 확충, 생활 환경 개선하여 정착 환경 조성, 소득 증대를 바탕으로 지역 경제 활성화 • 선착장 등 계류 시설, 도로 등 기반 시설, 작업장 환경, 낚시터 등 소득 시설 개선 및 확보
어촌 관광 개발 사업	어촌 체험마을 조성, 관광 자원 홍보 등이 있음

07 우리 생활에 있어서 수산업의 중요성으로 가장 적절하지 <u>않은</u> 것은?

① 우리나라는 축산물보다 수산물을 통해 다량의 동물성 단백질을 획득한다.
② 연안지역 발전의 중심적 역할을 한다.
③ 농산물에 비해 재배 기간이 짧아 필요시 즉각적인 공급이 가능하며, 식량 안전 보장 측면에서 농산물보다 중요한 역할을 한다.
④ 농산물·축산물과 같이 수산물도 탄수화물·단백질·지방을 골고루 함유하고 있어 대체제로 기능할 수 있다.

해설

수산업의 중요성
• 우리나라는 축산물보다 수산물을 통해 다량의 동물성 단백질을 획득한다.
• 농산물·축산물과 달리 수산물은 탄수화물, 단백질, 지방을 골고루 함유하고 있다.
• 농산물에 비해 재배 기간이 짧아 필요시 즉각적인 공급이 가능하며, 식량 안전 보장 측면에서 농산물보다 중요한 역할을 한다.
• 연안지역 발전의 중심적 역할을 한다.

08 다음 중 수산경영의 특징에 대한 설명으로 옳은 것은?

> 수산업은 수면위에서 수행되므로 기상 요인의 악화로 인하여 선박, 어구, 인명 등에 피해를 입을 수도 있다.

① 위험성   ② 이동성
③ 계속성   ④ 불확실성

해설

수산업의 특수성

위험성	폭풍·해일·태풍 등 기상 요인의 악화로 인해 위험성이 높다.
이동성	고정된 장소가 아닌 자원 서식지에 따라 이동하며 조업이 이루어진다.
중단성	비어기가 존재하여 연중 어업에만 종사할 수 없다. 그래서 비어기에는 농업과 겸업을 한다.
불확실성	• 수산업은 자연적 요인에 크게 영향을 받기 때문에 생산량 예측이 불확실하다. • 수산업은 어선 운항 시간 또는 투망 횟수에 비례하지 않는다.
불규칙성	불규칙성은 노동시간·노동량·노동강도와 관련되며, 항상 일정하지 않고 불규칙적이다.

09 다음 중 수산물의 수입 증가 요인이라고 보기 <u>어려운</u> 것은?

① 수산물 소비 증가 　　　　　② 남획
③ 수산물 수출 증가 　　　　　④ 비어기 기간 증가

> **해설**
> 남획 시 일시적으로 수산물 공급이 많아지나 장기적으로 이용할 수 있는 수산자원의 양이 감소하므로 공급량 부족에 빠질 수 있어 수입 증가의 요인이 된다. 하지만 수산물 수출량 증가와 수입물 증가 간에는 직접적인 연관이 있다고 볼 수 없다.

10 수산경영 요소 중 그 성질이 <u>다른</u> 하나는?

① 어장 　　　　　② 어선
③ 어구 　　　　　④ 성육장

> **해설**
> 수산경영 요소

자연적 요소	수산자원(어류 · 패류 · 해조류 등), 어장
인적 요소	해상노동, 육상노동, 경영관리노동
기술적 요소	기술, 경영지식, 시장정보
물적 요소 (자본재)	어선, 어구, 기계설비, 원재료(종묘 · 사료 · 유류 등), 토지, 창고, 가공 공장, 양륙시설, 부화장 및 성육장 등

11 수입 수산물을 가공품으로 이용 시 국내 수산물에 비하여 유리한 점이 <u>아닌</u> 것은?

① 필요한 시기에 적기 공급 가능
② 필요한 양만큼 공급 가능
③ 적당한 가격으로 공급 가능
④ 필요한 규격품에 맞게 공급 가능

> **해설**
> 적당한 가격은 수입 수산물을 가공품으로 이용할 때 얻을 수 있는 이점에 해당하지 않는다.
> 수입 수산물을 가공품으로 이용 시 국내 수산물에 비하여 유리한 점
> • 필요한 시기에 적기 공급 가능
> • 필요한 양만큼 공급 가능
> • 필요한 규격품에 맞게 공급 가능

12 수산업협동조합의 주요 사업 중에서 어민 소득 증대와 수협 경제 사업의 기반 확보를 위해 추진되는 사업은 무엇인가?

① 지도 사업
② 구매 사업
③ 판매 사업
④ 이용 가공 사업

해설

수산업협동조합의 5대 사업

지도 사업	비경제적 사업 • 소득 증대 사업 • 어민 등 교육 및 후계자 양성 • 계통 조직 경영 사업 • 홍보 활동 • 생산 지도 • 조사, 연구 활동
구매 사업	어업 활동에 필요한 자재나 생활에 필요한 소비재를 수협 계통 조직으로 수요를 집중해서 유리한 조건으로 구매 및 공급 → 어민의 생활의 안정 도모 • 면세유류 공급 사업 • 어업용 기자재 공급 사업 • 선수 물자 공급 사업
판매 사업	개별적인 수산물 판매 방식을 지양, 생산물을 집합 및 공동 판매를 통한 거래 주도권 강화 도모 • 수탁 판매 • 군납 사업 • 공동 판매 • 무역 사업 • 매취 판매
이용 가공 사업	어민 소득 증대와 수협 경제 사업의 기반 확보를 위해 추진 • 냉동, 냉장 등 수산물 선도 관리와 처리 • 가공 공장의 운영 • 유조선 이용 및 냉장차 운영 • 선박용 기기 및 제빙 공장
신용 사업	여신기능(수산자금 대출 등)이 대표적이고 가장 중심적인 사업

13 **다음 수산업협동조합의 내부 조직에 대한 설명으로 옳지 않은 것은?**

① 상임이사는 조합원의 추천을 받고 총회에서 최종 선출된다.

② 총회는 최고 의사 결정기관이자 상설기관이다.

③ 조합장의 임기는 4년이다.

④ 전무가 되려면 5년 이상 조합 또는 중앙회 재직 경험이 있어야 한다.

해설

상임이사는 조합장의 추천을 받고 총회에서 선출한다.

수산업협동조합의 내부 조직

총회	• 최고 의사 결정기관, 상설기관 • 조합원수 200인 초과 → 대의원회(어촌계 : 계원수 50인 초과 → 총대회) • 대의원회 : 조합장과 대의원(조합원 중 선출/2년) 구성 • 의장이 조합장이 되며, 정기총회(년 1회), 임시총회(필요에 따라)가 있음
이사회	• 업무 집행기관 • 조합장(의장), 상임이사, 비상임이사로 구성 　예 중앙회 이사회 – 회장, 부회장(2명), 이사(12명/ 비상근이사)
조합장	• 임기 4년, 조합원에 의해 선출 • 감독권 행사, 임원 임면
감사	• 임기 3년, 총회를 통해 선출 ※ 자격요건 • 중앙회, 조합 또는 검사 대상 기관에서 5년 이상 종사한 경력이 있는 사람 　– 해당 조합에서 최근 2년 이내에 임직원으로 근무한 사람(감사로 근무 중 또는 근무한 사람은 　　제외)은 제외 • 수산업 또는 금융 관계 분야의 석사학위 이상 소지 및 연구기관 또는 대학에서 5년 이상 종사 　한 사람 • 공공기관 및 금융감독원에서 재무 또는 회계 업무 및 감독업무로 5년 이상 종사한 사람
이사	• 임기 4년, 총회를 통해 선출 • 집행권한은 없지만 이사회에서 권한 행사
상임이사	• 인사추천위원회의 추천을 받고 총회에서 선출 • 임기 3년(2년째에 평가를 통해 남은 임기 수행여부결정) • 한 조합당 2명까지 상임이사 보유 가능
간부직원	• 전무 　– 조합 내 최고 간부직원(조합장이 임명) 　– 조합 또는 중앙회 5년 이상 재직 경험자거나 자격 요건에 맞아야만 가능 • 상무 : 조합의 규모가 어떤지에 따라 보유 상무수가 다를 수 있음

14 다음 중 수산경영의 물적 요소 또는 자본재에 포함되지 <u>않는</u> 것은?

① 어선 및 어구
② 종묘·사료·유류 등 원재료
③ 창고 및 양륙시설
④ 자금

해설

자금 또는 자본은 수산경영의 물적 요소 또는 자본재에 포함되지 않음에 유의하여야 한다.

15 다음 중 어장이 성립하기 위한 조건으로 적절하지 <u>않은</u> 것은?

① 어획 대상이 많이 서식하여야 한다.
② 어획에 드는 비용보다 수익이 커야 한다.
③ 어로 작업 시 공정의 순차성이 낮고 작업의 동시진행이 가능하여야 한다.
④ 어업 노력이 기술적으로 접근 가능하여야 한다.

해설

어장 성립 조건
• 어획 대상이 많이 서식하여야 한다.
• 어획에 드는 비용보다 수익이 커야 한다.
• 어업 노력이 기술적으로 접근 가능하여야 한다. 기술이 발달하면 그간 접근하지 못하였던 수심이 깊은 곳이나 밀도가 적은 곳도 어장이 될 수 있다.

16 다음 중 어촌계에 대한 설명으로 옳지 <u>않은</u> 것은?

① 어촌계는 지구별 수산업협동조합의 조합원이면 누구나 가입할 수 있다.
② 지구별 수산업협동조합의 하부조직이다.
③ 지구별 수산업협동조합 내의 마을어업권을 소유 및 관리 역할을 수행한다.
④ 어촌계는 어업인의 후생복지사업, 교육·지원사업을 수행한다.

해설

어촌계원이 되기 위해선 지구별 수산업협동조합의 조합원이면서 해당 어촌계의 구역에 거주하는 사람이어야 한다.

17 수산물 수요에 영향을 끼치는 요인으로 볼 수 **없는** 것은?

① 소비자 생활의 변화
② 수산물 생산량
③ 소비자의 소득 수준
④ 소비자의 선호도

해설

수산물 생산량은 수산물 공급에 영향을 끼치는 요인이다.

수산물 공급에 영향 끼치는 요인	수산물 수요에 영향 끼치는 요인
수산자원의 풍부한 정도	소비자의 소득 수준
생산량, 수입량	소비자의 선호도
기술 수준	생활의 변화

18 수산자원이 고갈되어 생산량을 지속시킬 수 없게 되었을 때, 합리적인 자원 이용과 어장 관리를 통하여 지속적인 생산과 수산 생물의 자연 생산력이 최대로 유지되도록 여러 가지 방법을 도입하는 어업 형태를 무엇이라 하는가?

① 수산물 이력제
② 원산지 표시 관리 제도
③ 자원관리형어업
④ 배타적 경제 수역 제도

해설

자원관리형어업

• 수산자원이 고갈되어 생산량을 지속시킬 수 없게 되었을 때, 해역의 자연 조건과 대상 생물의 생태를 파악하고 합리적인 자원 이용과 어장 관리를 통하여 지속적인 생산과 수산 생물의 자연 생산력이 최대로 유지되도록 여러 가지 방법을 도입함으로써 자원량 유지 및 어민 수익 유지를 도모하는 어업 형태이다.
• 인공 종묘를 생산하여 방류, 바다에 인공 어초를 투입하여 수산 생물의 성육장 또는 산란장을 조성, 마을 공동체 또는 어민 스스로가 자원을 관리하는 자세 확립 등이 있으며, 인접 연안국 사이에 상호 협력 체제를 구성하여 공동으로 수산자원을 관리함으로써 그 효과를 극대화할 수 있다.

19 양식업의 원가 요소 중 원가 계산 시 포함시키지 <u>않는</u> 비용은 무엇인가?

① 자재 관리 비용
② 운반비
③ 약품비
④ 감가상각비

해설

운반비, 약품비, 감가상각비는 경비에 포함되는 요소로서 원가 계산에 포함된다.

원가 계산에 포함시키지 않는 비용

어선어업	둘 이상의 어선에 운반선이 있는 경우 운반배부 비용
양식업	자재 관리비용, 관리 · 재취선 비용

20 배타적 경제 수역(EEZ)에 대한 설명으로 옳지 <u>않은</u> 것은?

① 유엔 해양법 협약에서 처음 도입된 제도이다.
② 연안국이 생물자원 및 광물자원에 대해서 주권적 권리를 행사한다.
③ 접속수역으로부터 200해리까지의 수역이다.
④ 외국 선박의 항해의 자유는 보장된다.

해설

배타적 경제 수역(EEZ)
• 유엔 해양법 협약에서 처음 도입된 제도로서 영해 기선으로부터 200해리까지의 수역이다. 경제 수역 내에서는 연안국이 생물자원 및 광물자원에 대해서 주권적 권리를 행사한다. 그리고 인공섬 또는 시설물을 설치하고 이용하거나, 해양 과학 조사 및 해양 환경 보전에 대해서는 관할권을 행사한다. 단, 외국 선박의 항해의 자유는 보장된다.
• 우리나라는 1996년에 배타적 경제 수역을 선포하였다.
• 배타적 경제 수역 선포는 국제 어업이 관리 통제로 전환되는 계기가 되었다.

21 정부가 시행하고 있는 수산업 진흥 정책으로 적절하지 <u>않은</u> 것은?

① 어선 대형화와 어항 시설의 확충

② 영어 자금 지원 확대

③ 해외 어업 협력 강화 및 수출 시장의 다변화

④ 배타적 경제 수역(EEZ) 설정

> **해설**
>
> 배타적 경제 수역(EEZ) 설정으로 연근해 어민들의 보다 안정적인 어업이 가능하기는 하나 수산업 진흥을 위한 정부의 정책이라고 보기에는 무리가 있다.
>
> 정부의 수산업 진흥 정책
> • 인공 어초 투입 및 인공 종묘 방류 등에 의한 자원 조성
> • 어선 대형화와 어항 시설의 확충
> • 영어 자금 지원 확대
> • 양식 기술 개발
> • 원양어업의 지속적 육성 및 원양 어획물의 가공·공급의 확대
> • 해외 어업 협력 강화 및 수출 시장의 다변화
> • 새로운 어장 개척
> • 어업 경영의 합리화 및 어업인 후계자 육성 대책 마련
> • 수산물의 안정적 공급
> • 수산 가공품의 품질 고급화

22 다음 중 어선에 대한 설명으로 옳지 <u>않은</u> 것은?

① 유조선·화물선·크루즈와 달리 일반적으로 규모가 작다.

② 직접적으로 고기를 잡는 어선은 100톤을 넘지 않는 게 일반적이다.

③ 일반적으로 대형선은 100톤 이상의 어선, 소형선은 10톤 이하의 어선을 말한다.

④ 어선의 크기가 작아야 어획 대상을 쫓아 방향을 돌리는데 용이하다.

> **해설**
>
> 직접적으로 고기를 잡는 어선은 1,000톤을 넘지 않는 게 일반적이다.

23 관광객을 상대로 이뤄지고 유통경로가 적어 선도 유지가 가능한 판매 경로는 무엇인가?

① 수집상을 거쳐서 판매가 이뤄지는 경우
② 계통 판매 경로
③ 객주를 거치는 경우
④ 생산자가 직접 판매하는 경우

해설
유통경로가 적어 선도 유지에 용이하며 유통비용을 절감할 수 있는 판매 경로는 수협 직판장을 개설해서 판매하거나 생산자가 직접 판매하는 경우에 해당한다. 그 중 관광객을 상대로 연안의 소규모 어가에서 진행하는 판매 경로는 생산자가 직접 판매하는 경우다.

24 다음 중 경매사의 주요 업무가 <u>아닌</u> 것은?

① 상장된 농수산물의 가격을 평가
② 공정하고 신속한 경매 업무를 주관
③ 경매에 따른 경락자를 결정
④ 경락자에게 낙찰된 농수산물을 인도

해설
경매사의 주요 업무
경매사는 도매시장 법인을 대표하여 농수산물 유통 및 가격 안정에 관한 법률에 따라 도매시장 법인의 임명을 받거나 농수산물 공판장, 민영 농수산물 도매시장 개설자의 임명을 받아 도매시장에서 공정하고 신속한 거래가 이루어지도록 경매 업무를 주관하며 상장된 농수산물에 대한 우선순위의 결정과 가격을 평가하여 경락자를 결정하는 업무를 수행한다.

25 다음 중 수산업의 3요소 중 옳지 <u>않은</u> 것은?

① 시장적 요소
② 자연적 요소
③ 물적 요소
④ 경영적 요소

해설
물적 요소는 수산경영의 요소 중 하나이다.

26 다음 중 종묘를 관리하는 데 있어 유의해야 할 점으로 보기 어려운 것은?

① 종묘 수급이 안정되어야 한다.
② 우량 종묘 확보를 위해 힘써야 한다.
③ 종묘비가 저렴해야 한다.
④ 어획 대상이 많이 서식하여야 한다.

해설
어획 대상의 군집성은 종묘 관리에 있어서 유의해야 할 점이 아닌 어장 성립을 위한 조건에 해당한다.

27 수산경영의 방식 중 어가 경영에 대한 설명으로 옳지 않은 것은?

① 가족의 생계와 사회적 지위의 유지 및 자녀 교육 등에 필요한 수입을 목적으로 하는 형태이다.
② 가계와 생산 활동의 수지 계산이 분리되어 있다.
③ 이익의 재투자보다는 생계유지에 더 중점을 둔다.
④ 우리나라는 대부분 어가 경영 형태로 운영되고 있다.

해설
경영 형태에 따른 분류

어가 경영	• 가족의 생계와 사회적 지위의 유지 및 자녀 교육 등에 필요한 수입을 목적으로 하는 형태이다. • 우리나라는 대부분 어가 경영 형태로 운영되고 있다. • 특징 – 가계의 소비경제와 경영의 생산경제가 혼합되어 있다. – 가계와 생산 활동의 수지 계산이 분리되어 있지 않다. – 타인 노동을 거의 쓰지 않는다. – 이익의 재투자보다는 생계유지에 더 중점을 둔다.
기업 경영	• 투자 자본에 대한 이익 극대화가 목적이다. • 자본 제공자인 경영자는 생산에 직접 참여하지 않고, 노동 제공자인 선원만이 생산에 참여한다(자본과 노동의 분리). • 가계와 경영이 명확히 분리되어 있다.

28 다음에서 설명하고 있는 수산업 경영형태는?

> • 가족의 생계 유지, 사회적 지위의 지속, 자녀의 교육에 필요한 수입을 얻기 위한 수산경영
>   활동
> • 대부분 소규모 수산경영체로 존재

① 양식업 　　　　　　　　　　② 어가 경영
③ 기업 경영 　　　　　　　　　④ 재래식 경영

해설

어가 경영은 가족의 생계와 사회적 지위의 유지 및 자녀 교육 등에 필요한 수입을 목적으로 하는 형태로 이익의
재투자보다는 생계유지에 더 중점을 둔다.

29 다음 설명에 해당하는 자가 경영 진단 항목은 무엇인가?

> • 종묘 적합성 진단
> • 생산 기술 및 효율성 분석
> • 관리 방식의 적합성과 효율성 분석

① 어장 진단 　　　　　　　　　② 생산 진단
③ 판매 진단 　　　　　　　　　④ 시설 진단

해설

자가 경영 진단(진단 목적과 검토 내용)

항목	목적	내용
어장 진단	생산량 증감원인 분석	• 입지 환경 적합성 판단 • 입지 환경 변화에 대한 적응력 판단
시설 진단	• 생산량 증감원인 분석 • 시설비 절감방안 모색	• 어장 규모 적합성 판단 • 시설 규모 및 방법 검토 • 장비 적합성 및 활용도 검토
생산 진단	• 생산량 증감원인 분석 • 생산원가 절감방안 모색	• 종묘 적합성 판단 • 생산 기술 및 효율성 분석 • 관리 방식의 적합성과 효율성 분석
판매 진단	• 어가 변동원인 분석 • 판매비 절감방안 모색	• 가격 및 공급량 변동 분석 • 판매 방법 및 시기 판단 • 판매할 생산물의 품질 검토
자금 진단	• 운영자금 적합성 분석 • 이자비용 절감방안 모색	자금 조달 내역 및 효율성 검토

30 공동기업의 유형 중 다음이 설명하고 있는 기업 유형은 무엇인가?

> • 2인 이상 출자하고 공동 경영하며, 회사 채무에 대하여 연대 무한책임을 진다.
> • 가족 · 친지 등 신뢰할 수 있는 사람들끼리 사업을 하려는 경우 등 개인기업에 가까운 형태이며, 대규모 경영보다는 소규모 연안어업 · 양식업과 같은 개인 기업에 적합하다.

① 합명회사
② 합자회사
③ 유한회사
④ 주식회사

해설

합명회사는 2인 이상이 출자하고 모든 사원이 무한책임사원으로서 회사채권자에 대하여 직접 · 연대 · 무한의 책임을 부담하고, 원칙으로 회사의 업무를 집행할 권리와 의무를 가지며, 그 지위를 타인에게 자유로이 이전할 수 없는 회사이다. 사원의 회사에 대한 관계가 깊고, 인적 신뢰관계가 있는 소수인의 공동기업에 적합하다.

기업 유형에 따른 출자 형태

합명회사	합자회사	유한회사	유한책임회사	주식회사	협동조합
무한책임	무한책임 + 유한책임	유한책임	유한책임	유한책임	유한책임

31 어떤 어선의 총 어획금액 10억 원, 공동경비 4억 원, 선원의 분배 총 짓수 50짓, A선원의 분배 짓수 4짓, 선주와 선원의 분배비율이 5할과 5할이라고 할 때, 이 어선에 종사하고 있는 A선원이 분배받을 임금은?

① 1,700만 원
② 1,800만 원
③ 2,000만 원
④ 2,400만 원

해설

1인당 임금 = (총 어획금액 − 공동경비) × 선원 분배 비율 ÷ 총 짓수 × 분배짓수
→ (10억 − 4억) × 0.5 ÷ 50 × 4 = 2,400만 원

32 생산 계획 중 각 어종의 어기별로 생산계획을 수립하는 것으로, 어종에 따른 어법·어구·보관 등에 관한 계획을 수립하는 계획은 무엇인가?

① 항차별 작업 계획
② 일정 계획
③ 계절별 생산 계획
④ 연간 생산 계획

해설

생산 계획의 종류

연간 생산 계획	트롤어업 등 한 해 동안 같은 어업을 조업하는 경우 연간 생산 계획을 수립한다.
계절별 생산 계획 (어기별 생산 계획)	각 어종의 어기별로 생산 계획을 수립하는 것을 말하며, 어종에 따른 어법·어구·보관 등에 관한 계획을 수립한다.
항차별 작업 계획	어선별 어획 능력과 어장 거리 및 크기를 고려하여 항차별로 작업 계획을 수립한다.
일정 계획	항차별 작업 계획이 의도한 대로 진척되는지 매일 일별 작업 계획을 수립한다.

33 다음 중 주식회사에 대한 설명으로 옳지 <u>않은</u> 것은?

① 증권화를 통해 대규모 자본 조달이 용이하다.
② 출자자들은 소유 주식 한도 내에서만 책임을 진다.
③ 출자와 경영이 분리되어 있다.
④ 증권 매매 및 양도가 가능하나 총회의 승인이 필요하다.

해설

주식회사는 승인 과정 없이 증권 매매 및 양도가 가능하기 때문에 자금 조달이 용이하다.

34 다음 중 조직의 구성원들이 창의성과 적극성을 가지고 자발적으로 주어진 업무를 수행하도록 하고, 관리자의 리더십이 중요한 덕목이 되는 수산경영 활동으로 옳은 것은?

① 계획
② 통제
③ 실행
④ 조직

해설

수산경영 활동

계획	기업 또는 조직이 나아갈 방향과 목표를 설정, 전략 제시, 예산 편성, 담당 부서 및 구성원 결정 등이 이루어진다.
조직	• 직무를 분담하여 직무 · 책임 · 권한을 명확하게 부여하는 것을 말한다. • 직무의 범위를 정할 때에는 구성원의 창의력과 만족도를 높일 수 있도록 고려하여야 한다.
실행	• 조직 구성원들이 창의성과 적극성을 가지고 자발적으로 주어진 업무를 수행하도록 하는 것을 말한다. • 관리자의 리더십이 중요한 덕목이 된다.
조정	• 상호 조정 : 직접 조정 방식 • 통제식 조정 : 직접 조정 방식, 활용 빈도가 가장 높다. • 표준화를 이용한 조정 : 간접 조정 방식, 대규모 경영에 적합하다.
통제	• 처음 계획한 대로 추진되어 실적 및 성과가 목표에 제대로 달성되었는지를 측정하여 그 결과에 따라 시정 · 평가하는 관리활동을 말한다. • 관리 과정의 최종 단계로 사후적 활동에 해당한다. • '표준설정(계획) → 성과측정(시행) → 비교분석(통제) → 성과 미달 → 시정조치'의 절차를 통해 진행된다.

35 소규모 생산자 또는 소비자가 자신들의 이익 보호를 목적으로 설립한 상호부조적 성격의 인적공동 기업은?

① 합명회사

② 합자회사

③ 주식회사

④ 협동조합

해설

협동조합

• 소규모 생산자 또는 소비자가 자신들의 이익 보호를 목적으로 설립한 상호부조적 성격의 인적공동기업이다.

• 출자자들은 출자액 한도 내에서 유한책임을 진다.

• 경제활동(구매 · 생산 · 판매 · 금융)뿐 아니라 비경제적 활동(교육)도 수행한다. 즉, 영리추구를 하지만 그것만을 목적으로 하지는 않는다.

• 수산업협동조합이 대표적이다.

36 어민 P씨는 취득했을 때 원가 5,000,000원인 어구를 올해 구매하였다. 어구의 내용연수는 3년이고 잔존가액은 1,400,000원이며 상각률은 40%이다. 이때 해당 어구의 3차연도 감가상각비를 정액법으로 계산을 하면 얼마인가?

① 90만 원

② 150만 원

③ 100만 원

④ 120만 원

해설

감가상각비 계산

정액법	• 매년 일정한 금액을 감가상각하는 방법
	• 감가상각비 $= \dfrac{\text{취득원가} - \text{잔존가액}}{\text{내용년수}}$

$$\rightarrow \frac{5,000,000 - 1,400,000}{3} \rightarrow 1,200,000원$$

37 200해리 경제 수역을 선포로 연안국들 간 협력 필요가 증대되면서 자본·기술·판매망을 가진 수산 선진국과 자원이 풍부한 연안 개발도상국 사이에서 주로 이루어지는 기업을 무엇이라 하는가?

① 합자회사

② 합작회사

③ 협동조합

④ 다국적 기업

해설

합작회사(joint venture)

• 2개국 이상의 기업이 공동 출자(투자)하고 공동으로 경영하는 해외기업의 한 형태이다.

• 200해리 경제 수역을 선포로 연안국들 간의 협력 필요가 증대되면서 중요해지고 있다. 자본·기술·판매망을 가진 수산 선진국과 자원이 풍부한 연안 개발도상국 사이에서 주로 이루어진다.

• 장기적으로 해외 수산자원을 확보하기 위해 적합한 기업형태이다.

38 다음 중 발생주의 및 복식부기 회계방식에 대한 설명으로 옳지 <u>않은</u> 것은?

① 모든 재산의 증감 및 손익의 발생을 기록하는 회계방식이다.

② 회계 기본이 현금의 출납에 근거한다.

③ 회수 불가능한 채권에 대한 정보 왜곡의 가능성이 있다.

④ 감가상각 및 대손상각을 비용으로 인식한다.

해설

현금주의 및 단식부기 회계방식에 대한 설명이다.

39 우리나라의 수산경영 규모 분류 기준으로 바르게 묶인 것은?

① 경영체의 수, 어선의 톤 수

② 경영 규모, 어선의 척 수

③ 경영체의 수, 경영 규모

④ 어선의 톤 수, 어선의 척 수

해설

경영 규모와 척도

• 우리나라는 수산경영 규모를 일반적으로 '어선의 톤 수' 또는 '어선의 척 수'로 분류한다.

• 수산경영은 5톤 미만 어선이 주를 이루는 소규모 경영 형태가 대부분이고, 50톤 이상의 대규모 기업 형태는 많지 않다.

• 무게별 어선 척 수 : 피라미드 모형

• 무게별 어선 규모 비율 : 역피라미드 모형

40 수산경영을 어업경영과 양식경영으로 구분하는 기준으로 가장 적절한 것은 무엇인가?

① 인위성 여부   ② 수산경영 요소의 이용도

③ 생산물의 종류   ④ 종사하는 업종의 수

해설

수산경영 방식에 따른 구분

1. 어업경영과 양식경영

구분 기준 : 자연상태에서 채취하느냐, 인위적으로 육성하여 채포하느냐에 따라 구분한다.

어업경영	자연에서 채취하는 경영 방식
양식경영	인위적으로 부화·발생·육성하여 생산하는 방식

2. 집약경영과 조방경영

구분 기준 : 수산경영 요소의 이용도에 따라 구분한다.

집약경영	• 수산경영 요소(노동·자본)의 이용도가 높은 경영 방식이다. 생산성을 높이기 위해 어장의 단위 면적당 노동 또는 자본의 비율을 높이면 집약적 경영이 된다. • 대도시 근교에서 적합한 방식이다.
조방경영	• 수산경영 요소(노동·자본)의 이용도가 낮은 경영 방식이다. • 외지에 적합한 방식이다.

3. 단일경영과 복합경영

구분 기준 : 생산물 종류 또는 종사하는 업종의 수에 따라 구분한다.

단일경영	단일 업종 또는 단일 품목만을 경영하는 전문 경영방식이다.
복합경영	• 둘 이상의 업종을 수행하는 경영방식이다. • 경영 위험을 분산시킬 수 있고, 인력과 시설을 공동이용함으로써 고정비를 절감하고 부산물을 효율적으로 활용할 수 있다. • 단위 면적당 생산량을 증가시킬 수 있다.

41 다음 중 복합경영에 대한 설명으로 옳지 <u>않은</u> 것은?

① 경영 위험의 분산이 가능하다.

② 고정비가 증가하는 단점이 있다.

③ 단위 면적당 생산량이 증가된다.

④ 부산물의 효율적 활용이 가능하다.

해설

복합경영 방식은 인력과 시설의 공동이용으로 고정비를 절감할 수 있는 장점이 있다.

42 수산경영 활동의 관리 과정을 순서대로 바르게 나열한 것은?

① 조직 → 계획 → 실행 → 조정 → 통제
② 조직 → 계획 → 실행 → 통제 → 조정
③ 계획 → 조직 → 실행 → 조정 → 통제
④ 계획 → 실행 → 조직 → 통제 → 조정

해설

수산경영 활동

계획	기업 또는 조직이 나아갈 방향과 목표를 설정, 전략 제시, 예산 편성, 담당 부서 및 구성원 결정 등이 이루어진다.
조직	• 직무를 분담하여 직무 · 책임 · 권한을 명확하게 부여하는 것을 말한다. • 직무의 범위를 정할 때에는 구성원의 창의력과 만족도를 높일 수 있도록 고려하여야 한다.
실행	• 조직 구성원들이 창의성과 적극성을 가지고 자발적으로 주어진 업무를 수행하도록 하는 것을 말한다. • 관리자의 리더십이 중요한 덕목이 된다.
조정	• 상호 조정 : 직접 조정 방식 • 통제식 조정 : 직접 조정 방식, 활용 빈도가 가장 높음 • 표준화를 이용한 조정 : 간접 조정 방식, 대규모 경영에 적합함
통제	• 처음 계획한 대로 추진되어 실적 및 성과가 목표에 제대로 달성되었는지를 측정하여 그 결과에 따라 시정 · 평가하는 관리활동을 말한다. • 관리 과정의 최종 단계로 사후적 활동에 해당한다. • '표준설정(계획) → 성과측정(시행) → 비교분석(통제) → 성과 미달 → 시정조치'의 절차를 통해 진행된다.

43 다음에서 설명하는 공동기업의 유형으로 옳은 것은?

> • 2개국 이상의 기업이 공동 출자를 하고 공동으로 경영하는 해외기업의 한 형태이다.
> • 장기적으로 해외 수산자원을 확보하기 위하여 적합한 기업형태이다.

① 합명회사 ② 합자회사
③ 협동조합 ④ 합작회사

해설

합작회사(joint venture)
• 2개국 이상의 기업이 공동 출자(투자)하고 공동으로 경영하는 해외기업의 한 형태이다.
• 200해리 경제 수역의 선포로 연안국들 간 협력 필요가 증대되면서 중요해지고 있다.
• 자본 · 기술 · 판매망을 가진 수산 선진국과 자원이 풍부한 연안 개발도상국 사이에서 주로 이루어진다.
• 장기적으로 해외 수산자원을 확보를 위한 적합한 기업형태이다.

44 수산경영 계획 방법 중 표준계획법에 대한 설명으로 옳지 <u>않은</u> 것은?

① 자신이 경영하고자 하는 형태 및 규모와 비슷한 모델을 선정한다.
② 성과 일람표를 작성한다.
③ 소요비용과 수익을 계획·분석하여 손익계산서를 작성한다.
④ 시정조치를 통해 환류한다.

> **해설**
> 시정조치는 계획 단계가 아닌 통제 단계에서 이루어진다.

45 수산경영 활동 중 조직화 단계에 대한 설명으로 옳지 <u>않은</u> 것은?

① 생산에 필요한 예산, 시설 규모, 선원 수를 결정한다.
② 계획화 단계를 거친 후에 조직화 단계를 수행한다.
③ 조직 구성원들에게 책임과 권한을 부여한다.
④ 직무의 범위는 구성원들의 창의력과 만족도를 고려하여야 한다.

> **해설**
> 수산경영의 활동은 크게 조직, 실행, 조정, 통제의 다섯 단계로 구분할 수 있다. 생산에 필요한 예산, 시설 규모, 선원 수를 정하는 것은 계획화 단계에 해당한다.

46 수산경영 조직 방식 중 사업부제 조직에 대한 설명으로 옳지 <u>않은</u> 것은?

① 각 기능의 조정이 부서 내에서 이루어진다.
② 기능 간 조정이 용이하다.
③ 기능의 중복을 막을 수 있어 규모의 경제를 제고할 수 있다.
④ 환경변화에 신축적이다.

> **해설**
> 사업부제 조직은 중복에 따른 규모의 불경제와 효율성이 상대적으로 낮다. 기능의 중복을 막아 규모의 경제를 제고할 수 있는 것은 기능별 조직이다.

사업별 조직과 기능별 조직 비교

1. 사업별 조직
   • 산출물에 기반을 둔 부서화 방식으로, 자기완결적 단위이다.
   • 각 기능의 조정이 부서 내에서 이루어지므로, 기능구조보다 분권적 조직 구조를 가진다.

장점	• 기능 간 조정이 용이하고, 환경변화에 신축적이다. • 특정산출물 단위로 운영되기 때문에 다양한 고객만족도를 제고할 수 있다. • 책임소재가 분명하다.
단점	• 중복에 따른 규모의 불경제와 효율성이 상대적으로 낮다. • 기능 직위가 부서별로 분산되므로 전문지식과 기술발전에 불리하다.

2. 기능별 조직
   • 조직의 전체 업무를 공동기능별로 부서화하는 방식이다.
   • 동일집단의 구성원은 동일한 기술을 소유한다.
   • 수평적 조정의 필요성이 낮을 때 효과적이다.

장점	• 기능 내에서 규모의 경제를 제고할 수 있다. • 기능의 중복을 막을 수 있다. • 조직 구성원들의 지식·기술이 통합적으로 활용되므로 전문지식·기술의 깊이를 제고할 수 있다. • 구성원 간 응집력이 강해, 부서 내 의사소통·조정이 유리해진다. • 관리자의 감독이 용이하다.
단점	• 부서별로 상이한 기능을 수행하기 때문에, 부서들 간 조정·협력이 요구되는 환경변화에 둔감하다. • 의사결정 권한이 고위관리자에게 집중되어 업무 과부하가 걸려 대처하기 어렵다. • 고도의 전문화에 따라 동기부여에 불리하며, 균형을 갖춘 일반관리자를 배출하는 것이 어렵다. • 책임소재가 불분명하다.

47 수산업의 인사관리에 대한 설명으로 옳지 <u>않은</u> 것은?

① 수산자원의 계절성·습성과 해황의 변화로 노동 강도 차가 크다.
② 필요한 노동력을 필요한 시기에 맞춰 조달하는 것을 고용이라 한다.
③ 일반적으로 선주가 정해진 인력계획에 따라 선원을 고용한다.
④ 계약시 반드시 선원법 및 근로 기준법에 의거하여 계약하여야 한다.

해설

일반적으로 수산업은 작업 시 협력이 중요하기 때문에 선주가 어로장 또는 선장을 고용하면, 어로장 또는 선장이 정해진 인력계획에 따라 선원을 고용한다. 즉, 어로장 또는 선장에게 선원 고용을 일임한다.

48 다음 중 어업의 임금 형태에 관한 설명으로 고정급제에 해당하는 것은?

① 항차급제

② 일반 분배제

③ 고정급 병용 짓가림제

④ 차인 병용 짓가림제

해설

실물분배제	어획해 온 어획물로 임금이 지불되는 방식이다. 예 동해안 오징어어업 또는 명태 연승에서 많이 사용된다.
고정급제	어획 성과와 관계없이 일정액을 지급받는다. 예 시간급제, 월급제, 어기급제, 항차급제
짓가림제	경영 성과를 노사 간에 분배하는 형태로, 대표적인 임금 지급 방식이다.

49 다음 중 어업 자본 운용의 원칙에 속하는 것은?

① 자재의 적정 소요량 계획

② 짓가림제

③ 표준계획법

④ 신용 사업

해설

자본 운용 원칙

• 어선과 어구는 사용 전 미리 구비·정비해 두고, 어업에 사용할 미끼도 사전에 준비해 두어야 한다.

• 자재를 효과적으로 관리하여 낭비를 방지하여야 한다.

• 어장별 작업 표준기준을 수립하여 자재의 낭비를 방지하여야 한다.

• 적기에 출어함으로써 생산량 또는 어획량의 증가를 도모한다.

• 미끼가 남아 폐기하는 일이 없도록 연간 필요량을 세우고 구입하여야 한다.

50 선주와 선원 간에 노동 계약 체결 시 계약서에 명시해야 할 노동 조건에 해당하지 <u>않는</u> 것은?

① 노동 시간
② 휴일 및 휴가기간
③ 실업수당 및 퇴직수당
④ 선주가 부담하는 식비 · 식품 · 위생용품 · 작업용품

해설
사용자(선주)는 계약시 반드시 선원법 및 근로 기준법에 의거하여 계약하여야 하며, 계약서에 취업 장소, 업무에 관한 사항, 노동 시간, 휴일 및 휴가, 임금 결정 · 계산 · 지불방법 · 지불시기, 노동자가 부담해야할 식비 · 식품 · 위생 용품 · 작업용품, 재해보상, 실업수당 및 퇴직수당 등을 명시하여야 한다.

51 다음 중 어업 노동력 고용시 문제점으로 보기 <u>어려운</u> 것은?

① 고용 기간이 장기적이다.
② 어기에 따라 어업 시기가 변동된다.
③ 노동력이 연안 지역에 집중되어 있다.
④ 육상으로의 취업 기회가 확대되면서 노동력 이탈 현상이 증대되고 있다.

해설
어업 노동력 고용 시 문제점
• 어기에 따라 어업 시기가 변동되므로 고용 기간이 단기적이다.
• 노동력이 연안 지역에 집중되어 있다.
• 어획 노동의 강도가 크고 가공업 및 유통업 분야 등 육상으로의 취업 기회가 확대되면서 노동력 이탈 현상이 증대되고 있다.

52 경영성과를 노사 간에 분배하는 형태로 수산업에 있어서의 대표적인 임금 지급 방식은 무엇인가?

① 실물분배제   ② 고정급제

③ 항차급제   ④ 짓가림제

해설

임금 제도

어업은 생산량 변동이 크고 노동 시간이 불규칙하기 때문에 표준시간 또는 표준생산량을 기준으로 임금을 산출하여서는 안 된다.

실물분배제	어획해 온 어획물로 임금이 지불되는 방식이다. 예 동해안 오징어어업 또는 명태 연승에서 많이 사용된다.
고정급제	어획 성과와 관계없이 일정액을 지급받는다. 예 시간급제, 월급제, 어기급제, 항차급제
짓가림제	경영 성과를 노사 간에 분배하는 형태로, 대표적인 임금 지급 방식이다.

53 다음 중 수산경영의 방식에 대한 설명으로 옳은 것은?

① 선망 선단과 인기망 선단을 함께 운영하는 것은 복합경영에 해당한다.

② 수산경영 요소의 이용도가 높은 경영 방식은 조방경영에 해당한다.

③ 외지에 적합한 방식은 집약경영에 해당한다.

④ 수하식 양식으로 굴과 김을 양식하는 것은 복합경영에 해당한다.

해설

양식업의 경우 양식 품종을 구분지어 보는 것이 아니라 양식 방법을 구분지어 봤을 때 서로 다른 양식 방법을 운용하고 있을 경우가 복합경영에 해당한다. 굴과 김은 같은 수하식 양식 방법으로 양식을 하는 품종이다.

집약경영	• 수산경영 요소(노동 · 자본)의 이용도가 높은 경영 방식이다. • 생산성을 높이기 위해 어장의 단위 면적당 노동 또는 자본의 비율을 높이면 집약적 경영이 된다. • 대도시 근교에서 적합한 방식이다.
조방경영	• 수산경영 요소(노동 · 자본)의 이용도가 낮은 경영 방식이다. • 외지에 적합한 방식이다.
단일경영	단일 업종 또는 단일 품목만을 경영하는 전문 경영 방식이다.
복합경영	• 둘 이상의 업종을 수행하는 경영 방식이다. • 경영 위험을 분산시킬 수 있고, 인력과 시설을 공동이용함으로써 고정비를 절감하고 부산물을 효율적으로 활용할 수 있다. • 단위 면적당 생산량을 증가시킬 수 있다.

54 다음 중 짓가림제에 대한 설명으로 옳지 <u>않은</u> 것은?

① 고려시대부터 시작된 결부제도에서 유래한 제도이다.

② 동해안 오징어어업 및 명태 연승에서 많이 사용한다.

③ 위험 분산 형태이다.

④ 어획 노동력을 기준으로 하여 지급된다.

해설

실물분배제는 어획해 온 어획물로 임금이 지불되는 방식으로 동해안 오징어어업 또는 명태 연승에서 많이 사용된다.

짓가림제
• 고려시대부터 시작된 결부제도에서 유래한 제도이다.
• 다른 산업에서는 찾아보기 힘들다.

특징	• 경영 성과가 있어야 분배할 수 있다. • 위험 분산 형태이다. • 단체 임금제이다. • 해상 노무 관리의 자동화를 꾀할 수 있다. • 어획 노동력을 기준으로 하여 지급된다. • 후불 방식의 임금 제도이다.

계산 절차	1인당 임금 = [(총 어획 금액 − 공동경비) ÷ 총 짓수] × 분배 짓수
	① 선원 개개인의 분배 기준인 '짓수'를 정한다.
	  − 보통 선장(2~2.5짓), 기관장(1.8~2짓), 간부선원(1.5~1.8짓), 선원(1짓)으로 분배한다.
	② 경영 성과를 산출한다(총 어획 금액 − 공동 경비).
	③ 사전에 정한 선주 측 몫과 선원 측 몫으로 나눈다.
	  − 보통 선주(6) : 선원(4) 또는 선주(5) : 선원(5)의 비율로 나눈다.
	④ 선원 측 총 분배액을 총 짓수로 나누어 1짓당 금액을 산출한다.
	⑤ 1짓당 금액에 ①의 개인 분배 짓수를 곱한다.

55 짓가림제에 의한 1인당 임금 산정 시 노사 공동부담 경비에 해당하지 <u>않는</u> 것은?

① 연료비

② 어선 및 어구 수선비

③ 배당금

④ 선원 주부식비

해설

노사가 공동부담하는 경비에는 연료비, 어선 수선비, 어구 수선비, 선원 주부식비, 용기대, 미끼대, 판매수수료 등이 있다.

56 다음 중 노동조합의 기능 및 권한이라고 볼 수 <u>없는</u> 것은?

① 단체교섭
② 투자결정
③ 노동협약
④ 복지·문화 사업

해설

노동조합의 기능 및 권한으로는 단체교섭, 노동협약, 노동쟁의, 복지·문화 사업 등이 있다. 투자결정은 노동조합이 아닌 경영자의 기능에 해당한다.

57 다음 중 산업별 노동조합에 대한 설명으로 옳지 <u>않은</u> 것은?

① 수산업에 있어 가장 대표적인 노동조합이다.
② 교섭력이 가장 강한 노동조합이다.
③ 소속과 직업의 구별 없이 모든 노동자가 조합원으로 가입할 수 있다.
④ 종사하고 있는 산업의 조합에 가입하는 것이 의무사항이다.

해설

노동조합
• 의무가 아닌 선택에 의해 자주적으로 가입하여 조직한다.
• 수산업에 있어 가장 대표적인 노동조합은 산업별 노동조합이다. 일정한 산업에 종사하고 있으면 소속과 직업의 구별 없이 모든 노동자가 조합원으로 가입할 수 있어, 교섭력이 가장 강하다.
• 노동조합의 기능·권한 : 단체교섭, 노동협약, 노동쟁의, 복지·문화 사업

58 수산업 재무관리의 기능으로 보기 <u>어려운</u> 것은?

① 투자결정
② 자본조달
③ 노동쟁의
④ 수익배당

해설

노동쟁의는 재무관리의 기능이 아닌 노동조합의 기능 및 권한에 해당한다.

59 다음 중 수산업의 재무관리에 관한 사항으로 옳지 <u>않은</u> 것은?

① 경영에 필요한 자본 조달 및 운용에 관한 의사결정과정을 재무관리라 한다.

② 크게 투자결정, 자본조달, 배당정책이 이루어진다.

③ 수산금융은 금융자금보다 이자율이 낮고 장기적인 정부의 재정자금에의 의존도가 더 크다.

④ 재정자금은 해양수산부장관이 관리한다.

해설

재무관리

• 재무관리의 기능에는 투자결정, 자본조달, 배당정책, 구조조정이 있다.

투자결정	수산 업계나 시장 동향을 파악해서 어떤 사업에 투자를 할 것인지 결정
자본조달	경영을 수행할 때 필요한 자본을 어떻게 조달할 것인지와 운용방안 결정
배당정책	경영을 통해 얻은 수익을 투자자들에게 어떤 방식으로 배당할 것인지 결정
구조조정	다가올 환경 변화에 대응 및 준비를 위해 합병 등 기존 경영 형식을 변화

• 수산금융은 금융자금보다 이자율이 낮고 재정자금에 의존도가 더 크다.
(재정자금 관리기관 : 수산업협동조합)

60 수산업을 경영함에 있어 외부자금 조달 방법 중 그 성격이 <u>다른</u> 하나는?

① 담보

② 전도금

③ 금융 단기대출

④ 창고증권 담보

해설

단기차입금	전도금, 금융 단기대출, 창고증권 담보
장기차입금	담보

61 다음 중 외부자금 조달 방법에 대해 바르게 설명한 것은?

① 전도금이란 당좌차월·증서대부·어음대부 등의 방법으로 자금을 지급 받는 것을 말한다.

② 금융 단기대출이란 상인에게 장래 어획물을 양도할 것을 전제로 대금을 미리 차입하거나 지급 받는 것을 말한다.

③ 단기차입금은 고정 부채에 해당하고, 장기차입금은 유동 부채에 해당한다.

④ 고정 자산에 투입된 자금은 일정 기간 후에나 회수할 수 있기 때문에, 그 기간보다 짧은 단기차입금으로 조달할 경우, 비록 수익률이 높다하더라도 효과적인 투자라고 할 수 없다.

해설

외부자금 조달

단기차입금 (유동 부채)	전도금	상인에게 장래 어획물을 양도할 것을 전제로 대금을 미리 차입하거나 지급받는 것을 말한다.
	금융 단기대출	당좌차월·증서대부·어음대부 등의 방법으로 자금을 지급받는 것을 말한다.
	창고증권 담보	어업자가 맡긴 임차물을 담보로 창고업자가 창고증권(유가증권)을 교부하면, 이를 다시 금융기관에 담보로 하여 자금을 차입할 수 있다.
장기차입금 (고정 부채)	담보	• 주로 고정 자산 구입에 필요한 자금을 충당하기 위해 담보를 활용한다. • 고정 자산에 투입된 자금은 일정 기간 후에나 회수할 수 있기 때문에, 그 기간보다 짧은 단기차입금으로 조달할 경우, 비록 수익률이 높다하더라도 효과적인 투자라고 할 수 없다. 즉, 현금 유입과 유출의 발생 시점 차이로 인하여 파산할 위험성이 크다.

62 다음 중 고정 자산이 <u>아닌</u> 것은?

① 어장

② 어선 및 어구

③ 임금

④ 시설물

해설

고정 자산	어장, 어선, 어구, 시설물
유동 자산	선원의 임금, 원자재, 반제품

63 다음 중 수산경영을 함에 있어 자본 운용 방법으로 적절하지 **않은** 것은?

① 어선과 어구는 사용 전 미리 구비 · 정비해 두어야 한다.

② 어업에 사용할 미끼는 변질 우려가 있기 때문에 어업 당일에 구입하도록 한다.

③ 자재를 효과적으로 관리하여 낭비를 방지하여야 한다.

④ 적기에 출어함으로써 생산량 또는 어획량의 증가를 도모한다.

해설

자본 운용 원칙

• 어선과 어구는 사용 전 미리 구비 · 정비해 두고, 어업에 사용할 미끼도 사전에 준비해 두어야 한다.

• 자재를 효과적으로 관리하여 낭비를 방지하여야 한다.

• 어장별 작업 표준기준을 수립하여 자재의 낭비를 방지하여야 한다.

• 적기에 출어함으로써 생산량 또는 어획량의 증가를 도모한다.

• 미끼가 남아 폐기하는 일이 없도록 연간 필요량을 세우고 구입하여야 한다.

64 다음 내용이 설명하는 투자의 유형은 무엇인가?

> • 장기적 목표를 가지고 간접적으로 이루어진다.
> • 연구개발(R&D)사업, 자녀 교육비 부담, 복지 향상 사업 등이 대표적이다.

① 대체 투자

② 확장 투자

③ 제품 투자

④ 전략 투자

해설

투자의 유형

대체 투자	• 고정 자산은 시간이 경과함에 따라 그 가치가 하락하게 되므로, 이를 다른 새로운 대상으로 대체하여 투자하는 것을 말한다. • 구설비와 신설비의 순현재가치를 구한 뒤 투자를 결정하여야 한다.
확장 투자	• 시설 확장을 통해 얻게 되는 추가 매출에 대한 기대 이익과 투자 지출액을 따져 결정하여야 한다. • 되도록 투자액을 투자 초기에 회수할 수 있도록 하여야 한다.
제품 투자	제품 개선을 위한 투자와 신제품 투자로 나눌 수 있으며, 다시 소극적 투자와 적극적 투자로 구분할 수 있다. • 소극적 투자 : 유사 제품 개발 • 적극적 투자 : 최초 제품 개발
전략 투자	• 장기적 목표를 가지고 간접적으로 이루어진다. • 연구개발(R&D)사업, 자녀 교육비 부담, 복지향상사업 등이 대표적이다.

65 다음 중 투자 운용 원칙에 대한 설명으로 옳은 것은?

① 대체 투자란 유동 자산이 시간이 경과함에 따라 그 가치가 하락하게 되므로, 이를 다른 새로운 대상으로 대체하여 투자하는 것을 말한다.

② 적극적 투자에는 유사 제품 개발, 최초 제품 개발 등이 있다.

③ 확장 투자 시 투자액을 투자 초기에 회수할 수 있도록 하여야 한다.

④ 전략 투자는 장기적 목표를 가지고 직접적으로 이루어진다.

해설

① 고정 자산은 시간이 경과함에 따라 그 가치가 하락하게 되므로, 이를 다른 새로운 대상으로 대체하여 투자하는 것을 대체 투자라 한다.

② 유사 제품 개발은 소극적 제품 투자에 해당한다.

④ 전략 투자는 장기적 목표를 가지고 간접적으로 이루어진다.

66 투자를 함에 있어 재정력이 부족하여 자금의 회수가 중요할 때 사용하는 분석기법은 무엇인가?

① 회수기간법

② 순현재가치법

③ 내부수익률

④ 편익비용비

해설

순현재가치법 (NPV)	• 미래의 현금흐름을 현재의 화폐가치로 환산·비교한 것이다. • 순현재가치가 0보다 크면 정책이 채택된다. • NPV에 의한 평가기준을 칼도-힉스기준이라 한다. • 자원(예산)의 제약이 없을 경우 사용된다. • 사업의 규모가 클수록 순현재가치가 크게 나타난다. 　- 사업의 규모가 다를 경우 그 한계를 띔
편익비용비 (B/C)	순현재가치법의 대규모 사업이 유리해지는 편향성을 보완하기 위한 기법으로, 사업의 규모가 다를 경우 보조적으로 이용된다.
내부수익률 (IRR)	• 내부수익율이란 총 편익과 총 비용을 일치시키는 할인율로, 순현재가치를 '0'으로 만드는 할인율, 편익비용비를 '1'로 만드는 할인율이다. • 내부수익률이 클수록 바람직하다. • 내부수익률이 필수(요구)수익률보다 클 경우 타당성이 있다고 본다. • 다수의 '해'가 나올 수 있다는 한계가 있다. • 사업의 기간이 서로 상이할 경우 사용이 곤란하다. • 내부수익률보다 순현재가치법이 더 정확하다는 것이 일반적이다.
회수기간법	• 재정력이 부족하여 자금의 회수가 중요할 때 사용한다. • 회수기간이 빠른 투자안(정책)이 우선순위를 가진다. • 화폐의 시간적 가치가 중시되지 않는 단점이 있다.

67 투자를 위한 분석법 중 순현재가치법에 대한 설명으로 옳지 <u>않은</u> 것은?

① 미래의 현금흐름을 현재의 화폐가치로 환산 · 비교한 것이다.
② 순현재가치가 1보다 크면 정책이 채택된다.
③ 자원(예산)의 제약이 없을 경우 사용된다.
④ 사업의 규모가 클수록 순현재가치가 크게 나타난다.

해설
순현재가치법은 순현재가치가 0보다 크면 정책을 채택한다. 순현재가치는 사업의 규모가 클수록 크게 나타나는데 사업의 규모가 다를 경우에는 사용할 수 없다는 단점이 있다.

68 투자안의 경제성을 평가하는 방법 중 화폐의 시간적 가치(할인율)를 고려하지 <u>않는</u> 방법은 무엇인가?

① 회수기간법
② 순현재가치법
③ 내부수익률
④ 편익비용비

해설
회수기간법은 화폐의 시간적 가치가 중시되지 않는 단점이 있다.

69 수산업의 생산관리 및 생산계획이 중요해지고 있는 이유로 보기 <u>어려운</u> 것은?

① 수산자원의 감소
② 국제 간 어업 경쟁 격화
③ 어장 이용 축소
④ 어업 생산의 근대화

해설
최근 수산자원의 감소, 국제 간 어업 경쟁 격화, 어장 이용 확대, 어업 생산의 근대화가 이루어짐에 따라 수산업의 생산관리 및 생산계획이 중요해지고 있다.

70 어획물의 상품가치를 결정하는 데 가장 큰 요인으로 작용하는 기준은 무엇인가?

① 어획물의 크기
② 어획물의 선도
③ 어획물의 어획된 양
④ 어획에 든 비용

해설

어획물의 품질은 보통 어획물의 크기와 선도로 구분되며, 그 중에서도 선도가 상품가치를 결정하는 데 가장 큰 요인으로 작용한다.

71 다음 중 어업을 위한 준비 작업 계획에 해당하지 <u>않는</u> 것은?

① 어획량 계획
② 어구 수선 및 정비
③ 식품 소요 계획 수립
④ 연료 소요 계획 수립

해설

어업 작업 계획

어업 준비 작업 계획	• 어선 수선 및 정비 • 식품 · 연료 · 얼음 소요 계획 수립 및 준비 등
어로 작업 계획	• 어획량 계획 • 투 · 양망 횟수 계획

72 어로 작업 순서를 순서대로 바르게 나열한 것은?

① 어군 탐색 → 투망 → 집어 → 인망 → 양망 → 어획물 처리
② 어군 탐색 → 투망 → 집어 → 양망 → 인망 → 어획물 처리
③ 어군 탐색 → 집어 → 투망 → 인망 → 양망 → 어획물 처리
④ 어군 탐색 → 집어 → 인망 → 투망 → 양망 → 어획물 처리

해설

어군 탐색 → 집어 → 투망 → 인망 → 양망 → 어획물 처리의 순으로 이루어 진다.

73 다음 중 어업 생산 조직에 포함되는 것은?

① 선단조직
② 수산업협동조합 조직
③ 어촌계 조직
④ 공동 이익 조직

해설

어업 생산 조직에는 크게 단선조직, 선대조직, 선단조직이 있다.

74 다음의 특징을 가지는 어선 조직은 무엇인가?

> • 육지에서 경영자가 어선의 어로 작업을 조정하고 통제하면서 어선들 사이에 경쟁을 자극시키는 방식이다.
> • 어선 간에 어장 정보를 교환하고, 어황 · 어획량 등을 영업소에 보고하면, 영업소에서 종합하여 다시 어선에 통지하는 방식을 사용함으로써 어업 효율을 높인다.

① 단선조직 ② 집중식 선대조직
③ 교체식 선대조직 ④ 선단조직

해설

어선 조직 구분

단선조직		• 한 척의 어선이 단독으로 생산을 수행하는 조직이다. • 기업에 많은 수의 어선이 있다 하더라도 개개의 어선이 홀로 어업 활동을 한다. • 선장을 중심으로 운영된다.
선대조직	집중식	• 육지에서 경영자가 어선의 어로 작업을 조정하고 통제하면서 어선들 사이에 경쟁을 자극시키는 방식이다. • 어선 간에 어장 정보를 교환하고, 어황 · 어획량 등을 영업소에 보고하면, 영업소에서 종합하여 다시 어선에 통지하는 방식을 사용함으로써 어업 효율을 높인다.
	교체식	• 같은 종류의 두 척 이상의 어선 간에 팀을 조직하여 서로 교체해가며 조업을 하는 방식이다. • 한 기업의 어선이 어장을 발견하면 그 기업에 속해있는 여러 어선에 정보를 통지하여 그 어장에 집중시켜 조업을 한다.
선단조직		• 기선저인망 · 선망 등 대규모 조업 시 계획적인 조업과 정보교환, 수송, 보급 등을 위해 공선(모선)을 중심으로 운반선 · 집어선 · 어로탐지선 등으로 구성된 형태를 말한다. • 어장과 항구를 왕래하는 데 소비되는 경비와 시간을 절약하고 작업시간을 증가시켜 어획량을 증대시키는 데 목적이 있다. • 공선에 냉동 · 냉장 · 가공 시설을 갖추고 있어 어획물의 선도유지를 높일 수 있다. • 선단조직은 어획 기능, 어군탐지 기능, 어획물 가공 기능, 집어 기능, 운반 기능을 모두 할 수 있다.

75 다음 중 어선 조직의 유형에 따른 설명으로 옳지 <u>않은</u> 것은?

① 단선조직은 선장을 중심으로 운영된다.
② 교체식 선대조직은 같은 종류의 두 척 이상의 어선 간에 팀을 조직하여 서로 교체해가며 조업을 하는 방식이다.
③ 집중식 선대조직은 한 기업의 어선이 어장을 발견하면 그 기업에 속해있는 여러 어선에 정보를 통지하여 그 어장에 집중시켜 조업을 한다.
④ 선단조직은 어장과 항구를 왕래하는 데 소비되는 경비와 시간을 절약하고 작업시간을 증가시켜 어획량을 증대시키는 데 목적이 있다.

해설
한 기업의 어선이 어장을 발견하면 그 기업에 속해있는 여러 어선에 정보를 통지하여 그 어장에 집중시켜 조업을 하는 조직은 교체식 선대조직이다.

76 어업 노동력을 고용했을 때 문제점으로 가장 적절하지 <u>않은</u> 것은?

① 노동력이 연안 지역에 집중되어 있다.
② 육상으로 취업 기회가 확대되어 노동력 이탈 현상이 증가하고 있다.
③ 어업 시기가 어기에 따라 변동되므로 고용기간이 단기적이다.
④ 근무할 수 있는 노동자들의 연령대가 높다.

해설
어업 노동력 고용 시 문제점
• 어기에 따라 어업 시기가 변동되므로 고용 기간이 단기적이다.
• 노동력이 연안 지역에 집중되어 있다.
• 어획 노동의 강도가 크고 가공업 및 유통업 분야 등 육상으로의 취업 기회가 확대되면서 노동력 이탈 현상이 증대되고 있다.

77 다음 중 선단조직이 수행할 수 있는 기능으로 적절하지 <u>않은</u> 것은?

① 어획물 가공 기능
② 어군 탐지 기능
③ 어획물 유통 기능
④ 집어 기능

해설
선단조직은 어획 기능, 어군 탐지 기능, 어획물 가공 기능, 집어 기능, 운반 기능을 모두 할 수 있다. 그러나 어획물 유통 기능은 선박에서 할 수 있는 기능이 아니다.

78 다음 보기가 설명하는 어선 조직으로 가장 적절한 것은?

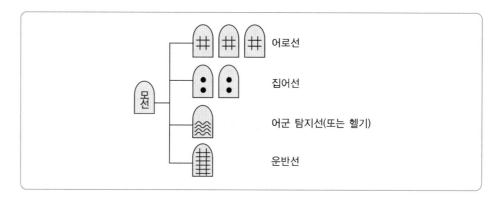

① 단선조직
② 집중식 선대조직
③ 교체식 선대조직
④ 선단조직

해설
선단조직은 기선저인망·선망 등 대규모 조업 시 계획적인 조업과 정보교환, 수송, 보급 등을 위해 공선(모선)을
중심으로 운반선·집어선·어로탐지선 등으로 구성된 형태를 말한다.

79 다음 중 수산업의 경영분석 방법에 대한 설명으로 옳지 **않은** 것은?

① 구성비율법은 객관적이고 문제점을 쉽게 찾아 낼 수 있으나, 타 기업과의 비교가 어려운 단점
이 있다.
② 구성비율법은 재무상태표와 손익계산서를 활용한다.
③ 관계비율법은 둘 이상의 계정을 상호 비교하여 안정성·수익성·성장성 등을 파악하는 방법이다.
④ 추세분석법은 기준 연도의 재무제표의 각 항목을 100으로 하고, 후속 연도의 항목을 백분율로
표시하여 기업 변화 동향을 판단하는 방법이다.

해설
구성비율법은 재무상태표와 손익계산서의 자산·자본·부채·수익·비용을 항목별 구성 비율로 표시하여 경영성과
와 재무상태를 파악하는 방법으로 타 기업과의 비교가 용이하다는 점에서 장점이 있다.

80 다음 중 수산업의 경영분석지표로 활용되지 <u>않는</u> 지표는?

① 수익성
② 안정성
③ 성장성
④ 개방성

해설

수산업의 경영분석지표에는 성장성, 활동성, 안정성, 수익성이 있다.

경영분석지표

	경영성과를 측정·평가한 비율로, 높을수록 성과가 큰 것을 의미한다.	
수익성	자본 이익률	이익 ÷ 자본 × 100
	매출액 이익률	이익 ÷ 매출액 × 100
	수지 비율	비용 ÷ 수익 × 100
	매출 원가	매출 원가 ÷ 매출액 × 100
	부채 대 총자본 비율을 나타낸 것으로, 높을수록 부채가 많은 것을 의미한다.	
안정성	유동 비율	유동 자산 ÷ 유동 부채 × 100
	부채 비율	부채 ÷ 자기 자본 × 100
	고정 비율	고정 자산 ÷ 자기 자본 × 100
	고정 장기 적합률	고정 자산 ÷ (자기 자본 + 고정 부채) × 100
	생산·판매 활동을 위하여 자산을 얼마나 효과적으로 활용하였는지를 나타낸 것으로, 회전율이 높을수록 자산 활용도가 큰 것을 의미한다.	
활동성	자본 회전율	매출액 ÷ 자본
	고정 자산 회전율	매출액 ÷ 고정 자산
	단위당 매출액	매출액 ÷ 재고 자산
성장성	매출액 증가율	$\dfrac{당년도\ 매출액 - 전년도\ 매출액}{전년도\ 매출액} \times 100$
	총자산 증가율	$\dfrac{당년도\ 총자산 - 전년도\ 총자산}{전년도\ 총자산} \times 100$
	순이익 증가율	$\dfrac{당년도\ 순이익 - 전년도\ 순이익}{전년도\ 순이익} \times 100$

81 수산업의 경영분석지표 중 부채 대 총자본 비율을 나타낸 지표는 무엇인가?

① 수익성

② 안정성

③ 성장성

④ 활동성

해설

- 수익성 : 경영성과를 측정·평가한 비율
- 안정성 : 부채 대 총자본의 비율
- 활동성 : 생산·판매 활동을 위하여 자산을 얼마나 효과적으로 활용하였는지를 나타낸 것
- 성장성 : 매출액 증가율, 총자산 증가율, 순이익 증가율로 표현

82 다음 중 활동성 지표에 해당하지 <u>않는</u> 것은?

① 고정 장기 적합률

② 자본 회전율

③ 고정 자산 회전율

④ 단위당 매출액

해설

고정 장기 적합률은 경영분석지표 중 안정성 지표에 해당한다.

83 다음 중 매출 원가는 경영분석지표 중 어디에 해당하는가?

① 수익성

② 안정성

③ 성장성

④ 개방성

해설

수익성 지표로 자본 이익률, 매출액 이익률, 수지 비율, 매출 원가 등이 있다.

84 다음 중 경영 분석 방법에 속하지 <u>않는</u> 것은?

① 구성비율법

② 관계비율법

③ 추세분석법

④ 작업분석법

해설

수산업의 경영 분석 방법에는 구성비율법, 관계비율법, 추세분석법 세 가지가 있다.

85 다음은 어느 수산기업의 회계 관련 자료이다. 수지 비율로 옳은 것은?

(단위 : 억 원)

유동 자산	800	유동 부채	400
고정 자산	7,200	고정 부채	5,600
투자 및 기타 자산	2,000	자본금	2,000
어로 원가	10,000	당기 순이익	2,000
판매비	4,000	매출	20,000
일반 관리비	3,000	영업 외 수익	4,000
영업 외 비용	5,000		

① 200%

② 180%

③ 91.7%

④ 50%

해설

유동 비율	800 ÷ 400 × 100	200%
고정 비율	7,200 ÷ 4,000 × 100	180%
부채 비율	(400 + 5,600) ÷ 4,000 × 100	150%
수지 비율	(10,000 + 4,000 + 3,000 + 5,000) ÷ (20,000 + 4,000) × 100	91.7%

86 입지 환경 변화에 대한 적응력 판단은 자가 경영 진단 항목 중 어디에 해당하는가?

① 어장 진단
② 시설 진단
③ 생산 진단
④ 판매 진단

해설

어장 진단은 생산량의 증감 원인을 분석하기 위하여 실시하며, 입지 환경의 적합성을 판단하고, 입지 환경의 변화에 따른 적응력을 판단하기 위하여 실시된다.

87 다음 중 자가 경영 진단의 내용에 속하지 <u>않는</u> 것은?

① 어장 진단
② 생산 진단
③ 수요 진단
④ 자금 진단

해설

자가 경영 진단 항목에는 어장 진단, 시설 진단, 생산 진단, 판매 진단, 자금 진단이 있다.

88 다음 중 자가 경영 진단 중 시설 진단에 해당하지 <u>않는</u> 것은?

① 어장 규모 적합성 판단
② 시설 규모 및 방법 검토
③ 장비 적합성 및 활용도 검토
④ 생산기술 및 효율성 분석

해설

생산기술 및 효율성 분석은 자가 경영 진단 중 생산량 증감원인 분석과 생산원가 절감방안을 모색하기 위한 생산 진단에 해당한다.

89 다음 내용은 자가 경영 진단 유형 중 무엇과 밀접한 관련이 있는가?

> • 가격 및 공급량 변동 분석
> • 판매 방법 및 시기 판단
> • 판매할 생산물의 품질 검토

① 어장 진단　　　　　　　　② 자금 진단
③ 판매 진단　　　　　　　　④ 생산 진단

해설

자가 경영 진단 목적과 검토 내용

항목	목적	내용
어장 진단	생산량 증감원인 분석	• 입지 환경 적합성 판단 • 입지 환경 변화에 대한 적응력 판단
시설 진단	• 생산량 증감원인 분석 • 시설비 절감방안 모색	• 어장 규모 적합성 판단 • 시설 규모 및 방법 검토 • 장비 적합성 및 활용도 검토
생산 진단	• 생산량 증감원인 분석 • 생산원가 절감방안 모색	• 종묘 적합성 판단 • 생산 기술 및 효율성 분석 • 관리 방식의 적합성과 효율성 분석
판매 진단	• 어가 변동원인 분석 • 판매비 절감방안 모색	• 가격 및 공급량 변동 분석 • 판매 방법 및 시기 판단 • 판매할 생산물의 품질 검토
자금 진단	• 운영자금 적합성 분석 • 이자비용 절감방안 모색	자금 조달 내역 및 효율성 검토

90 조업 일수 효율은 경영 진단 시 효율성 분석 지표 중 어디에서 활용되는가?

① 생산 적합성　　　　　　　② 어장 적합성
③ 기술 적합성　　　　　　　④ 판매 적합성

해설

경영 진단 시 효율성 분석 지표와 산출 방법

항목	지표	항목	지표
어장 적합성	• 조업 일수 효율　• 파종 효율	기술 적합성	• 사료 효율　　　• 파종 효율
시설 적합성	• 유류 효율　　• 시설 효율	인력 적합성	인력효율
생산 적합성	• 유류 효율　　• 어구 효율	판매 적합성	가격 효율

91 다음은 어느 수산기업의 회계 관련 자료이다. 사료 효율로 옳은 것은?

생산량	24,000kg	시설량	1,000m²
생존량	4만 마리	사료 투입량	99,000kg
파종량	5만 마리	투입 인력	연 1,000명
투입 중량	1,000kg	판매 금액	8억 원
증중량	23,000kg	비용 합계	4억 원

① 80%

② 50%

③ 24%

④ 23%

해설

파종 효율	4만 마리 ÷ 5만 마리 × 100 = 80%
시설 효율	24,000kg ÷ 1,000m² = 24kg/m²
사료 효율	23,000kg ÷ 99,000kg × 100 = 약 23%
인력 효율	23,000kg ÷ 1,000명 = 23kg/명
가격 효율	8억 원 ÷ 4억 원 = 2배

92 다음 중 수산업을 경영함에 있어 회계의 필요성으로 볼 수 <u>없는</u> 것은?

① 경영성과를 파악할 수 있다.

② 재무상태를 파악할 수 있다.

③ 계획된 기일에 계획된 비용으로 수산자원을 채포 · 양식하기 위해 생산활동을 계획 · 조정
· 통제할 수 있다.

④ 향후 경영방침 수립을 위한 자료를 제공해준다.

해설

계획된 기일에 계획된 비용으로 수산자원을 채포 · 양식하기 위해 생산활동을 계획 · 조정 · 통제하는 것은 생산관리
라 한다.

93 다음 중 현금 계정의 대변에 들어갈 내용으로 옳은 것은?

① 현금의 수입액　　　　　　　　　② 현금의 지출액
③ 현금의 차액　　　　　　　　　　④ 계정의 잔액

해설

현금 계정	• 현금의 수입과 지출을 처리하는 자산계정이다. • 차변 : 현금의 수입액, 현금의 현재액, 계정의 잔액 • 대변 : 현금의 지출액

94 현금 계정 명세를 기입하는 보조 기입장으로 현금의 수입 · 지출 내역을 상세히 기입하여 현금을 현재액을 알 수 있게 도와주는 것을 무엇이라 하는가?

① 현금계정　　　　　　　　　　　② 현금 출납장
③ 재무상태표　　　　　　　　　　④ 손익계산서

해설

현금 출납장	• 현금 계정 명세를 기입하는 보조 기입장이다. • 현금의 수입 · 지출 내역을 상세히 기입하여 현금을 현재액을 알 수 있게 기록한다. • 현금 출납장의 잔액과 현금 계정의 잔액은 일치해야 한다.

95 회계보고서상 계정 과목별 작성 시 차변에 들어가는 내용이 <u>아닌</u> 것은?

① 자산의 증가　　　　　　　　　② 자본의 감소
③ 비용의 감소　　　　　　　　　④ 부채의 감소

해설

회계보고서상 계정 과목별 작성

자산계정		부채계정		재무상태표	
차변	**대변**	**차변**	**대변**	**차변**	**대변**
증가	감소	감소	증가	자산	부채 자본

자본계정		비용계정		수익계정	
차변	**대변**	**차변**	**대변**	**차변**	**대변**
감소	증가	증가	감소	감소	증가

96 다음 중 현금주의에 대한 설명으로 옳지 <u>않은</u> 것은?

① 거래의 영향을 단 한 가지 측면에서 수입과 지출로만 파악한다.

② 재정의 총괄적이고 체계적인 현황 파악이 곤란하다.

③ 부채가 존재해도 현금으로 지출되지 않으면 재정이 건전한 것으로 나타난다.

④ 모든 재산의 증감 및 손익의 발생 내용을 기록한다.

해설

모든 재산의 증감 및 손익의 발생 내용을 기록하는 것은 발생주의에 대한 설명이다.

현금주의	• 거래의 영향을 단 한 가지 측면에서 수입과 지출로만 파악한다. • 재정의 총괄적이고 체계적인 현황 파악이 곤란하다. • 자산 및 부채에 대해 명확하게 인식하기 힘들고 회계의 건전성 파악이 곤란하다. 부채가 존재해도 현금으로 지출되지 않으면 재정이 건전한 것으로 나타난다. • 오류의 자기검증 및 연계성 분석이 어렵다. • 이익과 손실의 원인을 명확히 파악하기 어렵다.

97 고정 자산 중 그 성질이 <u>다른</u> 하나는?

① 어구　　　　　　　　　　② 어선

③ 어업권　　　　　　　　　④ 토지

해설

고정 자산 기장

고정 자산을 취득한 경우 종류별 계정 과목을 설정하고 차변에 취득 원가를 기입한다.

무형 자산	어업권, 허가권 등
유형 자산	어선, 어구, 토지, 건물, 차량, 비품 등

98 상품 매매 기장 시 고려해야 할 사항에 해당하지 <u>않는</u> 것은?

① 거래대상　　　　　　　　② 기업의 규모

③ 거래량　　　　　　　　　④ 거래빈도

해설

상품 매매 기장(3분법)

• 기업의 규모, 거래량, 거래빈도를 고려하여 회계처리한다.

• 상품매매 거래를 자산계정(이월상품계정), 비용계정(매입계정), 수익계정(매출계정)으로 분할하여 기장하는 방법이다.

99 다음은 회계보고서의 작성 방법 중 무엇에 관한 설명인가?

> • 현금주의와 달리 투입비용에 대한 정보를 제공한다.
> • 회계 담당자의 주관성이 보다 많이 작용할 가능성이 있다.
> • 감가상각 및 대손상각을 비용으로 인식한다.

① 단식부기   ② 복식부기
③ 현금주의   ④ 발생주의

 해설

단식부기와 복식부기

단식부기	• 채권·채무는 회계장부상에 존재하지 않는다. • 단순하기 때문에 이해가 쉽고 관리가 용이하다. • 예산액수와 실제 지출액수의 비교가 쉽기 때문에 관리(집행)통제 면에서 유용하다. • 이미 발생했지만 아직 지불되지 않은 채무에 관한 정보를 제공하지 않아, 가용자원에 대한 과대평가가 이루어지기 쉽고, 재정적자가 초래될 가능성이 높다. • 비용과 편익을 정확히 계산하기 어렵다.
복식부기	• 현금주의와 달리 투입비용에 대한 정보를 제공한다. • 회계 담당자의 주관성이 보다 많이 작용할 가능성이 있다. • 모든 채권을 징수 할 수 있는 것은 아니기에 수익의 과대평가가 이루어질 가능성이 있다. • 감가상각 및 대손상각을 비용으로 인식한다.

현금주의와 발생주의

현금주의	• 거래의 영향을 단 한 가지 측면에서 수입과 지출로만 파악한다. • 재정의 총괄적이고 체계적인 현황 파악이 곤란하다. • 자산 및 부채에 대해 명확하게 인식하기 힘들고 회계의 건전성 파악이 곤란하다. 부채가 존재해도 현금으로 지출되지 않으면 재정이 건전한 것으로 나타난다. • 오류의 자기검증 및 연계성 분석이 어렵다. • 이익과 손실의 원인을 명확히 파악하기 어렵다.
발생주의	• 거래의 이중성을 회계처리에 반영하여 기록하는 방식이다. 즉, 자산·부채·자본을 인식하여 계상한다. • 모든 재산의 증감 및 손익의 발생 내용을 기록한다. • 대차평균의 원리에 따라 차변과 대변에 이중기록한다. – 재무상태표, 손익계산서를 작성한다. • 차변의 합계와 대변의 합계가 일치하여 자기검증기능을 갖는다. • 총량 데이터를 확보할 수 있기 때문에 최고경영자 또는 정책결정자에게 유용한 정보를 제공한다. • 데이터의 신뢰성이 높다. • 상호검증이 가능하여 부정이나 오류를 발견하기 쉽다. • 회계정보의 이해 가능성이 높아 대국민의 신뢰를 확보할 수 있다.
수정발생주의	• 수익은 현금주의, 비용은 발생주의 • 유동 자산 또는 유동 부채의 증감시점에 거래 인식 • 유동 자산 또는 유동 부채의 변동을 측정 • 고정 자산과 장기차입금 및 장기 미지급금 등 고정 부채의 변동 상황 파악은 곤란하다.

100 다음 중 매출원가 계산 방법으로 옳은 것은?

① 기초상품 재고액 + 당기 순매입액 – 기말상품 재고액
② 기초상품 재고액 – 당기 순매입액 – 기말상품 재고액
③ 당기 총 매입액 – 매입 에누리액 + 환출액
④ 당기 총 매입액 – 매입 에누리액 – 환출액

해설

매출원가	• 매출한 상품에 대한 원가를 의미한다. • 매출원가 = 기초상품 재고액 + 당기 순매입액 – 기말상품 재고액 ※ 당기 순매입액 = 당기 총 매입액 – 매입 에누리액 + 환출액

101 다음 중 어선어업을 경영함에 있어 영업비에 해당하지 <u>않는</u> 것은?

① 판매비　　　　　　　　　② 관리비
③ 급여　　　　　　　　　　④ 재료비

해설

어선어업은 따로 양식업과 달리 재료비가 없다.

102 수산물 원가를 발생 형태에 따라 분류할 경우 그 성질이 <u>다른</u> 하나는?

① 재료비　　　　　　　　　② 노무비
③ 고정비　　　　　　　　　④ 경비

해설

발생 형태에 따른 수산물 원가의 분류

재료비	수산물 생산에 소비된 재료의 소비액이다.
노무비	• 생산활동에 있어 노동은 필수적 요소이기 때문에, 필수적인 원가에 해당한다. • 임금, 급료, 상여금, 퇴직금이 노무비에 해당한다.
경비	• 재료비·노무비를 뺀 모든 생산원가요소이다. • 소모품비, 수리비, 통신비, 수수료, 감가상각비, 운반비, 포장비가 경비에 해당한다.

103 다음 수산경영 요소 중에서 기술적 요소로만 짝지어진 것은?

> ㄱ. 수산자원   ㄴ. 기계설비
> ㄷ. 경영지식   ㄹ. 가공 공장
> ㅁ. 시장정보   ㅂ. 경영관리노동

① ㄱ, ㄴ
② ㄴ, ㄹ
③ ㄹ, ㅂ
④ ㄷ, ㅁ

해설

수산경영 요소

자연적 요소	수산자원(어류 · 패류 · 해조류 등), 어장
인적 요소	해상노동, 육상노동, 경영관리노동
기술적 요소	기술, 경영지식, 시장정보
물적 요소 (자본재)	어선, 어구, 기계설비, 원재료(종묘 · 사료 · 유류 등), 토지, 창고, 가공 공장, 양륙(揚陸)시설, 부화장 및 성육장 등 ← 자금(×)

104 다음에서 설명하고 있는 특징을 가진 수산경영 방식은?

> • 경영 위험을 분산시킬 수 있다.
> • 인력과 시설을 공동이용하여 고정비를 절감할 수 있다.
> • 단위 면적당 생산량을 증가시킬 수 있다.

① 복합경영
② 양식경영
③ 집약경영
④ 조방경영

해설

수산경영 방식에 따른 구분

어업경영	자연에서 채취하는 경영 방식이다.
양식경영	인위적으로 부화 · 발생 · 육성하여 생산하는 방식이다.
집약경영	• 수산경영 요소(노동 · 자본)의 이용도가 높은 경영 방식이다. • 대도시 근교에서 적합한 방식이다.
조방경영	• 수산경영 요소의 이용도가 낮은 경영 방식이다. • 외지에 적합한 방식이다.
단일경영	단일 업종 또는 단일 품목만을 경영하는 전문 경영 방식이다.
복합경영	• 둘 이상의 업종을 수행하는 경영 방식이다. • 경영 위험을 분산시킬 수 있고, 인력과 시설을 공동 이용함으로써 고정비를 절감하고 부산물을 효율적으로 활용할 수 있다. • 단위 면적당 생산량을 증가시킬 수 있다.

105 다음 중 정률법에 따른 감가상각비 계산 방법으로 옳은 것은?

① $\dfrac{\text{취득원가} - \text{잔존가액}}{\text{내용년수}}$

② $\dfrac{\text{취득원가} - \text{잔존가액}}{\text{내용년수}} \times \text{상각률}$

③ (취득원가 − 직전 연도 감가상각 누계액) × 상각률

④ (취득원가 + 직전 연도 감가상각 누계액) × 상각률

해설

감가상각비 계산

정액법	• 매년 일정한 금액을 감가상각하는 방법 • 감가상각비 = $\dfrac{\text{취득원가} - \text{잔존가액}}{\text{내용년수}}$
정률법	• 매년 일정 비율로 감가상각하는 방법 • 감가상각비 = (취득원가 − 직전 연도 감가상각 누계액) × 상각률 ※ 상각률 = $1 - \sqrt[\text{내용년수}]{\dfrac{\text{잔존가액}}{\text{취득원가}}}$

106 다음 중 원가 계산에 대한 설명으로 가장 적절하지 **않은** 것은?

① 원가에는 정상적인 생산과정에서 발생하는 비용만 포함한다.

② 원가 계산은 수산물이 생산되어 판매되기 이전까지 소비된 모든 가치를 계산한다.

③ 화폐액으로 표시된다.

④ 둘 이상의 어선에 운반선이 있는 경우 운반 배부비용을 어선별 원가에 합산한다.

해설

• 원가는 생산과정에서 투입되는 모든 경제적 가치를 말하며, 화폐액으로 표시된다.
  – 원가 계산은 수산물이 생산되어 판매되기 이전까지 소비된 모든 가치를 계산한다.
• 원가에는 정상적인 생산과정에서 발생하는 비용만 포함한다.
• 어선어업에서 원가 계산은 어선별로 하며, 어선별 원가는 어선별 개별 원가 요소와 공동 원가 요소를 합산하여 산정한다. 단, 둘 이상의 어선에 운반선이 있는 경우 운반 배부비용은 어선별 원가에 합산하지 않는다.

107 다음 중 원가 계산의 목적으로 가장 적절하지 **않은** 것은?

① 손익계산서와 재무상태표 등 재무제표를 작성하는 데 기초적인 정보를 제공하여 준다.

② 생산자는 가격 설정 시 원가를 기준으로 하여 결정한다.

③ 수산물을 효율적으로 판매하기 위한 계획・시장조사・촉진・판매・통제활동에 관여하기 위해서이다.

④ 예산 편성에 정보를 제공하여 준다.

해설

수산물을 효율적으로 판매하기 위한 계획・시장조사・촉진・판매・통제활동에 생산까지도 관여하는 적극적인 활동을 하는 것은 수산물 마케팅에 대한 설명이다.

원가 계산의 목적

재무제표 작성	손익계산서와 재무상태표 등 재무제표를 작성하는 데에 기초적인 정보를 제공해 준다.
가격계산	생산자는 가격 설정 시 원가를 기준으로 하여 결정한다.
원가관리	원가 절감 및 원가 능률 향상을 위한 정보를 제공해 준다.
예산편성	원가를 계산함으로써 예산 편성에 정보를 제공해 준다.
경영기본계획 수립	경영기본계획을 수립하는 데 필요한 수익과 원가를 비교할 수 있는 자료를 제공해 준다.

108 어선어업의 원가 요소 중 출어비에 해당하지 <u>않는</u> 것은?

① 소모품비
② 얼음대
③ 주부식비
④ 운반비

해설

어선어업의 원가 요소

출어비	어구비, 연료비, 얼음대, 소금대, 소모품비, 주부식비 등
노무비	임금, 수당, 상여금, 퇴직금 등
경비	운반비, 수선비, 공제비, 보험료, 세금, 공과금, 복리후생비 등

109 다음 중 어선어업의 원가 요소에 대한 설명으로 옳지 <u>않은</u> 것은?

① 원가 요소가 출어비 · 노무비 · 경비로 구성된다.
② 출어비와 경비는 일반적으로 직접비에 해당하고, 노무비는 간접비에 해당한다.
③ 어선의 조업활동을 하기 위해 육상에서 발생한 비용을 포함한다.
④ 재료비가 따로 없다.

해설

어선어업은 따로 양식업과 달리 재료비가 없어 원가 요소가 출어비 · 노무비 · 경비로 구성된다. 이 중 출어비와 노무비는 일반적으로 직접비에 해당하고, 경비는 간접비에 해당한다

110 종묘 생산 방식에 대한 설명으로 옳지 <u>않은</u> 것은?

① 자연 종묘 생산은 자연에서 치어나 치패 등을 수집하여 양식용 종묘로 사용하는 방식을 말한다.
② 인공 종묘 생산은 먹이생물 배양 → 어미 확보 및 관리 → 채란 부화 → 자어(유생) 사육 순으로 진행한다.
③ 숭어를 인공 종묘로 이용하려면 담수와 해수가 만나는 염전 저수지나 양어장에서 치어를 채집해야 한다.
④ 인공 종묘 생산에서 어류 초기 먹이로 사용되는 것은 로티퍼와 이소크리시스이다.

해설

인공 종묘 생산에서 어류 초기 먹이로 사용되는 것은 알테미아와 로티퍼이다. 이소크리시스는 케토세로스와 함께 패류 초기 먹이로 사용된다. 다만, 종묘라는 용어는 2016년 「수산업법」 개정으로 수산종자라는 용어로 변경되었다.

111 다음 조건에 의하여 계산되는 파종 효율은?

> • 파종량 : 8만 마리
> • 생존량 : 6만 마리

① 55%

② 65%

③ 75%

④ 85%

해설

파종 효율 : 생존량 ÷ 파종량 × 100 → 60000 ÷ 80000 × 100 = 75%

112 다음 중 어선어업의 원가 요소와 양식업의 원가 요소의 가장 큰 차이점은 무엇인가?

① 재료비

② 운반비

③ 감가상각비

④ 임금

해설

어선어업은 따로 양식업과 달리 원가 요소에 재료비가 없다.

113 다음 중 자가 경영 진단의 목적으로 적절하지 **않은** 것은?

① 어장 진단은 생산량 증감원인을 분석하는 데 목적이 있다.

② 시설 진단은 시설비 절감방안을 모색하는 데 목적이 있다.

③ 생산 진단은 이자비용 절감방안을 모색하는 데 목적이 있다.

④ 판매 진단은 판매비 절감방안을 모색하는 데 목적이 있다.

해설

자가 경영 진단의 목적과 검토 내용

항목	목적	내용
어장 진단	생산량 증감원인 분석	• 입지 환경 적합성 판단 • 입지 환경 변화에 대한 적응력 판단
시설 진단	• 생산량 증감원인 분석 • 시설비 절감방안 모색	• 어장 규모 적합성 판단 • 시설 규모 및 방법 검토 • 장비 적합성 및 활용도 검토
생산 진단	• 생산량 증감원인 분석 • 생산원가 절감방안 모색	• 종묘 적합성 판단 • 생산 기술 및 효율성 분석 • 관리 방식의 적합성과 효율성 분석
판매 진단	• 어가 변동원인 분석 • 판매비 절감방안 모색	• 가격 및 공급량 변동 분석 • 판매 방법 및 시기 판단 • 판매할 생산물의 품질 검토
자금 진단	• 운영자금 적합성 분석 • 이자비용 절감방안 모색	자금 조달 내역 및 효율성 검토

114 다음 중 수산물이 타 상품과 차이를 보이는 특징으로 볼 수 **없는** 것은?

① 거래에 있어 시간적 제한을 크게 받는다.

② 과잉생산 · 과소생산의 위험도가 높다.

③ 일반적으로 수협을 통한 위탁판매가 이루어지므로 마케팅 경로가 단순하다.

④ 공산품과 달리 가격 변동이 심하다.

해설

수산물의 타 상품과의 차이
• 수산물은 부패도가 높아 거래에 있어 시간적 제한을 크게 받는다.
• 수산물은 초기 계획한대로 생산이 이루어지는 것이 아니므로 과잉생산 · 과소생산의 위험도가 높아 수량적 제한을 크게 받는다.
• 수산물은 계절에 따라 생산물이 달라지고 어장과 생산자가 분산되어 있기 때문에 마케팅 경로가 복잡하다.
• 수산물은 공산품과 달리 상품의 품질과 규격을 동일하게 유지하기 어렵다.
• 수산물은 생산의 불확실성과 부패성으로 인해 공산품과 달리 가격 변동이 심하다.
• 수산물은 부패성으로 인해 일반적으로 시장에서 소량구매가 이루어진다.

115 다음 중 수산물 마케팅 환경의 변화 방향에 대한 설명으로 옳지 <u>않은</u> 것은?

① 수산물 생산기술의 발달로 생산이 점차 증가하고 있다.

② 국내로의 수입이 증대되고 있다.

③ 외국 기업의 진출이 활발해졌다.

④ 생산자와 소비자 간의 시간적·공간적 거리에 대한 인식 차가 줄어들었다.

> **해설**
>
> 해양법 발효로 TAC(총 허용 어획량) 제도가 도입되면서 과거에 비해 수산물 생산에 제한을 받고 있다.
>
> 수산물 마케팅 환경

제도적 환경	• 수산물 거래에 관한 국내적·국제적 기준이 강화되고 있다. • 수산물 무역이 자유화되면서 국내로의 수입이 증대되고 있다. • 우루과이협상(1996) 이후 유통시장이 전면 개방되면서 외국 기업의 진출이 활발해졌다. • 해양법 발효로 TAC(총 허용 어획량) 제도가 도입되면서 과거에 비해 수산물 생산에 제한을 받고 있다.
사회·경제적 환경	• 통신·교통이 발달함으로써 생산자와 소비자 간의 시간적·공간적 거리에 대한 인식 차가 줄어들었다. • 건강에 대한 인식이 커지면서 소비자의 소비 패턴이 변화하고 있다.

116 다음 사례와 어울리는 수산물 유통의 특성으로 옳은 것은?

> 전복을 즐겨 먹는 A씨는 추석때 전복을 먹기 위해 수산 시장을 나갔는데 평소보다 2배나 전복 가격이 오른 것을 보고 깜짝 놀랐다. 주변 사람들에게 이유를 물어보니 최근 적조 현상으로 인해 양식 전복의 폐사율이 80%나 돼 가격이 올라가게 되었다는 것을 알게 되었고 어쩔 수 없이 다른 것을 구매할 수밖에 없었다.

① 부패성

② 수산물 구매의 소량 분산성

③ 가격의 변동성

④ 생산물의 규격화 및 균질화의 어려움

> **해설**
>
> 해당 사례는 수산물 유통의 특성 중 가격의 변동성에 대한 내용을 담고 있다. 수산물은 초기 계획한 대로 생산이 이루어지는 것이 아니므로 과잉생산·과소생산의 위험도가 높아 수량적 제한을 크게 받으며, 이는 가격의 변동으로 이어진다.

117 다음 중 마케팅 조사의 목적 및 그 필요성에 대한 설명으로 옳지 <u>않은</u> 것은?

① 마케팅 조사란 생산·판매 시 의사결정에 유용한 정보를 제공할 목적으로 체계적으로 자료를 획득하고 분석하는 과정을 말한다.

② 시장이 소비자 중심에서 생산자 중심으로 옮겨 가면서 마케팅 조사가 중요해졌다.

③ 마케팅 조사는 미래를 예측하여 미래 전략을 수립하는 데 필요한 정보를 제공하는 미래 지향적 활동이다.

④ 시장에서 경쟁이 격화되면서 마케팅 조사의 필요성이 증가하였다.

해설

시장이 생산자 중심에서 소비자 중심으로 옮겨 가면서 소비자 요구를 파악하고 반영하여야 하는 노력이 필요하게 되어 마케팅 조사가 중요해졌다.

118 다음 중 마케팅 환경 분석 조사 방법으로 옳지 <u>않은</u> 것은?

① 대체품 유무에 관한 조사

② 자금·기술력·능력에 대한 강점과 약점 조사

③ 소비자의 소득 수준 및 선호도에 관한 조사

④ 시장 여건 및 경기 동향에 관한 조사

해설

수요 분석	• 시장 특성 조사 – 시장의 규모 및 시장의 성장 가능성 조사 – 대체품 유무에 관한 조사 • 소비자 행동 및 특성 조사 – 구매자·구매량·구매동기에 관한 조사
환경 분석	• 내부환경 분석 – 자금·기술력·능력에 대한 강점과 약점 조사 • 외부환경 분석 – 시장 여건 및 경기 동향에 관한 조사 – 소비자의 소득 수준 및 선호도에 관한 조사

119 다음 중 마케팅 전략 개발 분석 조사 방법으로 옳지 <u>않은</u> 것은?

① 기존 제품과의 차별화를 하기 위한 조사

② 유통 경로 분석

③ 시장별 표적 시장 조사

④ 소득 변화에 따른 판매량 변화에 관한 조사

해설

시장 세분화 분석	시장별로 표적 시장을 구분하여 조사

전략 개발 분석	• 제품 분석
	  – 기존 제품의 장단점에 관한 조사
	  – 기존 제품과의 차별화를 하기 위한 조사
	• 유통 경로 분석
	• 가격 분석
	  – 소득 변화에 따른 판매량 변화에 관한 조사
	  – 경쟁 제품의 가격에 관한 조사
	• 촉진 분석
	• 성과 측정을 위한 조사
	  – 소비자 만족도에 관한 조사
	  – 제품별 시장 점유율에 관한 조사

120 다음 중 수산물 계통판매에 대한 장단점으로 옳지 <u>않은</u> 것은?

① 판매에 대한 위험성이 낮다.
② 판매비용 및 마케팅 비용이 많이 들지 않는다.
③ 가격 결정은 소비지 중도매인에 의해 결정된다.
④ 생산자는 가격결정에 참여할 수 없다.

해설

가격 결정이 소비지 중도매인에 의해 결정되는 유통 방식은 계통판매 방식이 아닌 수집상을 거치는 유통 방식에 해당한다. 계통판매는 판매 및 마케팅을 수협에 위탁하는 방식이다.

121 다음 보기의 판매경로 및 유통경로를 가지는 방식에 대한 설명으로 적절한 것은?

생산자 → 객주 → 도매시장 → 소비지 도매상 → 소매상 → 소비자

① 차입금에 대한 높은 이자·높은 판매 수수료·낮은 매매 가격으로 인하여 생산자가 손해를 보는 경우가 많다.
② 수집상이 생산자에게서 직접 어획물을 수집하여 소비지 도매시장에 출하하는 형태이다.
③ 유통경로가 적어 선도 유지에 용이하다.
④ 판매대금을 신속하게 지불받을 수 있다.

해설

판매경로 및 유통경로 결정

1. 계통 판매경로(일반적인 수산물 유통경로로 수협을 거치는 경우)

> 생산자 → 산지 수협 위판장 → 산지 중도매인 → 소비지 중앙도매시장(소비지 수협) → 소비지 중도매인 → 소비지 도매상 → 소매상 → 소비자

장점	• 판매에 대한 위험성이 낮다. • 판매대금을 신속하게 지불받을 수 있다. • 판매비용 및 마케팅 비용이 많이 들지 않는다. • 판매의 책임이 수협에 있다.
단점	판매 및 마케팅을 수협에 위탁하므로 생산자는 가격 결정에 참여할 수 없다.

2. 수집상을 거치는 경우

> 생산자 → 수집상 → 소비지 도매시장 → 소비지 중도매인 → 소비지 도매상 → 소매상 → 소비자

- 수집상이 생산자에게서 직접 어획물을 수집하여 소비지 도매시장에 출하하는 형태이다.
- 가격 결정은 소비지 중도매인에 의해 결정되며, 수집상은 가격 결정에는 참여하지 않는다.

3. 객주를 거치는 경우

> 생산자 → 객주 → 도매시장 → 소비지 도매상 → 소매상 → 소비자

- 생산자가 객주에게 어획물을 담보로 자금을 대출받아 어획 후 객주에게 어획물의 판매권을 저렴하게 넘기는 방식이다.
- 차입금에 대한 높은 이자 · 높은 판매 수수료 · 낮은 매매 가격으로 인하여 생산자가 손해를 보는 경우가 많다.

4. 수협 직판장을 개설하는 경우

> 생산자 → 수협 직판장 → 소비자

- 수협 직판장에서 수송 · 보관 · 판매의 기능을 담당한다.
- 유통경로가 적어 선도 유지에 용이하다.
- 유통경로가 적어 유통비용을 절감할 수 있다.

5. 생산자가 직접 판매하는 경우

> 생산자 → 소비자

- 연안의 소규모 어가에서 관광객을 상대로 하는 경우가 대표적이다.
- 유통경로가 적어 선도 유지가 가능하고, 유통비용을 절감할 수 있다.

122 수산물 판매 촉진이 활발히 이루어지기 어려운 이유로 보기 <u>어려운</u> 것은?

① 우리나라는 어업 활동이 영세한 어가 위주의 어업이 대부분이다.
② 우리나라는 전통적으로 생산물을 생산자가 직접 판매하고 있어 판매 촉진 활동의 필요성을 크게 느끼지 못하였다.
③ 우리나라는 일반적으로 기존에 거래해 오던 인맥을 활용하여 수산물 판매를 하고 있다.
④ 우리나라는 생계유지 어업이 대부분이다.

해설
우리나라는 전통적으로 생산물을 수협에 위탁 판매하고 있어 판매 촉진 활동의 필요성을 크게 느끼지 못하였다.

123 마케팅 조사에 대한 설명으로 보기 <u>어려운</u> 것은?

① 과거와 현재를 통해 미래를 예측하여 미래 전략을 수립하는 데 필요한 정보를 제공하는 미래 지향적 활동이다.
② 생산·판매 시 의사결정에 유용한 정보를 제공할 목적으로 시행한다.
③ 시장이 소비자 중심에서 생산자 중심으로 옮겨 가면서 적극적인 판촉활동의 노력이 필요하게 되었다.
④ 시장에서 경쟁이 격화되면서 소비자의 욕구 변화가 빨라졌다.

해설
시장은 생산자 중심에서 소비자 중심으로 옮겨 가고 있다. 그래서 적극적으로 소비자 요구를 파악하고 반영해야 하는 노력이 필요하게 되어 마케팅 조사가 중요해졌다.

124 다음 내용이 설명하는 시장으로 옳은 것은?

> • 대통령령이 정하는 품목을 도매 거래하기 위하여 특별시·광역시에 개설하는 시장이다.
> • 해양수산부 장관의 허가를 받아 지방공공단체가 개설한다.
> • 공공성을 최우선으로 한다.

① 지방도매시장
② 중앙도매시장
③ 산지위판장
④ 재래식 도매시장

해설
지방도매시장은 서울 외 지역에서 시·도지사가 허가하는 시장이다.

125 다음 중 수산물 시장의 종류에 대한 설명으로 옳지 <u>않은</u> 것은?

① 산지위판장에서는 어획물의 1차 가격형성이 이루어진다.

② 재래시장, 백화점, 마트 등은 최종적으로 소비자가 이용하는 시장이다.

③ 지방도매시장은 서울 이외의 지역에서 시 · 도지사의 허가를 받아야 한다.

④ 중앙도매시장은 해양수산부 장관의 허가를 받아 민간 기업이 개설한다.

해설

중앙도매시장은 해양수산부 장관의 허가를 받아 지방공공단체가 설립한다. 공공단체가 설립한다는 점으로 인하여 공공성을 최우선으로 한다는 특징이 있다.

126 다음 중 서울 이외의 지역에서 시 · 도지사의 허가를 받아야 개설하는 시장은?

① 산지위판장

② 중앙도매시장

③ 지방도매시장

④ 재래식 소매시장

해설

수산물 시장의 종류

산지 도매시장	산지위판장	• 어획물의 1차 가격 형성이 이루어지는 시장이다. • 대부분 수산업협동조합이 개설 · 운영한다. • 생산자 · 수협 · 중도매인 · 매매 참가인들 간 거래가 형성된다. • 신속한 판매 및 대금 결제가 가능하다. • 어획물의 다양한 이용 형태에 따라 신속한 배분이 가능하다.
소비지 도매시장	중앙도매시장	• 대통령령이 정하는 품목을 도매 거래하기 위하여 특별시 · 광역시에 개설하는 시장이다. • 해양수산부 장관의 허가를 받아 지방공공단체가 개설한다. • 공공성을 최우선으로 한다. 예 노량진 수산물 시장, 가락동 농수산물 시장
	지방도매시장	서울 이외의 지역에서 시 · 도지사의 허가를 받아야 한다.
소매시장	재래식 시장 · 백화점 · 마트	수산물 유통 과정 중 마지막 단계로 최종적으로 소비자가 이용하는 시장이다.

127 다음 중 산지 도매시장의 기능으로 보기 <u>어려운</u> 것은?

① 어획물의 양륙과 진열 기능
② 거래 형성 기능
③ 대금 결제 기능
④ 도시로 유통시키는 분산 기능

해설

산지 도매시장	• 어획물의 양륙과 진열 기능 • 거래 형성 기능 • 대금 결제 기능 • 판매 기능

128 다음 중 소비지 도매시장의 기능으로 보기 <u>어려운</u> 것은?

① 전국에 분산되어 있는 산지시장으로부터 상품을 수집하는 집하 기능
② 수집된 수산물을 도시로 유통시키는 분산 기능
③ 수산물의 소량 유통 기능
④ 신속한 현금으로의 대금 결제 기능

해설

소비지 도매시장	• 전국에 분산되어 있는 산지시장으로부터 상품을 수집하는 집하 기능 • 수집된 수산물을 도시로 유통시키는 분산 기능 • 신속한 현금으로의 대금 결제 기능 • 수산물의 대량 유통 기능

129 다음은 수출 방법 및 절차의 순서이다. 빈칸에 들어갈 말로 올바른 것은?

> 주문 권유 → 오퍼 승낙 → 수출 계약 체결 → (　　　) 내도 → 수출 신고 및 사전 허가
> → 수출 승인(은행) → 수출 금융 → 수출 물품 확보 → 운송예약 및 보험계약 → 수출 신고(세관)
> → 수출 대금 회수

① 수출신용장
② 화물 환어음
③ 선적 서류
④ 선하증권

해설

수출 방법 및 절차
주문 권유 → 오퍼 승낙 → 수출 계약 체결 → 수출신용장 내도 → 수출 신고 및 사전 허가 → 수출 승인(은행) → 수출 금융 → 수출 물품 확보 → 운송예약 및 보험계약 → 수출 신고(세관) → 선적 서류(운송서류 및 상업 송장) → 화물 환어음 발행 → 수출 대금 회수

130 다음 내용이 설명하고 있는 것은 무엇인가?

> 은행이 수입업자의 의뢰에 따라 신용보증을 한 증서로, 수출상이 이것을 받게 되면 일반적으로 수출 거래가 성립된다.

① 수출신용장
② 화물 환어음
③ 권유장(circular letter)
④ 선하증권

해설

수출신용장(L/C)
• L/C(Letter of Credit)는 은행이 수입업자의 의뢰에 따라 신용보증을 한 증서로, 수출상이 신용장을 받게 되면 일반적으로 수출 거래가 성립된다.
• 수출업자가 수입업자에게 대금 지급을 보증할 수 있는 신용장 개설을 요구하면, 수입업자는 거래은행에 신용장을 개설하여 수출업자에게 발송하여야 거래가 진행된다.

131 선적 화물의 인도 청구권이 표시된 유가 증권으로, 화물을 받아 선적하였음을 증명하고, 인도를 약속한 서류를 무엇이라 하는가?

① 수출신용장
② 권유장(circular letter)
③ 선적 서류
④ 선하증권

해설

선하증권
선적 화물의 인도 청구권이 표시된 유가 증권으로, 화물을 받아 선적하였음을 증명하고, 인도를 약속한 증권을 선하증권(B/L : Bill of Lading)이라 한다. 선적이 되고 나면 수출상은 본선 수취증을 받아 선박회사의 선하증권과 교환한다.

132 다음 내용이 설명하고 있는 제도는 무엇인가?

> 동일 물품을 지속적으로 수출하는 경우, 수출상이 일정 거래 실적이 있다면 일일이 개별 수출 승인을 거치지 않고 외국환 은행으로부터 한 번에 수출 승인을 받을 수 있게 하기 위한 제도이다.

① 수출신용장
② 운임보험료포함조건
③ 포괄수출승인
④ 선하증권

해설

① 수입업자의 신용을 보증하기 위해 은행이 발행하는 증서를 수입신용장이라고 한다. 이를 수출선인 상대국에서 받을 경우 수출신용장이라고 한다.
② 화물을 본선까지 적재하는 데 필요한 모든 비용과 위험부담 이외에 해상운임과 보험료까지 수출자가 부담하는 것을 말한다.
④ 선하증권은 선적 화물의 인도 청구권이 표시된 유가 증권으로, 화물을 받아 선적하였음을 증명하고, 인도를 약속한 증권이다.

133 물품을 수입함에 있어 선박회사에서 화물을 수령하기 전 선박회사에 제출하여야 하는 것은 무엇인가?

① 신용장
② 수입 신고필증
③ 상업 송장
④ 선하증권

해설

수입 방법 및 절차
계약 성립 → 수입 승인 → 신용장 개설 → 운송 서류 수령 → 대금 결제 → 화물 수령 → 수입 통관 → 국내 반입

신용장 개설	수입상이 자신의 거래은행인 외국환 은행에 수출상 앞으로 개설을 의뢰한다.
운송서류 수령 및 대금 결제	신용장과 일치하는 운송 서류 및 환어음이 수입국의 외국환 은행에 도착하면, 수입상이 개설 은행에 대금을 결제하고 선하증권을 수령한다.
화물 수령	선하증권을 선박회사에 제출하고 선박회사에서 화물을 수령한다.
수입통관 및 국내 유통	출항 전·입항 전·보세구역 도착 전·보세 구역 도착 후 신고 중에서 선택하여 신고하며, 세관에서 수입 신고필증이 교부되면 수입 상품이 수입국에서 유통된다.

134 다음 설명에 해당하는 수출입 상품 인도조건은 무엇인가?

> 수출업자가 목적지까지 화물을 인도하면서 운송비의 책임을 부담하는 무역 거래조건이다.

① 공장인도조건(EXW)
② 운송비지급인도조건(CPT)
③ 본선인도조건(FOB)
④ 운송인인도조건(FCA)

해설

① 공장인도조건 : 물품을 매도인의 공장에서 인도하는 조건으로 운송비용 · 위험부담 · 수출통관수속 등 모든 절차를 수입자가 부담하여 수출업자에게 가장 유리하다.
③ 본선인도조건 : 약속한 화물을 매수인이 지정한 선박에 적재, 본선상에서 화물의 인도를 마칠 때까지 모든 비용과 위험을 매도인이 부담한다.
④ 운송인인도조건 : FOB와 같은 원리에 근거하고 있으나, FOB는 본선적재를 함으로써 매도인이 비용과 위험에 대한 책임을 면하며, FCA는 운송인에게 물품을 인도하고 운송인이 물품을 수탁하면 책임을 면하게 된다.

135 화물을 본선까지 적재하는 데 필요한 모든 비용과 위험부담 이외에 해상운임과 보험료까지 수출자가 부담하는 인도조건을 무엇이라고 하는가?

① 공장인도조건(EXW)
② 운송비보험료포함인도조건(CIF)
③ 운송비보험료지불인도조건(CIP)
④ 관세지급인도조건(DDP)

해설

FOB(본선인도조건)이 화물 수송에 필요한 선박수배와 해상운임, 보험료를 수입업자가 부담하도록 되어 있는 반면, CIF는 화물을 본선까지 적재하는 데 필요한 모든 비용과 위험부담 이외에 해상운임과 보험료까지 수출자가 부담한다.

136 수출입 상품 인도조건 중 수출업자에게 가장 유리한 인도조건은 무엇인가?

① 공장인도조건(EXW)
② 본선인도조건(FOB)
③ 운송비보험료포함인도조건(CIF)
④ 관세지급인도조건(DDP)

해설
공장인도조건(EXW)은 물품을 매도인의 공장에서 인도하는 조건으로 운송비용·위험부담·수출통관수속 등 모든 절차를 수입자가 부담하여 수출업자에게 가장 유리하다. 반면 관세지급인도조건(DDP)은 매도인이 수입관세·통관비용 뿐만 아니라 매수인이 지정하는 장소까지의 모든 비용을 부담하는 무역거래조건으로, 수출업자에게 가장 불리한 조건이다.

137 다음 중 수산업협동조합에 대한 설명으로 보기 어려운 것은?

① 경제적 약자를 보호한다.
② 조합원은 독립된 개개인으로 이루어진 인적 결합체이다.
③ 비영리 단체이면서 비경제단체이다.
④ 영리 또는 투기를 목적으로 하는 업무를 수행하지 못한다.

해설
• 수산업협동조합의 조합원은 독립된 개개인이면서 서로 협동하는 인적 결합체이다.
• 수산업협동조합은 비영리 단체이면서 경제단체이다.
• 수산업협동조합은 영리 또는 투기를 목적으로 하는 업무를 수행하지 못한다.

138 다음 중 우리나라 수협의 종류로 볼 수 없는 것은?

① 수협중앙회
② 지구별 수협
③ 수산물 가공 수협
④ 수산물 운반 수협

해설
수협에는 수협중앙회, 지구별 수협, 업종별 수협, 수산물 가공 수협 네 가지가 있다.

139 수협의 시기별 발달 단계를 올바르게 연결한 것은?

① 조선수산조합 → 조선수산회 → 조선수산업회 → 대한수산중앙회 → 수산업협동조합중앙회

② 조선수산회 → 조선수산조합 → 조선수산업회 → 대한수산중앙회 → 수산업협동조합중앙회

③ 조선수산업회 → 조선수산회 → 조선수산조합 → 대한수산중앙회 → 수산업협동조합중앙회

④ 조선수산조합 → 대한수산 중앙회 → 조선수산조합 → 조선수산회 → 수산업협동조합중앙회

해설

조선수산조합 → 도 수산회 + 조선수산회 → 조선수산업회 → 한국수산업회 → 대한수산중앙회(1952) → 수산업협동
조합중앙회(1962)

140 다음 중 수산업협동조합에 대한 설명으로 옳지 <u>않은</u> 것은?

① 협동조합은 자본주의가 발달한 나라에서 먼저 발달하였다.

② 일제침략기에는 어업 조합과는 별도의 수산조합이 존재하였다.

③ 광복 후 한국 수산업회는 중앙회와 단위 조합을 연결하였다.

④ 「수산업협동조합법」이 1962년 제정되었다.

해설

수협의 발달 연혁
• 협동조합은 자본주의가 발달한 나라에서 먼저 발달하였다.
• 조선수산조합 → 도 수산회 + 조선수산회 → 조선수산업회 → 한국수산업회 → 대한수산중앙회(1952) → 수산업협
동조합중앙회(1962)

일제 침략기	• 이 시기의 어업 조합의 목적은 식민지 수탈과 민족자본 억제에 있었다.
	• <u>어업조합</u>과는 별도의 <u>수산조합</u>이 존재하였다.
	• 수산조합을 전신으로 수산업 전반의 개량 발달을 도모할 목적으로 국고의 막대한 보조금을 받아 수산회가 설립되었다.
	  - <u>도 수산회</u> + <u>조선수산회</u>
	• 총독부의 명령으로 인해 사단 법인 <u>조선수산업회</u>가 설립되었다.
	  - 12개 도 어업조합 연합회 + 18개 각종 수산조합

광복 후	• 조선수산업회가 <u>한국수산업회</u>로 개칭되었다.
	  - 한국수산업회는 1952년 <u>대한수산중앙회</u>로 개편되었다.
	• 대한수산중앙회는 중앙회와 단위 조합을 연결하였다.
	  - 88개의 어업조합 + 13개의 수산조합
	  - 그 결과 중앙회와 일선 단위 조합이 직결되는 2단계 계통 조직이 탄생하였다.

1962년	• 대한수산중앙회가 <u>수산업협동조합중앙회</u>로 개편되었다. 동시에 어업 조합은 어업 협동조합으로, 수산 조합은 수산 제조업 협동조합으로 개편되었다. • 수산업협동조합중앙회는 88개의 지구별 어업 협동조합 + 11개의 업종별 어업 협동조합 + 2개의 수산 제조업 협동조합으로 구성되었다. 즉, 총 101개의 단위 협동조합을 구성원으로 한다. – 중앙회는 9개의 도 지부를 두고, 각 지구별 어업 조합은 산하에 <u>어촌계</u>를 둔다. • 「수산업협동조합법」이 1962년 1월 20일 제정되어, 4월 1일 시행되었다.

141 다음 중 수산업협동조합 공제 제도에 대한 특징으로 옳지 <u>않은</u> 것은?

① 「보험업법」에 의한 정부규제를 받지 않는다.

② 공제가입자의 인적 정보를 민영보험보다 상대적으로 쉽게 파악할 수 있다.

③ 손해보험 사업과 생명보험 사업을 겸영할 수 없다.

④ 공제 가입을 어업인과 조합원에 거의 국한시키고 있다.

> **해설**
>
> 수산업 협동조합 공제의 특징
> • 「수산업협동조합법」에 근거하여 실시되므로 「보험업법」에 의한 정부 규제에서 상대적으로 자유롭다.
> • 법적으로 비조합원도 가입할 수 있기는 하나, 실제적으로는 어업인과 조합원으로 제한하여 공평한 공제료 부담이 이루어진다.
> • 조합원 정보가 공개되어 보험사고를 예방할 수 있고, 수산업에 대한 전문적인 상품 개발이 가능하다.
> • 생명 보험과 손해 보험을 겸영할 수 있다.
> • 수협은 비영리 조직이므로 공제료가 저렴하다.

142 다음 중 로치데일의 원칙에 해당하지 <u>않는</u> 것은?

① 출자 및 출자금 이자 제한의 원칙　　② 신용 거래의 원칙

③ 구매고에 따른 배당의 원칙　　　　　④ 정치 및 종교 중립의 원칙

> **해설**
>
> 로치데일의 원칙(현대 협동조합의 효시)
> • 출자 및 출자금 이자 제한의 원칙
> • 우량품질의 원칙
> • 현금 거래의 원칙
> • 시가 판매의 원칙
> • 구매고에 따른 배당의 원칙
> • 1인 1표 및 남녀 평등의 원칙
> • 선거에 의한 임원 및 위원 선출의 원칙
> • 교육 촉진의 원칙
> • 영업 보고서 정기적 제시의 원칙
> • 정치 및 종교 중립의 원칙

143 다음 중 지구별 수산업협동조합의 조합원의 자격에 대한 설명으로 옳지 <u>않은</u> 것은?

① 어업인의 범위는 수산업협동조합중앙회의 정관으로 정한다.

② 조합원은 지구별 수산업협동조합의 구역에 주소 · 거소 또는 사업장이 있는 어업인이어야 한다.

③ 어업인이란 1년 중 60일 이상 조합의 정관에서 정하는 어업을 경영하거나 이에 종사하는 사람을 말한다.

④ 어업회사법인으로서 그 주된 사무소를 지구별 수산업협동조합의 구역을 두고 어업을 경영하는 법인은 지구별 수산업협동조합의 조합원이 될 수 있다.

해설
• 어업인의 범위는 대통령령으로 정한다(「수산업협동조합법」 제20조).
• 지구별 수산업협동조합의 조합원의 자격요건인 어업인의 범위는 1년 중 60일 이상 조합의 정관에서 정하는 어업을 경영하거나 이에 종사하는 사람을 말한다(「수산업협동조합법 시행령」 제14조).

144 다음 중 수산업협동조합의 감사의 자격요건으로 옳지 <u>않은</u> 것은?

① 중앙회, 조합 또는 검사 대상 기관에서 10년 이상 종사한 경력이 있는 사람

② 수산업 또는 금융 관계 분야의 석사학위 이상 소지 및 연구기관 또는 대학에서 연구원 또는 조교수 이상의 직에 5년 이상 종사한 사람

③ 국가, 지방자치단체, 공공기관 및 금융감독원에서 재무 또는 회계 관련 업무 및 이에 대한 감독업무에 5년 이상 종사한 경력이 있는 사람

④ 판사 · 검사 · 군법무관의 직에 5년 이상 종사하거나 변호사 또는 공인회계사로서 5년 이상 종사한 경력이 있는 사람

해설
중앙회, 조합 또는 검사 대상 기관에서 5년 이상 종사한 경력이 있는 사람은 감사의 자격요건을 충족한다. 그러나 해당 조합에서 최근 2년 이내에 임직원으로 근무한 사람(감사로 근무 중 또는 근무한 사람은 제외)은 제외한다.

145 다음 중 수산업협동조합의 5대 사업과 그에 대한 설명으로 바르게 짝지어지지 <u>않은</u> 것은?

① 지도사업 - 비경제적 사업
② 구매사업 - 어업 활동에 필요한 자재나 소비재를 수협 계통 조직으로 수요를 집중해서 유리한 조건으로 구매 및 공급
③ 판매사업 - 어민 소득 증대와 수협 경제 사업의 기반 확보를 위해 추진
④ 신용사업 - 여신 기능이 대표적이고 가장 중심적인 사업

해설

판매사업
개별적인 수산물 판매 방식을 지양, 생산물을 집합 및 공동 판매를 통한 거래 주도권 강화 도모
• 수탁 판매
• 무역사업
• 매취 판매
• 군납사업
• 공동 판매

146 다음 중 지구별 수산업협동조합 이사회의 의결사항으로 적절하지 <u>않은</u> 것은?

① 규약 제정·변경·폐지
② 업무진행 기본방침 결정
③ 총회로부터 위임된 사항
④ 자금 차입

해설

이사회의 주요 의결 사항

이사회의 주요 의결 사항	• 조합원 자격 심사 • 규약 제정·변경·폐지 • 간부직원의 임면에 관한 사항 • 업무진행 기본방침 결정 • 법령·정관에 규정된 사항 • 경비 부과·징수 방법 • 총회로부터 위임된 사항 • 인사위원회 구성에 관한 사항 • 정관이 정하는 행위를 제외한 부동산 취득·처분·물권 설정

147 다음이 설명하고 있는 수산업협동조합은 무엇인가?

> • 조합원이 생산한 수산물의 판로를 확대하고, 유통이 원활하게 이루어지는 것을 목적으로 한다.
> • 조합원은 그 구역에 주소 · 거소 또는 사업장이 있는 자로서 정치망어업, 대형선망어업, 근해 통발어업 등 대통령령으로 정하는 종류의 어업을 경영하는 어업인이어야 한다.

① 지구별 수산업협동조합
② 업종별 수산업협동조합
③ 수산물 가공 수산업협동조합
④ 어촌계

해설

업종별 수산업협동조합
• 목적 : 어업을 경영하는 조합원의 생산성을 높이고 조합원이 생산한 수산물의 판로 확대 및 유통 원활화를 도모하며, 조합원에게 필요한 자금 · 자재 · 기술 및 정보 등을 제공함으로써 조합원의 경제적 · 사회적 · 문화적 지위 향상을 증대함을 목적으로 한다.
• 조합원의 자격
 − 업종별 수협의 조합원은 그 구역에 주소 · 거소 또는 사업장이 있는 자로서 대통령령으로 정하는 종류의 어업을 경영하는 어업인이어야 한다.
 − 업종별 수협의 조합원 자격을 가진 자 중 단일 어업을 경영하는 자는 해당 업종별 수협에만 가입할 수 있다.

148 다음 중 「수산업법」의 적용범위가 아닌 것은?

① 어업을 목적으로 하여 인공적으로 조성된 육상의 해수면
② 바다
③ 내수면
④ 바닷가

해설

「수산업법」 제3조에 따르면 수산업법의 적용범위는 바다, 바닷가, 어업을 목적으로 하여 인공적으로 조성된 육상의 해수면에 따른다.

149 다음 중 어촌계에 대한 설명으로 옳지 <u>않은</u> 것은?

① 계 그 자체는 구성원 개개의 가계와는 완전히 독립된 경영활동이 이루어진다.
② 계는 어민들의 경제적인 욕구뿐만 아니라 비경제적인 욕구 충족까지 추구한다.
③ 총회는 결정된 내부 의사를 외부에 대표하는 역할을 한다.
④ 업무 구역이 제한적이다.

> **해설**
> 계원은 총회를 구성할 뿐이고, 총회는 내부 의사 결정을 할 수 있을 뿐이다. 이에 총회에서 결정된 내부 의사를 외부에 대표하고 업무 수행을 하기 위한 목적으로 이사회를 설치한다.

150 다음 중 어촌계의 총회에 대한 설명으로 옳지 <u>않은</u> 것은?

① 계원 및 준계원의 가입은 총회의 의결을 거쳐야 한다.
② 총회는 구성원 1/3의 출석으로 개의하고 출석구성원 과반수의 찬성으로 의결한다.
③ 계원은 대리인에게 의결권을 행사하게 할 수 있다.
④ 임원 전원의 결원으로 총회를 소집할 사람이 없을 때 계원 5분의 1 이상의 동의를 받은 계원 대표가 임시총회를 소집한다.

> **해설**
> 총회는 법령 또는 정관에 다른 규정이 있는 경우를 제외하고는 구성원 과반수의 출석으로 개의하고 출석구성원 과반수의 찬성으로 의결한다. 다만, 정관의 변경, 계원의 제명, 계의 해산은 구성원 과반수의 출석과 출석구성원 3분의 2 이상의 찬성으로 의결한다.

151 어촌계가 수행하는 사업으로 가장 적절하지 <u>않은</u> 것은?

① 어업권 취득 및 어업 경영
② 어업자금의 알선 및 배정
③ 어민의 생활필수품·어선·어구 공동구매
④ 수산물 도매시장 설치 허가

해설

수산물 도매시장의 개설자는 지방자치단체이고, 개설 허가자는 해양수산부장관 또는 시·도지사이다.

어촌계가 수행하는 주요 사업
- 교육·지원사업
- 어업권·양식업권의 취득 및 어업의 경영
- 소속 지구별 수협이 취득한 어업권·양식업권의 행사
- 어업인의 생활필수품과 어선 및 어구의 공동구매
- 어촌 공동시설의 설치 및 운영
- 수산물의 간이공동 제조 및 가공
- 어업자금의 알선 및 배정
- 어업인의 후생복지사업
- 구매·보관 및 판매사업
- 다른 경제단체·사회단체 및 문화단체와의 교류·협력
- 국가, 지방자치단체 또는 지구별수협의 위탁사업 및 보조에 따른 사업 등

152 **어촌계의 임시총회 개최 요건에 관한 설명으로 옳지 <u>않은</u> 것은?**

① 정관에 명시적으로 매년 1회 이상 정기총회 개최가 규정되어 있다.

② 계장이 필요하다고 인정될 때 개최할 수 있다.

③ 총 계원 과반수 이상의 청구가 있을 때 개최할 수 있다.

④ 감사로부터 임시총회 소집 요구가 있을 때 개최할 수 있다.

해설

어촌계의 총회

정기총회	• 정관에 명시적으로 매년 1회 정기총회 개최가 규정되어 있다.
임시총회	• 개최 요건 - 계장이 필요하다고 인정할 때 - 계원 5분의 1 이상이 회의의 목적으로 하는 사항과 소집의 이유를 기재한 서면을 계장에게 제출하고 소집을 청구한 때 - 감사가 계의 재산상황 또는 업무집행에 관하여 부정한 사실을 발견한 경우에 있어서 이를 신속히 총회에 보고 목적으로 총회의 소집을 요구한 때 • 구성원 과반수의 출석으로 개의하고, 출석구성원 과반수의 찬성으로 의결

153 수산업협동조합중앙회에 관한 설명으로 옳지 <u>않은</u> 것은?

① 1962년 「수산업협동조합법」에 근거하여 설립되었다.

② 설립과 해산에 관한 사항을 「수산업협동조합법」에 명시적으로 규정하고 있다.

③ 수산업협동조합중앙회 회원은 출자액 한도 내에서 유한책임을 진다.

④ 회원의 출자는 의무이며, 정관이 정하는 계좌 이상을 출자하여야 한다.

> **해설**
> - 1962년 「수산업협동조합법」에 근거하여 수산업협동조합중앙회가 설립되었다.
> - 88개의 지구별 어업 협동조합 + 11개의 업종별 어업 협동조합 + 2개의 수산 제조업 협동조합으로 구성되어 있다(총 101개의 단위 협동조합으로 구성되어 있다).
> - 경제적 사업(구매·판매·이용·가공·신용·공제 사업)뿐만 아니라 비경제적 사업(지도 사업)도 함께 수행한다.
> - 수산업협동조합중앙회의 설립은 「수산업협동조합법」에 의하나, 해산은 따로 정하는 법률에 의한다.
> - 수산업협동조합중앙회 회원은 출자액 한도 내에서 유한책임을 진다. 단, 회원의 출자는 의무이며, 정관이 정하는 계좌 이상을 출자하여야 한다.

154 다음 중 수산업협동조합중앙회 총회의 의결사항이 <u>아닌</u> 것은?

① 정관 변경

② 회원 제명

③ 임원 선출 및 해임

④ 부동산 취득 및 처분

> **해설**
>
> | 총회의 주요 의결 사항 | • 정관의 변경
• 해산·합병 또는 분할
• 조합원의 제명
• 임원의 선출 및 해임
• 법정적립금의 사용
• 사업계획의 수립, 수지예산(收支豫算)의 편성, 사업계획 및 수지예산 중 정관으로 정하는 중요한 사항의 변경
• 차입금의 최고 한도
• 사업보고서, 재무상태표 및 손익계산서와 잉여금처분안 또는 손실금처리안
• 사업계획 및 수지예산으로 정한 것 외에 새로 의무를 부담하거나 권리를 상실하는 행위. 다만, 정관으로 정하는 행위는 제외
• 어업권·양식업권의 취득·처분 또는 이에 관한 물권(物權)의 설정. 다만, 정관으로 정하는 행위는 제외
• 중앙회의 설립 발기인이 되거나 이에 가입 또는 탈퇴하는 것
• 그 밖에 조합장이나 이사회가 필요하다고 인정하는 사항 |
> | --- | --- |

155 다음 중 수산업협동조합중앙회 이사회의 의결 사항으로 바르지 **않은** 것은?

① 조합장 또는 이사 과반수 이상이 필요하다고 인정하는 사항
② 업무 집행에 관한 기본방침의 결정
③ 간부직원의 임면에 관한 사항
④ 부동산의 취득 · 처분 또는 이에 관한 물권의 설정

해설

이사회의 주요 의결 사항	• 조합원의 자격 및 가입에 관한 심사 • 규약의 제정 · 변경 또는 폐지 • 업무 집행에 관한 기본방침의 결정 • 부동산의 취득 · 처분 또는 이에 관한 물권의 설정. 다만, 정관으로 정하는 행위는 제외 • 경비의 부과 및 징수 방법 • 사업 계획 및 수지예산 중 경미한 사항의 변경 • 인사추천위원회 구성에 관한 사항 • 간부직원의 임면에 관한 사항 • 총회에서 위임한 사항 • 법령 또는 정관에 규정된 사항 • 조합장 또는 이사 5분의 1 이상이 필요하다고 인정하는 사항

156 수산업협동조합중앙회의 사업으로 가장 보기 **어려운** 것은?

① 공제사업
② 어업통신사업
③ 국가 및 공공단체가 위탁 · 보조하는 사업
④ 어획물 운반사업

해설

수산업협동조합중앙회의 사업
• 교육 · 지원 사업
• 상호금융사업
• 의료지원사업
• 국가와 공공단체가 위탁하거나 보조하는 사업
• 다른 경제단체 · 사회단체 및 문화단체와의 교류 · 협력
• 어업통신사업
• 어업협정 등과 관련된 국제 민간어업협력사업
• 회원과 그 조합원을 위한 공동이용사업 및 운송사업
• 어선원 고용 및 복지와 관련된 사업
• 다른 법령에서 중앙회의 사업으로 정하는 사업
• 수산업협동조합중앙회의 사업에 부대하는 사업
• 그 밖에 중앙회의 목적 달성에 필요한 사업으로서 해양수산부장관의 승인을 받은 사업
• 경제사업
• 공제사업
• 파생상품시장에서의 거래
• 대외무역

157 다음 중 수산업협동조합중앙회의 사업 중 교육·지원 사업에 해당하지 <u>않는</u> 것은?

① 수산업 관련 신기술의 개발 등을 위한 사업 및 시설의 운영
② 회원에 대한 자금 대출
③ 각종 사업을 위한 교육·훈련
④ 회원의 권익 증진을 위한 사업

해설

수산업협동조합중앙회의 교육·지원 사업
• 회원의 조직·경영 및 사업에 관한 지도·조정
• 회원의 조합원과 직원에 대한 교육·훈련 및 정보의 제공
• 회원과 그 조합원의 사업에 관한 조사·연구 및 홍보
• 회원과 그 조합원의 사업 및 생활 개선을 위한 정보망의 구축, 정보화 교육 및 보급 등을 위한 사업
• 회원과 그 조합원에 대한 보조금의 지급
• 수산업 관련 신기술의 개발 등을 위한 사업 및 시설의 운영
• 회원에 대한 감사
• 각종 사업을 위한 교육·훈련
• 회원과 그 조합원의 권익 증진을 위한 사업
• 명칭사용료의 관리 및 운영

158 수산업협동조합중앙회의 상호금융사업에 대한 설명으로 옳지 <u>않은</u> 것은?

① 조합원을 위한 구매·보관·판매·제조 사업 및 그 공동사업과 업무 대행
② 회원의 신용사업 지도
③ 국가·공공단체 또는 금융기관의 업무 대리
④ 회원의 예금·적금의 수납·운용

해설

수산업협동조합중앙회의 상호금융사업
• 대통령령으로 정하는 바에 따라 회원으로부터 예치된 여유자금 및 상환준비금의 운용·관리
• 회원의 신용사업 지도
• 회원의 예금·적금의 수납·운용
• 회원에 대한 자금 대출
• 국가·공공단체 또는 금융기관의 업무 대리
• 회원 및 조합원을 위한 내국환 및 외국환 업무
• 회원에 대한 지급보증 및 회원에 대한 어음할인
• 국채증권 및 지방채증권의 인수·매출
• 직불전자지급수단의 발행·관리 및 대금의 결제
• 선불전자지급수단의 발행·관리 및 대금의 결제

159 수산업협동조합의 공제사업에 대한 설명으로 옳지 <u>않은</u> 것은?

① 공제사업은 예비적 제도이다.

② 경제적 기능은 포함하지 않는 비금융 사업이다.

③ 공제료는 사전 납부·사후 지급이 원칙이다.

④ 일반적으로 수협에서 운용할 수 있는 자금은 손해공제 상품보다 크다.

(해설)
• 공제사업은 최소의 비용으로 재해 등 우발적·비예측적 사고에 대처하기 위한 예비적 제도로, 경제 기능을 내포하는 금융 사업이다.
• 공제 상품 중 양로보험 성격의 생명공제는 저축의 기능과 위험보장의 기능을 함께 가지고 있다. 그래서 일반적으로 수협에서 운용할 수 있는 자금은 손해공제 상품보다 크다.

160 수산업협동조합 공제사업의 효용으로 보기 <u>어려운</u> 것은?

① 저축의 효용

② 신용증대의 효용

③ 경제 채산성의 효용

④ 비조합원·비어민에 대한 지원 효용

(해설)
공제사업의 효용
• 저축의 효용
• 신용증대의 효용
• 타 사업과의 기능 교화의 효용
• 위험보장의 효용
• 경제 채산성의 효용
• 어촌 경제에의 기여

161 다음 수산업협동조합의 공제 상품 중 생명공제 상품이 <u>아닌</u> 것은?

① 치료 공제

② 보통 공제

③ 양로 공제

④ 장학 공제

(해설)

생명 공제 상품	복지 저축 공제, 양로 공제, 돌고래 보장 공제, 장학 공제, 재해 보장 공제, 치료 공제
손해 공제 상품	어선 보통 공제, 어선 만기 공제, 어선 건조 공제, 선원 보통 공제, 선원 특수 공제, 보통 화재 공제, 신원 보증 공제

162 다음은 수산업협동조합 공제 상품 중 무엇에 관한 설명인가?

> • 양로 공제와 유사하나 교통재해 보상을 포함한다.
> • 공제료에 대해 소득세 감면 혜택이 있다.

① 돌고래 보장 공제　　　　　　② 복지 저축 공제
③ 재해 보장 공제　　　　　　　④ 치료 공제

해설

복지 저축·양로 공제	• 일반 생명보험의 양로 보험과 유사하다. • 만료시까지 생존한 경우에도 지급한다. • 생활복지 공제·복지 양로 공제와 유사하다.
돌고래 보장 공제	• 양로 공제와 유사하나 교통재해 보상을 포함한다. • 공제료에 대해 소득세 감면 혜택이 있다.
장학 공제	자녀의 학자금을 보조하는 교육보험에 해당한다.
재해 보장 공제	• 재해 + 제1종 법정 감염병에 대하여 보상한다. • 순수 보장성 공제제도로 약정된 금액을 지급한다.
치료 공제	입원·수술·공제기간 내 사망한 경우 보상금을 지급한다.

163 다음은 수산업협동조합 공제 상품 중 무엇에 관한 설명인가?

> • 해상보험의 선박보험과 유사하다.
> • 선박의 좌초·침몰·충돌 등의 손해를 보상한다.

① 돌고래 보장 공제　　　　　　② 어선 보통 공제
③ 어선 만기 공제　　　　　　　④ 선원 특수 공제

해설

어선 보통 공제	• 해상보험의 선박보험과 유사하다. • 선박의 좌초·침몰·충돌 등의 손해를 보상한다. • 선령 제한이 있다. 　- 목선(15년), 강선(25년), 기타(20년)
어선 만기 공제	• 일정기간 동안 어선의 손상이 있는 경우 보상한다. • 손해가 발생하지 않고 만료될 경우 어선의 재건조비를 지급한다.
선원 특수 공제	• 직무상 부상·질병에 걸렸을 경우 선주가 재해보상을 하게 된다. • 요양비·유족 보상비·장례비 등을 지급한다.

164 다음 중 선원 보통 공제에 관한 설명으로 옳은 것은?

① 치료비와 치료 중 생계비 · 장례비는 제공하지 않는다.

② 직무상 부상 · 질병에 걸렸을 경우 선주가 재해보상을 하게 된다.

③ 「수산업협동조합법」에 의하여 설립된 법인 · 정부기관 · 수협 중앙회 회장이 인정하는 수산
단체로 가입 대상이 제한된다.

④ 순수 보장성 공제제도로 약정된 금액을 지급한다.

> **해설**
> ② 선원 특수 공제에 관한 설명이다. 선원 보통 공제는 선원이 직무수행 중 발생한 사고로 사망하거나 장애인이
> 된 경우 보상한다.
> ③ 신원 보증 공제에 관한 설명이다.
> ④ 생명 공제 상품 중 재해 보장 공제에 관한 설명이다.

165 다음 중 재해 보장 공제에 관한 설명으로 옳은 것은?

① 어선 건조 중에 계약사의 담보 위험으로 손실을 입은 경우 보상한다.

② 선박의 좌초 · 침몰 · 충돌 등의 손해를 보상한다.

③ 제1종 법정 감염병에 대하여도 보상한다.

④ 상해보험과 유사하다.

> **해설**
> ① 어선 건조 공제에 관한 설명으로 공제기간은 건조 착공일부터 선주에게 인도되는 날까지이다.
> ② 어선 보통 공제에 관한 설명으로 선박의 좌초 · 침몰 · 충돌 등의 손해를 보상하고 해상보험의 선박보험과 유사하다.
> ④ 상해보험과 유사한 공제 상품은 선원이 직무수행 중 발생한 사고로 사망하거나 장애인이 된 경우 보상하는 선원
> 보통 공제이다. 재해 보장 공제는 손해공제가 아닌 생명공제 상품에 해당한다.

166 다음 중 조합별 조합원에 대한 설명으로 옳지 <u>않은</u> 것은?

① 지구별 수협의 조합원이 되기 위해서는 업무 구역 안에 주소 · 거소 · 사업장 중 한 가지 이상을
가진 자로서, 1년에 60일 이상 어업을 경영하거나 종사하여야 한다.

② 업종별 수협은 정관에 의하여 준조합원을 둘 수 있으나, 가입금 및 경비는 부담시킬 수 없다.

③ 가공 수협의 조합원은 정관에 따라 1좌 이상을 출좌하여야 한다.

④ 조합에 가입하기 위해서는 이사회의 동의를 얻어야 가입할 수 있다.

> **해설**
> 업종별 수협의 조합원은 특정 어업에 종사하는 자를 말하며, 정관에 의하여 준조합원을 둘 수 있으나 출자는 하지
> 않는다. 단, 가입금 및 경비는 부담시킬 수 있다.

167 다음 중 조합의 강제 탈퇴 대상에 해당하지 <u>않는</u> 경우는?

① 조합의 사업을 3년 이상 이용하지 않은 경우

② 출자 의무를 이행하지 않은 경우

③ 경비 납입의무를 이행하지 않은 경우

④ 정관에 의하여 금지된 행위를 한 경우

 해설

탈퇴	• 임의 탈퇴·예고 탈퇴·법정 탈퇴·자연 탈퇴 네 종류가 있으며, 이 중 법정 탈퇴와 자연 탈퇴를 강제 탈퇴라고 한다.
	• 강제 탈퇴 대상
	  – 조합의 사업을 1년 이상 이용하지 않은 조합원
	  – 출자 및 경비 납입의무를 이행하지 않은 조합원
	  – 정관에 의하여 금지된 행위를 한 조합원

168 조합원 자격이 있음에도 조합원에 가입하지 않은 자가 타조합원의 지분을 매입하여 조합원이 되는 경우를 무엇이라 하는가?

① 원시 가입

② 상속 가입

③ 양수 가입

④ 임의 가입

해설

가입의 종류

원시 가입	어업인 스스로 조합원으로 가입하는 경우를 말한다.
상속 가입	사망으로 인하여 파상속인이 지분을 상속받는 경우로 반드시 이사회의 승인을 얻어야 가입할 수 있다.
양수 가입	조합원 자격이 있음에도 조합원에 가입하지 않은 자가 타조합원의 지분을 매입하여 조합원이 되는 경우를 말한다.

169 다음 중 조합원의 책임 또는 의무로 보기 <u>어려운</u> 것은?

① 출자급 납입

② 투표권

③ 경비 및 과태료 부담

④ 회의 참석

해설

투표권은 책임 · 의무가 아닌 권리에 해당한다.

조합원의 권리와 책임

권리	• 조합의 각종 사업 이용권 • 출자액에 상관없이 평등한 의결권 · 투표권 · 선거권 · 피선거권 • 의견 · 선거 · 당선 취소권 • 총회 소집권(조합원 1/5 이상의 발의 필요) • 잉여금 배당청구권 • 지분 환급청구권
책임	• 출자금 납입 • 경비 및 과태료 부담 의무 • 회의 참석 의무

170 다음 중 투자의 유형에 대한 설명으로 옳지 <u>않은</u> 것은?

① 확장 투자 – 되도록 투자액을 장기간이 지난 시점에서 회수할 수 있도록 하여야 한다.
② 전략 투자 – R&D 사업, 자녀 교육비 부담, 복지 향상 등이 해당한다.
③ 대체 투자 – 구설비와 신설비의 순현재가치를 구한 뒤 투자를 결정하여야 한다.
④ 제품 투자 – 최초 제품 개발을 위하여 적극적인 투자를 활용한다.

해설

확장 투자는 시설 확장을 통해 얻게 되는 추가 매출에 대한 기대 이익과 투자 지출액을 따져 결정하여야 한다. 또한 되도록 투자액을 투자 초기에 회수할 수 있도록 하여야 한다.

171 수산경영을 운영함에 따른 위험으로 순수 위험이 <u>아닌</u> 것은?

① 인적 위험
② 새 어장으로의 출어 위험
③ 재산 위험
④ 배상 책임 위험

해설

새 어장으로의 출어 위험, 새로운 어구 및 어법 도입으로 인한 위험 등은 새로운 위험 요소 발생에 따른 투자 위험도를 의미한다. 순수 위험에는 사망 · 질병 · 실업 등으로 인해 소득 창출이 불확실한 위험(인적 위험), 경제적 가치 저하와 재산의 사용에 따른 효익 상실 위험(재산 위험), 피해 보상에 대한 배상 책임으로 인한 위험(배상 책임 위험)이 있다.

172 경제적 손실을 입을 위험 또는 미래에 이익이 따를 가능성이 없는 불확실한 상황을 가장 잘 설명하는 것은 무엇인가?

① 투기적 위험
② 순수 위험
③ 특별 위험
④ 고정 위험

해설

위험 요소의 분류는 이익 발생의 가능성 유무를 기준으로 투기적 위험과 순수 위험으로 나뉘며, 투기적 위험이 현재의 경제적 손실에 미래의 불확실한 상황에 따른 이익 발생 가능성까지 포함하는 데 반해, 순수 위험은 경제적 손실을 입을 위험 또는 건물에 미래에 이익이 따를 가능성이 없는 불확실한 상황을 의미한다.

173 위험 대처 방법으로 위험에 대한 대비 여부와 관계없이 스스로 흡수하여 처리하는 방법은?

① 위험 회피
② 위험 인수
③ 위험 전가
④ 손실 통제

해설

위험 대처 방법

위험 회피	가장 소극적인 방법으로, 경영을 함에 있어 반대가 있을 경우 사업 자체를 포기하는 경우를 말한다.
위험 인수	위험에 대한 대비 여부와 관계없이 스스로 흡수하여 처리하는 경우를 말한다.
위험 전가	발생한 손실을 제3자에게 전가하는 것으로, 보험과 공제제도가 대표적이다.
손실 통제	손실에 대해 미리 대응하여 예방하거나 사고 발생 후 손실을 줄이기 위해 노력하는 것을 말한다.

174 다음 중 사전교육, 안전수칙, 스프링클러는 위험 대처 방법 중 어느 방법에 속하는 방법인가?

① 위험 회피
② 위험 인수
③ 위험 전가
④ 손실 통제

해설

사전교육, 안전수칙, 건물의 스프링클러는 손실에 대해 미리 대응하여 예방하거나 사고 발생 후 손실을 줄이기 위해 노력하는 손실 통제 방법이다.

175 다음 설명에 해당하는 개념으로 알맞은 것은?

> 수산경영체를 운영함에 따라 발생하는 재산위험과 배상책임위험에 대응하고자 생긴 보험으로, 각종 재산상 손해를 입었을 시 보험금을 지불한다.

① 손해보험　　　　　　　　　　② 인적보험

③ 생명보험　　　　　　　　　　④ 사회보험

해설

보험의 종류

인적보험	• 인사사고는 미리 예측할 수 없고, 그 가치를 판단하기 어렵기 때문에 계약한 일정금액을 보험금으로 지불한다. ⑩ 생명보험, 건강보험 등
손해보험	• 수산경영체를 운영함에 따라 발생하는 재산 위험과 배상책임 위험에 대응하고자 생긴 보험으로, 각종 재산상 손해를 입었을 시 보험금을 지불한다. • 인적보험과 달리 손해액의 범위 내에서 보험금을 지불한다. ⑩ 화재보험, 자동차손해보험, 해상보험 등

176 다음 설명에 해당하는 개념은?

> 결산 시점에서 공제금을 지급할 사유가 발생하여 지급이 예정되어 있으나 현재에는 지급되지 아니한 자금을 말한다.

① 지급 준비금　　　　　　　　② 책임 준비금

③ 특별 위험 준비금　　　　　　④ 미수금

해설

책임 준비금	보험 사고가 현재 발생하지는 않았지만 미래 발생이 예상되는 공제금 지급 의무에 대비하여 수협이 사전에 축적해두는 유보 자금을 말한다.
지급 준비금	결산 시점에서 공제금을 지급할 사유가 발생하여 지급이 예정되어 있으나 현재에는 지급되지 아니한 자금을 말한다.
특별 위험 준비금	• 공제료 산정 시 예상했던 사고 발생률을 초과하여 사고가 발생할 경우를 대비하여 보험료 수입의 일정 부분을 적립하는 것을 말한다. • 특별 위험 준비금은 보통 계약기간이 1년 이하의 손해 공제를 대상으로 한다.

177 수산물 시세변동에 대한 위험을 회피하기 위한 대책이 <u>아닌</u> 것은?

① 보험가입
② 선물거래
③ 품질보증제도 도입
④ 수산물 생산성 증대

해설

수산물의 경우 생산의 불확실성, 규격의 다양성, 부패성으로 가격변동이 심하기 때문에 보험가입, 선물거래, 품질보증제도 도입, 생산 및 출하의 적절한 조절을 통해 위험을 회피하여야 한다.

178 다음 내용이 설명하고 있는 공제금 지급을 위한 재정 조달 및 운용 방안은 무엇인가?

> • 공제료 산정 시 예상했던 사고 발생률을 초과하여 사고가 발생할 경우를 대비하여 보험료 수입의 일정 부분을 적립하는 것을 말한다.
> • 보통 계약기간이 1년 이하의 손해 공제를 대상으로 한다.

① 책임 준비금
② 지급 준비금
③ 특별 위험 준비금
④ 유가 증권

해설

공제금 지급을 위한 재정 조달 및 운용 방안

책임 준비금	보험 사고가 현재 발생하지는 않았지만 미래 발생이 예상되는 공제금 지급 의무에 대비하여 수협이 사전에 축적해두는 유보 자금을 말한다.
지급 준비금	결산 시점에서 공제금을 지급할 사유가 발생하여 지급이 예정되어 있으나 현재에는 지급되지 아니한 자금을 말한다.
특별 위험 준비금	• 공제료 산정 시 예상했던 사고 발생률을 초과하여 사고가 발생할 경우를 대비하여 보험료 수입의 일정 부분을 적립하는 것을 말한다. • 특별 위험 준비금은 보통 계약기간이 1년 이하의 손해 공제를 대상으로 한다.

179 효과적인 공제 자금 투자를 위한 판단 요소로 바르지 <u>않은</u> 것은?

① 투자한 원금을 목표한 기간 내에 회수할 수 있는지 여부
② 투자가 일정 수준 이상의 수익률을 낼 수 있는지 여부
③ 투자 자산을 현금화 할 수 있는 정도
④ 어촌 주민이 투자의 주체로 참여할 수 있도록 개방되었는지 여부

해설
해당 지역을 가장 잘 알고 있는 어촌 주민이 개발의 주체로 참여할 수 있도록 개방하여야 하는 것은 어촌 개발의 기본 방향이며, 공제 자금 투자를 위한 판단 요소로 보기에는 무리가 있다.

180 다음 중 공제 자금 투자 대상으로 보기 <u>어려운</u> 것은?

① 금융기관에 예치 · 신탁
② 주식 · 국공채 등 유가 증권 취득
③ 부동산 투자
④ 폐수 · 하수 · 폐유 등에 의한 해양 오염 방지 사업

해설
공제 자금 투자 대상은 금융기관에 예치 · 신탁, 주식 · 국공채 등 유가 증권 취득, 부동산 투자, 공제 대출 등이다.

181 수산업협동조합 공제의 특징으로 보기 <u>어려운</u> 것은?

① 「보험업법」에 의한 정부 규제에서 상대적으로 자유롭다.
② 법적으로 비조합원은 가입할 수 없으나, 실제적으로는 비조합원도 공평한 공제료 부담이 이루어진다.
③ 생명보험과 손해보험을 겸영할 수 있다.
④ 공제료가 저렴하다.

해설
① 「수산업협동조합법」에 근거하여 실시되므로 「보험업법」에 의한 정부 규제에서 상대적으로 자유롭다.
② 법적으로 비조합원도 가입할 수 있기는 하나, 실제적으로는 어업인과 조합원으로 제한하여 공평한 공제료 부담이 이루어진다.
④ 수산업협동조합은 비영리 조직이므로 공제료가 저렴하다.

182 다음 중 어촌 개발을 함에 있어 문제가 되는 부분이 <u>아닌</u> 것은?

① 환경 오염에 대한 적극적인 자정 정책이 미흡하다.
② 도시화·공업화로 자연 생태계와 생산 기능이 저하되어 있다.
③ 어촌 경제가 내항 중심으로 이루어져 있다.
④ 노인과 여성에 의존하여 어업 생산이 이루어 진다.

해설
어촌의 개발은 내항 중심으로 이루어져야 한다. 그러므로 개발을 함에 있어 난(難)점이라고 보기 어렵다.

183 어촌 개발이 나아가야 할 방향으로 가장 적절하지 <u>않은</u> 것은?

① 법정 어항에서 탈피하여 자유로운 어항 개발이 이루어져야 한다.
② 어항 간 간격을 좁혀 어항 수용 능력을 높이는 방안이 필요하다.
③ 내항 중심의 어촌 경제를 개발하여야 한다.
④ 레저 및 관광 사업을 통해 어촌 경제 활성화를 도모하여야 한다.

해설
어촌 개발 방향
• 자연 환경과 개발의 공존을 모색하여야 한다.
• 소규모 어항을 법정 어항으로 제도화하여 시설을 확충하여야 한다.
• 어항 간 간격을 좁혀 어항 수용 능력을 높이는 방안이 필요하다.
• 내항 중심의 어촌 경제를 개발하여야 한다.
• 인공 어초 시설 확대와 수산 생물 인공부화 그리고 대량방류 등 자원 조성에 힘써야 한다.
• 개펄 훼손 방지에 힘써야 한다.
• 폐수·하수·폐유 등에 의한 해양 오염을 방지하는 데 힘써야 한다.
• 어촌의 자연환경을 이용한 레저 및 관광 사업을 통해 어촌 경제 활성화를 도모하여야 한다.
• 어민들의 복지시설 확충과 자녀 교육시설 확충에 힘써야 한다.
• 개발에 있어 해당 지역을 가장 잘 알고 있는 어촌 주민이 개발의 주체로 참여할 수 있도록 개방하여야 한다.

184 제1차 어촌 종합개발사업의 실시 목적으로 가장 적절한 것은?

① 어민 생활 기반 시설 확충 목적
② 열악한 어업 생산 기반 시설 구축 목적
③ 공유수면 및 연안 관리
④ 해양 환경 보전 및 해양 자원 관리

해설

제1차 어촌 종합개발사업	열악한 어업 생산 기반 시설 구축 목적
제2차 어촌 종합개발사업	어민 생활 기반 시설 확충 목적

185 다음 설명에 해당하는 수산 관련 행정기관은?

> 해양 환경 및 어업 자원의 관리에 관한 연구, 수산생물의 양식기술 개발 및 자원 조성에 관한
> 연구, 어구 어법 및 양식 시설물의 개발에 관한 연구, 수산물 위생 관리 연구 및 고부가 가치의
> 기능성 식품 소재 개발, 해양수산 분야에 종사하는 공무원 및 어업인 등에 대한 교육 훈련을
> 실시한다.

① 국립수산과학원
② 해양수산부
③ 국립해양조사원
④ 국립수산물품질관리원

해설

해양수산부	「정부조직법」에 의거하여 설립된 기구로, 수산·해운·항만 건설 운영, 해양 조사, 선박·선원 관리, 공유수면 및 연안 관리, 해양 환경 보전, 해양자원 관리, 해양안전심판 사무 등의 역할을 담당한다.
국립해양조사원	수로측량과·해도수로과·해양예보과·해양관측과 등 5개 과와 해양조사연구실, 동·남·서해 3개 지방사무소로 이루어져 있으며, 주요 업무로 해상교통 안전, 해양재해 예방, 해양영토 수호, 해양과학기술 개발 등의 사업을 추진하고 있다. 연구선을 활용하여 해도·전자해도를 제작하고 해양을 측량·관측하는 등 해양연구도 하고 있으며, 이를 기반으로 국내 바다에 대한 자료를 관리하고 국제해저지명을 등록하는 업무를 맡고 있다.
국립수산물 품질관리원	수산제품 검사와 위생관리를 통한 품질향상 및 어업인 소득증대를 목적으로 설립되었으며, 수산제품 검사·분석, 철저한 위생관리, 수산물 품질향상 등의 업무를 수행한다.

186 다음 설명에 해당하는 수산 관련 국제기구는?

> 1948년 2월 필리핀 바기오에서 개최된 식량 농업 기구 수산회의에서 헌장이 기초하였고, 11월
> 5개국이 비준함으로써 발효되었으며, 제4차 FAO 총회에서 본 헌장을 비준함으로써 정식으로
> 발족한 국제수산기구이다. 국제 식량 기구가 주관하여 설립한 자매기구 중 최초로 설립된 인도–
> 태평양 수역의 수산자원의 개발 및 관리기구로서, 로마에 본부를 두고 FAO 분담금으로 운영되
> 고 있다.

① NASCO   ② FFA

③ APFIC   ④ IWC

해설

해당 설명은 APFIC(아시아 태평양 수산위원회)에 대한 설명이다. 우리나라는 1950년 1월에 본 위원회 설치에 관한
협정에 가입하였으며, 회원국으로서 아시아 태평양 지역의 수산업 발전에 기여하고 있다.

남태평양 수산위원회 (FFA)	1979년 7월 '남태평양 어업 회의기구 협약'에 따라 설립된 기구이며, 태평양 지역의 수산자원에 대한 지속적인 이용과 회원국의 어업관리정책을 지원하는 것이 특징이다. 솔로몬 호니아라에 사무국이 있고, 불법 어업 근절 대책 수립과 각국의 해양·수산 분야의 교류와 협력을 위해 노력하고 있다. 또한 중서부 태평양 수산위원회 관할 수역 내 참치 자원 관리의 중추적 역할을 하고 있다.
북대서양 연어보존기구 (NASCO)	1982년에 설립되었으며, 회원국은 캐나다, 러시아, 미국 등 9개국으로 북위 36° 이북의 대서양 수역 연어자원 관련 과학자료 분석 및 보급, 국제협력을 통한 북대서양 수역 연어자원의 보존 및 회복과 합리적 이용 증진에 관한 업무를 수행하는 기구이다.
국제포경위원회 (IWC)	1948년 발효된 국제포경조약에 의하여 1949년 이후 매년 개최하고 있는 회의이다. 현존하는 고래를 보호하여 멸종을 사전에 방지함으로써 포경산업의 질서 있는 발전을 기하고자 설립하였으며, 고래잡이의 시기, 어장의 제한, 포획금지 등에 관하여 협의하고 결정한다. 우리나라는 1978년에 가입하였다.

187 다음 중 수산업 분야가 해 나아가야 할 과제라 할 수 <u>없는</u> 것은?

① 어장을 보전하고 개발해나가야 한다.

② 자원 보호를 위해 생산 활동을 억제하고 대체 상품을 육지에서 개발하는 데 힘써야 한다.

③ 손실에 대해 미리 대응하여 예방하거나 사고 발생 후 손실을 줄이기 위해 노력하여야 한다.

④ 내항 중심의 어촌 경제를 개발하여야 한다.

해설

위험을 회피하기 보다는 자원 보호를 위한 어업 기술 개발을 통해 생산 활동을 효율적으로 하기 위한 노력을 하여야
한다.

188 다음 중 도매시장 또는 공판장에 상장된 수산물을 직접 구매하는 매매 참가인에 속하지 <u>않는</u> 사람은?

① 가공업자
② 중도매인
③ 소비자 단체
④ 수출업자

해설

매매 참가인은 관련 법령에 의하여 도매시장, 공판장에 상장된 수산물을 직접 구매하는 자로 가공업자, 소매업자, 수출업자, 소비자 단체 등의 수요자를 말한다. 중도매인은 도매시장 내에서 상장 · 진열된 수산물을 구매하여 중개 내지는 도매 거래하는 자를 말한다.

189 다음 설명에 해당하는 개념은?

- 2개국 이상의 기업이 공동 출자하고 공동으로 경영하는 해외기업의 한 형태이다.
- 장기적으로 해외 수산자원을 확보하기 위해 적합한 기업형태이다.

① 협동조합
② 유한회사
③ 다국적 기업
④ 합작회사

해설

합작회사와 다국적 기업

합작회사	• 2개국 이상의 기업이 공동 출자(투자)하고 공동으로 경영하는 해외기업의 한 형태이다. • 200해리 경제 수역의 선포로 연안국들 간 협력 필요가 증대되면서 중요해지고 있다. 　– 자본 · 기술 · 판매망을 가진 수산 선진국과 자원이 풍부한 연안 개발도상국 사이에서 주로 이루어진다. • 장기적으로 해외 수산자원을 확보하기 위해서는 적합한 기업형태이다.
다국적 기업	• 한 회사가 2개국 이상에 기업을 설립하고, 생산 · 판매 · 경영하는 기업을 말한다. • 본사는 모국에 두고 여러 나라에 방계 회사를 가진다.

190 다음 중 FOB에 대한 설명 중 옳지 <u>않은</u> 것은?

① 목적항까지 물품의 운송을 담당하는 선박의 본선에 적재되어야만 매도인이 의무를 이행하는 것이 되는 운송조건이다.

② 물품이 본선난간을 통과한 때를 본선적재가 이행된 때로 간주된다.

③ 매도인은 수출지에서 물품이 본선적재 되기까지의 비용과 위험을 부담하면 되므로 본선적재 이후의 비용과 위험은 매수인이 부담한다.

④ 수입관세·통관비용뿐만 아니라 매수인이 지정하는 장소까지의 모든 비용을 부담하여 수출업자에게 가장 불리한 조건이다.

> **해설**
> ④ 관세지급인도조건(DDP)에 대한 설명이다. FOB는 본선인도조건을 말한다.

191 다음 중 선단조직에 대한 설명으로 옳지 <u>않은</u> 것은?

① 어로선, 집어선, 어군 탐지선, 운반선 등이 구성되어 있다.

② 어장과 항구를 왕래하는 데 소비되는 경비와 시간을 절약하고 작업시간을 증가시켜 어획량을 증대시킬 수 있다.

③ 공선에 냉동·냉장·가공 시설을 갖추고 있어 어획물의 선도를 유지할 수 있다.

④ 육지에서 경영자가 어선의 어로 작업을 조정하고 통제하면서 경쟁을 자극시키는 방식이다.

> **해설**
> 육지에서 경영자가 어선의 어로 작업을 조정하고 통제하면서 경쟁을 자극시키는 방식은 집중식 선대조직의 특징에 해당한다.

192 어선에서 대형선의 기준이 되는 무게는 얼마인가?

① 10톤 이상

② 50톤 이상

③ 100톤 이상

④ 1,000톤 이상

> **해설**
> 일반적으로 대형선은 100톤 이상의 어선, 소형선은 10톤 이하의 어선을 말한다.

193　다음 중 어업노동의 특성으로 옳지 **않은** 것은?

① 파도, 해황 등 자연 환경의 영향을 많이 받기 때문에 작업 위험도가 크다.
② 기계화가 진전되어 개개인의 수작업에 의존하는 비율이 줄어들었다.
③ 직접적인 어획에 소요되는 시간보다 간접적인 노동 시간이 타 산업보다 긴 편이다.
④ 수산자원의 계절성·습성 등에 따라 노동 강도 차가 크기 때문에 어군 발견에서 어획까지 신속하게 마쳐야 한다.

해설

어업노동의 특성

노동 위험도	파도, 해황 등 자연 환경의 영향을 많이 받기 때문에 작업 위험도가 크다.
노동 강도	수산자원의 계절성·습성과 해황의 변화로 노동 강도 차가 크기 때문에 어군 발견에서 어획까지 신속하게 마쳐야 한다.
노동 시간	직접적인 어획에 소요되는 시간은 짧으나, 어장까지의 이동시간, 어구 및 장비 수리, 양륙 작업 등 간접적인 노동 시간이 타 산업보다 긴 편이다.
노동 협력도	기계화가 진전되었음에도 불구하고 여전히 수(手)작업에 의존하는 경향이 커 개개인의 숙련된 기술과 협력이 요구된다.

194　다음 중 수산업의 인사관리에 대한 설명으로 옳지 **않은** 것은?

① 표준시간 또는 표준생산량을 기준으로 임금을 산출하여야 한다.
② 어로장 또는 선장이 정해진 인력계획에 따라 선원을 고용한다.
③ 선장 교육은 선박 운항·생산·인사관리에 관한 교육이 주를 이룬다.
④ 고용 기간이 단기적이다.

해설

어업은 생산량 변동이 크고 노동 시간이 불규칙하기 때문에, 표준시간 또는 표준생산량을 기준으로 임금을 산출하여서는 안 된다.

195 다음 중 짓가림제의 특징으로 옳지 <u>않은</u> 것은?

① 위험 분산 형태이다.
② 단체 임금제이다.
③ 선불 방식의 임금 제도이다.
④ 해상 노무 관리의 자동화를 도모할 수 있다.

해설

짓가림제의 특징
• 경영 성과가 있어야 분배할 수 있다.
• 위험 분산 형태이다.
• 단체 임금제이다.
• 해상 노무 관리의 자동화를 꾀할 수 있다.
• 어획 노동력을 기준으로 하여 지급된다.
• 후불 방식의 임금 제도이다.

196 다음 설명에 해당하는 외부자금의 조달 방법은?

> 당좌 차월·증서 대부·어음 대부 등의 방법으로 자금을 지급받는 것을 말한다.

① 금융 단기대출
② 전도금
③ 창고증권 담보
④ 장기차입금

해설

외부자금 조달

단기차입금 (유동 부채)	전도금	상인에게 장래 어획물을 양도할 것을 전제로 대금을 미리 차입하거나 지급받는 것을 말한다.
	금융 단기대출	당좌 차월·증서 대부·어음 대부 등의 방법으로 자금을 지급받는 것을 말한다.
	창고증권 담보	어업자가 맡긴 임차물을 담보로 창고업자가 창고증권(유가증권)을 교부하면, 이를 다시 금융기관에 담보로 하여 자금을 차입할 수 있다.
장기차입금 (고정 부채)	담보	주로 고정 자산 구입에 필요한 자금을 충당하기 위해 담보를 활용한다.

197 **수산업의 생산관리에 대한 설명으로 옳지 않은 것은?**

① 선도가 상품가치를 결정하는 데 결정적 요인으로 작용한다.

② 어로 작업은 동시 진행이 가능하므로 환경에 따른 유동적인 작업이 이루어져야 한다.

③ 어로 작업 순서는 어군 탐색 → 집어 → 투망(투승) → 인망 → 양망(양승) → 어획물 처리의 순이다.

④ 선단조직은 어획 기능, 어군탐지 기능, 어획물 가공 기능, 집어 기능, 운반 기능을 모두 할 수 있다.

해설

어로 작업은 동시 진행이 불가능하고 환경에 따른 유동적인 작업이 이루어져야 하므로 작업 계획이 매우 중요하다.

198 **다음 설명된 특징을 보이는 수산경영 활동은?**

> • 처음 계획한 대로 추진되어 실적 및 성과가 목표에 제대로 달성되었는지를 측정하여 그 결과에 따라 시정·평가하는 관리활동을 말한다.
> • 관리 과정의 최종 단계로 사후적 활동에 해당한다.

① 조직   ② 실행

③ 조정   ④ 통제

해설

수산경영 활동

계획	기업 또는 조직이 나아갈 방향과 목표를 설정, 전략 제시, 예산 편성, 담당 부서 및 구성원 결정 등이 이루어진다.
조직	• 직무를 분담하여 직무·책임·권한을 명확하게 부여하는 것을 말한다. • 직무의 범위를 정할 때에는 구성원의 창의력과 만족도를 높일 수 있도록 고려하여야 한다.
실행	• 조직 구성원들이 창의성과 적극성을 가지고 자발적으로 주어진 업무를 수행하도록 하는 것을 말한다. • 관리자의 리더십이 중요한 덕목이 된다.
조정	• 상호 조정 : 직접 조정 방식 • 통제식 조정 : 직접 조정 방식, 활용 빈도가 가장 높음 • 표준화를 이용한 조정 : 간접 조정 방식, 대규모 경영에 적합함
통제	• 처음 계획한 대로 추진되어 실적 및 성과가 목표에 제대로 달성되었는지를 측정하여 그 결과에 따라 시정·평가하는 관리활동을 말한다. • 관리 과정의 최종 단계로 사후적 활동에 해당한다. • '표준설정(계획) → 성과측정(시행) → 비교분석(통제) → 성과 미달 → 시정조치'의 절차를 통해 진행된다.

199 해양수산부 장관은 수산업의 지속가능한 발전과 어촌의 균형 있는 개발·보전을 위하여 수산업·어촌 발전 기본계획을 몇 년마다 수립하여야 하는가?

① 1
② 3
③ 5
④ 10

해설

해양수산부장관은 수산업의 지속가능한 발전과 어촌의 균형 있는 개발·보전을 위하여 5년마다 수산업·어촌 발전 기본계획을 수립하여야 한다.

200 다음 중 수산업·어촌 발전 기본법에 명시된 수산인의 날로 옳은 것은?

① 4월 1일
② 4월 11일
③ 4월 21일
④ 5월 10일

해설

수산업·어촌의 소중함을 국민에게 알리고, 수산인의 긍지와 자부심을 고취하기 위하여 매년 4월 1일을 수산인의 날로 정한다.

합 격 으 로 가 는 가 장 똑 똑 한 선 택 시 대 에 듀 !

부록

수산업법·시행령

「수산업법」은 원문 그대로 수록하였고 「수산업법 시행령」은 핵심 조항만을 정리하여 수록하였습니다. 학습 시 참고해 주세요.

합격의 공식
시대에듀

잠깐!

자격증 · 공무원 · 금융/보험 · 면허증 · 언어/외국어 · 검정고시/독학사 · 기업체/취업
이 시대의 모든 합격! 시대에듀에서 합격하세요!
www.youtube.com → 시대에듀 → 구독

01 수산업법 [시행 2021.6.15.] [법률 제18288호, 2021.6.15. 일부개정]

제1장 총칙

제1조(목적) 이 법은 수산업에 관한 기본제도를 정하여 수산자원 및 수면을 종합적으로 이용하여 수산업의 생산성을 높임으로써 수산업의 발전과 어업의 민주화를 도모하는 것을 목적으로 한다.

제2조(정의) 이 법에서 사용하는 용어의 뜻은 다음과 같다.
1. "수산업"이란 어업·양식업·어획물운반업 및 수산물가공업을 말한다.
2. "어업"이란 수산동식물을 포획·채취하는 사업과 염전에서 바닷물을 자연 증발시켜 소금을 생산하는 사업을 말한다.
2의2. "양식업"이란 「양식산업발전법」 제2조 제2호에 따라 수산동식물을 양식하는 사업을 말한다.
3. "어획물운반업"이란 어업현장에서 양륙지(揚陸地)까지 어획물이나 그 제품을 운반하는 사업을 말한다.
4. "수산물가공업"이란 수산동식물을 직접 원료 또는 재료로 하여 식료·사료·비료·호료(糊料)·유지(油脂) 또는 가죽을 제조하거나 가공하는 사업을 말한다.
5. 삭제
6. 삭제
7. 삭제
8. "어장"이란 제8조에 따라 면허를 받아 어업을 하는 일정한 수면을 말한다.
9. "어업권"이란 제8조에 따라 면허를 받아 어업을 경영할 수 있는 권리를 말한다.
10. "입어"란 입어자가 마을어업의 어장(漁場)에서 수산동식물을 포획·채취하는 것을 말한다.
11. "입어자"란 제47조에 따라 어업신고를 한 자로서 마을어업권이 설정되기 전부터 해당 수면에서 계속하여 수산동식물을 포획·채취하여 온 사실이 대다수 사람들에게 인정되는 자 중 대통령령으로 정하는 바에 따라 어업권원부(漁業權原簿)에 등록된 자를 말한다.
12. "어업인"이란 어업자 및 어업종사자를 말하며, 「양식산업발전법」 제2조 제12호의 양식업자와 같은 조 제13호의 양식업종사자를 포함한다.
13. "어업자"란 어업을 경영하는 자를 말한다.
14. "어업종사자"란 어업자를 위하여 수산동식물을 포획·채취하는 일에 종사하는 자와 염전에서 바닷물을 자연 증발시켜 소금을 생산하는 일에 종사하는 자를 말한다.
15. "어획물운반업자"란 어획물운반업을 경영하는 자를 말한다.
16. "어획물운반업종사자"란 어획물운반업자를 위하여 어업현장에서 양륙지까지 어획물이나 그 제품을 운반하는 일에 종사하는 자를 말한다.
17. "수산물가공업자"란 수산물가공업을 경영하는 자를 말한다.
18. "바닷가"란 만조수위선(滿潮水位線)과 지적공부(地籍公簿)에 등록된 토지의 바다 쪽 경계선 사이를 말한다.
19. "유어(遊漁)"란 낚시 등을 이용하여 놀이를 목적으로 수산동식물을 포획·채취하는 행위를 말한다.
20. "어구"란 수산동식물을 포획·채취하는데 직접 사용되는 도구를 말한다.

제3조(적용범위) 이 법은 다음 각 호의 수면 등에 대하여 적용한다.

1. 바다
2. 바닷가
3. 어업을 목적으로 하여 인공적으로 조성된 육상의 해수면

제3조의2 삭제

제4조(어장이용개발계획 등) ① 시장(특별자치도의 경우에는 특별자치도지사를 말한다. 이하 같다)·군수·구청장(자치구의 구청장을 말한다. 이하 같다)은 관할 수면을 종합적으로 이용·개발하기 위한 어장이용개발계획(이하 "개발계획"이라 한다)을 세워야 한다.

② 시장·군수·구청장이 개발계획을 세운 때에는 특별시장·광역시장 또는 도지사의 승인을 받아야 한다.

③ 시장·군수·구청장은 개발계획을 세우려면 개발하려는 수면에 대하여 기본조사를 실시하고 사회적·경제적 여건을 고려하여 개발계획을 세우되, 해양수산부장관이 정하는 개발계획기본지침에 따라 특별시장·광역시장·도지사 또는 특별자치도지사(이하 "시·도지사"라 한다)가 지역여건과 특성을 고려하여 정한 개발계획세부지침에 따라야 한다.

④ 시장·군수·구청장은 개발계획을 세우려는 수면이 다른 법령에 따라 어업행위가 제한되거나 금지되고 있는 경우에는 미리 관계 행정기관의 장의 승인을 받거나 협의를 하여야 한다.

⑤ 시장·군수·구청장은 개발계획을 세우려는 경우에는 제88조에 따른 해당 수산조정위원회의 심의를 거쳐야 한다.

⑥ 제1항부터 제5항까지의 규정에 따라 승인된 개발계획은 대통령령으로 정하는 경우에만 이를 변경할 수 있으며, 변경되는 개발계획의 수립·승인과 관계 행정기관의 장의 승인 또는 관계 행정기관의 장과의 협의 및 수산조정위원회의 심의에 관하여는 제1항부터 제5항까지를 준용한다. 다만, 관계 행정기관의 장의 승인이나 관계 행정기관의 장과의 협의는 새로운 수면의 추가나 그 밖에 이에 준하는 사유로 인하여 다시 승인을 받거나 협의를 하여야 하는 경우로 한정한다.

⑦ 제1항과 제3항에 따른 개발계획기본지침과 개발계획세부지침의 작성, 개발계획의 수립과 그 절차 등에 필요한 사항은 대통령령으로 정한다.

제5조(외국인에 대한 어업의 면허 등) ① 시·도지사 또는 시장·군수·구청장은 외국인이나 외국법인에 대하여 대통령령으로 정하는 어업면허나 어업허가를 하려면 미리 해양수산부장관과 협의하여야 한다.

② 외국인이나 외국법인이 대한민국 국민 또는 대한민국의 법률에 따라 설립된 법인(설립 중인 법인을 포함한다. 이하 이 조에서 같다)에 제1항에 따른 어업을 경영할 목적으로 투자하는 경우 그 국민 또는 법인에 대한 투자비율이 50퍼센트 이상이거나 의결권이 과반수인 때에도 제1항을 적용한다.

③ 대한민국 국민 또는 대한민국의 법률에 따라 설립된 법인이나 단체에 대하여 자국(自國) 내의 수산업에 관한 권리의 취득을 금지하거나 제한하는 국가의 개인 또는 법인이나 단체에 대하여는 대한민국 안의 수산업에 관한 권리의 취득에 관하여도 같거나 비슷한 내용의 금지나 제한을 할 수 있다.

제6조(서류 송달의 공시) ① 해양수산부장관, 시·도지사, 시장·군수·구청장(이하 "행정관청"이라 한다)은 주소나 거소(居所)가 분명하지 아니하는 등의 사유로 이 법 또는 이 법에 따른 명령·처분 등을 통지하는 데에 필요한 서류를 송달할 수 없을 때에는 대통령령으로 정하는 바에 따라 이를 공고하여야 한다.

② 행정관청이 제1항에 따라 공고한 경우에는 공고일의 다음 날부터 계산하기 시작하여 30일이 지난 날에 그 서류가 도달한 것으로 본다.

제7조(공동신청) ① 2명 이상이 공동으로 이 법에 따른 면허 또는 허가를 받거나 신고어업의 신고를 하는 때에는 그중 1명을 대표자로 정하여 신청서나 신고서에 부기(附記)하여야 한다.

② 제1항의 경우에 대표자를 정하지 아니한 때에는 그 가운데 한 사람을 대표자로 정하여 대통령령으로 정하는 바에 따라 행정관청에 신고하여야 한다. 이 경우 대표자를 변경한 때에도 같은 절차를 거쳐야 한다.

③ 제2항의 신고를 하지 아니한 때에는 행정관청이 대표자를 지정한다.

제2장 면허어업

제8조(면허어업) ① 다음 각 호의 어느 하나에 해당하는 어업을 하려는 자는 시장 · 군수 · 구청장의 면허를 받아야 한다.

1. 정치망어업(定置網漁業) : 일정한 수면을 구획하여 대통령령으로 정하는 어구(漁具)를 일정한 장소에 설치하여 수산동물을 포획하는 어업
2. 삭제
3. 삭제
4. 삭제
5. 삭제
6. 마을어업 : 일정한 지역에 거주하는 어업인이 해안에 연접한 일정한 수심(水深) 이내의 수면을 구획하여 패류 · 해조류 또는 정착성(定着性) 수산동물을 관리 · 조성하여 포획 · 채취하는 어업
7. 삭제
8. 삭제

② 시장 · 군수 · 구청장은 제1항에 따른 어업면허를 할 때에는 개발계획의 범위에서 하여야 한다.

③ 제1항 각 호에 따른 어업의 종류와 마을어업 어장의 수심 한계는 대통령령으로 정한다.

④ 다음 각 호에 필요한 사항은 해양수산부령으로 정한다.

1. 어장의 수심(마을어업은 제외한다), 어장구역의 한계 및 어장 사이의 거리
2. 어장의 시설방법 또는 포획 · 채취방법
3. 어획물에 관한 사항
4. 어선 · 어구(漁具) 또는 그 사용에 관한 사항
5. 삭제
5의2. 해적생물(害敵生物) 구제도구의 종류와 사용 방법 등에 관한 사항
6. 그 밖에 어업면허에 필요한 사항

제9조(마을어업 등의 면허) ① 마을어업은 일정한 지역에 거주하는 어업인의 공동이익을 증진하기 위하여 어촌계(漁村契)나 지구별수산업협동조합(이하 "지구별수협"이라 한다)에만 면허한다.

② 삭제

③ 삭제

④ 시장 · 군수 · 구청장은 어업인의 공동이익과 일정한 지역의 어업개발을 위하여 필요하다고 인정하면 어촌계, 영어조합법인 또는 지구별수협에 마을어업 외의 어업을 면허할 수 있다.

제10조(면허의 결격사유) 시장 · 군수 · 구청장은 다음 각 호의 어느 하나에 해당하는 자에 대하여는 어업면허를 하여서는 아니 된다.

1. 어업을 목적으로 하지 아니하는 법인이나 단체
2. 취득한 어업권의 어장 면적과 신청한 어업권의 어장 면적을 합친 면적이 대통령령으로 정하는 면적 이상이 되는 자

3. 삭제

4. 이 법, 「어장관리법」, 「양식산업발전법」, 「어선법」 또는 「수산자원관리법」을 위반하여 금고 이상의 형을 선고받고 그 집행이 끝나거나(집행이 끝난 것으로 보는 경우를 포함한다) 집행을 받지 아니하기로 확정된 후 2년이 지나지 아니한 자

5. 이 법, 「어장관리법」, 「양식산업발전법」, 「어선법」 또는 「수산자원관리법」을 위반하여 금고 이상의 형의 집행유예를 선고받고 그 유예기간 중에 있는 자

6. 이 법, 「어장관리법」, 「양식산업발전법」, 「어선법」 또는 「수산자원관리법」을 위반하여 100만 원 이상의 벌금형을 선고받고 그 형이 확정된 후 2년이 지나지 아니한 자

제10조의2(형의 분리 선고) 「형법」 제38조에도 불구하고 제10조 제4호부터 제6호까지에 규정된 죄와 다른 죄의 경합범(競合犯)에 대하여는 이를 분리 선고하여야 한다.

제11조(면허의 금지) ① 시장·군수·구청장은 어업면허를 받으려는 수면이 제34조 제1항 제1호부터 제7호까지의 어느 하나에 해당하면 어업면허를 하지 아니할 수 있다.

② 시장·군수·구청장은 제35조 제1호 및 제3호부터 제6호까지(제34조 제1항 제1호부터 제7호까지의 어느 하나에 해당하는 경우는 제외한다) 중 어느 하나에 해당하는 사유로 어업면허가 취소된 자에 대하여는 대통령령으로 정하는 바에 따라 그 면허를 취소한 날부터 2년 이내에 어업면허를 하여서는 아니 된다.

제12조(면허의 제한 및 조건) 시장·군수·구청장은 어업면허를 하는 경우로서 어업조정을 위하여 필요하거나 제34조 제1항 제1호부터 제7호까지의 어느 하나에 해당되면 그 어업면허를 제한하거나 그 어업면허에 조건을 붙일 수 있다.

제13조(우선순위) ① 어업면허(제9조 제1항 및 제4항에 따른 어업면허는 제외한다)의 우선순위는 다음 순서에 따른다.

1. 수산기술자로서 그 신청한 어업과 같은 종류의 어업을 경영하였거나 이에 종사한 자 또는 그 신청일 이전 5년 동안(「어장관리법」에 따른 어장휴식기간은 제외한다) 그 신청한 어업과 같은 종류의 어업을 경영하였거나 이에 종사한 자

2. 수산기술자로서 제41조 제2항 또는 제3항에 해당하는 어업(제1호의 경우는 제외한다)을 경영하였거나 이에 종사한 자 또는 그 신청일 이전 5년 동안(「어장관리법」에 따른 어장휴식기간은 제외한다) 제41조 제2항 또는 제3항에 해당하는 어업(제1호의 경우는 제외한다)을 경영하였거나 이에 종사한 자

3. 제1호와 제2호에 속하지 아니하는 자

② 제1항의 같은 순위자 사이의 우선순위는 다음 순서에 따른다.

1. 그 신청 당시 또는 「어장관리법」 제9조 제5항에 따른 어장휴식 실시 당시 그 어업의 어장에서 그 어업권의 유효기간이 끝난 자

2. 수산기술자로서 그 신청한 어업의 어장에서 그 신청한 어업을 경영하였거나 이에 종사한 자 또는 그 신청일 이전 5년 동안(「어장관리법」에 따른 어장휴식기간은 제외한다) 그 신청한 어업의 어장에서 그 신청한 어업을 경영하였거나 이에 종사한 자

3. 제1호와 제2호에 속하지 아니하는 자

③ 제2항에 따른 같은 순위자 사이의 우선순위는 다음 순서에 따른다.

1. 면허를 받으려는 수면이 있는 특별자치도 또는 시·군·자치구에 1년 전부터 계속하여 주소(법인이나 단체의 경우에는 어업 관계 사무소의 소재지를 말한다. 이하 같다)를 두고 있던 자

2. 면허를 받으려는 수면이 있는 시·군·자치구와 연접(連接)하는 시·군·자치구에 1년 전부터 계속하여 주소를 두고 있던 자

3. 제1호와 제2호에 속하지 아니하는 자

④ 삭제

⑤ 제9조 제1항에 따른 마을어업의 면허의 우선순위는 제9조 제1항에서 규정하고 있는 순서에 따른 순위로 한다.

⑥ 삭제

⑦ 제1항부터 제5항까지의 규정에 따라 우선순위를 정하는 경우 다음 각 호의 어느 하나에 해당하는 자는 우선순위에서 배제할 수 있다. 이 경우 제88조에 따른 해당 수산조정위원회의 심의를 거쳐야 한다.

    1. 해당 어업의 어장에서 이 법, 「어장관리법」, 「양식산업발전법」 또는 「수산자원관리법」을 위반하거나 이 법, 「어장관리법」, 「양식산업발전법」 또는 「수산자원관리법」에 따른 명령 · 처분 또는 그 제한이나 조건을 위반하여 행정처분을 받은 자

    2. 해당 어업의 어장에서 어장관리 및 어업경영상태가 매우 부실하다고 인정되는 자

    3. 해당 어업권을 취득하였다가 정당한 사유 없이 양도한 자

    4. 제81조 제1항 제1호에 해당하는 사유로 어업권이 취소되어 손실보상을 받은 자. 다만, 손실보상 당시 다른 어업권을 이미 취득하였거나 보상받은 뒤 제19조 제1항 각 호 외의 부분 단서에 따라 어업권을 이전 · 분할받은 경우 각 어업권의 유효기간이 끝나 새로 어업면허를 신청하는 때에는 우선순위에서 제외할 수 없다.

제13조의2 삭제

제14조(면허의 유효기간) ① 제8조에 따른 어업면허의 유효기간은 10년으로 한다. 다만, 제4조 제4항 및 「어장관리법」 제8조 제5항에 해당하는 경우와 수산자원보호와 어업조정에 관하여 필요한 사항을 대통령령으로 정하는 경우에는 각각 그 유효기간을 10년 이내로 할 수 있다.

② 시장 · 군수 · 구청장은 제1항 단서, 제13조 제7항 각 호 및 제34조 제1항 각 호의 어느 하나에 해당하는 사유가 있는 경우 외에는 어업권자의 신청에 따라 면허기간이 끝난 날부터 10년의 범위에서 유효기간의 연장을 허가하여야 한다. 이 경우 여러 차례에 걸쳐 연장허가를 한 경우에는 그 총 연장허가기간은 10년을 초과할 수 없다.

③ 시장 · 군수 · 구청장은 어업권자가 유효기간의 연장을 신청하지 아니할 때에는 그 어업권에 대하여 등록된 권리자의 신청에 따라 그 어업권의 유효기간의 연장을 허가할 수 있다.

④ 시장 · 군수 · 구청장은 제2항 전단 또는 제3항에 따른 허가의 신청을 받은 날부터 해양수산부령으로 정하는 기간 내에 허가 여부를 신청인에게 통지하여야 한다.

⑤ 시장 · 군수 · 구청장이 제4항에서 정한 기간 내에 허가 여부 또는 민원 처리 관련 법령에 따른 처리기간의 연장을 신청인에게 통지하지 아니하면 그 기간(민원 처리 관련 법령에 따라 처리기간이 연장 또는 재연장된 경우에는 해당 처리기간을 말한다)이 끝난 날의 다음 날에 허가를 한 것으로 본다.

⑥ 어업권은 면허의 유효기간이나 제2항의 연장허가기간이 끝남과 동시에 소멸된다.

제15조(면허제한구역 등에 대한 한정어업면허) ① 시장 · 군수 · 구청장은 제34조 제1항 제1호부터 제6호까지 또는 제35조 제6호(제34조 제1항 제1호부터 제6호까지의 어느 하나에 해당하는 경우에만 해당한다)에 해당되어 어업이 제한된 구역이나 어업면허가 취소된 수면에서 어업을 하려는 자에게는 관계 행정기관의 장과 협의하거나 승인을 받아 따로 면허기간 등을 정하여 제8조에 따른 어업면허(이하 "한정어업면허"라 한다)를 할 수 있다.

② 한정어업면허에 관하여는 제16조 제2항, 제19조 제1항 각 호 외의 부분 단서 및 제81조 제1항을 적용하지 아니한다.

③ 시장 · 군수 · 구청장은 한정어업면허를 할 때 관계 행정기관이 다른 법령에 따른 보상을 배제하는 조건으로 협의하거나 승인할 때에는 그 조건을 붙여 면허하여야 한다.

제16조(어업권의 취득과 성질) ① 제8조에 따라 어업면허를 받은 자와 제19조에 따라 어업권을 이전받거나 분할받은 자는 제17조의 어업권원부에 등록을 함으로써 어업권을 취득한다.

② 어업권은 물권(物權)으로 하며, 이 법에서 정한 것 외에는 「민법」 중 토지에 관한 규정을 준용한다.

③ 어업권과 이를 목적으로 하는 권리에 관하여는 「민법」 중 질권(質權)에 관한 규정을 적용하지 아니한다.

④ 법인이 아닌 어촌계가 취득한 어업권은 그 어촌계의 총유(總有)로 한다.

제17조(어업권의 등록) ① 어업권과 이를 목적으로 하는 권리의 설정·보존·이전·변경·소멸 및 처분의 제한, 지분(持分) 또는 입어(入漁)에 관한 사항은 어업권원부에 등록한다.
② 제1항에 따른 등록은 등기를 갈음한다.
③ 등록에 관한 사항은 대통령령으로 정한다.

제18조(어업권과 다른 법률과의 관계) ① 어업권자에 대하여는 그 면허를 받은 어업에 필요한 범위에서 「공유수면 관리 및 매립에 관한 법률」에 따른 행위가 허용된다.
② 제1항의 경우에 「공유수면 관리 및 매립에 관한 법률」 제46조를 적용하지 아니한다.

제19조(어업권의 이전·분할 또는 변경) ① 어업권은 이전·분할 또는 변경할 수 없다. 다만, 「어장관리법」에 따른 어장정화·정비에 따라 변경하는 경우, 어업권(마을어업권은 제외한다)을 등록한 후 어업을 시작한 날(시설물의 설치를 끝낸 날을 말한다)부터 1년이 지난 후 해양수산부령으로 정하는 바에 따라 시장·군수·구청장의 인가를 받은 경우, 법인의 합병 또는 상속으로 이전하거나 분할하는 경우에는 각각 어업권을 이전·분할하거나 변경할 수 있다.
   1. 삭제
   2. 삭제
   3. 삭제
② 시장·군수·구청장은 제1항 단서에 따라 어업권을 이전받거나 분할받으려는 자가 제10조 각 호의 어느 하나 또는 제11조 제2항에 해당하면 그 인가를 하여서는 아니 된다.
③ 어촌계나 지구별수협이 가지고 있는 어업권은 제1항 각 호 외의 부분 본문에도 불구하고 어촌계 또는 지구별수협의 합병, 분할, 업무구역의 변경 또는 상호 합의에 따라 어촌계와 어촌계 사이, 지구별수협과 지구별수협 사이 또는 어촌계와 지구별수협 사이에 서로 이전하거나 분할하는 경우에는 그 어업권을 이전하거나 분할할 수 있다.

제20조(면허사항의 변경신고) 어업권자가 면허를 받은 사항 중 성명·주소 등 대통령령으로 정하는 사항을 변경하려면 해양수산부령으로 정하는 바에 따라 시장·군수·구청장에게 변경신고를 하여야 한다. 다만, 어업권자가 같은 시·군·자치구 내에서 주소를 변경하여 「주민등록법」 제16조 제1항에 따라 전입신고를 한 경우에는 주소 변경에 대한 변경신고를 한 것으로 본다.

제21조(어촌계 등의 어업권 담보 금지) 어촌계나 지구별수협이 가지고 있는 어업권은 담보로 제공할 수 없다.

제22조(담보로 제공할 때의 인공구조물) 어업권을 담보로 제공할 때에 그 어장에 설치한 인공구조물은 어업권에 딸려 어업권과 하나가 된 것으로 본다.

제23조(공유자의 동의) ① 어업권의 공유자는 다른 공유자의 동의 없이 그 지분을 처분하거나 담보로 제공할 수 없다. 다만, 「민사집행법」 제264조에 따른 매각의 경우에는 그러하지 아니하다.
② 제1항의 경우에 공유자의 주소나 거소가 분명하지 아니하거나 그 밖의 사유로 동의를 받을 수 없을 때에는 대통령령으로 정하는 바에 따라 그 사실을 공고하여야 한다.
③ 제2항에 따라 공고한 때에는 공고한 날의 다음 날부터 계산하기 시작하여 30일 이내에 이의신청이 없으면 그 마지막 날에 동의한 것으로 본다.

제24조(등록한 권리자의 동의) 어업권은 등록한 권리자의 동의 없이 분할·변경 또는 포기할 수 없다.

제25조(처분한 때의 권리·의무의 승계) 이 법 또는 「수산자원관리법」, 이 법 또는 「수산자원관리법」에 따른 명령·처분 또는 그 제한이나 조건에 따라 어업권자에게 생긴 권리·의무는 어업권과 같이 이전한다.

제26조(어업권의 경매) ① 제31조 제2항, 제35조 제2호부터 제5호까지 또는 제35조 제6호(제34조 제1항 제8호나 제9호에 해당하는 경우에만 해당한다)에 따라 어업의 면허를 취소한 경우 그 어업권의 저당권자로 등록된 자는 제36조에 따른 통지를 받은 다음 날부터 계산하기 시작하여 30일 이내에 어업권의 경매를 신청할 수 있다.

② 제1항에 따라 경매를 신청한 경우에는 해당 어업권은 면허를 취소한 날부터 경매절차가 끝난 날까지 경매의 목적의 범위에서 존속하는 것으로 본다.

③ 경매에 따른 경매대금 중 경매비용과 제1항의 저당권자에 대한 채무를 변제하고 남은 금액은 국고에 귀속한다.

④ 경락인이 경매대금을 완납한 때에는 어업면허의 취소는 그 효력이 발생하지 아니한 것으로 본다.

제27조(관리선의 사용과 그 제한 · 금지) ① 어업권자는 그 어업의 어장관리에 필요한 어선(이하 "관리선"이라 한다)을 사용하려면 시장 · 군수 · 구청장의 지정을 받아야 한다. 이 경우 관리선은 어업권자(제37조에 따른 어업권의 행사자를 포함한다)가 소유한 어선이나 임차한 어선으로 한정한다.

② 시장 · 군수 · 구청장은 수산자원의 증식 · 보호와 어업조정에 필요한 경우에는 대통령령으로 정하는 바에 따라 어업의 종류와 어장의 면적 또는 수산동식물의 종류에 따라 관리선으로 사용할 수 있는 어선 · 어구에 대하여 제한하거나 금지할 수 있다.

③ 면허받은 어업의 어장에 관리선을 갖추지 못한 어업권자는 제1항의 지정을 받은 어선이나 제41조 제1항 · 제2항, 같은 조 제3항 제1호 또는 제47조 제1항에 따라 허가를 받았거나 신고한 어업의 어선은 시장 · 군수 · 구청장의 승인을 받아 사용할 수 있다.

④ 제1항에 따라 관리선의 사용을 지정받은 어업권자는 그 지정받은 어장구역 또는 제3항에 따라 승인을 받은 구역 외의 수면에서 수산동식물을 포획 또는 채취하기 위하여 그 관리선을 사용하여서는 아니 된다. 다만, 관리선에 대하여 제41조나 제47조에 따른 어업허가를 받았거나 신고를 한 경우에는 그러하지 아니하다.

⑤ 제1항과 제3항에 따른 관리선의 규모와 수, 기관의 마력(馬力) 및 그 사용의 지정 또는 승인, 그 밖에 관리선의 사용에 필요한 사항은 해양수산부령으로 정한다. 다만, 수산자원의 증식 · 보호와 어업조정을 위하여 필요한 때에는 해양수산부령으로 정하는 범위에서 관리선의 정수 및 사용기준 등에 관한 사항은 해당 시 · 군 · 구의 조례로 정할 수 있다.

제28조 삭제

제29조(보호구역) ① 정치망어업의 어업권을 보호하기 위하여 보호구역을 둔다.

② 제1항의 보호구역에서는 해당 시설물을 훼손하는 행위와 어업권의 행사에 방해가 되는 다음 각 호의 행위를 하여서는 아니 된다. 다만, 어업권자의 동의를 받은 경우에는 예외로 한다.

1. 어망을 사용하는 어업
2. 불빛이나 음향 등을 이용하여 수산동물을 유인하거나 몰아서 하는 어업
3. 통발 또는 연승(延繩) 등의 어구를 설치하거나 끌어구류 및 잠수기를 사용하는 어업
4. 어업권의 행사에 방해가 되는 시설물을 신축 · 증축 또는 개축하는 행위. 다만, 국가 또는 지방자치단체가 국방상 필요 등 공익을 목적으로 추진하는 경우에는 예외로 한다.

③ 시장 · 군수 · 구청장은 마을어업권과 바닥식양식어업권이 설정된 어장 주변에 다른 어업과의 분쟁 예방을 위하여 관련 업계의 의견을 수렴하여 해양수산부령으로 정하는 범위에서 해당 시 · 군 · 구의 조례로 정하는 바에 따라 해당 어장과 어장 사이를 보호구역으로 정할 수 있다.

④ 제3항의 보호구역에서는 어업권의 행사에 방해가 되는 다음 각 호의 행위를 하여서는 아니 된다. 다만, 인근 어업권자의 동의를 받은 경우에는 예외로 한다.

1. 잠수기를 사용하는 어업
2. 그 밖에 해당 시 · 군 · 구의 조례로 정하는 어업

⑤ 제1항 및 제3항의 보호구역의 범위에 필요한 사항은 해양수산부령으로 정한다.

제30조(휴업 신고 및 어업권 포기의 신고) ① 어업권을 취득하여 어업을 하는 자가 계속하여 1년 이상 휴업하려면 휴업기간을 정하여 미리 시장·군수·구청장에게 신고하여야 한다. 다만, 제31조 제1항에 따라 어업을 시작하기 전에는 휴업을 할 수 없으며, 계속하여 2년 이상 휴업을 할 수 없다.
② 삭제
③ 제1항의 신고를 한 자가 신고한 휴업기간이 끝나기 전에 어업을 계속하려면 미리 시장·군수·구청장에게 신고하여야 한다.
④ 제1항의 기간에는 제34조 또는 제61조에 따른 명령에 따라 어업을 정지한 기간 및 「어장관리법」에 따른 어장휴식기간은 그 계산에 넣지 아니한다.
⑤ 어업권자가 어업권을 포기하려는 경우에는 해양수산부령으로 정하는 바에 따라 시장·군수·구청장에게 신고하여야 한다.

제31조(어업의 개시 등) ① 어업권을 취득한 자는 그 어업권을 취득한 날부터 1년 이내에 어업을 시작하여야 한다. 다만, 대통령령으로 정하는 경우에는 시장·군수·구청장이 2년의 범위에서 그 기간을 조정할 수 있다.
② 시장·군수·구청장은 어업권을 취득한 자가 그 어업을 시작한 후 1년이 지났으나 계속하여 해당 어장을 휴업 상태로 두어 어장을 종합적으로 이용하지 못하였다고 인정될 때에는 그 어업권을 변경하거나 취소할 수 있다.
③ 제1항이나 제2항의 기간에는 제34조 또는 제61조에 따른 명령에 따라 어업을 정지한 기간 및 「어장관리법」에 따른 어장휴식기간은 그 계산에 넣지 아니한다.

제32조(다른 사람에 의한 지배 금지) ① 어업권자는 다른 사람에게 그 어업의 경영을 사실상 지배하게 하여서는 아니 된다.
② 제1항에 따른 해당 어업의 경영을 사실상 지배하는 범위는 해양수산부령으로 정한다.

제33조(임대차의 금지) 어업권은 임대차의 목적으로 할 수 없다. 이 경우 어촌계의 계원, 지구별수협의 조합원 또는 어촌계의 계원이나 지구별수협의 조합원으로 구성된 영어조합법인이 제38조에 따른 어장관리규약으로 정하는 바에 따라 그 어촌계 또는 지구별수협이 소유하는 어업권을 행사하는 것은 임대차로 보지 아니한다.

제34조(공익의 필요에 의한 면허어업의 제한 등) ① 시장·군수·구청장은 다음 각 호의 어느 하나에 해당하면 면허한 어업을 제한 또는 정지하거나 어선의 계류(繫留) 또는 출항·입항을 제한할 수 있다.
  1. 수산자원의 증식·보호를 위하여 필요한 경우
  2. 군사훈련 또는 주요 군사기지의 보위(保衛)를 위하여 필요한 경우
  3. 국방을 위하여 필요하다고 인정되어 국방부장관이 요청한 경우
  4. 선박의 항행·정박·계류 또는 수저전선(水底電線)의 부설을 위하여 필요한 경우
  5. 「해양폐기물 및 해양오염퇴적물 관리법」 제7조 제2항에 따른 폐기물 해양배출로 인하여 배출해역 바닥에서 서식하는 수산동물의 위생관리가 필요한 경우
  6. 「공익사업을 위한 토지 등의 취득 및 보상에 관한 법률」 제4조의 공익사업을 위하여 필요한 경우
  7. 「어선안전조업법」 제27조 제1항 각 호에 해당하여 해양수산부장관의 요청을 받은 경우
  8. 어업권자가 이 법, 「어장관리법」, 「양식산업발전법」 또는 「수산자원관리법」을 위반하거나 이 법, 「어장관리법」, 「양식산업발전법」 또는 「수산자원관리법」에 따른 명령·처분이나 그 제한·조건을 위반한 경우
  9. 어업권자가 외국과의 어업에 관한 협정 또는 일반적으로 승인된 국제법규와 외국의 수산에 관한 법령을 위반한 경우
② 제1항 제1호부터 제6호까지의 어느 하나에 따른 어업의 제한 등의 절차에 필요한 사항은 대통령령으로 정한다.
③ 삭제
④ 제1항 제7호부터 제9호까지에 따른 어업의 제한 등의 처분 기준과 절차에 필요한 사항은 해양수산부령으로 정한다.
⑤ 제1항 제8호나 제9호에 따라 계류처분을 받은 어선의 관리는 제27조 제1항과 제3항에 따른 지정 또는 승인을 받은 자가 하여야 한다.

제35조(면허어업의 취소) 시장 · 군수 · 구청장은 어업면허를 받은 자가 다음 각 호의 어느 하나에 해당하면 해양수산부령으로 정하는 바에 따라 어업면허를 취소할 수 있다. 다만, 제1호에 해당하는 경우에는 그 면허를 취소하여야 한다.

1. 거짓이나 그 밖의 부정한 방법으로 어업면허를 받은 경우
2. 제10조 제1호에 해당하게 된 경우
3. 어업권자가 제30조 제1항 · 제2항 또는 제31조 제1항을 위반한 경우
4. 어업권자가 제32조를 위반하여 다른 사람에게 그 어업의 경영을 사실상 지배하게 한 경우
5. 어업권자가 제33조를 위반하여 어업권을 임대한 경우
6. 제1호부터 제5호까지의 경우 외에 제34조 제1항 각 호의 어느 하나에 해당하게 된 경우

제36조(어업권의 취소 통지) 시장 · 군수 · 구청장은 어업의 면허를 취소한 때에는 지체 없이 그 어업권을 등록한 권리자에게 그 사실을 알려야 한다.

제37조(어촌계 등의 어장관리) ① 어촌계가 가지고 있는 어업권은 제38조에 따른 어장관리규약으로 정하는 바에 따라 그 어촌계의 계원이 행사한다. 다만, 마을어업권의 경우에는 계원이 아닌 자도 다음 각 호의 요건을 모두 갖춘 경우에는 마을어업권을 행사할 수 있다.

1. 해당 어촌계의 관할 구역에 주소를 두고 있을 것
2. 마을어업권의 행사에 대한 어촌계 총회의 의결이 있을 것
3. 제47조에 따른 어업의 신고를 마쳤을 것

② 지구별수협이 가지고 있는 어업권은 대통령령으로 정하는 경우 외에는 제38조에 따른 어장관리규약으로 정하는 바에 따라 그 어장에 인접한 지역을 업무구역으로 하는 어촌계의 업무구역에 주소를 두고 있는 그 지구별수협의 조합원이 행사한다.

③ 제1항과 제2항에 따른 어업권의 행사방법과 행사의 우선순위, 어촌계별 · 어촌계원별 · 조합원별 시설량 또는 구역의 조정(調整), 그 밖에 어장관리에 필요한 사항은 해양수산부령으로 정한다.

제38조(어장관리규약) ① 제9조에 따라 어업권을 취득한 어촌계와 지구별수협은 해양수산부령으로 정하는 바에 따라 그 어장에 입어하거나 어업권을 행사할 수 있는 자의 자격, 입어방법과 어업권의 행사방법, 어업의 시기, 어업의 방법, 입어료(入漁料)와 행사료(行使料), 그 밖에 어장관리에 필요한 어장관리규약을 정하여야 한다.

② 시장 · 군수 · 구청장은 제1항에 따른 어장관리규약이 이 법, 「어장관리법」, 「양식산업발전법」 또는 「수산자원관리법」을 위반하거나 이 법, 「어장관리법」, 「양식산업발전법」 또는 「수산자원관리법」에 따른 명령 · 처분 또는 그 제한이나 조건을 위반한 경우에는 어장관리규약의 변경 등 필요한 조치를 명할 수 있다.

제39조(어업권 행사의 제한 등) 시장 · 군수 · 구청장은 제37조 제1항 또는 제2항에도 불구하고 계원이나 조합원의 소득이 균등하게 증대될 수 있도록 대통령령으로 정하는 기준에 해당하는 자에 대하여는 어촌계 또는 지구별수협의 어장에 대한 어업권의 행사를 제한하거나 금지할 수 있다.

제40조(입어 등의 제한) ① 마을어업의 어업권자는 입어자(入漁者)에게 제38조에 따른 어장관리규약으로 정하는 바에 따라 해당 어장에 입어하는 것을 허용하여야 한다.

② 제1항의 어업권자와 입어자는 협의에 따라 수산동식물의 번식 · 보호 및 어업의 질서유지를 위하여 필요하다고 인정되면 어업에 대하여 제한을 할 수 있다.

③ 제12조 또는 제34조 제1항 제1호부터 제7호까지의 규정에 따라 마을어업의 면허에 붙인 제한 · 조건 또는 정지는 입어자의 입어에 붙인 제한 · 조건 또는 정지로 본다.

④ 시장 · 군수 · 구청장은 어업권자나 입어자가 제2항의 협의 또는 제84조 제2항에 따른 재결을 위반하거나 입어자가 제3항에 따른 제한 · 조건 또는 정지를 위반하면 그 면허한 어업을 제한 · 정지하거나 면허를 취소하거나 입어를 제한 · 정지 또는 금지할 수 있다.

제40조의2 삭제

제3장 허가어업과 신고어업

제41조(허가어업) ① 총톤수 10톤 이상의 동력어선(動力漁船) 또는 수산자원을 보호하고 어업조정(漁業調整)을 하기 위하여 특히 필요하여 대통령령으로 정하는 총톤수 10톤 미만의 동력어선을 사용하는 어업(이하 "근해어업"이라한다)을 하려는 자는 어선 또는 어구마다 해양수산부장관의 허가를 받아야 한다.

② 무동력어선, 총톤수 10톤 미만의 동력어선을 사용하는 어업으로서 근해어업 및 제3항에 따른 어업 외의 어업(이하 "연안어업"이라 한다)에 해당하는 어업을 하려는 자는 어선 또는 어구마다 시·도지사의 허가를 받아야 한다.

③ 다음 각 호의 어느 하나에 해당하는 어업을 하려는 자는 어선·어구 또는 시설마다 시장·군수·구청장의 허가를 받아야 한다.

1. 구획어업: 일정한 수역을 정하여 어구를 설치하거나 무동력어선 또는 총톤수 5톤 미만의 동력어선을 사용하여 하는 어업. 다만, 해양수산부령으로 정하는 어업으로 시·도지사가 「수산자원관리법」 제36조 및 제38조에 따라 총허용어획량을 설정·관리하는 경우에는 총톤수 8톤 미만의 동력어선에 대하여 허가할 수 있다.
2. 삭제
3. 삭제

④ 제1항부터 제3항까지의 규정에 따라 허가를 받아야 하는 어업별 어업의 종류와 포획·채취할 수 있는 수산동물의 종류에 관한 사항은 대통령령으로 정하며, 다음 각 호의 사항 및 그 밖에 허가와 관련하여 필요한 절차 등은 해양수산부령으로 정한다.

1. 어업의 종류별 어선의 톤수, 기관의 마력, 어업허가의 제한사유·유예, 양륙항(揚陸港)의 지정, 조업해역의 구분 및 허가 어선의 대체
2. 연안어업과 구획어업에 대한 허가의 정수 및 그 어업에 사용하는 어선의 부속선, 사용하는 어구의 종류
3. 삭제

⑤ 행정관청은 제35조 제1호·제3호·제4호 또는 제6호(제34조 제1항 제1호부터 제7호까지의 어느 하나에 해당하는 경우는 제외한다)에 해당하는 사유로 어업의 허가가 취소된 자와 그 어선 또는 어구에 대하여는 해양수산부령으로 정하는 바에 따라 그 허가를 취소한 날부터 2년의 범위에서 어업의 허가를 하여서는 아니 된다.

⑥ 제35조 제1호·제3호·제4호 또는 제6호(제34조 제1항 제1호부터 제7호까지의 어느 하나에 해당하는 경우는 제외한다)에 해당하는 사유로 어업의 허가가 취소된 후 다시 어업의 허가를 신청하려는 자 또는 어업의 허가가 취소된 어선·어구에 대하여 다시 어업의 허가를 신청하려는 자는 해양수산부령으로 정하는 교육을 받아야 한다.

제41조의2(어업허가의 우선순위) ① 제41조 제4항 제2호 및 제61조 제1항 제3호에 따른 허가의 정수가 있는 어업은 다음 각 호의 어느 하나에 해당하는 자에게 우선하여 허가하여야 한다.

1. 허가의 유효기간이 만료된 어업과 같은 종류의 어업의 허가를 신청하는 자
2. 어업의 허가를 받은 어선·어구 또는 시설을 대체하기 위하여 그 어업의 폐업신고와 동시에 같은 종류의 어업의 허가를 신청하는 자
3. 제41조 제4항 제1호에 따른 어업허가의 유예기간이 만료되거나 유예사유가 없어져 같은 종류의 어업의 허가를 신청하는 자

② 제1항에도 불구하고 어업허가의 유효기간에 2회 이상 어업허가가 취소되었던 자는 제1항에 따른 어업허가의 우선순위에서 제외한다.

③ 제1항 각 호의 어느 하나에 해당하는 자가 어업허가를 신청하지 아니하거나 제2항에 따라 어업허가의 우선순위에서 제외되어 어업허가의 건수가 허가정수에 미달하는 경우에는 다음 각 호의 순위에 따라 어업허가를 할 수 있다.

1. 제13조에 따른 수산기술자
2. 「수산업·어촌 공익기능 증진을 위한 직접지불제도 운영에 관한 법률」 제7조에 따라 해양수산부장관이 선정하여 고시한 조건불리지역에서 1년 이상 거주한 자

3. 신청한 어업을 5년 이상 경영하였거나 이에 종사한 자

4. 신청한 어업을 1년 이상 5년 미만 경영하였거나 이에 종사한 자 및 신청한 어업과 다른 종류의 어업을 5년 이상 경영하였거나 이에 종사한 자

④ 제3항 각 호의 같은 순위자 사이의 우선순위는 신청자의 어업경영능력, 수산업 발전에 대한 기여 정도, 수산 관계 법령의 준수 여부 및 지역적 여건 등을 고려하여 행정관청이 정한다.

⑤ 그 밖에 어업허가의 우선순위에 필요한 사항은 해양수산부령으로 정한다.

제41조의3(혼획의 관리) ① 어업인은 제41조 제4항에 따라 포획 · 채취할 수 있는 수산동물의 종류가 정하여진 허가를 받은 경우에는 다른 종류의 수산동물을 혼획(混獲)하여서는 아니 된다. 다만, 대통령령으로 정하는 다음 각호의 기준을 모두 충족하는 경우에는 혼획을 할 수 있다.

1. 혼획이 허용되는 어업의 종류

2. 혼획이 허용되는 수산동물

3. 혼획의 허용 범위

② 어업인은 제1항 단서에 따라 혼획이 허용되는 수산동물을 허용 범위를 넘어서 포획 · 채취하거나 포획 · 채취할 것이 예상되는 경우에는 조업을 중단하거나 조업 장소를 이동하는 등 적절한 조치를 취하여야 한다.

③ 제1항 단서에 따라 혼획이 허용되는 어업에 종사하는 어업인은 해양수산부장관이 정하여 고시하는 혼획저감장치를 어구에 붙이고 사용하여야 한다.

④ 어업인은 제1항 단서에 따라 혼획으로 포획 · 채취한 어획물을 제61조 제1항 제7호에 따라 지정된 매매장소에서 매매 또는 교환하여야 한다. 다만, 다음 각 호의 어느 하나에 해당하는 경우에는 그러하지 아니다.

1. 낙도 · 벽지(僻地) 등 제61조 제1항 제7호에 따라 지정된 매매장소가 없는 경우

2. 혼획으로 포획 · 채취한 어획물이 대통령령으로 정하는 어획량 이하인 경우

⑤ 제1항부터 제4항까지에서 규정한 사항 외에 어획물 중 혼획이 허용되는 수산동물의 확인, 혼획의 허용 범위 준수 여부 확인 방법 및 절차 등에 관하여 필요한 사항은 해양수산부령으로 정한다.

제42조(한시어업허가) ① 시 · 도지사는 그동안 출현하지 아니하였거나 현저히 적게 출현하였던 수산동물(「수산자원관리법」 제48조에 따른 수산자원관리수면 지정대상 정착성 수산자원은 제외한다. 이하 이 조에서 같다)이 다량 출현하고 이를 포획할 어업이 허가되지 아니한 경우 또는 제3항 제3호에 따른 연구기관의 장이 허가 건수가 과소하다고 인정하는 경우에 해당 수산동물의 적절한 포획 · 관리를 위하여 「수산자원관리법」 제11조에 따라 수산자원의 정밀조사 · 평가를 실시하고 그 결과에 따라 해양수산부장관의 승인을 받아 다음 사항을 정하여 한시적으로 어업(이하 "한시어업"이라 한다)을 허가할 수 있다.

1. 어업의 종류(이 법에서 규정한 어업의 종류에 한정한다)

2. 포획할 수 있는 수산동물의 종류 및 어획가능총량

3. 해역의 범위

4. 조업의 기간(연간 3개월 이내. 다만, 2개월의 범위에서 연장할 수 있다) 및 시기, 척수

5. 「수산자원관리법」 제36조부터 제40조까지의 규정에 따른 척당어획량 할당 및 관리

② 시 · 도지사는 한시어업을 허가하는 경우에는 제41조에 따라 어선 또는 어구에 어업허가를 받은 자에게 겸업(兼業)으로 허가하여야 한다.

③ 시 · 도지사는 다음 각 호의 어느 하나에 해당하는 사유가 있으면 한시어업을 허가하여서는 아니 된다.

1. 어업분쟁이 있거나 어업질서의 유지가 필요한 경우

2. 한시적으로 포획하려는 수산동물과 동일한 품종을 주로 포획대상으로 하는 어업의 어로활동에 지장이 있는 경우

3. 대통령령으로 정하는 연구기관의 장이 수산자원의 번식 · 보호에 지장이 있거나 해양생태계에 미치는 영향이 있다고 인정하는 경우

④ 한시어업의 승인, 허가대상 및 허가의 절차 등에 필요한 사항은 해양수산부령으로 정한다.

제43조(허가어업의 제한 및 조건) ① 행정관청은 제41조 및 제42조에 따른 어업허가를 처분하는 경우 해양수산부령으로 정한 연근해어업에 공통적으로 적용되는 사항과 어업의 종류 및 어선의 규모별로 조업구역, 어구·어법, 어구의 규모 및 표지부착 등 허가의 제한 또는 조건을 붙여 허가하여야 한다.

② 행정관청은 제1항에서 정한 제한 또는 조건 외에 제34조 제1항 제1호부터 제6호까지의 규정에 따른 공익의 보호, 어업조정 또는 수산자원의 번식·보호를 위하여 필요하다고 인정되는 경우에는 허가의 제한 또는 조건을 붙일 수 있다.

제44조(어업허가를 받은 자의 지위 승계) ① 제41조 및 제42조에 따라 어업허가를 받은 어선·어구 또는 시설물(이하 이 조에서 "어선등"이라 한다)을 그 어업허가를 받은 자로부터 상속받거나 매입 또는 임차한 자(어업허가를 받은 자가 법인인 경우에는 합병·분할 후 존속하는 법인을 포함한다)는 그 어업허가를 받은 자의 지위를 승계한다(상속의 경우 상속인이 반대의 의사표시를 한 경우는 제외한다). 이 경우 종전에 어업허가를 받은 자의 지위는 그 효력을 잃는다(임차의 경우에는 임차기간에 한정한다).

② 제1항에 따라 어업허가를 받은 자의 지위를 승계한 자는 승계 받은 날부터 30일(상속의 경우에는 60일로 한다) 이내에 해당 허가를 처분한 행정관청에 승계 사실을 해양수산부령으로 정하는 절차에 따라 신고하여야 하며, 해양수산부령으로 정하는 어업허가를 받은 어선등의 기준 및 어업허가 신청자의 자격을 갖추지 아니한 자는 승계 받은 날부터 90일 이내에 그 기준과 자격을 갖추어야 한다.

③ 행정관청은 제2항에 따른 신고를 받은 경우 그 내용을 검토하여 이 법에 적합하면 신고를 수리하여야 한다.

④ 제1항에 따라 어업허가를 받은 자의 지위를 승계 받은 자는 그 어업허가에 부과된 행정처분 또는 부담이나 조건 등도 함께 승계 받은 것으로 본다. 다만, 어업허가의 지위를 승계 받은 자가 그 처분이나 위반사실을 알지 못하였음을 증명하는 때에는 그러하지 아니하다.

⑤ 행정관청은 제2항에 따른 신고를 받았을 때에는 「전자정부법」에 따라 「가족관계의 등록 등에 관한 법률」 제11조 제4항의 전산정보자료를 공동이용(「개인정보 보호법」 제2조 제2호에 따른 처리를 포함한다)할 수 있다.

제45조(시험어업 및 연구어업·교습어업) ① 제8조·제41조·제42조 또는 제47조에 따른 어업 외의 새로운 어구·어법 또는 어장을 개발하기 위하여 시험어업을 하려는 자는 해양수산부령으로 정하는 바에 따라 시험어업을 신청하여야 한다.

② 해양수산부장관, 시·도지사는 수산자원의 상태와 어업여건 등을 고려하여 제8조·제41조·제42조 또는 제47조에 따른 어업 외의 새로운 어구·어법 또는 어장을 개발하기 위하여 필요한 때 또는 제1항에 따른 신청이 타당하다고 인정될 때에는 어업자, 제1항에 따른 신청자 및 시험연구기관 등과 공동으로 시험어업을 할 수 있다. 이 경우 시·도지사는 시험어업계획을 세워 해양수산부장관의 승인을 받아야 한다.

③ 해양수산부장관이 지정한 시험연구기관·수산기술지도보급기관·훈련기관 또는 교육기관에서 연구어업·교습어업을 하려는 경우에는 제1항과 제2항, 제8조·제41조·제42조 및 제47조에도 불구하고 연구어업·교습어업을 할 수 있다.

④ 제2항과 제3항에 따른 시험어업 및 연구어업·교습어업에 필요한 사항은 해양수산부령으로 정한다.

제46조(어업허가 등의 유효기간) ① 제41조에 따른 어업허가의 유효기간은 5년으로 한다. 다만, 어업허가의 유효기간 중에 허가받은 어선·어구 또는 시설을 다른 어선·어구 또는 시설로 대체하거나 제44조에 따라 어업허가를 받은 자의 지위를 승계한 경우에는 종전 어업허가의 남은 기간으로 한다.

② 행정관청은 수산자원의 보호 및 어업조정과 그 밖에 공익을 위하여 필요한 경우로서 해양수산부령으로 정하는 경우에는 제1항의 유효기간을 단축하거나 5년의 범위에서 연장할 수 있다.

제47조(신고어업) ① 제8조·제41조·제42조 또는 제45조에 따른 어업 외의 어업으로서 대통령령으로 정하는 어업을 하려면 어선·어구 또는 시설마다 시장·군수·구청장에게 해양수산부령으로 정하는 바에 따라 신고하여야 한다.

② 시장·군수·구청장은 제1항에 따른 신고를 받은 날부터 해양수산부령으로 정하는 기간 내에 신고수리 여부를 신고인에게 통지하여야 한다.

③ 시장·군수·구청장이 제2항에서 정한 기간 내에 신고수리 여부 또는 민원 처리 관련 법령에 따른 처리기간의 연장을 신고인에게 통지하지 아니하면 그 기간(민원 처리 관련 법령에 따라 처리기간이 연장 또는 재연장된 경우에는 해당 처리기간을 말한다)이 끝난 날의 다음 날에 신고를 수리한 것으로 본다.

④ 제1항에 따른 신고의 유효기간은 신고를 수리(제3항에 따라 신고를 수리한 것으로 보는 경우를 포함한다)한 날부터 5년으로 한다. 다만, 공익사업의 시행을 위하여 필요한 경우와 그 밖에 대통령령으로 정하는 경우에는 그 유효기간을 단축할 수 있다.

⑤ 시장·군수·구청장은 제1항에 따른 신고를 수리한 경우(제3항에 따라 신고를 수리한 것으로 보는 경우를 포함한다) 그 신고인에게 어업신고증명서를 내주어야 한다.

⑥ 제1항에 따라 어업의 신고를 한 자는 다음 각 호의 사항을 지켜야 한다.
  1. 신고어업자의 주소지와 조업장소를 관할하는 시장·군수·구청장의 관할 수역에서 연간 60일 이상 조업을 할 것
  2. 다른 법령의 규정에 따라 어업행위를 제한하거나 금지하고 있는 수면에서 그 제한이나 금지를 위반하여 조업하지 아니할 것
  3. 어업분쟁이나 어업조정 등을 위하여 대통령령으로 정하는 사항을 지킬 것

⑦ 시장·군수·구청장은 제1항에 따라 어업의 신고를 한 자가 제6항에 따른 준수사항을 위반한 경우에는 신고어업을 제한 또는 정지하거나 어선을 매어 놓는 조치를 할 수 있다.

⑧ 신고를 한 자가 다음 각 호의 어느 하나에 해당할 때에는 어업의 신고는 그 효력을 잃는다. 이 경우 제1호나 제2호에 해당되어 신고의 효력을 잃은 때에는 그 신고를 한 자는 제9항에 따라 해당 공적장부(公的帳簿)에서 말소된 날부터 1년의 범위에서 신고어업의 종류 및 효력상실사유 등을 고려하여 해양수산부령으로 정하는 기간 동안은 제1항에 따른 어업의 신고를 할 수 없다.
  1. 제6항에 따른 준수사항을 3회 이상 위반한 때
  2. 제7항에 따른 신고어업의 제한·정지 또는 어선 계류 처분을 2회 이상 위반한 때
  3. 제48조 제3항에 따른 신고어업의 폐지신고를 하여야 할 사유가 생긴 때

⑨ 시장·군수·구청장은 제8항에 따라 어업의 신고가 효력을 잃은 때에는 지체 없이 신고어업에 관한 공적장부에서 이를 말소하여야 하며, 그 내용을 신고인에게 알려야 한다.

제48조(허가어업과 신고어업의 변경·폐업 등) ① 제41조·제42조에 따라 어업허가를 받은 자가 그 허가받은 사항을 변경하려면 허가관청의 변경허가를 받거나 허가관청에 변경신고를 하여야 한다.

② 제47조에 따라 어업의 신고를 한 자가 신고사항을 변경하려면 신고관청에 변경신고를 하여야 한다.

③ 제41조·제42조 또는 제47조에 따라 해당 어업의 허가를 받은 자나 신고를 한 자가 그 어업을 폐업하거나 어업을 할 수 없게 된 경우에는 해당 행정관청에 신고하여야 한다.

④ 제1항부터 제3항까지의 규정에 따른 변경허가·변경신고 및 폐업신고의 사항과 절차, 그 밖에 필요한 사항은 해양수산부령으로 정한다.

제49조(준용규정) ① 제41조 및 제42조에 따른 허가어업에 관하여는 제11조 제1항, 제15조, 제18조, 제27조 제1항·제4항·제5항(구획어업 중 일정한 수역을 정하여 어구를 설치하여 하는 어업만 해당한다), 제30조 제1항부터 제4항까지, 제31조 제1항·제3항, 제32조, 제34조, 제35조 제1호·제3호·제4호·제6호 및 제58조 제1항 제2호를 준용한다.

② 제45조에 따른 시험어업에 관하여는 제27조를 준용한다.

③ 제47조에 따른 신고어업에 관하여는 제34조를 준용한다.

제4장 삭제

제50조~제56조 삭제

제5장 어획물운반업

제57조(어획물운반업 등록) ① 어획물운반업을 경영하려는 자는 그 어획물운반업에 사용하려는 어선마다 그의 주소지 또는 해당 어선의 선적항을 관할하는 시장·군수·구청장에게 등록하여야 한다. 다만, 다음 각 호의 어느 하나에 해당하는 경우에는 등록하지 아니하여도 된다.
　　1. 제8조에 따른 어업면허를 받은 자가 포획·채취하거나 「양식산업발전법」 제10조에 따른 면허를 받은 자가 양식한 수산동식물을 운반하는 경우
　　2. 제27조에 따라 지정받은 어선이나 제41조 및 제42조에 따라 어업허가를 받은 어선으로 제47조에 따라 어업의 신고를 한 자가 포획·채취하거나 「양식산업발전법」 제10조에 따른 면허를 받은 자가 양식한 수산동식물을 운반하는 경우
② 제1항에 따른 어획물운반업자의 자격기준과 어획물운반업의 등록기준은 대통령령으로 정하며, 어획물운반업의 시설기준과 운반할 수 있는 어획물 또는 그 제품의 종류는 해양수산부령으로 정한다.
③ 시장·군수·구청장은 제58조 제1항에 따라 어획물운반업의 등록이 취소된 자와 해당 어선에 대하여는 해양수산부령으로 정하는 바에 따라 그 등록을 취소한 날부터 1년의 범위에서 어획물운반업의 등록을 하여서는 아니 된다.

제58조(어획물운반업의 제한·정지 또는 취소) ① 시장·군수·구청장은 어획물운반업의 등록을 한 자가 다음 각 호의 어느 하나에 해당하면 그 등록한 어획물운반업을 제한하거나 6개월 이내의 기간을 정하여 영업의 정지를 명하거나 그 등록을 취소할 수 있다.
　　1. 외국의 어업에 관한 법령 또는 외국과의 어업에 관한 협정을 위반하거나 다음 각 목을 위반하여 포획·채취하거나 양식한 수산동식물 또는 그 제품을 운반한 때
　　　가. 제8조 제1항, 제12조, 제15조 제1항, 제27조 제1항·제4항, 제32조 제1항, 제34조 제1항, 제35조, 제41조 제1항부터 제3항까지, 제43조, 제47조 제1항·제4항·제6항, 제61조, 제66조
　　　나. 제49조 제1항에 따라 준용되는 제15조 제1항, 제32조 제1항, 제34조 제1항 및 제35조 제1호·제3호·제4호·제6호
　　2. 「관세법」을 위반하여 금고 이상의 형을 선고받고 그 형이 확정된 자에 대하여 관세청장이 어업정지 또는 등록취소를 요청한 경우
　　3. 제57조를 위반하거나 제60조에 따라 준용되는 제30조 제1항부터 제4항까지, 제31조 제1항·제3항, 제32조, 제34조 제1항 제2호·제3호·제7호, 제35조 제1호, 제48조 제1항·제3항·제4항을 위반한 때
　　4. 제60조에 따라 준용되는 제12조 및 제43조의 제한이나 조건을 위반한 때
　　5. 제70조 제2항 및 제72조 제1항에 따라 대통령령으로 정하는 조치 또는 명령을 위반한 때
② 제1항에 따른 처분의 기준과 절차, 그 밖에 필요한 사항은 해양수산부령으로 정한다.

제59조(수산물가공업의 등록 등) 수산물가공업의 등록과 신고 등에 관하여는 따로 법률로 정한다.

제60조(준용규정) 어획물운반업에 관하여는 제11조, 제12조, 제30조 제1항부터 제4항까지, 제31조 제1항·제3항, 제32조, 제34조 제1항 제2호·제3호·제7호, 제35조 제1호·제3호·제4호, 제41조 제5항, 제42조, 제43조, 제47조 제5항 및 제48조 제1항·제3항·제4항을 준용한다.

제6장 어업조정 등

제61조(어업조정 등에 관한 명령) ① 행정관청은 어업단속, 위생관리, 유통질서의 유지나 어업조정을 위하여 필요하면 다음 각 호의 사항을 명할 수 있다.
  1. 어획물 및 그 제품의 처리에 관한 제한이나 금지
  2. 근해어업에 대한 조업구역의 제한이나 금지
  3. 근해어업의 허가정수(定數) 제한 등 근해어업 허가에 대한 제한이나 금지
  4. 어업자·어업종사자의 수 또는 자격
  5. 외국과의 어업에 관한 협정 또는 일반적으로 승인된 국제법규와 외국의 수산에 관한 법령의 시행에 필요한 제한이나 금지
  6. 수산물의 포장 및 용기(容器)의 제한이나 금지
  7. 포획 또는 채취한 수산동식물과 그 제품의 양륙장소 및 매매장소의 지정 또는 그 지정의 취소
② 제1항 각 호에 따른 제한 또는 금지사항 등에 필요한 사항은 대통령령으로 정한다.

제62조(조업수역 등의 조정) ① 해양수산부장관은 광역시·도·특별자치도(이하 "시·도"라 한다) 사이의 어업조정을 하기 위하여 필요하면 대통령령으로 정하는 바에 따라 공동조업수역의 지정 등의 방법으로 조업수역을 조정할 수 있다.
② 시·도지사는 시·군·자치구 사이의 어업조정을 하기 위하여 필요하면 대통령령으로 정하는 바에 따라 공동조업수역의 지정 등의 방법으로 조업수역을 조정할 수 있다.
③ 해양수산부장관 또는 시·도지사는 지구별·업종별 수산업협동조합, 어촌계, 어업자 등 상호 간의 공동조업수역의 설정이나 상호 조업허용 또는 조업제한사항 등 조업수역 조정의 합의에 대하여 어업을 조정하기 위하여 특히 필요하다고 인정하면 이 법 또는 「수산자원관리법」에 따른 조업수역의 제한이나 조건에도 불구하고 조업수역·조업기간·조업척수(操業隻數) 및 조건 등을 정하여 그 조업을 허용하거나 제한할 수 있다.

제63조(허가정수 등의 결정) ① 제41조 제4항 또는 제61조 제1항 제3호에 따른 어업허가의 정수(定數)를 정할 때에는 수산자원의 상태, 현재 그 어업을 경영하는 자의 수, 그 밖의 자연적·사회적 조건 등을 고려하여야 한다.
② 제1항에 따른 정수를 정할 때에는 제88조에 따른 해당 수산조정위원회의 심의를 거쳐야 한다.

제63조의2(어선의 선복량 제한) ① 해양수산부장관은 수산자원의 지속적인 이용과 어업조정을 위하여 필요하면 제41조에 따라 어업의 허가를 받은 어선에 대하여 선복량(船腹量)을 제한할 수 있다.
② 선복량을 제한할 때에는 수산자원의 상태, 현재 그 어업을 경영하는 자의 수, 그 밖의 자연적·사회적 조건 등을 고려하여야 하며, 제88조에 따른 중앙수산조정위원회의 심의를 거쳐야 한다.
③ 제1항에 따른 선복량 제한에 필요한 사항은 대통령령으로 정한다.

제64조(어선의 장비와 규모 등) ① 어선은 해양수산부령으로 정하는 장비를 설비하지 아니하면 어업에 사용될 수 없다.
② 어업의 종류별 어선의 규모·선령·기관, 부속선의 수·규모, 그 밖에 필요한 사항은 해양수산부령으로 정한다.

제64조의2(어구의 규모등의 제한) ① 해양수산부장관은 수산자원의 지속적인 이용과 어업조정을 위하여 필요하다고 인정하면 제41조에 따라 허가받은 어업의 종류별로 어구의 규모·형태·사용량 및 사용방법, 어구사용의 금지구역·금지기간, 그물코의 규격 등(이하 "어구의 규모등"이라 한다)을 제한할 수 있다.
② 어구의 규모등의 제한에 필요한 사항은 대통령령으로 정한다. 다만, 시·도지사는 다음 각 호의 어느 하나에 해당하는 자가 사용하는 어구의 규모등에 대하여는 대통령령으로 정하는 어업 종류별 어구의 규모등의 제한 범위에서 따로 정하여 고시할 수 있다.

1. 「수산자원관리법」제28조에 따른 어업자협약을 체결하여 같은 법 제30조에 따라 어업자협약 승인을 받은 어업자 또는 어업자단체에 소속된 어업자
2. 「수산자원관리법」제34조에 따라 자율적으로 수산자원을 관리하고 어업경영을 개선하며 어업질서를 유지하기 위한 자체규약을 제정하여 실행한 어업인단체에 소속된 어업인
③ 제2항 각 호 외의 부분 단서에 따라 시·도지사가 어구의 규모등을 정하여 고시하려는 경우에는 다음 각 호의 사항에 관하여 국립수산과학원의 의견을 들은 후 제88조에 따른 시·도수산조정위원회의 심의를 거쳐야 한다.
1. 어구의 사용 대상이 되는 수산자원의 번식·보호에 지장이 있는지 여부
2. 다른 어업에 미치는 영향

제64조의3(어구의 규모등의 확인) ① 해양수산부장관, 시·도지사 또는 시장·군수·구청장은 어업의 허가를 받은 자 또는 관계자가 어구의 규모등에 적합한지 확인을 요청한 경우에는 대통령령으로 정하는 전문기관으로 하여금 확인하게 할 수 있다. 다만, 어업의 허가를 받은 자는 자신의 어구의 규모등에 대하여만 확인 요청을 할 수 있다.
② 제1항에 따른 어구의 규모등의 확인 절차 및 확인 결과의 표시 방법 등에 관하여 필요한 사항은 해양수산부령으로 정한다.

제65조(유어장의 지정 등) ① 어촌계, 영어조합법인 또는 지구별수협은 어업인의 공동이익을 증진하기 위하여 그 어촌계, 영어조합법인 또는 지구별수협이 면허받은 어업과 허가받은 어업 중 대통령령으로 정하는 어업에 지장이 없는 범위에서 그 수역의 일정 구역에 대하여 시장·군수·구청장으로부터 유어장(遊漁場)(체험학습이나 낚시 등 관광용 어장을 말한다. 이하 같다)을 지정받아 운영할 수 있다.
② 지정된 유어장의 유효기간은 그 유어장에 속하는 면허어업 또는 허가어업의 유효기간 만료일까지로 한다. 이 경우 유어장으로 지정된 수면에 둘 이상의 면허어업 또는 허가어업이 있는 때에는 그 면허어업 또는 허가어업 중 유효기간의 만료일이 먼저 도래하는 어업의 유효기간까지로 한다.
③ 어촌계, 영어조합법인 또는 지구별수협이 제1항에 따라 유어장의 지정을 신청하는 때에는 해양수산부령으로 정하는 바에 따라 유어(遊漁)의 방법, 이용료, 이용자 준수사항, 그 밖에 유어장의 관리와 운영에 관한 사항을 정하여 그 신청서에 첨부하여야 한다.
④ 시장·군수·구청장은 제1항에 따른 지정을 받기 위한 신청이 있을 때에는 다음 각 호의 어느 하나에 해당하는 경우를 제외하고는 유어장으로 지정을 하여야 한다.
1. 제3항에 따른 유어의 방법, 이용료, 이용자 준수사항, 그 밖에 유어장의 관리와 운영에 관한 사항이 적정하지 아니하다고 인정되는 경우
2. 유어장의 면적기준 및 시설기준 등 해양수산부령으로 정하는 지정기준에 적합하지 아니한 경우
3. 그 밖에 이 법 또는 다른 법령에 따른 제한에 위반되는 경우
⑤ 유어장의 지정, 유어장에서의 수산자원의 조성, 포획·채취 대상 수산동식물의 종류, 포획·채취의 방법, 유어장의 관리규정, 관리선의 운영, 유어장의 시설기준, 유어장 이용자의 출입, 유어장에서의 안전사고예방 및 환경오염방지 등 관리·운영에 필요한 사항은 해양수산부령으로 정한다. 이 경우 유어장에서의 수산동식물의 포획·채취는 제8조·제41조·제42조 및 제47조에 따른 어업 외의 방법으로 정할 수 있다.
⑥ 시장·군수·구청장은 유어장이 제5항에 따라 관리·운영되지 아니하는 때에는 해양수산부령으로 정하는 바에 따라 시정명령을 하거나 그 지정을 취소할 수 있다.

제66조(면허·허가 또는 신고어업 외의 어업의 금지) 누구든지 이 법 또는 「수산자원관리법」에 따른 어업 외의 어업의 방법으로 수산동식물을 포획 또는 채취하여서는 아니 된다.

제67조(외국의 배타적 경제수역에서의 어업) ① 대한민국 정부와 어업협정을 체결한 외국의 배타적 경제수역에서 어업을 하려는 자는 그 외국의 해당 행정관청으로부터 어업허가를 받아야 한다.
② 대한민국 정부와 어업협정을 체결한 외국의 배타적 경제수역에서 어업을 하는 자는 그 외국의 권한 있는 행정관청이 불법어업방지를 위하여 어선의 정선명령 또는 회항명령을 하는 때에는 이에 따라야 한다.

제68조(어구 · 시설물의 철거 등) ① 어업권자나 어업의 허가를 받은 자는 그 어업권 또는 허가의 효력이 소멸되거나 어업시기가 끝나면 해양수산부령으로 정하는 기간 안에 그 어장이나 수면에 설치한 어구 · 시설물을 철거하여야 한다. 다만, 그 어구나 시설물을 철거할 수 없거나 철거할 필요가 없다고 인정될 경우 근해어업은 시 · 도지사가, 면허어업 · 연안어업 · 구획어업은 시장 · 군수 · 구청장이 해당 철거의무자의 신청에 따라 그 의무를 면제할 수 있다.
② 제1항 단서에 따라 의무를 면제받은 경우에는 그 어구 · 시설물과 양식물의 소유권을 포기한 것으로 본다.
③ 제1항에 따른 철거의무자가 그 철거의무기간이 지났어도 그 어구 · 시설물이나 양식물을 철거하지 아니한 경우에는 행정관청은 「행정대집행법」에서 정하는 바에 따라 그 어구 · 시설물이나 양식물을 철거할 수 있다.
④ 어업의 면허나 허가를 받지 아니한 자가 설치한 어구 · 시설물과 양식물에 관하여는 제1항부터 제3항까지의 규정을 준용한다.

제69조(표지의 설치 및 보호) ① 행정관청은 어업자에게 어장 · 어선 및 어구의 표지를 설치할 것을 명할 수 있다.
② 누구든지 제1항에 따라 설치된 표지를 이전 · 손괴 · 변조 또는 은폐하여서는 아니 된다.

제70조(감독) ① 해양수산부장관은 시 · 도지사 또는 시장 · 군수 · 구청장의 명령과 처분이, 시 · 도지사(특별자치도지사는 제외한다)는 시장 · 군수 · 구청장의 명령과 처분이 이 법 또는 이 법에 따른 명령에 위배된다고 인정되면 기간을 정하여 그 시정을 명하거나 그 전부 또는 일부를 정지하거나 취소하는 등 필요한 조치를 할 수 있다.
② 행정관청은 수산시책으로서 특히 필요하다고 인정되면 대통령령으로 정하는 바에 따라 어업인 · 어획물운반업자 · 어획물운반업종사자 또는 수산물가공업자에게 필요한 조치를 할 수 있다.

제71조(해기사면허의 취소 등) ① 행정관청은 어업종사자나 어획물운반업종사자가 이 법이나 「수산자원관리법」 또는 이 법이나 「수산자원관리법」에 따른 명령을 위반한 때에는 관계 행정기관의 장에게 해기사면허의 취소 · 정지 또는 해기사에 대한 견책을 요구할 수 있다.
② 관계 행정기관의 장은 제1항에 따른 요구가 있으면 이에 따라야 한다.

제72조(어업감독 공무원) ① 어업감독 공무원은 어업조정, 안전조업, 불법어업 방지 및 수산물의 유통질서를 확립하기 위하여 필요하다고 인정되면 어장 · 어선 · 사업장 · 사무소 · 창고, 그 밖의 장소에 출입하여 장부 · 서류, 그 밖의 물건을 검사 또는 관계인에게 질문하거나 그 밖에 정선(停船)이나 회항(回航)을 명할 수 있다.
② 행정관청은 어업조정 등을 위하여 필요하면 어업감독 공무원에게 다른 사람의 토지에 들어가서 측량 · 검사하게 할 수 있으며, 부득이한 경우에는 측량 · 검사에 장애가 되는 물건을 옮기게 하거나 제거하게 할 수 있다.
③ 제1항과 제2항에 따라 그 직무를 행하는 어업감독 공무원은 그 권한을 표시하는 증표를 지니고 이를 관계인에게 내보여야 한다.
④ 제1항부터 제3항까지의 규정에 따른 정선명령이나 회항명령 및 어업감독 공무원의 자격과 증표에 필요한 사항은 대통령령으로 정한다.

제73조(사법경찰권) 어업감독 공무원은 이 법 또는 이 법에 따른 명령을 위반하는 행위에 대하여 「사법경찰관리의 직무를 수행할 자와 그 직무범위에 관한 법률」에서 정하는 바에 따라 사법경찰관리의 직무를 행한다.

제7장 수산업의 육성

제74조 삭제

제75조(근해어업 등의 구조개선 등) 근해어업, 연안어업 및 구획어업의 구조개선 및 지원에 필요한 사항은 따로 법률로 정한다.

제8장 삭제

제76조~제80조 삭제

제9장 보상·보조 및 재결

제81조(보상) ① 다음 각 호의 어느 하나에 해당하는 처분으로 인하여 손실을 입은 자는 그 처분을 행한 행정관청에 보상을 청구할 수 있다.
  1. 제34조 제1항 제1호부터 제6호까지 또는 제35조 제6호(제34조 제1항 제1호부터 제6호까지의 규정에 해당하는 경우를 말한다)에 해당하는 사유로 인하여 이 법에 따른 면허·허가를 받거나 신고한 어업에 대하여 제한 등의 처분을 받았거나 제14조에 따른 어업면허의 유효기간 연장이 허가되지 아니한 경우. 다만, 제34조 제1항 제1호부터 제3호까지의 규정(제49조 제1항과 제3항에서 준용하는 경우를 말한다)에 해당하는 사유로 허가를 받거나 신고한 어업이 제한되는 경우는 제외한다.
  2. 제72조 제2항에 따른 측량·검사에 장애가 되는 물건에 대하여 이전명령이나 제거명령을 받은 경우
② 제1항의 보상의 원인이 된 처분으로 이익을 받은 자(이하 "수익자"라 한다)가 있으면 그 처분을 한 행정관청은 수익자에게 그가 받은 이익의 범위에서 보상액의 전부 또는 일부를 부담하게 할 수 있다. 이 경우 수익자가 부담하도록 결정된 금액을 내지 아니하면 국세 체납처분의 예에 따라 징수한다.
③ 수익자는 제1항에 따라 보상을 청구할 수 있는 자에게 미리 보상을 하지 아니하면 손실에 영향을 미치는 행위나 공사를 시작할 수 없다. 다만, 보상을 청구할 수 있는 자의 동의를 받은 경우에는 그러하지 아니하다.
④ 제1항에 따른 보상의 기준, 지급방법, 그 밖에 보상에 필요한 사항은 대통령령으로 정한다.

제82조(수질오염에 따른 손해배상) ① 다음 각 호의 어느 하나에 해당하는 사유로 인하여 수질이 오염되어 면허받은 어업에 피해가 발생하면 그 오염발생시설의 경영자는 관계 법령으로 정하는 바에 따라 피해자에게 정당한 배상을 하여야 한다.
  1. 산업시설이나 그 밖의 사업장의 건설 또는 조업
  2. 선박 또는 해양시설(「해양환경관리법」 제2조 제17호에 따른 해양시설을 말한다)
  3. 해저광구의 개발 등
② 제1항의 오염발생시설의 경영자가 피해가 발생한 후 그 사업을 양도한 때에는 피해 발생 당시의 시설의 경영자와 시설을 양수(讓受)한 경영자가 연대하여 배상을 하여야 한다.

제83조(보상금의 공탁) ① 다음 각 호의 어느 하나에 해당할 때에는 제81조에 따른 보상금을 공탁하여야 한다.
  1. 보상을 받을 자가 보상금 받기를 거절하거나 기피할 때
  2. 보상을 받을 자의 주소나 거소(居所)가 분명하지 아니할 때
  3. 보상의 목적인 어업권·토지 또는 물건에 관하여 등록하거나 등기한 권리자가 있을 때. 다만, 그 권리자의 동의를 받은 경우에는 공탁하지 아니하여도 된다.
② 제1항 제3호에 따라 보상금을 공탁한 경우 등록하거나 등기한 권리자 또는 소송 당사자는 공탁한 금액에 대하여 그 권리를 행사할 수 있다.

제84조(입어에 관한 재결) ① 제40조 제1항에 따른 입어에 관하여 분쟁이 있거나 제40조 제2항에 따른 협의가 이루어지지 아니하거나 협의를 할 수 없을 때에는 어업권자 또는 입어자는 시·도지사 또는 시장·군수·구청장에게 재결(裁決)을 신청할 수 있다.
② 시·도지사 또는 시장·군수·구청장은 제1항에 따른 재결 신청을 받으면 제88조에 따른 해당 시·도 또는 시·군·구수산조정위원회의 심의를 거쳐 재결하여야 한다.

제85조(어장구역 등에 관한 재결) ① 어장의 구역, 어업권의 범위, 보호구역 또는 어업의 방법에 관하여 분쟁이 있으면 그 관계인은 시·도지사 또는 시장·군수·구청장에게 재결을 신청할 수 있다.
② 시·도지사 또는 시장·군수·구청장은 제1항에 따른 재결을 할 때에는 제88조에 따른 해당 시·도 또는 시·군·구수산조정위원회의 심의를 거쳐야 한다.

제86조(보조 등) ① 행정관청은 수산업을 장려하고 진흥하기 위하여 필요하다고 인정하면 보조금을 교부하거나 자금을 융자할 수 있다.
② 제1항에 따른 자금의 보조 대상사업은 대통령령으로 정하며, 자금의 융자에 관한 기준과 절차 등에 필요한 사항은 해양수산부령으로 정한다.

제87조(보상·보조 및 재결에 관한 세부규칙) 이 장에서 규정한 것 외에 보상·보조 및 재결에 필요한 세부사항은 대통령령으로 정한다.

제10장 수산조정위원회

제88조(수산조정위원회의 설치) 어업에 관한 조정·보상·재결 또는 기르는어업 등에 관한 사항을 심의하기 위하여 해양수산부에 중앙수산조정위원회를, 시·도와 시·군·자치구에 시·도수산조정위원회 및 시·군·구수산조정위원회를 각각 둔다.

제89조(수산조정위원회의 기능) ① 중앙수산조정위원회의 기능은 다음 각 호와 같다.
　1. 어업별 분쟁의 조정
　2. 시·도 사이의 어업에 관한 분쟁의 조정
　3. 기본계획의 심의
　4. 삭제
　5. 삭제
　5의2. 제63조의2 제1항에 따른 선복량 제한의 심의
　6. 수산업의 발전과 어업의 질서유지에 필요한 사항에 관한 건의
　7. 해양수산부장관이 회의에 부치는 사항의 자문에 관한 응답
　8. 그 밖에 이 법, 「어장관리법」, 「양식산업발전법」 및 「연근해어업의 구조개선 및 지원에 관한 법률」에서 정하는 사항의 심의
② 시·도수산조정위원회의 기능은 다음 각 호와 같다. 다만, 특별자치도의 경우 시·도수산조정위원회에서 시·군·구수산조정위원회의 기능도 수행한다.
　1. 어업에 관한 손실보상이나 어업에 관한 분쟁의 심의·조정
　2. 시·군·자치구 사이의 어업에 관한 분쟁의 조정
　3. 삭제
　4. 한시어업의 허가에 관한 사항의 심의
　5. 시행계획의 심의
　5의2. 제64조의2 제2항 단서에 따른 어구의 규모등의 제한에 관한 내용의 심의
　6. 수산업의 발전과 어업의 질서유지에 필요한 사항에 관한 건의
　7. 시·도지사가 회의에 부치는 사항의 자문에 관한 응답
　8. 그 밖에 이 법, 「어장관리법」, 「양식산업발전법」 및 「연근해어업의 구조개선 및 지원에 관한 법률」에서 정하는 사항의 심의

③ 시·군·구수산조정위원회의 기능은 다음 각 호와 같다.
 1. 어업에 관한 손실보상이나 어업에 관한 분쟁의 조정
 2. 개발계획의 심의
 3. 제8조에 따른 면허어업의 적격성과 우선순위에 관한 사항의 심의
 4. 마을어업의 어장관리규약 등 어장관리에 관한 사항의 심의
 5. 삭제
 6. 수산업의 발전과 어업의 질서유지에 필요한 사항에 관한 건의
 7. 자원을 보호하고 관리하기 위한 각종 어업규제에 관한 건의
 8. 시장·군수·구청장이 회의에 부치는 사항에 대한 자문에 관한 응답
 9. 그 밖에 이 법 또는 「어장관리법」, 「양식산업발전법」에서 정하는 사항의 심의
④ 해양수산부장관 또는 시·도지사는 어업조정을 위하여 필요하면 합동수산조정위원회를 개최할 수 있다. 이 경우 합동수산조정위원회의 구성과 운영 등에 필요한 사항은 대통령령으로 정한다.
⑤ 제88조에 따른 수산조정위원회는 해당 위원회의 활동에서 필요할 경우에는 관계인을 위원회에 출석하게 하거나 자료의 제출을 요구하거나 그 밖에 행정관청으로 하여금 관계 공무원에게 질문을 하게 하거나 조사를 하도록 요청할 수 있다. 이 경우 그 요청을 받은 행정관청은 특별한 사유가 없으면 이에 따라야 한다.

제90조(수산조정위원회의 구성과 운영) ① 제88조에 따른 수산조정위원회는 어업인의 대표와 수산에 관한 학식과 경험이 풍부한 자들로 구성한다.
② 중앙수산조정위원회는 위원장 및 부위원장 각 1명을 포함한 19명 이내의 위원으로 구성한다.
③ 중앙수산조정위원회의 위원장은 해양수산부차관이 되고, 부위원장은 해양수산부의 고위공무원단에 속하는 일반직공무원 중 해양수산부장관이 임명하는 자가 된다.
④ 중앙수산조정위원회위원의 선임, 위원의 임기, 그 밖에 필요한 사항은 대통령령으로 정한다.
⑤ 삭제
⑥ 제89조 제1항 제1호 및 제2호에 따른 분쟁의 효율적이고 전문적인 조정을 위하여 중앙수산조정위원회에 어업조정위원회를 둘 수 있다. 이 경우 어업조정위원회의 조정은 중앙수산조정위원회의 조정으로 본다.
⑦ 시·도수산조정위원회, 시·군·구수산조정위원회 및 제6항에 따른 어업조정위원회의 구성 및 운영, 그 밖에 필요한 사항은 대통령령으로 정한다.

제11장 보칙

제91조(과징금 처분) ① 행정관청은 제34조 제1항 제8호·제9호(제49조에서 준용하는 경우를 포함한다) 및 제58조 제1항 제3호부터 제5호까지의 규정에 해당하는 사유로 면허를 받은 어업 등에 대한 제한이나 정지처분을 하려는 경우 그 제한이나 정지처분을 갈음하여 1억 원 이하의 과징금을 부과할 수 있다.
② 제1항에 따른 과징금을 부과하는 위반행위의 종류와 정도 등에 따라 부과하는 과징금의 금액, 그 밖에 필요한 사항은 대통령령으로 정한다.
③ 행정관청은 제1항에 따른 과징금을 납부기한까지 내지 아니하면 국세 체납처분의 예 또는 「지방행정제재·부과금의 징수 등에 관한 법률」에 따라 징수한다.
④ 제1항 및 제3항에 따라 과징금으로 징수한 금액은 징수주체가 사용(보조 또는 융자를 포함한다)하되, 어업지도사업 외의 용도로는 사용할 수 없다.
⑤ 제1항 및 제3항에 따라 징수한 과징금의 사용 절차·대상, 그 밖에 필요한 사항은 대통령령으로 정한다.
⑥ 행정관청은 과징금으로 징수한 금액의 운용계획을 세우고 시행하여야 한다.

제92조(포상) 해양수산부장관은 이 법 또는 이 법에 따른 명령을 위반하는 행위를 한 자를 그 관계 기관에 통보하거나 체포에 공로가 있는 자, 그 밖에 수산자원의 보호와 어업질서의 확립에 특별히 이바지한 자에 대하여는 대통령령으로 정하는 바에 따라 포상(褒賞)할 수 있다.

제93조(권한의 위임과 위탁) ① 해양수산부장관은 이 법에 따른 권한의 일부를 대통령령으로 정하는 바에 따라 소속 기관의 장 또는 시 · 도지사에게, 시 · 도지사는 시장 · 군수 · 구청장에게 각각 위임할 수 있다.
② 해양수산부장관은 이 법에 따른 권한의 일부를 대통령령으로 정하는 바에 따라 수산업협동조합중앙회장 또는 「수산자원관리법」 제55조의2에 따른 한국수산자원공단의 장에게 위탁할 수 있다.

제94조(수수료) 이 법에 따른 면허 · 허가 · 승인 · 등록의 신청 또는 그 변경신청이나 신고를 하는 자는 해양수산부령(해양수산부장관에게 신청하는 경우만 해당한다)이나 시 · 도 또는 시 · 군 · 자치구의 조례(시 · 도지사 또는 시장 · 군수 · 구청장에게 신청하는 경우만 해당한다)로 정하는 바에 따라 수수료를 내야 한다.

제95조(청문) 행정관청은 다음 각 호의 어느 하나에 해당하는 처분을 하려면 청문을 하여야 한다.
1. 제31조 제2항에 따른 어업권의 취소
2. 제35조(제49조에 따라 준용하는 경우를 포함한다)에 따른 면허어업의 취소
3. 제40조 제4항에 따른 면허의 취소나 입어의 제한 · 정지 또는 금지
4. 제58조에 따른 영업정지 명령 또는 등록의 취소
5. 제65조 제6항에 따른 지정의 취소

제96조(수산데이터베이스의 구축) ① 해양수산부장관은 수산정책의 합리적 결정에 필요한 자료를 확보하기 위하여 연 · 근해어업의 업종별 · 수역별 조업상황과 어획실적 및 수산자원 분포현황 등을 조사하여 수산데이터베이스를 구축하고 이를 유지 · 관리하여야 한다.
② 제41조 및 제42조에 따라 연안어업 · 근해어업 또는 한시어업의 허가를 받은 자는 해양수산부령으로 정하는 바에 따라 제1항에 따른 수산데이터베이스의 구축에 필요한 자료를 해양수산부장관에게 보고하여야 한다.

제96조의2(벌칙 적용에서의 공무원 의제) 제88조에 따른 수산조정위원회의 위원 중 공무원이 아닌 사람은 이 법에 따른 업무를 수행할 때 「형법」 제127조와 제129조부터 제132조까지의 규정을 적용할 때에는 공무원으로 본다.

제12장 벌칙

제97조(벌칙) ① 다음 각 호의 어느 하나에 해당하는 자는 3년 이하의 징역 또는 3천만 원 이하의 벌금에 처한다.
1. 이 법에 따른 어업권을 취득하지 아니하고 어업을 경영한 자
2. 제41조 제1항부터 제3항까지, 제42조 또는 제57조 제1항에 따른 허가를 받지 아니하거나 등록을 하지 아니하고 수산업을 경영한 자
3. 제34조 제1항 제2호 또는 제3호(제49조 제1항에서 준용하는 경우를 포함한다)에 따른 어업의 제한 · 정지 또는 어선의 계류 처분을 위반한 자
4. 제66조를 위반하여 수산동식물을 포획하거나 채취한 자
② 제1항의 경우 징역과 벌금은 병과(倂科)할 수 있다.

제98조(벌칙) 다음 각 호의 어느 하나에 해당하는 자는 2년 이하의 징역 또는 2천만 원 이하의 벌금에 처한다.

1. 거짓이나 그 밖의 부정한 방법으로 제8조 제1항, 제15조 제1항, 제41조 제1항부터 제3항까지, 제42조 또는 제57조 제1항에 따른 면허·허가를 받거나 등록을 한 자
2. 제19조 제1항·제3항 또는 제21조를 위반하여 어업권을 이전·분할 또는 변경하거나 담보로 제공한 자와 그 어업권을 이전 또는 분할받았거나 담보로 제공받은 자
3. 제27조 제1항(제49조 제2항에서 준용하는 경우를 포함한다)을 위반하여 관리선으로 지정을 받지 아니한 선박을 사용한 자
4. 제27조 제4항(제49조 제2항에서 준용하는 경우를 포함한다)을 위반하여 그 지정을 받았거나 승인을 받은 어장구역이 아닌 수면에서 수산동식물을 포획·채취하기 위하여 관리선을 사용한 자
5. 제32조 제1항(제49조 제1항이나 제60조에서 준용하는 경우를 포함한다)을 위반하여 사실상 그 어업의 경영을 지배하고 있는 자와, 어업권자 또는 허가를 받은 자로서 다른 사람에게 사실상 그 어업의 경영을 지배하게 한 자
6. 제33조를 위반하여 어업권을 임대한 자와 임차한 자
6의2. 제41조의3 제1항을 위반하여 수산동물을 혼획한 자
7. 제58조 제1항 제1호에 따른 수산동식물 또는 그 제품을 운반한 자
8. 제61조의 어업조정 등에 관한 명령을 위반한 자

제99조(벌칙) 다음 각 호의 어느 하나에 해당하는 자는 1년 이하의 징역이나 1천만 원 이하의 벌금에 처한다.

1. 제29조 제2항을 위반하여 보호구역에서 해당 시설물을 훼손하는 행위 또는 어업권의 행사에 방해되는 행위를 한 자
1의2. 제29조 제4항을 위반하여 보호구역에서 같은 항 각 호의 어업행위를 한 자
2. 제34조 제1항 제1호·제4호·제6호·제8호·제9호(제49조에서 준용하는 경우를 포함한다) 또는 제58조 제1항 제2호에 따른 제한·정지 또는 어선의 계류 처분을 위반한 자
3. 제67조 제1항 및 제2항을 위반하여 어업허가를 받지 아니하고 대통령령으로 정하는 외국의 배타적 경제수역에서 수산동식물을 포획·채취하다가 정선명령 또는 회항명령에 따르지 아니하고 국내로 도주한 자
4. 제69조를 위반하여 어선에 표지를 설치하지 아니한 자
5. 제72조 제1항에 따른 장부·서류, 그 밖의 물건의 검사에 따르지 아니하거나 어선의 정선명령 또는 회항명령에 따르지 아니한 자

제99조의2(벌칙) 다음 각 호의 어느 하나에 해당하는 자는 1천만 원 이하의 벌금에 처한다.

1. 제41조의3 제3항을 위반하여 혼획저감장치를 붙이지 아니한 어구를 사용한 자
2. 제41조의3 제4항을 위반하여 혼획으로 포획·채취한 어획물을 지정된 매매장소 외에서 매매 또는 교환한 자
3. 제63조의2에 따른 선복량 제한을 위반한 자
4. 제64조의2 제1항에 따른 어구의 규모등의 제한을 위반한 자

제100조(몰수) ① 제97조, 제98조, 제99조 제2호·제4호 및 제99조의2의 경우에 범인이 소유하거나 소지하는 어획물·제품·어선·어구 또는 폭발물이나 유독물은 몰수할 수 있다. 다만, 제97조 제1항 제3호에 해당되어 최근 5년 이내에 2회 이상 처벌을 받은 경우에는 어획물·어선·어구를 몰수하여야 한다.
② 제1항에 따라 범인이 소유하거나 소지한 물건의 전부 또는 일부를 몰수할 수 없을 때에는 그 가액을 추징할 수 있다.

제101조(양벌규정) 법인의 대표자나 법인 또는 개인의 대리인, 사용인, 그 밖의 종업원이 그 법인 또는 개인의 업무에 관하여 제97조부터 제99조까지 및 제99조의2의 어느 하나에 해당하는 위반행위를 하면 그 행위자를 벌하는 외에 그 법인 또는 개인에게도 해당 조문의 벌금형을 과(科)한다. 다만, 법인 또는 개인이 그 위반행위를 방지하기 위하여 해당 업무에 관하여 상당한 주의와 감독을 게을리하지 아니한 경우에는 그러하지 아니하다.

제102조(과태료) ① 다음 각 호의 어느 하나에 해당하는 자에게는 500만 원 이하의 과태료를 부과한다.

1. 제31조 제1항(제49조 제1항에서 준용하는 경우를 포함한다) 또는 제2항을 위반하여 그 어업권을 취득하거나 허가를 받은 날부터 일정기간 이내에 어업을 시작하지 아니하거나 어업을 시작한 후 1년이 지났으나 계속하여 해당 어장을 휴업 상태로 둔 자
2. 제44조 제2항에 따라 승계 받은 날부터 30일(상속의 경우에는 60일로 한다) 이내에 신고를 아니하거나 90일 이내에 어업허가 어선의 기준 및 어업허가 신청자의 자격을 갖추지 아니한 자
3. 제48조 제3항(제60조에서 준용하는 경우를 포함한다)에 따른 폐업신고를 하지 아니한 자
4. 제65조 제1항에 따른 지정을 받지 아니하고 유어장을 운영한 자

② 다음 각 호의 어느 하나에 해당하는 자에게는 200만 원 이하의 과태료를 부과한다.

1. 제20조에 따른 변경신고를 하지 아니한 자
2. 제30조 제1항 또는 제3항에 따른 신고를 하지 아니하고 휴업을 한 자 또는 어업을 경영한 자
3. 제38조 제1항에 따른 어장관리규약에 따르지 아니하고 어업권을 특정인으로 하여금 행사하게 한 어업권자와 그 어업권을 행사한 자
4. 제38조 제2항에 따른 어장관리규약의 변경 등 시정조치를 위반한 자
5. 제39조에 따른 어업권의 행사의 제한이나 금지를 위반한 자와 그 위반행위를 도운 어업권자
6. 제40조 제1항 또는 제4항을 위반하여 입어를 허용하지 아니하거나 입어의 제한 · 정지 또는 금지 처분을 위반한 자
7. 제47조 제1항에 따른 신고를 하지 아니하고 신고어업을 경영한 자
8. 제47조 제6항에 따른 준수사항을 이행하지 아니한 신고어업자
9. 제48조 제1항(제60조에서 준용하는 경우를 포함한다)에 따른 변경 허가를 받지 아니하거나 변경신고를 하지 아니한 자. 다만, 「어선법」 제17조에 따른 변경등록 사항은 제외한다.
10. 제72조 제1항에 따른 어업감독 공무원의 질문에 대한 답변을 기피하거나 거짓으로 진술한 자
11. 제72조 제2항에 따른 측량 · 검사와 장애물의 이전 · 제거를 거부하거나 방해한 자

③ 다음 각 호의 어느 하나에 해당하는 자에게는 100만 원 이하의 과태료를 부과한다.

1. 제37조 제3항에 따른 어장관리에 필요한 조치를 위반한 어업권자
2. 제48조 제2항에 따른 변경신고를 하지 아니한 자. 다만, 「어선법」 제17조에 따른 변경등록 사항은 제외한다.
3. 제49조 제1항 또는 제60조에서 준용하는 제30조 제1항 또는 제3항에 따른 신고를 하지 아니하고 휴업을 한 자 또는 어업을 경영한 자
4. 제68조 제1항(같은 조 제4항에서 준용하는 경우를 포함한다)을 위반하여 해양수산부령으로 정하는 기간까지 시설물이나 양식물을 철거하지 아니한 자
5. 제69조를 위반하여 어장이나 어구에 표지를 설치하지 아니하였거나 어장 · 어선 및 어구에 설치한 표지를 이전 · 손괴 · 변조 또는 은폐한 자
6. 제89조 제5항에 따른 질문 · 조사를 거부 · 방해 · 기피하거나 거짓 자료를 제출하거나 거짓으로 진술한 자
7. 제96조 제2항에 따른 보고를 하지 아니하거나 거짓으로 보고한 자

④ 제1항부터 제3항까지의 규정에 따른 과태료는 대통령령으로 정하는 바에 따라 행정관청이 부과 · 징수한다.

CHAPTER

02 수산업법 시행령 [시행 2021.12.21.] [대통령령 제32242호, 2021.12.21. 일부개정]

※ 수산업법 시행령은 수산업법에서 위임한 부분 중 중요한 부분만 일부 수록하였습니다.

제6조(면허신청 등) ① 법 제8조 제1항에 따라 어업면허를 받으려는 자는 개발계획이 공고된 날부터 30일 이내에 면허를 받으려는 수면에 대한 우선순위 결정신청서에 다음 각 호의 구분에 따른 서류를 첨부하여 해양수산부장관 또는 해당 수면을 관할하는 시장·군수·구청장에게 제출하여야 한다.

  1. 법 제8조 제1항 제1호·제6호의 어업면허를 받으려는 경우
    가. 제13조에 따른 수산기술자의 자격 또는 경력 등을 증명하는 서류 사본(수산기술자만 해당한다)
    나. 신청일 현재 취득하고 있는 어업면허증 또는 어업허가증 사본(어업의 면허 또는 허가를 받은 자만 해당한다)
    다. 어업에 종사한 사실을 증명할 수 있는 서류(어업에 종사한 자만 해당한다)
    라. 포기하려는 어업권의 면허증 사본(법 제13조 제4항에 따라 어업권을 포기하려는 자만 해당한다)
    마. 여권 사본 등 외국인 또는 외국법인임을 증명할 수 있는 서류(외국인 또는 외국법인인 경우만 해당한다)
  2. 삭제

② 해양수산부장관 또는 시장·군수·구청장은 제1항에 따라 우선순위 결정신청서를 받으면 법 제88조에 따른 중앙수산조정위원회(이하 "중앙위원회"라 한다) 또는 시·군·구수산조정위원회(이하 "시·군·구위원회"라 한다)의 심의를 거쳐 매년 6월 30일까지 어업면허를 할 수면별로 신청인에 대한 면허의 적격성 및 우선순위를 결정하여야 한다. 다만, 신청인이 1명이면 중앙위원회 또는 시·군·구위원회의 심의를 거치지 아니할 수 있다.

③ 해양수산부장관 또는 시장·군수·구청장은 제2항에 따라 면허의 우선순위를 결정하면 지체 없이 그 우선순위와 필요한 서류의 제출기간을 통지서에 적어 그 신청인에게 보내야 한다.

④ 해양수산부장관 또는 시장·군수·구청장은 신청인이 제3항의 제출기간에 해당 어장구역마다 어업면허신청서에 다음 각 호의 서류를 첨부하여 제출하면 지체 없이 그 신청인에게 어업면허를 하여야 한다.

  1. 면허를 받으려는 수면의 위치 및 구역도
  2. 면허를 받으려는 수면이 다른 어업권의 어장구역 또는 법 제29조에 따른 보호구역과 겹치는 경우에는 그 어업권자의 동의서. 다만, 면허를 받았던 자가 면허의 효력이 상실된 후 다시 같은 어장에서 같은 종류의 면허를 신청하는 경우로서 현재 유효한 면허를 받은 어업권자의 동의를 받을 수 없으면 그 사유서로 동의서를 갈음한다.

제7조(정치망어업 및 어구의 종류) 법 제8조 제1항 제1호에 따른 정치망어업(定置網漁業)의 종류는 다음 각 호와 같다.

  1. 대형정치망어업 : 10헥타르 이상의 구획된 수면에 낙망류, 승망류, 죽방렴, 그 밖에 해양수산부장관이 정하여 고시하는 정치성(定置性) 어구(이하 이 조에서 "정치성 어구"라 한다)를 설치하여 수산동물을 포획하는 어업
  2. 중형정치망어업 : 5헥타르 이상 10헥타르 미만의 구획된 수면에 정치성 어구를 설치하여 수산동물을 포획하는 어업
  3. 소형정치망어업 : 5헥타르 미만의 구획된 수면에 정치성 어구를 설치하여 수산동물을 포획하는 어업

제24조(근해어업의 종류) ① 법 제41조 제1항에 따른 근해어업의 종류는 다음 각 호와 같다.

  1. 외끌이대형저인망어업 : 1척의 동력어선으로 저인망을 사용하여 수산동물을 포획하는 어업
  2. 쌍끌이대형저인망어업 : 2척의 동력어선으로 저인망을 사용하여 수산동물(멸치는 제외한다)을 포획하는 어업

3. 동해구외끌이중형저인망어업 : 1척의 동력어선으로 별표 3에 따른 근해어업의 조업구역에서 저인망을 사용하여 수산동물을 포획하는 어업

4. 서남해구외끌이중형저인망어업 : 1척의 동력어선으로 별표 3에 따른 근해어업의 조업구역에서 저인망을 사용하여 수산동물을 포획하는 어업

5. 서남해구쌍끌이중형저인망어업 : 2척의 동력어선으로 별표 3에 따른 근해어업의 조업구역에서 저인망을 사용하여 수산동물(멸치는 제외한다)을 포획하는 어업

6. 대형트롤어업 : 1척의 동력어선으로 망구전개판(網口展開板: 그물을 펼치기 위해 그물의 양 옆줄에 하나씩 달려 있는 방패모양의 판을 말한다. 이하 같다)을 장치한 인망을 사용하여 수산동물을 포획하는 어업

7. 동해구중형트롤어업 : 1척의 동력어선으로 별표 3에 따른 근해어업의 조업구역에서 망구전개판을 장치한 인망을 사용하여 수산동물을 포획하는 어업

8. 대형선망어업 : 총톤수 50톤 이상인 1척의 동력어선으로 선망을 사용하여 수산동물을 포획하는 어업

9. 소형선망어업 : 총톤수 30톤 미만인 1척의 동력어선으로 선망을 사용하여 수산동물을 포획하는 어업

10. 근해채낚기어업 : 1척의 동력어선으로 외줄낚시 또는 채낚기로 수산동물을 포획하는 어업

11. 근해자망어업 : 1척의 동력어선으로 유자망 또는 고정자망을 사용하여 수산동물을 포획하는 어업

12. 근해안강망어업 : 1척의 동력어선으로 안강망(조류가 빠른 곳에 어구를 고정해 놓고 조류의 힘에 의해 어군이 자루그물 속에 들어가게 하는 강제 함정어구를 말한다. 이하 같다)을 사용하여 수산동물을 포획하는 어업

13. 근해봉수망어업 : 1척의 동력어선으로 봉수망·초망 또는 들망(자리돔들망은 제외한다)을 사용하여 수산동물을 포획하는 어업

14. 근해자리돔들망어업 : 1척의 동력어선으로 자리돔들망을 사용하여 자리돔을 포획하는 어업

15. 근해장어통발어업 : 1척의 동력어선으로 장어통발을 사용하여 장어류를 포획하는 어업

16. 근해문어단지어업 : 1척의 동력어선으로 문어단지를 사용하여 문어류를 포획하는 어업

17. 근해통발어업 : 1척의 동력어선으로 통발(장어통발과 문어단지는 제외한다)을 사용하여 수산동물을 포획하는 어업

18. 근해연승어업 : 1척의 동력어선으로 주낙을 사용하여 수산동물을 포획하는 어업

19. 근해형망어업 : 1척의 동력어선으로 형망을 사용하여 패류를 포획하는 어업

20. 기선권현망어업 : 2척의 동력어선으로 인망(저인망은 제외한다)을 사용하여 멸치를 포획하는 어업

21. 잠수기어업 : 1척의 동력어선에 잠수기를 설치하여 패류 등의 정착성수산동식물을 포획·채취하는 어업

② 제1항 각 호의 어업의 종류별 어구의 형태는 별표 1의2와 같다.

제25조(연안어업의 종류) ① 법 제41조 제2항에 따른 연안어업의 종류는 다음 각 호와 같다.

1. 연안개량안강망어업 : 1척의 동력어선으로 안강망류 어망(주목망을 포함한다)을 사용하여 수산동물을 포획하는 어업

2. 연안선망어업 : 1척의 무동력어선 또는 동력어선으로 선망 또는 양조망을 사용하여 수산동물을 포획하는 어업

3. 연안통발어업 : 1척의 무동력어선 또는 동력어선으로 통발을 사용하여 수산동물을 포획하는 어업

4. 연안조망어업 : 1척의 동력어선으로 망 입구에 막대를 설치한 조망을 사용하여 새우류(젓새우를 제외한다)를 포획하는 어업

5. 연안선인망어업 : 2척의 동력어선으로 인망(저인망은 제외한다)을 사용하여 멸치를 포획하는 어업(강원도만 해당된다)

6. 연안자망어업 : 1척의 무동력어선 또는 동력어선으로 유자망 또는 고정자망을 사용하여 수산동물을 포획하는 어업

7. 연안들망어업 : 1척의 무동력어선 또는 동력어선으로 초망 또는 들망을 사용하여 수산동물을 포획하는 어업

8. 연안복합어업 : 1척의 무동력어선 또는 동력어선으로 하는 다음 각 목의 어업
   가. 낚시어업 : 주낙·외줄낚시 또는 채낚기로 수산동물을 포획하는 어업
   나. 문어단지어업 : 문어단지를 사용하여 문어류를 포획하는 어업(강원도는 제외한다)
   다. 손꽁치어업 : 손으로 꽁치를 포획하는 어업

　라. 패류껍질어업 : 소라・피뿔고둥 등 패류껍질 또는 토기, 합성수지 등으로 제작된 패류 껍질 모양의 어구
　　를 사용하여 수산동물을 포획하는 어업
　마. 패류미끼망어업 : 그물로 만든 주머니에 미끼를 넣어 패류를 포획하는 어업(인천광역시, 경기도, 충청남
　　도, 전라북도 및 전라남도의 목포시・영광군・함평군・무안군・신안군의 해안만 해당된다)
② 제1항 각 호에 따른 어업의 종류별 어구의 형태는 별표 1의2와 같다.

제26조(구획어업의 종류) ① 법 제41조 제3항 제1호에 따른 구획어업의 종류는 다음 각 호와 같다.
　1. 건간망어업 : 건간망을 설치하여 수산동물을 포획하는 어업
　2. 건망어업 : 건망을 설치하여 수산동물을 포획하는 어업
　3. 들망어업 : 들망을 설치하여 수산동물을 포획하는 어업
　4. 선인망어업 : 선인망을 설치하여 수산동물을 포획하는 어업
　5. 승망류어업 : 호망・승망・각망을 설치하여 수산동물을 포획하는 어업
　6. 안강망어업 : 안강망을 설치하여 수산동물을 포획하는 어업
　7. 장망류어업 : 주목망・장망・낭장망을 설치하여 수산동물을 포획하는 어업
　8. 지인망어업 : 지인망을 사용하여 수산동물을 포획하는 어업
　9. 해선망어업 : 해선망을 설치하여 수산동물을 포획하는 어업
　10. 새우조망어업 : 망 입구에 막대를 설치한 조망을 사용하여 새우류를 포획하는 어업
　11. 실뱀장어안강망어업 : 안강망을 사용하여 실뱀장어를 포획하는 어업
　12. 패류형망어업 : 형망을 사용하여 패류를 포획하는 어업
② 제1항 각 호에 따른 어업의 종류별 어구의 형태는 별표 1의2와 같다.

제29조(신고어업) ① 법 제47조 제1항에 따른 신고어업의 종류는 다음 각 호와 같다.
　1. 나잠어업(裸潛漁業) : 산소공급장치 없이 잠수한 후 낫・호미・칼 등을 사용하여 패류, 해조류, 그 밖의 정
　　착성 수산동식물을 포획・채취하는 어업
　2. 맨손어업 : 손으로 낫・호미・해조틀이 및 갈고리류 등을 사용하여 수산동식물을 포획・채취하는 어업
　3. 삭제
② 법 제47조 제4항 단서에서 "대통령령으로 정하는 경우"란 신고한 조업수역이 제12조 제3항에 따라 어업면허의
　금지가 공고된 수면에 해당하는 경우를 말한다.
③ 법 제47조 제6항 제3호에서 "대통령령으로 정하는 사항"이란 법 제62조에 따른 조업수역의 조정이나 조업의 허
　용 또는 제한을 말한다.
④ 시장・군수・구청장은 법 제47조 제8항에 따라 어업의 신고가 효력을 잃었을 때에는 지체 없이 어업신고증명서
　를 회수하여야 한다.

제43조(양륙장소 또는 매매장소의 지정) ① 시・도지사는 법 제61조 제1항 제7호에 따라 관할 시장・군수・구청
장의 신청을 받거나 관할 시장・군수・구청장과의 협의를 거쳐 「수산물 유통의 관리 및 지원에 관한 법률」 제10조
에 따라 개설된 수산물산지위판장 중 일부를 포획・채취한 수산동식물과 그 제품의 양륙장소 또는 매매장소로 지정
할 수 있다.
　1. 삭제
　2. 삭제
　3. 삭제
② 시・도지사는 제1항에 따라 양륙장소 또는 매매장소를 지정한 경우에는 다음 각 호의 사항을 고시하고 해양수산
　부장관에게 통보하여야 한다.
　1. 양륙장소 또는 매매장소의 명칭 및 관리자
　2. 양륙장소 또는 매매장소의 소재지, 규모 및 시설 명세

제44조(양륙장소 또는 매매장소 지정의 취소) ① 시 · 도지사는 법 제61조 제1항 제7호에 따라 지정된 양륙장소 또는 매매장소가 다음 각 호의 어느 하나에 해당하는 경우에는 관할 시장 · 군수 · 구청장의 요청을 받거나 관할 시장 · 군수 · 구청장과의 협의를 거쳐 양륙장소 또는 매매장소의 지정을 취소할 수 있다. 다만, 제1호의 경우에는 그 지정을 취소해야 한다.

    1. 거짓이나 그 밖의 부정한 방법으로 양륙장소 또는 매매장소의 지정을 받은 경우

    2. 1년 이상 계속하여 양륙실적 또는 매매실적이 없는 경우

② 시 · 도지사는 제1항에 따라 양륙장소 또는 매매장소의 지정을 취소한 경우에는 그 사실을 고시하고 해양수산부장관에게 통보하여야 한다.

참고문헌

김삼곤 외 6인, 「고등학교 수산 일반」, 경상북도교육청, 2018(1쇄)

교육과학기술부, 「수산 일반」, 두산(주), 2009(8쇄)

교육인적자원부, 「수산 경영 일반」, 두산(주), 2008(7쇄)

교육부, 「어업(상)」, 대한 교과서(주), 1999

교육부, 「어업(하)」, 대한 교과서(주), 1999

교육부, 「어업 실습」, 대한 교과서(주), 1999

교육부, 「선박 운용」, 대한 교과서(주), 1999

교육부, 「수산 양식(상)」, 대한 교과서(주), 1997

교육부, 「수산 양식(하)」, 대한 교과서(주), 1998

교육부, 「양식 시설」, 대한 교과서(주), 1998

교육부, 「양식 생물 질병」, 대한 교과서(주), 1997

교육부, 「수산 가공(상)」, 대한 교과서(주), 1999

교육부, 「수산 가공(하)」, 대한 교과서(주), 1999

교육부, 「수산 식품 제조 응용」, 1999

교육부, 「농산물 유통」, 대한 교과서(주), 1997

교육부, 「수산 경영」, 1998

김삼곤, 「해양 수산·해양 실업 기술 교육사」, 도서 출판 논문의 집, 1999

사단 법인 수우회, 「한국 수산사」, 고려 서적 주식 회사, 1987

부경 대학교 해양 탐구 교육원, 「바다의 이해」, 도서 출판 정명당, 1997

인천 해양 과학 고등 학교, 「해양 과학」, 1999

정문기, 「한국어 도보」, 일지사, 1988

장창익, 「수산 자원 생태학」, 1991

김수암·장창익, 「어류 생태학」, 서울 프레스, 1994

국립 수산 진흥원, 「현대 어구 도감」, 예문사, 1989

이병기, 「현대 트롤 어법」, 태화 출판사, 1993

이병기 외 2인, 「연근해 어업 개론」, 태화 출판사, 1989

한국 원양 어업 협회, 「한국 원양 어업 30년사」, 고려 서적(주), 1990

유성규, 「양식 개론」, 태화 출판사, 1988

유성규, 「천해 양식」, 새로 출판사, 1979

조연근, 「학원 세계 대백과 사전」, 학원 출판 공사, 1993

참고문헌

강제원·고남표, 「해조 양식」, 태화 출판사, 1977

한국 내수면 어업 협회, 「담수어 양식」, 애드 보아, 1987

박희열 외, 「응용 수산 가공학」, 수협 문화사, 2000

조영제, 「생선회 100배 즐기기」, 동방 문화, 2001

장동석 외, 「수산 식품 위생학」, 정명당, 2000

옥선종, 「유통 경제」, 창현 출판사, 1995

채서일, 「마케팅」, 학현사, 1998

이우용 외, 「마케팅 원론」, 형설 출판사, 1998

장수호, 「어장 관리」, 태화 출판사, 1994

최종화, 「현대 국제 해양법」, 세종 출판사, 2000

김우수, 「수산 경영학」, 도서출판 구덕, 1998

박영병, 「수산 경영 분석과 진단」, 국립 수산 진흥원 교육 교재, 2000

남달영, 「외진 바다 외진 사람들」, 한국 수산 신보사, 1991

이한검, 「경영학 개론」, 형설 출판사, 1985

장수호, 「수산 경영학」, 태화 출판사, 1987

박영병 외 2인, 「수산 회계」, 도서 출판 대경, 1998

홍재룡·이영득, 「상업 부기」, 두산 동아, 1996

최수길·김헌만·유병두, 「상업 계산」, 금성 교과서, 1997

선병완·최강득, 「세무 회계 강의」, 무역 경영사, 1999

채서일, 「마케팅 조사론」, 학현사, 1992

김봉관 외 2인, 「마케팅 조사 실무」, 진영사, 1999

장수호, 「수산 경영학」, 태화 출판사, 1987

박대위, 「무역 실무」, 박영사, 1991

원종근 외 2인, 「무역 개론」, 법문사, 1994

수협 중앙회, 「수협 30년사」, 대원 문화사(주), 1992

수산청, 「수산 정책 계획 세부 추진 계획」, 문원사(주), 1995

경상북도청, 「수산일반」, 부경대학교 인정도서개발위원회, 2016

경상북도청, 「수산경영일반」, 부경대학교 인정도서개발위원회, 2016

교육과학기술부, 「수산 양식 일반」, 두산(주), 2016

좋은 책을 만드는 길
독자님과 함께하겠습니다.

도서나 동영상에 궁금한 점, 아쉬운 점, 만족스러운 점이
있으시다면 어떤 의견이라도 말씀해 주세요.
시대고시기획은 독자님의 의견을 모아 더 좋은 책으로 보답하겠습니다.

www.sidaegosi.com

2022 수산일반 · 경영 한권으로 끝내기

개정9판1쇄 발행	2022년 04월 04일 (인쇄 2022년 02월 09일)
초 판 발 행	2013년 07월 05일 (인쇄 2013년 05월 24일)
발 행 인	박영일
책 임 편 집	이해욱
저 자	SD 공무원시험연구소
편 집 진 행	송재병 · 정유진
표지디자인	박종우
편집디자인	김경원 · 박종우
발 행 처	(주)시대고시기획
출 판 등 록	제 10-1521호
주 소	서울시 마포구 큰우물로 75 [도화동 538 성지 B/D] 9F
전 화	1600-3600
팩 스	02-701-8823
홈 페 이 지	www.sidaegosi.com
I S B N	979-11-383-1643-9 (13350)
정 가	29,000원

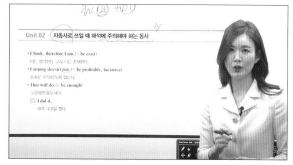

공무원 합격의 공식 시대고시기획

BEST 도서

공무원 기출문제집 분야

[기출이 답이다] 9급 공무원 공통과목 6개년 기출문제집

소방공무원 기출(복원)문제집 분야

[기출이 답이다] 소방공무원 국어 8개년 기출(복원)문제집

경찰공무원 기출문제집 분야

[기출이 답이다] 경찰공무원 형법 5개년 기출문제집

파셋(PSAT) 분야

민간경력자 11개년 기출문제집

※ 2021년 공무원 도서 판매량 기준

MY TURN

MY TURN

면접 시리즈
NO.1

면접
시리즈

해양경찰공무원 면접 대비
MY TURN
해양경찰 면접

경찰공무원 면접 대비
MY TURN
경찰 면접

국가직 전 직렬
면접 대비
MY TURN
국가직 공무원 면접

지방직 전 직렬
면접 대비
MY TURN
지방직 공무원 면접

MY TURN

MY TURN

◀◀◀ 2022 해양경찰 면접 시험 대비 ▶▶▶   2022 최신판

해양경찰 면접 합격,
이번엔 내 차례!

my TURN

해양경찰 면접학원의   실전면접 트레이닝 비법 수록

해양경찰   면접

[이류다스피치학원 편저]

(주)시대고시기획

※ 도서의 이미지는 변경될 수 있습니다.

도서 구입 및 내용 문의
1600-3600